한국대통령 통치구술사료집 2

* 이 사업은 한국연구재단 중점연구소지원사업(NRF-2008-401-J01601~3) 지원을 받아 진행되었음.

한국대통령 통치구술사료집 2 - 전두환 대통령

초판 1쇄 발행 2013년 9월 30일

엮은이 | 연세대학교 국가관리연구원
펴낸이 | 윤관백
펴낸곳 |

등 록 | 제5-77호(1998.11.4)
주 소 | 서울시 마포구 마포동 324-1 곳마루 B/D 1층
전 화 | 02)718-6252/6257
팩 스 | 02)718-6253
E-mail | sunin72@chol.com

정가 28,000원

ISBN 978-89-5933-653-1 94340
ISBN 978-89-5933-652-4 (세트)

·잘못된 책은 바꿔 드립니다.

연세대학교 국가관리연구원
국가관리사료총서 12

한국대통령 통치구술사료집 2

전두환 대통령

연세대학교 국가관리연구원 편

구술: 허화평 | 이종찬 | 김만제 | 남재희 | 이정빈 | 배양일
채록 및 편집: 박명림 | 권자경 | 윤민재 | 장훈각 | 박용수 | 전상숙

※ 본문의 인용부호(" ")는 편집과정에서 독자의 편의를 위해 사용한 것이며 과거 특정상황의 현실성을 표현하기 위한 것으로 특정인의 발언 내용과 일치하는 것이 아니라는 점을 밝힙니다.

발간사

　연세대학교 국가관리연구원은 통치사료 축적의 수준을 높이기 위해 '한국대통령 통치구술사료집'을 기획하고 발간해 오고 있습니다. '대통령 구술사료'는 통치사료연구에서 일차사료로서의 성격을 지니면서 대통령 재임 당시의 복잡한 정치와 정책 구도를 가장 원초적으로 참고할 수 있는 사료일 것입니다. 연세대학교 국가관리연구원이 최규하 대통령 통치구술 사료집을 출간한데 이어서 전두환 대통령과 노태우 대통령 두 분에 대한 구술 사료집을 연이어 출간하게 되었습니다.

　한국정치사에서 1979년 이후 1992년까지의 기간은 1987년 한국민주화의 분기점을 품고 있는 기간입니다. 따라서 그 기간의 민주주의 과도기적 성격들은 이미 많은 학자들에 의해서 그 중요성이 지적된 바 있습니다. 1979년부터 1992년까지의 정치 과도기에 대통령 직을 수행하였던 분들은 최규하, 전두환, 노태우 대통령 세 분입니다. 특히, 노태우 대통령의 경우 1987년 민주화로 인한 대통령 직선제 개헌 이후 6공화국 초대 대통령이기에 한국 민주주의 공고화 과정의 초기를 담당한 대통령이라는 중요성에도 불구하고 그간 연구 대상에서 소외되어 온 것은 안타까운 일입니다.

연세대학교 국가관리연구원 '국가관리사료총서 시리즈'의 일환으로 발간되는 통치구술사료집 2권(전두환 대통령 편)과 3권(노태우 대통령 편)이 통치사료 연구와 자료 축적에 또 다른 계기를 마련할 것으로 생각합니다. 구술사료집에서 구술을 맡아 주신 분들과 이를 채록하고 편집하신 분들의 노고에 감사드립니다. 어려운 프로젝트라는 예상 속에서도 연세대학교 국가관리연구원의 연구역량을 믿고 재정적으로 지원해 주신 한국연구재단에 감사드립니다.

2013년 9월 20일

연세대학교 국가관리연구원장
진 영 재

차 례

발간사 / 5
서 론 / 9

▌허화평 ··· 15
  1. 개요 ··· 16
  2. 구술 ··· 25
    • 1차 구술 ·· 25
    • 2차 구술 ·· 74
    • 3차 구술 ·· 123

▌이종찬 ··· 175
  1. 개요 ··· 176
  2. 구술 ··· 181
    • 1차 구술 ·· 181
    • 2차 구술 ·· 221

▌김만제 ··· 269
  1. 개요 ··· 270
  2. 구술 ··· 273

| 남재희 ··· 291
    1. 개요 ··· 292
    2. 구술 ··· 296

| 이정빈 ··· 347
    1. 개요 ··· 348
    2. 구술 ··· 350

| 배양일 ··· 385
    1. 개요 ··· 386
    2. 구술 ··· 389

전두환 대통령 연표 / 415

서론

　전두환 대통령 통치구술사료집은 연세대학교 국가관리연구원이 수행하고 있는 한국연구재단 중점연구소지원사업 "한국 대통령리더십과 국가관리(state governance)"의 일환으로 추진되었다. 이 사업은 역대 대통령리더십과 거버넌스 관점에서의 국정운영에 대한 연구, 관련 문서 사료수집, 그리고 관련 인사들에 대한 구술인터뷰 작업을 포함한다. 이 책은 이 사업의 구술인터뷰 내용을 편집한 것이며, 최규하 대통령 관련 구술사료집에 이어 준비된 두 번째 구술사료집이다. 전두환 대통령 관련 구술인터뷰는 대부분 2010년에 이루어졌다. 그 이후 대통령선거가 있었던 만큼 인터뷰 당시 시점이 이명박 정부 시기였음을 밝혀둔다.

　제5공화국의 주요 인물은 전두환 대통령을 포함하여 다수 있으나, 이 책에는 허화평, 이종찬, 김만제, 남재희, 이정빈, 배양일 등의 구술이 포함되어 있다. 5공화국에 참여한 인물들이 대부분 생존하고 있음에도 불구하고 여러 가지 여건상 당사자들이 인터뷰를 고사하거나 혹은 구술내용이 공개되는 것을 꺼려 인터뷰를 기획하고 추진하는데 어려움이 있었다. 현실적으로는 예산지원과 연구시간의 제약이라는 측면이 있었기 때문에 광범위한 인터뷰를 시도하지 못하였다는 점도 밝혀둔다. 그럼에도 불구하고 본 구술사료집은 한국현대사의 격동기인 1980년대를 객관적으로 조명할 수 있는 소중한 자료가 될 수 있고, 제5공화국의 역사적, 정치적 의미를 연구하는 많은 연구자들에게 의미있는 자료가 될 것이라고 믿는다.

이 구술사료집은 1980년대 권력의 중심에서 발생한 알려지지 않은 이야기들이나 지금도 논란의 여지가 있는 정치적 갈등과 대립의 현장, 그리고 정치적으로 민감한 사항들을 다수 포함하고 있다. 이 사료집은 제5공화국에 참여한 당사자들의 기억에 기초한 내용들을 편집한 것이며, 당시 참여자들의 사고와 인식을 수십 년이 지난 오늘날의 시점에서 담고 있다. 엄밀한 객관적인 중립성의 입장에서 당시를 평가하는 일은 연구자 등 전문가들의 몫이라고 생각한다.

편집을 담당한 면담자들은 구술자들의 이야기를 왜곡하거나 과잉 혹은 과소 해석하는 위험을 줄이기 위해 그 내용을 가급적 그대로 반영할 수 있도록 했다. 왜냐하면 그러한 작업이 당시 집권세력의 인식과 판단을 이해하는데 도움이 되리라는 판단을 했기 때문이다. 또한 구술섭외가 쉽지 않은 현실적 제약조건하에서 구술자들이 편한 마음으로 말할 수 있는 조건이 필요했다.

1980년 전두환 정부가 시작된 지 30년이 되고 1987년 민주화 이후 20년을 넘었지만, 이 구술인터뷰를 통해 전두환 정부의 정통성 관련 민감한 사안에 대한 인식은 좁혀지지 않았음을 확인할 수 있었다. 예를 들어 1980년 5·18 광주에 대해 구술자들의 인식은 법질서와 공권력이 유지되지 않는 상황을 정부가 방치할 수 없었다는 일반론 수준에 머물러 있었다. 12·12 사건 또한 이 책 앞부분의 많은 분량을 차지하고 있는데, 이 사안에서도 대립되는 인식이 좁혀지지 않고 있음을 알 수 있다. 이 두 사건은 최규하 대통령 임기 중에 발생한 것으로, 이미 본 연구원의『한국대통령 통치구술사료집1: 최규하』에서 다룬 바 있다. 그렇지만 이 사건이 전두환 정부의 정통성과 직결되는 사안이고 시기적으로 먼저 발생한 사안인 만큼, 이에 대한 내용을 이 책 앞부분에 배치했다. 이 내용은 당시 사건의 당자자로서 한쪽의 입장과 인식을 나타내는 것임을 다시 한번 밝힌다.

정부의 정통성은 집권 이후 정책추진 과정에서 형성되는 측면 또한 무시할 수 없다. 이 구술사료집은 전두환 대통령의 리더십과 전두환 정부의 국정운영 방식과 주요 사안 및 정책에 대한 대통령의 인식과 집권세력의 대응에 대한 구체적인 구술을 목적으로 한다. 이와 관련하여 이 책은 구술자들의 의미있는 중요한 발언을 담고 있다.

　허화평은 앞 부분에서 10·26, 12·12, 5·18에 대해 현장 속 중심인물의 시각에서 자세하게 구술하고 있다. 그는 10·26의 발발과 사후조치 및 합동수사본부의 조사과정에서 나타난 김재규 중앙정보부장, 정승화 육군참모총장, 김계원 청와대비서실장 간의 관계를 언급했다. 그가 볼 때 12·12는 그 사후조치 과정에서 발생되었다. 그리고 5·18의 배경으로 10·26 이후 계속된 비상계엄하에서 정치상황 악화와 정치적 의도를 지닌 세력의 개입 가능성을 강조했다. 허화평은 최규하 대통령의 하야를 근거리에서 목격하고 간접선거에 의한 전두환 대통령의 취임으로 5공화국에서 정무수석으로 일하면서 5공화국의 수립과 정부조직개편에 주도적인 역할을 하게 된다. 5공화국 헌법 개정부분에서 대통령 임기를 7년 단임제로 설정하고 연좌제를 폐지, 레드컴플렉스를 극복하는데 기여한 것에 자부심을 표명하고 있다. 민정당 창당의 실질적인 조정자 역할을 하였으며, 자동차산업의 시작, 언론통폐합, 삼청교육의 실시, 노동문제 등을 다루었다. 그 외 5공화국의 공적으로 88올림픽 유치와 동구권 국가들의 참가, 야간통행금지조치 해제, 해외여행 자유화 실시, 공교육강화를 위한 교육세 신설 등이 도입되는 전후맥락을 들려주고 있다. 한편 대미관계, 금융실명제 실시에 대한 논란, 이철희, 장영자 사건, 새 세대 육영회 운영 등 5공화국에서 일어난 갈등과 충돌에 대해서도 중요한 발언을 담고 있다.

　이종찬은 전두환 정권이 출범하기 직전의 정치상황과 민정당의 창당과정, 그리고 당시의 주요 정치사건과 복잡한 1980년대의 한국현대정치사의 주요 내용들을 소상하게 이야기해 주었다. 그는 중앙정보부에서 국장을 역임하였고, 민정당 창당의 주역으로 참여했으며, 11대, 12대, 13대, 14대의원을 지냈고 민정당 내에서 원내총무 등 주요 보직을 맡았다. 그가 하나회 출신은 아니지만 육사 16기 출신으로 민정당 창당과정에서 당의 이념적 지향성을 확립하고 강령 등을 만들거나, 서울을 비롯한 경기도의 지구당 인사들을 충원할 때 주요한 역할을 했다. 당내에서는 온건파로서 당시 야당인 민한당과 신민당과의 대화와 협상을 중시하는 입장을 취했고 전두환 정권의 강경파에 맞서 학원안정법 등 중요한 시국대책이나 정책을 만들 때 온건파의 입장을 대변하는 역할을 하기도 하였다.

김만제는 1983년부터 1986년 초까지 경제부총리를 역임했다. 그의 구술내용에는 냉전과 탈냉전을 비롯하여 경제에 대한 국제 정치 환경의 중요성이 전제되어 있다. 산업화 초기 과정에서 군이 차지하는 역할과 비중을 강조했다. 박정희 대통령이 고도성장에도 불구하고 높은 인플레이션 수준으로 인해 힘들어했고, 전두환 대통령이 물가안정을 국정과제로 포착한 것을 강조했다. 또한 박정희 정부 시기 급속한 수출증대에도 불구하고 만성적인 무역적자 상황이었는데, 자신의 경제부총리 재임기간 높은 성장률과 무역흑자를 달성했음을 강조했다. 그리고 그는 당시 중화학공업 부실문제에 대해 조선업보다 건설업의 문제가 더 심각했다고 설명했다.

남재희는 서울신문, 조선일보에 근무했던 언론인이자 4선을 지낸 국회의원출신이기도 하다. 김영삼 정부 때는 노동부 장관을 역임하기도 하였다. 그는 오랜 기간 언론계에 종사하였기 때문에 과거 군사정부의 등장과 몰락 과정을 상세히 지켜볼 수 있었으며, 유신정권 말기인 10대국회에 공화당의 공천을 받아 정계에 진출했으며, 11대, 12대, 13대 국회의원을 역임하였다. 1980년대를 전후 한국현대사의 격동과 혼란기에 국회의원으로서 그는 당시 주요 정치사건을 직접 경험하고 목격한 내용들을 본 인터뷰를 통해 소상하게 소개했다. 남재희 전 의원은 전두환 정권이 등장한 과정을 전 집권당인 공화당의원으로서 직접 목격하였다. 또한 그는 새로운 집권당인 민정당이 조직될 때 직접 창당과정에 참여하여 주요 인물들을 추천하고 정당의 골격을 세우는데 큰 기여를 하였다. 이외에 그는 6·10항쟁 이후 노태우 정부가 출범하는 과정에서의 여러 가지 비화 내지 갈등을 자세히 언급하였다.

이정빈은 전두환 정부시기 외교관 경험을 기초로 청와대 외교비서관을 역임했다. 그는 외교관 경험을 기초로 권위주의 국가의 외교활동의 한계에 대해 설명했다. 서구 국가들은 정통성있는 정부, 민주주의 국가로서 동질성을 지니며 상호 협조했다면, 권위주의 시기 외교관으로 그는 그러한 관계에서 소외되었던 좌절감을 설명했다. 그는 청와대 외교비서관으로서 자유롭게 대통령에게 자신의 의견을 개진했고, 전두환 대통령은 찬성과 반대를 떠나 비서관의 이러한 발언을 허용했다고 구술했다. 또한 김대중 정부시기 외교부장관을 역임했던 그의 구술내용에서 한국의 주요 외교정책 대북정책에 대한 사전 혹은 사후적인 미국과의 협조 방식을 알 수 있다. 그는 김대중 대통령의 베를린선언이 준비되는 과정에 대해 설명했다. 이외에 그는 한일관계와 같이 인접국 간의 갈등관계에 대한 사례연구에 대한 관심과 연구의 필요성을 제시했다.

배양일은 전두환 대통령 재임 당시 청와대 대통령경호실 공군연락관으로서 1982년 11월 10일부터 1987년 12월 10일까지 약 4년 1개월 동안 대통령의 모든 공중 이동을 관장하고 공중경호의 임무를 수행하였다. 공군연락관은 모든 비행 경로선정에서부터 비행 안전을 통제하고, 대통령전용기 조종사들의 비행통제를 직접 관장한다. 대통령의 해외순방 시에는 민항공기 조종사 통제는 물론 출국, 입국에 관련된 공로 일정이라든가 공중 경호를 담당하는 임무까지를 전담하여 수행한다. 따라서 공군연락관은 대통령의 공중 이동시 안전을 확보함과 동시에 대통령의 일정과 동선을 가장 정확하게 파악해야 하기 때문에 지근거리에서 보좌하면서 대통령 업무의 성격은 물론 대통령의 의중까지 신중히 고려해야 하는 임무를 수행한다. 배양일 장군은 4년 1개월에 걸쳐 전두환 대통령을 보좌하였으며, 아웅산사태

시 대통령을 수행하여 비행의 전 과정을 계획·통제하였고 참사 이후 대통령이 무사히 귀국하기까지의 과정을 그 누구보다 잘 알고 있는 인물이다.

허화평

(전) 대통령 정무수석

1. 개요

　전두환 대통령 시기에 정무수석비서관을 지낸 허화평 (현) 미래한국재단 이사장과의 인터뷰는 제1차 2010년 7월 27일, 제2차 7월 29일, 제3차 8월 4일, 총 3차례에 걸쳐 서울특별시 종로구 효자동 미래한국재단 집무실에서 이루어졌다.
　허화평 (전) 정무수석은 육군사관학교 17기 출신으로, 박정희 정권 때 제1공수특전단(지금의 특전사)에서 전두환 소령과 허화평 중위로 알고 지내다가, 1979년 3월 전두환 국군보안사령관이 허화평에게 비서실장으로 보좌를 부탁하면서 첫 인연을 맺게 된다. 그 해, 10월 26일 박정희 대통령의 유고로 전두환 합동수사본부장을 도와 비서실장으로 정승화 육군참모총장을 조사, 구속하는 과정에서 군사적 충돌로 12·12를 맞게 된다. 10·26으로 사회가 혼란한 시기를 거쳐, 1980년 5월 17일에 비상계엄을 전국적으로 선포하고, 18일에 진압을 하는 과정에서 시민과 무력충돌이 발생하였다. 제12대 전두환 대통령 집권 초기에 청와대비서실 보좌관과 정무수석비서관으로 일하면서 정치면에서 5공화국의 핵심적 역할을 담당하였다. 정무수석으로 일하는 동안 가장 대표적인 업적은 공산주의체제에 대한 레드 콤플렉스(red complex)를 극복하는데 주도적 역할을 하였고, 대통령 7년 단임제 실시로 민주적이고 평화적인 정권교체를 하는데 주요 역할을 담당하였다는 것이다. 또한 당시 능력위주 사회에 걸림돌이 되는 연좌제를 폐지시켰다. 그 외에도 통행금지 해제, 대학입학정원 확대, 해외여행 자유화 등의 자유주의적 정책을 이끌어 국내 정치와 경제부문의 안정화에 크게 기여한다. 그러나 이철희, 장영자 어음사기사건이 터져 청와대에서 2년여에 걸친 생활을 접고 미국 헤리티지 재단으로 건너가 5년여 머무르면서 한국의 선진사회로의 도약에 대한 연구에 몰두한다. 1992년 제14대

국회의원에 당선, 1995년 김영삼 정권 때 5공화국의 군사반란과 내란에 대한 재판으로 구속되고, 옥중에서 1996년 제15대 국회의원으로 당선되지만 수감으로 자격이 상실된다. 현재 미래한국재단 이사장으로 일하면서 미래 한국을 조망하고 부단한 연구와 자문활동을 하고 있다.

허화평 (전) 정무수석은 해박한 지식과 뛰어난 기억력을 동원하여 1980년대를 전후한 주요 정치적 사건을 소상하게 구술하였다. 인터뷰 기록 중에서 주목할 만한 주요 내용을 간략하게 소개하면 다음과 같다.

첫째, 1979년 10월 26일, 박정희 대통령의 시해사건에 대한 당사자 처벌이 당시 총을 쏜 중앙정보부장 김재규를 사형시킴으로 단독처벌로 종결되었지만, 김계원 청와대 비서실장과 정승화 육군참모총장의 모의와 협조가 있었음을 밝히고자 하였다. 이에 대한 증거로, 청와대 앞 궁정동 안가에서 수십 발의 총이 난사되었는데, 정승화는 지척의 거리에서 대기하고 있었음에도 사건에 대해 전혀 모른다고 발뺌했고, 사건 후 김계원이 비상각의를 통해 계엄선포를 준비하는 등 정권장악 태세에 돌입하였다는 것이 제시되었다.

둘째, 12·12는 10·26의 연장선상에서 사건을 조사하기 위하여 불가피하게 발생하였다고 설명한다. 사형당한 김재규 중앙정보부장뿐만 아니라, 함께 모의한 김계원 청와대비서실장과 정승화 육군참모총장의 범죄가담에 대한 혐의를 조사하기 위해 합동수사본부가 정승화 참모총장을 공개적으로 연행하는 과정에서 무력충돌이 일어난 것이 12·12사건이지, 5공화국의 주요 세력들이 정권을 차지하기 위해 쿠데타를 일으킨 것이 아니라는 주장이다.

셋째, 1980년 5월, 군부가 먼저 비상계엄을 확대해서 시민들을 잡아넣고 총포를 겨눈 것이 아니라, 무정부상태의 혼란을 진압하기 위해 불가피하게 마찰이 발생하였다고 증언하였다. 5월 15일 서울역 광장에서 35개 대학생들이 몰려와 버스를 뒤엎는 등 폭력시위가 일어났고, 16일 광주지역에서 김대중이 국민연합의 이름으로 국민선언문을 발표하면서 선동하자 전국이 완전히 무정부상태에 진입하였다. 이에 군부는 17일 비상계엄을 확대하자, 18일 광주지역에서 더욱 거세게 반발이 일어나면서 진압군과 시민군 사이에서 비극적인 무력충돌이 발생하였다고 증언하였다.

넷째, 5·18광주사태는 집권세력의 음모에 의해 일어난 것이 아니라, 총포로 무장한 시민들 중에는 북한에서 내려온 간첩이 주도하거나 일부 포함되어 있었다고 주장했다. 그 주장의 근거로 총포를 다루는데 미숙한 군인들에 비해, 일반 광주시민들이 능숙하게 총포를 다루었고, 무장하는데 사용한 무기가 칼빈으로 우리 군인이 소유하지 않았던 것으로 조사되었다. 또 사망한 시민들의 대다수가 군인들이 총을 쏘았으면 앞에서 총을 맞고 쓰러졌을 텐데, 시체들의 총 맞은 부위가 등 뒤로 조사된 것은 시민군 중에 누군가 시민들을 타겟으로 뒤에서 발사했을 가능성이 매우 높다는 것이다. 또한, 전쟁이 발발하면 점령군이 사회를 급속도로 교란시키기 위해 제일 먼저 찾아가는 곳이 교도소인데, 5·18 때 실제 시민군들이 습격을 시도한 곳이 광주 교도소였다. 뿐만 아니라 지금도 북한 평양에서 5·18을 기념하는 행사가 매년 열리고 있다. 이상의 증거들은 5·18사건을 주동한 인물을 국내 시민들에만 국한시킬 수 없다는 정황을 뒷받침한다.

다섯째, 최규하 대통령의 하야는 김정렬 국무총리 등의 주장처럼 전두환 보안사령관과 측근들의 강압 때문에 물러난 것이 아니라, 결국 스스로 물러난 것이라고 언급하였다. 최규하 대통령은 5·18사태를 겪으면서 버틸 수 있는 부분에 한계를 느꼈고 국정업무가 본인의 역량을 초과하는 상태라고 인식하여 거의 포기 상태에 있었다는 것이다. 실제, 최규하 대통령이 전두환 장군 보고 "나는 안 되겠다. 당신이 아무래도 내 자리를 맡아야 되는가보다"고 말씀하셨다고 한다. 이에 전두환 장군이 "저는 준비된 바가 없습니다"라고 대답했지만, 끝내 어느 시점에서 수락을 했다는 사실을 전해 들을 수는 없었다.

여섯째, 5공화국 헌법에서 핵심적인 사항은 대통령 임기를 7년 단임제로 설정한 것이라고 강조하였다. 우리 헌정 역사상 최고 권력자가 정상에 올라가면 장기집권이 계속되었기 때문에, 단임제를 구축해야겠다고 확고히 못 박았고, 그 대신 기한을 늘리는 것으로 결정을 본 것이다. 7년으로 정한 이유는 새로운 정부를 구성하고 정비하는데 적당한 기간을 고려했고, 7년이면 여당인 민주정의당이 열심히 뛰어서 국민의 심판을 받을 수 있을 것이라고 보았던 것이다. 선거방식도 당시 직선제로 하면 국민 전체가 선거에 매달리게 되고 예상외의 우발적인 상황들이 생기는 위험 가능성이 커서 나중에 직선제로 수정하더라도 당시는 간선제가 적합하다고 논의되어 그렇게 결정되었던 것이다.

일곱째, 5공화국 헌법에서 허화평 (전) 정무수석이 주도적으로 담당한 부분은 연좌제 폐지였다. 당시 중앙정보부, 법무부, 기무사, 경찰 조직은 전부 연좌제 폐지를 반대했다. 14대 국회 당시, 12·12 국정조사를 주관했던 강창성 의원이 허화평 의원보고 개인의 이익을 위해 연좌제 폐지를 주동한 것이 아니냐는 서면질의를 한 적도 있었다. 그러나 연좌제는 무수한 인재들이 실력을 발휘하기도 전에 좌절시키는 악법으로, 개인의 책임은 개인이 부담하는 당사자주의가 바로 서야 민주주의가 발전한다고 보고 사회발전을 위해 강력하게 추진한 사항이라고 한다.

여덟째, 5공화국은 군부가 주도한 군사정권이라고 지적을 받지만, 실제 5공화국의 주축은 민간 테크노크라트(technocrat), 뷰로크라트(bureaucrat)들로서 이전 정부와 달리 오히려 민간전문가들이 대거 청와대 수석과 장관으로 일하게 되는 전환이 있었다고 언급하였다. 허화평 (전) 정무수석은 5공화국 초기 청와대 조직개편을 거의 주도하였다고 볼 수 있다. 국방부 등 군 관련 부처에만 군인 관료를 등용하고, 나머지 부분에서는 해당 분야에서 당시 최고의 전문가로 꼽히는 민간전문인을 청와대와 중앙부처에 기용하였다. 또한 민정당 창당에 실질적인 조정자 역할을 하였고, 제11대 국회가 운영되는데 있어서 주요 정책결정, 법안통과 등에 대한 업무를 주체적으로 책임지고 맡았다.

아홉째, 자동차산업의 실시와 관련하여 김재익 경제수석과 재무장관 등은 우리나라가 자동차산업 실시가 현실적으로 불가능하다며 반대하지만, 허화평 정무수석과 상공부장관, 정주영 현대 회장은 찬성했던 것으로 밝혀졌다. 김재익 수석은 비교우위론자여서 막대한 자본과 기술을 필요로 하는 자동차를 우리나라가 생산하는 것보다 외국에서 수입하는 것이 더 국가예산을 감축하는 것이라고 산업화를 반대하였다고 한다. 그러나 김재익 수석에게 보고하지 않은 채 유종렬 박사로 하여금 전문가를 대동시켜 우리나라가 완제품 생산은 외국을 이겨내지 못하더라도, 부품 생산은 경쟁력을 가질 수 있고, 무수한 일자리를 창출한다고 대통령에게 보고하여, 최종적으로 대통령의 결정을 얻어내어 자동차산업을 시작하게 되었다.

열 번째, 5공화국의 언론 통폐합은 언론의 자유를 막고 국민들 의사표현의 자유를 통제하여 5공화국 실세들이 권력을 장악하려고 실시했던 것이 아니라, 서울뿐만 아니라 지방에서 수많은 민간언론이 우후죽순으로 생겨나 정무수석은 사회질서 차원에서 정리가 필요하다고 판단하였고, 민간언론 출신들이 오히려 정부를 찾아와 언론통폐합을 요청하였던 것으로 증언하였다. 이에 당시 안기부에 집중된 언론기능을 국무총리실 홍보조정실로 이양하고, 반체제 기자들을 정리하는 작업이 이루어졌다. 그때 언론재단, 언론기금, 프레스센터 등이 만들어졌다. 최후의 혜택으로 살아남은 언론이 조선, 중앙, 동아일보 등인데, 당시 퇴출되었던 기자들이 후에 복직하여 오히려 5공화국을 비판, 심판하는데 더 앞장서는 결과를 초래하였다. 허화평 수석은 5공화국의 가장 실패한 정책으로 언론통폐합을 꼽았다.

열한 번째, 국가보위비상대책회의(국보위)의 결정에 따라 사회정화위원회에서 국민의식개혁과 사회질서구축 차원에서 폭력배를 일제 단속하는 삼청교육이 실시되었다. 폭력배들이 가장 두려워하는 것이 육체적 교통으로 전방부대에서 끊임없이 육체적 훈련을 시켰다고 한다. 당시 법적인 근거가 전혀 없이 초법적 조치로 이루어졌다고 회고하였다. 폭력배를 선별하는 과정에서 지역 집행가들이 간혹 무고한 시민들을 강제로 교육시킨 실수가 자행되었고, 시대가 지난 지금은 불가능한 사안이라고 평가하였다.

열두 번째, 전두환 대통령은 평소 스포츠를 매우 좋아했고, 88올림픽을 유치하는데 성공한다. 전두환 정권 당시 올림픽 개최 주체인 박영수 서울시장, 김택수 대한체육회 회장이 모두 반대했었다. 그러나 우리나라가 잘 사는 나라는 아니지만 국제사회에 우리나라도 역량이 있다는 걸 과시할 필요가 있다는 취지로 유치를 밀어붙였다. 전두환 대통령은 경기 한 종목당 기업인들의 스폰을 배치하고, 해외 IOC위원들을 설득하기 위해 해외주재 공관들이 적극 활동하도록 지시했다. 1980년 모스크바 올림픽에서는 자유진영 국가들의 불참, 1984년 로스앤젤레스 올림픽에서는 공산진영 국가들이 불참한 터에, 88올림픽에서는 동서냉전이 만나는 올림픽 개최를 기획하였으나 마지막까지 중국의 참여가 불투명했다. 마침 1984년 대만으로 가려던 중국 민항기가 춘천에 불시착하자 납치주동자를 제외한 비행기와 승객들을 대만 정부의 강력한 요청을 거부하고 중국으로 돌려보내고, 선상반란을 일으킨 중국선박이 목포에 표류하는 사건이 발생하여 선박 내 불량배들은 중국으로 이송시키자 중국이 안나 샤놀드를 보내서 고맙다는 인사를 건넸고 올림픽에 참가하게 되었다고 한다.

열세 번째, 5공화국이 노동자를 탄압했다는 것은 동의하기 어렵다는 입장을 표명했다. 5공화국 수립초기 중화학공업도 구조조정을 하고, 정부도 예산집행 시 불필요한 경비를 줄여나가는 등 군인과 공무원이 희생을 솔선수범하고 사회 전반적으로 가난탈피를 위해 노력하고 있던 터라, 노동문제를 인식할 수도 없는 상태였다. YH무역 여성노동자들이 임금처우 문제로 농성을 벌인 것이 시발점이 되어 노동문제가 불거졌고, 이 사건 이후에 장기적으로 국가차원에서 노동자들의 문제를 정상적으로 다루어야겠다는 전환이 이루어졌다. 당시는 노동자를 탄압하였다기보다 노동문제를 인식하는 단계였고, 노동청을 노동부로 승격하여 노동문제를 본격적으로 다루었다고 평가하였다.

열네 번째, 한미관계에 있어서 그 이전의 어떠한 정부보다 전두환 정권은 미국과의 관계가 가장 우호적이었다고 평가하였다. 10·26사태가 났을 때 미국은 전두환 소장을 포함한 5공화국을 건설한 인사들에 대해 정보를 거의 가지고 있지 않은 상태였고, 합동수사본부도 주한미군, CIA와 전혀 교류가 없는 상태였다. 해방 이후 미국이 한국에 주둔한 이후 가장 관계가 심각하게 단절된 상태로 볼 수 있다. 미국 카터 대통령 때, 5공화국 주요 인물들도 미국군에 도움을 요청할 일도 없었고, 미군에 협조할 일도 없이 독자노선을 걸었다고 한다. 이후, 레이건 행정부 때 관계가 우호적으로 선회하였는데, 이는 미국이 5공화국에게 평화적 정권교체를 요구한 것에 대해 5공화국이 이를 이행한 것에 기인한다고 설명하였다. 미국이 요청한 바는 5공화국이 민주화를 지키고, 대통령 단임제로 평화적 정권교체를 지키고, 인권탄압도 하지 않겠다는 것을 약속하면 전두환 정권을 받아들이겠다는 것이었다. 그리고 박정희 정권 때 한미관계를 경직시켰던 한국의 핵개발과 보유문제를 5공화국 국가보위비상대책위원회는 핵을 연구하는 국방과학연구소의 과학자들을 대거 해고해 버림으로써 사실상 핵개발을 해체시켜 버렸다. 이로써, 워싱턴과의 관계가 매우 우호적으로 전환되었고, 미국의 도움으로 일본으로부터 차관을 빌려 5공화국은 경제발전에 힘을 쏟을 수 있었고 국내 경제가 안정세로 돌아설 수 있었다.

열다섯 번째, 이철희, 장영자 씨의 어음사기사건이 공개되어 5공화국의 정의사회 구현이라는 국정 목표가 큰 타격을 받게 되며, 이에 대한 책임을 물어 허화평 (전) 정무수석은 청와대를 떠나게 된다. 허화평 수석은 전두환 대통령의 처삼촌인 이규광 씨를 구속해야 근본적인 사건이 해결된다며 사건의 공개를 주장하였다. 그러나 법무부장관인 이종원 씨, 정치근 씨는 대통령에게 영향을 미치지 않도록 정치적으로 조용히 처리하려고 했다. 이 과정에서 충돌이 발생하였고, 허화평 정무수석은 이 사건으로 오해를 받고 청와대를 떠나게 된다. 그러나 허화평 수석이 이 사건을 법에 따라 처리함으로써 5공화국 초기는 오히려 부패한 정권으로 내몰아지지 않았고, 초기 이후에도 임기 마지막까지 전두환 대통령과 5공화국이 국정운영을 계속 할 수 있도록 만들어 준 힘이 된 것이라고 회고하였다.

열여섯 번째, 금융실명제는 우리나라에서 김영삼 정권 때 처음으로 실시되지만, 원래는 이철희, 장영자 사건 이후에 5공화국 김재익 경제수석이 다른 수석과 장관들 몰래 전두환 대통령 서명을 받아와 시행하려고 했던 것으로 드러났다. 그러나 이 사실을 뒤늦게 알게 된 허화평 정무수석을 비롯한 여당 등이 이 제도의 시행을 연기시킨다. 그 이유는 첫째, 당시 금융실명제를 하면, 대기업의 돈은 겉으로 찾기 힘들 것이고, 결국 외부 자금으로 겨우 일하는 중소 영세사업자들만 자금줄이 막혀 경제활동이 어려워진다는 것이었다. 둘째, 선거와 정당운영에 쓰여지는 정치자금이 실명제로는 현실적으로 조성되기 어렵고, 오히려 사회에 큰 혼란을 불러일으킬 것이었다. 금융실명제 실시와 같은 법치만능주의는 오히려 사회에 범법자를 더 양산하여 사회혼란을 가중시킬 뿐이다. 궁극적으로는 법치만능이 아닌 금융이 투명한 사회를 만들어야한다는 취지에서 당시 시대상황을 고려하여 금융실명제 실시를 반대하였던 것이다.

열일곱 번째, 5공화국 초기 허화평 (전)정무수석은 결국 영부인의 눈 밖에 나고 섭섭한 소리를 들을 수밖에 없었다고 한다. 5공화국 초기 11대 국회의원 선거 전에 이상주 교문수석이 당시 '새 세대 육영회' 업무를 보는데, 그 이사들이 전부다 기업총수의 부인들이었고, 세상 사람들이 볼 때 이 조직은 국회의원 선거에 영향을 미치고 정치자금 모금으로 비춰질 것이 뻔하기 때문에 허화평 정무수석은 회의 소집을 만류했고 결국 회의는 취소되었다. 10 · 26 직후 박근혜 대표가 운영하는 '새마음 봉사단'도 국가

사업이라면 모를까 로얄패밀리가 할 일이 아니라며 해산을 유도한 바 있다. 이러한 사건들로 허화평 수석은 영부인으로부터 유감을 사게 된다. 후에 결국 이러한 내용은 5공화국 청산시 문제가 되었다.

　허화평 (전) 정무수석은 전두환 정권을 수립하고, 국가의 기틀을 잡는데 핵심 인물이었다는 것이 본 구술을 통해 재차 확인되었다. 기존 일반시민들과 김영삼 정부에서 역사적 재판을 통해 알려진 사실과는 달리, 본 구술사료집에서는 10·26사건의 진실, 12·12사태의 발발 원인, 5·18사건의 원인과 수습과정 등에 대해 당시 군과 정부관료 및 집권세력의 시각에서 사건이 재구성되었다. 집권세력의 입장에서 전두환 정부의 역사가 새로 쓰여진다고 해도 과언이 아닐 정도로 상세히 구술기록 되었다는 점에서 본 구술사료집은 매우 중요한 의미를 갖는다. 그동안 시민들의 시각에서 인권탄압 정권으로 비춰진 과오가 상대적으로 크게 부각되었던 것에서 탈피하여, 5공화국은 대통령 7년 단임제 실시, red complex의 극복, 연좌제 금지, 88올림픽 유치 등의 공적을 쌓아 정치와 경제의 개방, 개혁, 시민의 자유화를 구축한 정권으로 재조명할 필요가 있다. 그외 5공화국은 과외전면금지조치와 공교육 강화로 교육세 신설, 야간통행금지조치 해제, 대학 입학정원 증가, 해외여행 자유화 실시 등도 개혁, 개방과 민간주도의 기류를 국가정책에 가장 먼저 적용한 정권이라는 것을 재차 뒷받침한다.

2. 구술

>>>>> 1차 구술 ─────────────────────────

권자경: 연세대학교 국가관리연구원은 '대통령 리더십과 국가관리'라는 연구과제를 진행 중에 있습니다. 2010년, 연구 2차년도에는 전두환 대통령 시기와 관련된 구술채록입니다. 오늘은 그 시기의 구술을 위해 현재 미래한국재단 이사장이시며, 전두환 정부에서 당시 정무수석비서관을 지내신 허화평 (전) 정무수석을 모시고 인터뷰를 진행하겠습니다. 일시는 2010년 7월 27일 화요일 오후 2시입니다. 장소는 서울시 종로구 효자동 미래한국재단입니다. 이사장님, 안녕하십니까?

허화평: 반갑습니다.

권자경: 허화평 현 미래한국재단 이사장님께서는 제5공화국, 전두환 대통령과 인연을 맺기 시작한 것은 언제부터였고, 어떠한 계기가 있으셨습니까?

허화평: 생각해보면 1963년경이 아니었나 싶습니다. 당시 김포에 공수특전단이라고 있었습니다. 당시에는 제1공수특전단이었는데, 지금은 특전사 1여단입니다. 아마 전두환 대통령께서는 그때 당시 소령이셨고, 저는 육군 중위였습니다. 벌써 그 이전에 이름은 다 알고 있었던 사이지요. 전두환 대통령은 육사 11기고, 저는 육사 17기였으니깐, 6년 차이나지요. 1개 기수에 약 200여 명이 졸업을 하는데, 6년 동안이면 1,200명이 졸업하여 육군에 흩어져서 근무를 한 상황이지요. 그 중에서도 병과로 보병, 포병, 통신병,

공병, 병참 등으로 구분하는데, 보병으로 가장 많은 비율이 배치됩니다. 보병 부대가 주력부대니까요. 전 대통령과 저는 같이 생도 생활은 안했지만, 사관학교 다니면서 임관하면 선후배 관계를 다 알게 되고, 기수별로 생도들의 개성들을 서로 파악해서 알고 있었지요. 1963년이면 혁명 직후여서 우리가 서로 어려울 때고, 군도 예외 없이 여러 가지 문제를 안고 있었던 시절이었습니다. 전략 전술도 열심히 공부해야했고, 부대도 잘 관리해야 했습니다. 무엇보다, 자주국방의 역사가 거의 없는 우리나라에서는 신생 독립국가로서 남의 나라 도움으로 군대의 명맥이 이어져왔기 때문에 어려움이 많이 있었습니다. 군에 대한 애착도 있었지만, 국가에 대한 사명감이 대단했습니다. 자연스럽게 국가를 걱정하고 사명감을 불태우면서 육사 선후배 간에 서로 관심을 가지고 지내게 되었습니다.

권자경: 당시 전두환 소령은 허화평 중위를 특별히 애착을 가지고 대하셨습니까?

허화평: 박정희 대통령의 혁명 후, 혁명에 참여한 원로선배들은 정치에 다 나가시고, 군대도 새로운 바람이 불었습니다. 박정희 대통령은 군 출신이시니깐 군이 새로운 국가를 책임져야 한다고 당부하셨습니다. 육군사관학교 생도들은 그러한 자부심에 가득 차 있었습니다. 당시 전두환 소령은 생도 선후배들과 어울리기 좋아하시고, 후배를 사랑하고, 동료들도 잘 챙기고, 또 원래 운동을 좋아하셨어요. 그래서 서로 친목을 다지고 쉽게 친해질 수 있었죠.

권자경: 5공화국의 출발점인 1979년 12·12사태에 대한 질문을 드리겠습니다. 전두환 대통령이 박정희 대통령 시절에 5공화국 건설을 위한 사전 준비 작업을 하신 것이 있었습니까?

허화평: 있을 수가 없습니다. 왜냐하면 전두환 대통령께서는 혁명 직후부터 박 대통령을 모셨습니다. 그 이전에 인연이 있었습니다. 전두환 대통령의 장인이 박 대통령과 육사 동기에요. 이순자 여사의 부친께서 전두환 대통령이 진해에서 생도 생활할 때, 참모장이셨어요. 육군사관학교 참모장은 학교의 관리 총 책임자입니다. 4년제 정규사관학교 제1기생이 들어왔을 때, 군의 선배들은 기대와 애착을 가지고 지도할 때니까, 아마 그때 장인어른 눈에 전두환 대통령이 눈에 띈 것 같아요. 전 대통령은 혁명이 나자마자 박 대통령 국가재건최고회의 의장 민원비서로 갔습니다.

권자경: 전두환 대통령께서 박정희 대통령 시절에 민원비서셨습니까?

허화평: 그렇습니다. 혁명 직후에 전 대통령께서, 그 당시 대위였어요. 항간에는 전 대통령이 흔히 정치군인으로서 권력 잡아서 대통령을 했다 그러는데, 그게 아닙니다. 전 대통령 본인의 이야기를 제가 몇 번 들어서 잘 압니다. 혁명 이후에 박정희 대통령이 전두환 대위보고, "전 대위, 군복 벗고 국회에 나가보시오"라고 했다는 겁니다.

권자경: 박정희 대통령께서 직접 그 말씀을 하셨습니까?

허화평: 네, 직접 하셨다고 합니다. 하지만 전두환 대위는, "저는 군대에 남아있겠습니다"라고 답변을 했다고 해요. 육사 출신은 크게 두 가지 부류가 있습니다. 하나는 졸업해서 전방에 잠깐 갔다가 다시 대학교 위탁 교육을 받고 육사 교수로 가는 사람들인데, 그 사람들은 장군 진급이 거의 안 됩니다. 이분들은 박사나 교수로 군에 기여를 하는 셈이지요. 다른 하나는 오로지 군대에 남아서 군대 생활을 하는 부류에요. 이들을 정통파라고 할 수 있어요. 전 대통령은 후자 쪽이지요. 전두환 대위는 군대에 남아서 군

을 이끌어가는 지도자가 되겠다고 결심을 했습니다. 본인이 정치할 생각을 했다면 기회는 많았을 거에요. 그러나 힘든 군대를 떠나지 않고, 열심히 군대를 지켰습니다. 그러다가 10·26이 난 것이지요. 10·26 이전에는 정치할 생각은 전혀 없었다고 봐야합니다. 그런데 10·26이라는 이 사건 때문에 전부 다 휩쓸려 버렸습니다. 그 격동기에 저는 막 대령으로 승진되고, 서울 지역에서 근무를 하고 있었을 때였어요. 저는 전두환 대통령과 인간관계는 깊었지만, 한 부대에서 직접 모시고 근무한 적은 없어요. 저는 주로 전방 부대에서 근무했었고, 서울에 근무해야 한다는 생각을 한 일도 없었어요. 그런데 1979년 3월 전두환 대통령께서 당시 사단장을 하시다가, 보안사령관으로 발령이 났어요. 현재는 기무사령부지요. 보안사령관으로 발령이 났는데, 저보고 비서실장으로 와서 보좌 좀 해달라고 하셨어요. 그 때 제가 대령으로 진급하고 전방에 연대장으로 부임하는 과정에 있는데, 부름을 받고 보안사령부 비서실장으로 갔습니다. 3월에 갔는데, 10월에 10·26이 났잖아요? 그렇게 해서 운명이 바뀌게 된 것입니다. 그때는 10·26이 일어나리라고는 꿈에도 생각을 못했습니다. 만약 전두환 대통령께서 보안사령관이 아니고, 저도 보안사 비서실장이 아니었다면, 우리는 그 당시 상황에 아무런 역할을 해야 될 이유도, 필요도 없었습니다. 그런데 보안사령관, 보안사 비서실장 자리에 있었고, 마침 10·26이라는 정치적 상황이 벌어진 것이지요. 계엄이 벌어지면 결정적으로 중요한 역할을 하는 부대가 보안사령부입니다. 우리가 그때 그 자리에 있었기 때문에 피할 수 없는 과제였다고 생각합니다.

권자경: 운명의 시작이라고 할 수 있겠네요?

허화평: 네, 그렇게 운명은 다가왔습니다.

권자경: 보안사령관이라는 자리가 비상시에 국가안보를 책임져야 하는 자리인가요?

허화평: 그렇습니다. 잘 모르실겁니다. 어느 나라 마찬가지인데, 보안사, 즉 지금의 기무사령부의 주 기능은 두 가지에요. 방첩, 스파이가 우리 군대의 비밀을 빼가지 못하도록 감시하는 것이 첫 번째 임무입니다. 간첩들이 군에 침투할 때, 보안 부대가 간첩을 잡는 이유는 바로 그런 고유의 목적을 수행하는 임무가 있기 때문입니다. 두 번째 중요한 임무는 대전복 임무입니다. 이는 정부를 전복시키려고 하는 쿠데타 방지 임무입니다. 그러니까 무력을 갖고 있는 사람이 쿠데타를 일으키지 못하도록 쿠데타를 미연에 방지하는 임무를 지니고 있습니다. 이는 군대를 감시하는 방식으로 이루어집니다. 그건 지금도 마찬가지에요. 국방부장관부터 말단 중령 지휘관에 이르기까지, 이 사람들이 부대에서 열심히 근무하는지, 도덕적으로 잘못이 없는지, 부정하지 않는지, 부패 행위를 하는지, 충성심이 있는지 없는지, 이런 사항들을 계속 관찰하는 것입니다. 기무사에는 그게 전부 다 서류화 되어 있어요. 박 대통령 것도 있고, 제 것도 있습니다. 예를 들면 제가 육군 소위가 돼서, 제대할 때까지 저는 그 부대의 감시대상이에요. 여러 가지를 볼뿐만 아니라, 24시간 관찰을 받습니다. 그게 보안 부대의 임무에요. 그러니까 국가비상사태가 나서 계엄이 선포되면 이 보안사는 계엄사 내에서 정보에 대한 총책임자입니다. 이는 지금도 마찬가지고, 앞으로도 그렇습니다. 법적으로 그렇게 되어있습니다. 계엄사령관은 정보의 최고 자리지요. 지금은 없지만, 그때는 보안사가 일반 정보도 관리했습니다. 중앙정보부나 경찰처럼 간첩을 잡기 위해서도 그렇고, 여러 가지로 국가가 처음 출범할 때부터 좌우격돌이 있는데다, 분단이 되어 국가를 관리하는 권위주의적 지도자 입장에서는 다 관찰이 필요했습니다. 그런데 이러한 관찰이 한 조직에게만 시키면 정보를 제멋대로 조작할 수 있기 때문

에 같은 사실을 놓고 경찰, 국정원, 그리고 군대계통 보안사령부가 각각 보고하도록 했습니다. 이렇게 하는 경우 같은 사실을 누가 왜곡하고 있는지 바로 알 수 있기 때문입니다. 정보는 늘 다원화되고 견제되어야 합니다. 박 대통령이 그 당시에 가장 믿었던 정보조직이 보안부대였습니다. 왜냐하면 군인은 편법과 요령을 부리지 않고 똑바로 곧장 보고를 올리기 때문이지요. 한편, 경찰이나 국정원은 정보를 팔기도 하고 여러 가지 트릭을 쓰는 경우도 있습니다. 군인은 그런 게 없잖아요. Yes면 Yes, No면 No에요. 그렇기 때문에 박 대통령은 경찰, 중앙정보부보다 보안사를 가장 신뢰했다고 봅니다. 기술은 좀 떨어질지 몰라도, 이 사람들의 보고는 가장 정확하다고 보신 것 같아요. 그렇게 박정희 대통령은 국가를 관리하셨어요.

권자경: 그렇게 해서 10·26사태까지 맞이하시는데요, 그렇다면 1979년 12·12사태는 10·26사건과 어떤 관계가 있는 것입니까?

허화평: 아... 12·12는 10·26 때문에 일어난 것입니다. 10·26사태가 일어나지 않았으면 12·12사태는 일어날 이유가 없었습니다. 혹자들은 5공화국 초기 구성원들이 정치적 비판을 받는 과정에서, 권력을 잡기 위해서 12·12를 일으켰다고 이야기합니다만, 그럴 수 없습니다. 10·26 때문에 12·12가 발생한 것입니다.

권자경: 네. 그럼, 10·26을 겪으신 당시 상황을 먼저 들을 수 있을까요?

허화평: 그거 굉장히 긴데... 10·26사건... 박 대통령 사망에는 여러 관련 인물들이 있어요. 김재규가 그 핵심 인물이고, 정승화, 김계원 등이 있어요. 김계원은 당시 청와대 비서실장을 했고, 김재규는 중앙정보부장이고, 정승화는 육군참모총장이었습니다. 김재규는 정보의 총책임자고, 김계

원 청와대 비서실장은 청와대 서열 2위에 해당하는 인물이었습니다. 대통령 다음으로 직위가 제일 높은 사람이었다고 볼 수 있죠. 그 다음 정승화 장군은 육군참모총장으로서, 군에서 실질적인 권력을 가진 사람이었어요. 10·26사태의 전모는 이 세 사람이 박 대통령을 제거하고, 권력을 잡으려고 한 쿠데타 시도라고 볼 수 있습니다. 물론 그 사람들은 이것을 인정하지 않았습니다. 정승화 본인은 '처음에는 그런 걸 모르고, 그 근방에 있다가 내가 억울하게 당했다'는 입장을 주장하고 있습니다. 김재규는 '여러 가지 정치적 상황으로 봐서, 차지철 경호실장이 안하무인으로 그야말로 인해의 장막을 쌓고 있기 때문에 우발적으로 내가 쏴 죽였다'고 얘기를 했습니다. 10·26사건 이후 시간이 지나 재판도 해보고, 여러 가지 상황을 종합해본 결과, 분명 10·26은 정보 총책임자인 김재규, 군의 최고 책임자인 정승화, 청와대 2인자 김계원이 박 대통령만 제거해버리면 자기들이 권력을 장악할 수 있다고 확신하고 궁중 쿠데타를 모의했다고 봅니다. 대통령을 사살한다는 것은 보통일이 아니잖아요? 그 세 사람은 깊은 인연이 있었습니다. 우선 전부 다 경상북도 사람들입니다. 박 대통령은 구미 출신이고, 김재규도 같은 고향 사람이에요. 김재규는 안동에서 한때 학교 선생님이었어요. 김계원 비서실장은 영주 출신이에요. 셋은 서로 잘 아는 사이였어요. 그리고 정승화는 김재규가 밀어서 참모총장이 된 사람이었어요. 물론 정승화는 '자기는 잘 모른다'고 말 하지만요. 당시 참모총장 후보가 두 사람 있었습니다. 후보 한 명은 지금은 돌아가신 박희동 장군이었어요. 육사 3기로, 3군사령관을 하고 있었는데, 노재현 당시 국방부장관은 박희동 장군을 참모총장으로 밀었지요. 그런데 김재규는 자기 생각을 갖고 있는 사람이라서 정승화를 밀은 겁니다. 결국은 정승화가 참모총장이 되었어요. 세상에 비밀이 없습니다. 인사는 처음 결정될 땐 잘 모르지만, 지나고 나면 다 알게 돼 있습니다. 그 세 사람은 그런 특수 관계에 있었어요. 만약 그날 중간에 상황이 헝클어지지만 않았다면, 결국 김재규는 성공했을 거에요. 대통령을 제거해버리고, 그 다음에 김계원 비서실장이 청와대를 장악하고요. 차지철이 사망했으니까요. 다음에 육군 참모총장 정승화가 상황을 백업해버리면 정권전복은 누구도 막지 못한다고 봅니다. 박 대통령은 부마사태 이후에 정치적으로 코너에 몰려있었고, 미국과의 관계가 극도로 악화돼서, 미국 카터 행정부도 박 대통령을 그때 외면해 버린 상태라는 것을 정보 총책임자들은 훤히 알고 있었어요. 이러한 상황에서 박 대통령을 쓸어버리면, 군을 복원시켜 국가를 장악할 수 있다고 계산한 것 같아요. 그래서 가장 간단하고, 경제적인 방법으로 박 대통령을 해친 것입니다. 그게 10·26사태에요. 그러나 자신들은 그렇게 얘기하지 않았습니다. 그리고 재야 세력들, 지금도 있지만 함세웅 신부 등 그 당시 반유신체제들이나 운동권 학생들은 김재규를 유신의 심장에 칼을 꽂은 민주 투사로 얘기했습니다. 박 대통령을 총살한 것은 민주화를 위한 일이었다고 평가하고 있습니다. 종합해 보면 김재규가 그런 사건을 일으키게 된 여러 가지 국내·외 정치·사회적 환경과 대미관계가 복합적, 직·간접적으로 작용했다고 봐야 합니다. 제가 이 시점에서 확신하는 내용입니다. 물론 본인들은 그걸 인정하지 않았습니다. 정승화는 '난 모르고 옆에 있었다', 김재규는 '이거 안 되겠다 싶어서 내가 생각하던 차에 그날 우발적으로 총을 쐈다'라고 말하지만, 대통령을 총살하는데 그렇게 우발적으로 해치울 수 있습니까? 그런 강력한 권력자인 박 대통령을 저녁 한 끼 먹고 술 먹은 김에 기분 나빠서 쏴 버렸다는 것은 말이 되질 않습니다.

권자경: 당시 김재규 중앙정보부장은 권력욕으로 치밀한 쿠데타를 계획하지만, 결국 정권을 잡는데 실패하지 않았습니까?

허화평: 궁정동 사건이 있고 나서, 김재규는 정승화하고 같이 차를 타고 육군본부 벙커로 갔어요. 벙커라는 곳은 비상시에 군을 지휘하는 지휘소

를 말합니다. 소위 그걸 커맨드 포스트(C.P.: Command Post)라고 부릅니다. 비상사태가 발생하면 주요참모들이 모여서 그것에 대한 대처를 논의하기 위해 벙커에 모입니다. 그 벙커에 가서 김재규가 빨리 비상계엄을 해야 된다고 하면서 자기들이 군 동원 준비를 했어요. 그건 수사 과정에 다 나와 있습니다. 궁정동에서 박 대통령을 쏴 죽인 다음에 김재규는 정승화와 같이 육군본부에 가서 함께 행동했습니다. 김계원은 대통령 가족의 의무를 담당하는 부서에 가서, 박 대통령 시신을 거기 안치해 놓고는 청와대에 돌아와서 최규하 국무총리와 김치열 내무부장관을 불렀어요. '박 대통령은 유고다'고 사망하셨다고 알렸어요. 이런 과정에서 김재규는 육군본부 벙커에서 김계원에게 전화를 걸었어요. '거기서 뭐하고 있소? 빨리 벙커로 오시오'라고 중앙정보부장이 비서실장한테 전화를 걸어서 오라가라 한 겁니다. 계엄을 하려면 비상각의를 열어야 돼요. 최규하 총리는 대통령 서거 시 총리가 대통령을 대행하게 돼있으니까 갔습니다. 그때 김계원이 박 대통령을 누가 죽였는지는 말하지 않은 채, 최규하 국무총리에게 박 대통령의 죽음을 알렸습니다. 그래서 그 새벽에 국방부 회의실에서 비상각의를 열게 되었는데, 최규하 총리는 김계원으로부터 보고를 받았음에도 박 대통령이 죽었다는 얘기를 해야 되는데 거기서 아무 말을 하지 않았어요. 우리가 판단하건데 최규하 총리는 겁을 먹고 이미 끝났다 하는 자신의 판단에 따라서 침묵을 했다고 봅니다. 그런데 그 시점에서 김성진 문화관광부 장관, 신현학 부총리 등이 박 대통령의 유고라면 직접 확인을 해야겠다고 한 것이지요.

권자경: 믿지 못하겠다는 뜻을 보이신 것입니까?

허화평: "대통령이 유고를 당했다는 데 확인도 안 하면 되겠냐?"라는 것이지요. 그래서 그 각의를 중단하고 확인하러 갔어요. 그런데 그 사이에

김계원이 노재현 국방부장관을 불러서 '김재규가 범인이다'라고 얘기를 합니다.

권자경: 김재규를요?

허화평: '김재규가 총을 쐈다'라고 말입니다. 그 각의 도중에 살짝 노 장관을 불러서 김재규가 범인이라고 말합니다. 김재규는 빨리 비상계엄을 하고, 분주한 판인데 말이에요. 그래서 노 장관이 정승화 총장보고 '김재규를 체포해라'고 한 거지요. 김재규를 체포해서 보안사령관에게 인계를 합니다. 왜냐하면 수사 능력은 보안사가 관련되어 있었고, 특히 이 사건이 쿠데타일 수도 있으니까요. 저도 그날 육군본부에 가서 김재규를 에스코트해서 왔습니다. 그러니까 정승화가 노 장관의 지시를 안 받을 수 없었고, 결국 육군 헌병대와 우리 보안사 요원이 김재규를 유인해서 체포를 했습니다. 그래서 결국은 김재규 정보부장이 정권을 장악하는 것이 무산 된 것입니다. 그런데 그날 비극적 결정이 일어난 게 있어요. 바로 정승화를 계엄사령관에 임명한 것입니다. 그 당시 비상각의에서는 정승화가 사건 현장에 있었다는 것을 아무도 모르고 있었기 때문입니다.

권자경: 누가 계엄사령관을 임명했습니까?

허화평: 그건 비상각의에서 결정한 것입니다. 그렇게 정승화가 계엄사령관이 되었어요. 계엄사령관이 되면 모든 권력은 계엄사령관의 손에 넘어갑니다. 그리고 사실을 나중에 김재규 입을 통해서 나옵니다. 이쪽으로 한 번 와 보실래요? 역사적 현장을 보여주고 싶어요.

권자경: 여기에서 박정희 대통령 암살 사건의 현장을 볼 수 있어요?

허화평: 저기 보이죠? 지금은 공원으로 되어 있는 곳이 사건 현장인 안가에요. 안가라 함은 김재규의 안전가옥을 말해요. 그러니까 자기가 개인적으로 사람을 만나거나 중요한 밀담을 하기 위한 장소라는 거에요. 그런데 그 옆에서 박정희 대통령이 식사를 하고 죽은 거에요. 그리고 저 뒤에 한 번 보세요. 이 건물 중국 대사관인데 그 끝자락 저 위에요. 저기가 자하문 터널 쪽이에요. 여기가 청와대고, 사건 현장은 여기 앞이에요. 사건 현장이 바로 여기인데, 여기 안가가 두 개 있었어요. 하나는 김재규의 안가로, 김재규가 관리하는 거에요. 사건 현장은 또 다른 안가에서 발생합니다. 그 안가는 옥탑 위가 낮고, 담벼락 사이에는 사이 문이 있었어요. 문을 열고, 여기에서 왔다갔다할 수 있어요. 정승화를 이날 바로 옆 안가에 대기시켜 놓은 거지요. 사전에 철저한 계획을 짰겠지요. 김재규의 부하인 정보부 차장을 여기에 대기토록 시키면서 '정승화하고 얘기하고 있어라. 내가 대통령하고 밥 먹고 나올 거다'고 한 것이지요. 정승화는 사건 당시에 바로 여기에서 김재규의 차장과 같이 이야기를 나누고 있었어요. 김재규가 박 대통령하고 식사가 끝날 때까지요. 바로 여기서 사건이 납니다. 이것을 잘 이해를 하셔야만 다른 것도 이해할 수 있어요. 담 울타리가 이렇게 있고, 여기에 집이 있어요. 둘 사이의 거리는 얼마 되지 않아요. 여기 왔다갔다하는 사이 문이 하나 있어요. 이 사건 현장에 박 대통령이 여기에 앉고, 아가씨 둘이 같이 양옆에 앉아 있었어요. 셋이 나란히 앉았고, 차지철 그 옆에 앉아 있었고, 김재규가 여기에 앉아 있고, 김계원이 앉아 있었어요. 식사 중에 김재규가 총을 빼들고 쏜 거에요. 이 방을 좀 더 세밀하게 그리면, 여기는 부엌이고, 여기는 만찬 장소고, 여기는 응접실입니다. 주변에는 경호원들이 다 있어요. 대통령 경호원, 김재규 경호원, 바깥에도 경호원이 서 있어요. 김재규가 박 대통령을 사살함과 동시에 이 응접실에 있었던 김재규의 경호원들은 박 대통령 경호원을 전부 다 쏴버렸습니다. 모조리요. 그 가운데 하나 살아남긴 남았어. 총은 맞았지만요. 그러니까

여기에서 총소리가 수십 발 난 겁니다. 여기서 총소리가 수십 발 났는데 그걸 몰랐겠어요? 정승화는 거기 지금 대통령께서 식사하고 계시는데 귀가 거기 가 있었겠지요. 지금 다른데 관심이 없었을 거에요. 그렇지 않아요? 만찬 도중에 김재규가 건너와서 정승화보고 조금만 기다리라고 하고, 자기는 2층 방에 올라가서 권총을 갖고 다시 돌아왔습니다. 그렇게 쏴 죽이고, 맨발로 피 묻은 옷으로 다시 정승화한테 옵니다. 그 후 김재규의 차를 타고 김재규의 부관하고 정승화, 그리고 운전수가 함께 육군 본부로 간 겁니다. 박 대통령하고 밥 먹다가 피가 벌겋게 되어 나왔는데 그걸 이상하게 안보면 안 되잖아요? 그리고 총이 한 발만 나도, 이 근방은 엄격한 통제지역이라서 밤에 쥐새끼 소리도 들리는데, 총소리가 수십 발 난 것을 몰랐다는 것이 말이 안 됩니다. 정승화는 "자기는 자하문에서 소리가 나는 걸로 알았지, 여기에서 나는 것으로는 안 들었다"고 말합니다. 또 정승화는 "대통령께서 식사는 여기서 하시는 게 아니고 청와대 본관에서 하는 줄로 알았다"라고 말 합니다. 청와대 본관에서는 김재규가 총을 쏘면 못 나옵니다. 거리가 얼마나 멉니까? 게다가 청와대 안에 경호팀이 첩첩이 있습니다. 제가 근무를 해서 잘 압니다. 대통령 식사하는 데 경호원, 본관 나오는 데 경호원, 중간에 경호원, 입구에 경호원, 중간에 또 경호원... 첩첩이 경호원이 철통 근무를 합니다. 거리도 상당히 있고, 총 쏘고 어떻게 청와대에서 나옵니까? 불가능해요. 안가에서 총소리가 났는데, 청와대에서 총소리가 났다고 하면 안 되지요? 이것을 당시 아무도 모른 겁니다. 몰랐기 때문에 결국, 정승화가 계엄사령관이 되어버린 겁니다. 나중에 김재규가 얘기한 것이 "정승화도 현장에 같이 있었다"고 실토했어요. "그를 왜 불렀냐?"고 질문을 했더니, 김재규가 "정승화와 협조가 될 것 같아서 불렀다. 일 벌려놓고 군 도움을 받기 위해 불렀다. 그런데 정승화와 사전에 모의한 건 없다"고 말했어요. 그렇게 얘기했지만 우리는 믿을 수 없어요. 증거가 없으니까요. 그리고 안가 안에 있던 아가씨들은 다 죽일 필요가 없다고 판단한 듯해요. 박 대통령 사람은 다 죽었어요. 그런데 유일하게 김계원만은 살았어요. 왜 그랬을까요? 한 패니까 안 쐈겠지요. 그렇잖아요? 김계원은 총소리가 나자마자 말릴 생각도 안하고 응접실로 나간 겁니다. 그렇게 하고 나중에 박 대통령을 업고는 병원에 갖다놓고 청와대로 가서 총리를 만난 겁니다. 다 불러놓고, 최규하 국무총리에게 박 대통령이 죽었다라고 얘기를 합니다. 그런데 최규하 총리는 다 끝난 거라고 생각했겠죠. 그래서 비상각의에서 침묵한 것이지요. 나중에 김계원을 수사하는 과정에서 알게 된 거에요. 최규하 대통령이 보고를 받고도, 각의에서 침묵했다는 것을 말입니다. 최규하 대통령은 생전에 자기는 늘 침묵으로 일관했습니다. 정승화가 그런 거짓말을 했는데도 말입니다. 그런데 정승화와 김재규가 취한 태도가 결정적으로 많은 의문을 주었습니다. 김재규가 쏴죽이고 벌겋게 된 사람과 같이 타고 육군본부까지 갔다는 것도 의문이고요, 육군본부에 가서는 군대 동원을 위해 사단을 체크를 했다는 부분도 의문입니다. 몇 사단, 몇 사단... 왜냐하면 권력을 장악하려면 군을 장악해야 되니까요. 그러다가 국방부에서 각의가 열리고, 정승화는 경호실 차장에게 전화를 걸어서 "너희들 가만히 엎드려 있어. 움직이지 말고"라고 말했습니다. 이재전 장군이 경호실 차장인데, 3성 장군입니다. 대통령이 죽었으면, 빨리 가서 현장을 수습하고 비상을 걸어야 될 것 아니에요? 이상하게도 이재전은 비상도 걸지 않았을 뿐만 아니라, 현장에 가있던 경호원까지 오히려 다 철수를 시켰습니다. 이재전 경호실 차장은 정승화 지시만 기다렸어요. 우리가 김재규에게 "박 대통령 죽이고 어떻게 하려고 했습니까?"라고 질문을 했더니 김재규가 "나는 소위 혁명위원회를 구성해서 정승화는 총장을 하고, 뭐 어쩌고저쩌고 해서 권력을 장악하려 했다"고 대답했습니다. 그러나 김계원, 정승화와 모의했다는 소리는 안했습니다. 그러나 사전에 김재규가 김계원 보고 "형님, 제가 오늘 해치우겠어요"라고 말했다고 김계원이 얘기를 했어요. 김계원이 김재규의 군인 선배에요. 김계원 비서실장이 '자기는 김재규의 말이 차지철을 해치우는 줄 알았다'는 겁니다. 대통령하고 같이 앉아있는데서 총 뽑는 게, 그게 있을 수 없는 일 아니에요? 그건 말려야 되는데, 김계원은 알았다고 끄덕끄덕 한 겁니다. 여기까지가 그날 일어났던 일의 전부에요. 10·26이 일어난 원인입니다.

권자경: 그렇군요. 10·26사태로 12·12가 발생하였다는 부분을 좀 더 구체적으로 설명해 주십시오.

허화평: 12·12는 10·26사태 때 주요 인물인 정승화를 수사하기 위해 일어난 겁니다. 우리나라 대통령은 군을 잘 알아야 합니다. 최규하 국무총리가 결정적으로 잘못한 것은, 비상사태에서 어떠한 조치도 취하지 못했다는 것입니다. 그분은 외무부에 계속 근무했기 때문에 비상사태에서 어떻게 해야 하는지를 몰랐던 겁니다. 그때나 지금이나 국무총리는 정치 세력이 있는 사람은 절대 안 시킵니다. 우리나라는 군대를 쳐다보지도 않는 사람들을 늘 총리를 시켜왔습니다. 그런데 비상사태가 생겨서 군이 국정을 거의 장악하다시피 한 상태에서, 국무총리는 상황을 이해하지도 못하고, 자기가 주도해야 되는데, 주도를 못하고 끌려가다시피 한 거에요. 자기 스스로 어떻게 명령을 내릴 상황이 아니란 말이에요. 잔뜩 겁만 먹고요. 정승화는 최규하 국무총리가 그런 상황에 있었다는 것을 보고를 받았단 말이에요. 그래서 정승화는 수사를 해야 됩니다. 그런데 계엄하에서는 우리 보안사령부가 합동수사본부이기 때문에 대통령 시해범에 대한 수사를 우리가 부여받은 것이지요. '지위 고하를 막론하고 철저히 수사를 해라'는 것이 우리에게 주어진 명령이었어요.

권자경: 보안사령부가 수사를 하게 되었다는 말씀이십니까?

허화평: 그럼요. 보안사령부에 합동수사본부가 설치되었어요. 검찰, 경찰, 보안사 수사팀도 모였습니다. 총 대장은 보안사령관이었어요. 그런데 수사 과정에서 우리가 주요 인사를 연행할 때는 반드시 계엄사령관의 결재를 받아야 합니다. 우리는 분명히 여러 가지 상황으로 봐서 김재규, 정승화, 김계원 셋이 합의해서 쿠데타를 시도했다고 확신했기 때문에, 정승화에 대한 명확한 규명 없이는 이 사건을 종결할 수 없다는 입장이었어요. 그런데 문제는 우리가 결재를 받아야할 계엄사령관으로 정승화가 임명된 거에요. 우리가 정승화 계엄사령관더러, '당신을 연행해가야 되는데 사인하라'고 할 수 없었어요. 정승화도 양심이 있다면 '나는 이 자리에 있으면 안 된다'고 해야지요. '혐의가 해소될 때까지는 나는 이 자리에 있을 수 없다'고 해야 하는 거에요. 그렇지 않더라도 최규하 대통령께서 이 사실을 알았다면 재깍 그를 해임했어야 합니다. '당신이 그 근방에 있어서 혐의를 받고 있기 때문에 계엄사령관에서는 내려와야 된다'고 대통령의 권한으로 조치를 취해야 했어요. 당시 우리가 수사하자고 하니까, 대통령도, 장관도 '지금 사회가 복잡한데, 좀 조용해지면 그때 보자'면서 계속 연기시켰습니다. 그 과정에서 세상이 더욱 복잡해져 갔어요. 학생 데모, 사북 탄광사태, 북한문제 등이 동시에 터졌어요. 그때 우리나라 경제가 굉장히 어려웠어요. 절대 권력자가 하루아침에 쓰러졌으니까 어떻게 됐겠습니까? 반유신 체제가 기세를 올리고, 모든 세력과 연계해서 정치주도권을 가져가려고 하는 상황이 벌어졌어요. 우리는 김재규를 빨리 재판해서 결판을 내야 하는 입장인데요. 외부에서는 오히려 김재규의 박 대통령 암살이 민주주의를 위해서 의거한 투사라는 분위기가 서서히 살아났어요. 실제 김재규가 총을 쏜 것은 정승화를 믿고 한 거에요. 육군의 백업을 믿고 총을 쏜 거란 말이에요. 근데 김재규가 의거했다 하는 세력이 자꾸 늘어나고, 정승화는 계엄사령관으로서 임명되면서 자신을 철저하게 보호해야 되는 상태에요. 우리 군인은 아주 심플합니다. 임무를 부여받으면 승패와 관련없이 수행

해야 되는 걸로 알아요. '하다가 죽으면 그만이다'는 것이 군인의 본질이에요. 우리는 대통령을 죽인 범인을 철저히 조사해야 되는 책임을 맡고 있는 기관이기 때문에, 대통령이든 계엄사령관이든 관계가 없는 거에요. 그런데 우리 합동수사본부에서는 '정승화는 반드시 잡아와야 된다'고 보았어요. 만약 정승화 문제를 해결하지 않으면 이 상황은 오리무중이 될 것이고, 결국 정승화가 그 자리에 있으면, 정승화가 권력을 잡았을 때 김재규는 살아남는 것이 분명했습니다. 그런데 대통령도, 장관도 전부다 겁먹고 엎드려 있었습니다. 합동수사 본부장의 건의에 대해 '안 된다'는 소리는 안 하고, 계속 보류나 연기를 시켜버렸어요. 그러는 중에 정치적 상황이 계속 복잡하게 전개되어 갔습니다. 나중에는 김재규가 살아나게 될 상황까지 갔습니다. 그래서 정승화를 데려오려고 했어요. 원래는 대통령의 재가가 필요 없습니다. 정승화를 연행하는데 있어서, 정승화 본인의 사인은 필요하지만, 대통령의 사인은 필요 없습니다. 그런데 정승화는 연행 당사자가 본인이니까 우리 합동수사본부가 사인을 받을 수 없는 겁니다. 우리는 정승화 계엄사령관을 연행하러 간 거지, 결재 받으러 간 건 아니에요. 만약 지금 어떤 반란 상황이 있어서, 검찰이 수사를 한다고 합시다. 그 사람이 대통령 결재 받고나서 사람을 체포하지 않습니다. 그건 검찰 수사관이 결정하는 거에요. 그건 그때나 지금이나 똑같습니다. 그럼 왜 대통령에게 보고하러 갔냐구요? 박 대통령 때부터 국가의 소위 차관급 이상, 국장급 주요인사, 특히 군의 장성을 수사할 때는 반드시 대통령한테 구두 보고를 했습니다. 왜냐하면, 장군을 시키는 것도 대통령이고, 장군의 보직을 결재하는 것도 대통령이에요. 옛날에 그런 사건이 많았습니다. 윤필용 장군도 이번에 돌아갔지만, 이것은 하나의 전통이었어요. 우리나라는 건국해서 그때까지 온갖 정치적 격동이 있었습니다. 반혁명 사건도 여러 번 있었고, 학생 의거도 있었고, 특무부대장 암살 사건도 있었고', 정치 지도자 암살 사건도 있었고, 온갖 일이 다 있었는데, 그 중요한 사건마다 늘 옛날엔 특무대, 보안사, 지금은 기무사가 주도적으로 수사했어요. 그러니까 건국 과정에서 최일선에 싸웠던 정예기관은 지금 기무사라고 봅니다. 그 당시는 보안사령부지요. 보안사는 다른 데하고 달라요. 국가가 명령하면 겁이 없이 합니다. 그래서 최규하 대통령한테 가서 보고하면 간단히 될 줄 알았는데, 갑자기 이분이 '국방부장관을 데려오라'고 합니다.

권자경: 최규하 대통령이 상황을 전혀 몰랐던 것일까요?

허화평: 외무부 사람들은 절차, 프로토콜(protocol)을 중요시 생각합니다. 관료 출신에다가 군대를 모르는 분에게 보고를 하니, 계엄사령관 잡아오는 것에 대한 보고를 하니까 자기가 책임질 생각은 안하고, "장관 이야기를 들어야겠다"고 합니다. 그래서 우리 수사관 몇 명은 정승화를 연행하고 국방부장관을 데려오기 위해 육군참모총장공관과 국방부장관 공관으로 향했습니다. 그 두 공관은 바로 옆에 붙어 있었는데, 도착해 보니 1개 소대나 되는 헌병, 해병대 경원들이 공관에 꽉 배치되어 있는 겁니다. 그런데 정승화를 연행하는 과정에서 충돌이 생겨서 총격전이 벌어졌고, 총소리를 들은 노재현 장군은 도망가 버려서 우리가 찾을 수가 없었습니다. 최규하 대통령께서 새벽에 장관회의에 나올 때까지 이러한 상황이 끝이 안 나서, 우리 합동수사본부는 정승화를 연행해서 나왔습니다. 우리가 재판 받으면서 정승화를 대통령의 재가없이 연행한 것으로는 법의 저촉을 받지 않아요. 군대를 동원한 것이 반란이라고 해서 우리가 처벌을 받은 것이지요. 대통령의 재가를 받지 않고 데려갔다는 죄 몫은 없어요. 법적으론 결재가 필요 없는 것으로, 중요한 인사인 계엄사령관을 연행하는데, 군 통수권자인 대통령에게 데리고 가서 수사를 하겠다고 보고를 한 것입니다. 정승화는 본인이 죄가 없다면 떳떳하게 이야기하면 될 것을, 우리 합동수사본부가 작성한 보고서에 대해 우리 수사관을 불러다가 오늘 고치고, 내

일 또 불러서 글 좀 보자고 다시 고치고. 이렇게 요구해 왔어요. 그때 수사했던 사람들은 이러한 일련의 사항들을 모두 알고 있습니다.

권자경: 김재규가 사형 집행 전에 솔직하게 '정승화도 가담했다'는 내용의 자백했기 때문에 정승화를 연행하게 된 것이지요?

허화평: 그렇지요. 여러 가지 정황으로 봐서 '정승화는 공범이다'라는 확신이 선 겁니다. 그건 우리 합동수사본부의 기본 입장이었습니다. 본인을 수사하지 않으면 사건이 명백하게 정리가 안되니까 연행할 수밖에 없었어요.

권자경: 김재규는 정확하게 뭐라고 발언했습니까?

허화평: 김재규는 애매하게 얘기했어요. '내가 거사했을 때 정승화는 내 편을 들었을 것으로 나는 확신했다'고 얘기했어요. 이 말은 여러 가지를 암시하는 내용이라고 봅니다.

권자경: 어떻게 보면, 대통령 총살과 정권장악을 같이 모의한 김계원과 정승화는 김재규를 배신한 것이라고 볼 수 있겠습니까? 김재규만 책임을 진 상황처럼 보입니다.

허화평: 그건 아니에요. 다 한 패니까요. 결국 자기들이 실패한 것을 알았을 때 자기가 살아남기 위해서 자기 개인 변명에 일관한 거라고 봅니다. 김재규는 대통령을 죽이고, 혁명위원회를 구성해서 권력을 구성하려고 했지만, 여러 가지 당시 정치적인 상황 등으로 봐서 안 되겠다고 판단된 후 자기가 쏴 죽였다고 자백을 한 거지요. 그래서 12·12가 일어난 거에요. 우

리 합동수사본부는 10·26사건을 수사하기 위해 임무를 수행 중이었는데, 결국 12월 12일, 그런 일은 뜻밖으로 우리가 당한 겁니다. 수사관 몇 명이 그 경호원들 있는 곳을 확인하지 않고 간 것도, 협조할 것으로 알고 했는데, 거기서 충돌이 생겼어요. 이 과정에서 어저께 돌아가신 장태완 장군이 수경사령관이었어요. 수도경비사령관은 박 대통령이 만든 부대인데, 소위 수도권 방어, 그것도 엄밀하게 말해서는 청와대 방어를 위한 조직입니다. 지금은 어떤지 잘 모르겠는데, 그때까지 법에는 수경사령관은 대통령이 직접 인사를 합니다. 참모총장이 임명하는 자리가 아니에요. 경호실장이 대통령의 지침을 받아서 자기가 필요한 사람을 그 자리에 임명하고 그랬어요. 참모총장이 수경사령관 인사를 못하게 돼있어요. 근데 박 대통령이 돌아가시면서, 당시에 수도경비사령관은 전성각 장군인데, 정승화는 최규하 대통령에게 사전 보고도 없이 장태완으로 교체합니다. 그것도 우리는 의문으로 둡니다. 이건 엄밀히 월권이지요. 대통령 사람이 와야 되는데 정승화는 김재규 사람을 수경사령관으로 일방적으로 조치한 거에요. 그러니까 법도 어긴 것이지만 관례를 무시한 그 인사는 결국 자기들 보호를 위해서 갖다놨다고 볼 수 있어요. 장태완은 대구 상고 출신이고, 모두 같은 고향 구미 사람들이에요. 다 한 패라고 볼 수 있어요. 정승화를 우리가 연행해 오니까 장태완이 육군 본부에 정승화 참모들하고 수경사에 다 모여가지고, 우리 합동수사본부를 공격하라는 명령을 내린 거에요. '탱크 몰고 가서 다 쓸어버리고 다 죽여 버리라'고 말입니다. 그래서 일이 벌어진 겁니다. 우리는 가만히 있으면 죽게 된 겁니다. 그리고 수경사 안에 우리 육사 출신들, 간부들이 '이건 장태완이가 실수하고 있는 거다'로 보았어요. 그런데 정승화 부하들이 다른 부대를 동원했어요. 육군 인사는 엄밀하게 말해서 박 대통령 돌아가실 때까지는 박 대통령이 한 것이고, 12·12 이전까지는 정승화가 전부 단행했어요. 우리 하나회 말을 듣고 한 인사는 아무 것도 없습니다. 우리는 별 힘도 아무 것도 없었는데, 나중에 정치적으로 그렇게 덮어 씌워집니다. 정승화 참모총장이 다 인사권을 가진 상태에서 우리는 아무 것도 없었고, 가만히 있으면 우리가 죽게 생긴 겁니다. 그때 당시, 노태우 장군은 9사단장이고, 황영시 장군은 1군단장이었는데, 두 분 모두 박 대통령의 총애를 받은 사람이었어요. 장태완 장군이 우리를 완전히 유린하려고 덤비니까 이걸 막아야 된다고 생각했어요. 우리는 그날 두 가지 조치를 했습니다. 장태완의 요청을 받고 출동하려고 하는 부대를 상대로 전화를 해서, '당신들 경거망동하면 안 된다'고 전했어요. 그런데 마침 노 장군과 황영시 장군은 만일의 사태에 대비해서 자기 밑에 있는 부대를 동원했습니다. 그게 반란의 일부가 된 겁니다. 우리는 임무수행 상 정당방위를 한 것인데, 우리가 먼저 병력을 동원한 것이 아니에요. 장태완이 우리를 완전히 짓밟으려고 먼저 병력을 동원하니까, 우리는 죽기 아니면 살기 입장이 되어버린 것이지요. 그때 이미 지휘계통이 무너진 겁니다. 최 대통령은 장관만 찾고 있고, 정승화 육군참모총장은 연행되어 와버렸고, 지휘계통이 없어진 상태지요. 장태완은 병력을 동원해야 될 합법적 권한이 없는 사람이었으니까요. 우리도 정상적인 병력 출동을 한 건 아니에요. 그래도 분명한 것은 정상적인 지휘계통은 그 순간에 무너져있었다는 겁니다. 서로 생사를 건 격돌을 했는데, 궁극적으로 정당한 편이 누구냐는 질문이 생깁니다. 국가의 명령을 받고 임무를 수행하는 편에 있었다고 봐야 되는 기준에 입각하면, 정당한 편은 우리입니다. 우리는 대통령을 모시고, 이런 수사를 할 테니까 이해를 해달라고, 설득을 하고 같이 있는 상태였고, 이 사람들은 저희들끼리 모여서 병력 동원해서 우리를 죽이려고 했습니다. 그래서 그 충돌이 일어난 겁니다. 나중에 YS가 정권을 잡아서 우리를 반란으로 내몰아 갑니다. 12·12는 권력장악을 위한 것도 아니고, 10·26선상에서 12·12는 불가피하게 생길 수밖에 없었다는 것이 우리 입장입니다. 그리고 그것은 정승화 수사 때문에 일어난 우발적 충돌이었어요. 그게 나중에 정국을 전환시키는 터닝 포인트가 된 것만은 틀림없어요. 그건 우리의 계획과 의도와는 관계가 없어요. 절대권력을 가진 계엄사령관을 잡아간 합동수사본부장이 자연스럽게 가장 강력한 강자가 돼버린 거지요. 그리고 중앙정보부는 완전히 죄인 집단이고, 대통령을 쏴 죽인 집단이 되어 버렸지요. 가장 강력한 이 정부기관은 범죄집단이 되어 처벌을 기다리는 조직이 되어있었고, 그 다음에 수사에 책임을 맡은 합동수사본부장이 단연 주도권을 갖게 된 거지요. 그날 아침에 정승화를 잡아오고 난 다음부터는 전부 보안사령부 눈치를 보는 세상으로 넘어갔어요. 우리는 의도적으로 권력을 장악한 것이 아니에요. 나중에 역사가 그것을 역으로 끼워 맞춘 거지요. '너희들은 권력을 잡으려고 졸병들이 상관을 납치해갔다'고 말입니다. 만약 여기 검찰총장이 있고, 그 밑에 검사가 있다고 합시다. 검찰총장이 엄중한 불법행위를 했을 때, 그 수사 명령을 받은 검찰 졸병은 검찰총장을 잡아가야 합니까, 계급이 높다고 못 잡아 갑니까? 못 잡아 가는 거 아닙니다. 죄가 있으면 단연코 잡아갈 수 있습니다. 계급이 있어서 잡아가고 못 잡아 가는 게 아니에요. 그때나 지금이나 앞으로도 죄의 유무에 따라서 계급은 무시되는 겁니다. 범죄수사에 있어서는요. 그런데 '감히 너희들이 계엄사령관을 데려갈 수 있냐'는 발언은 억지인 것입니다.

권자경: 12·12사태의 발발 과정을 잘 들었습니다. 그렇다면 사건의 진화나 진행과정은 어떻게 전개되었습니까?

허화평: 그래서 장태완 장군이 군을 동원했어요. 우리는 전화로 '경거망동하지 말라'는 과정에 황영시 장군 지휘하에 있는 기갑2여단(탱크 여단)의 일부 병력이 중앙청으로 왔어요. 장태완 장군 등이 우리 합동수사본부를 공격하자, 우리는 그들을 제압해 버렸어요. 그래서 사건이 종료된 겁니다. 다 잡아 넣어버렸어요. 그 사람들도 반란을 한 거에요. 그들은 아무런 합법적 권한도 없었어요. 저희들이 수사권한이 있는 것도 아니고, 단순히

자신들을 출세시켜준 정승화 육군참모총장을 구출하기 위해서 병력을 동원한 거에요. 우리 쪽에는 경계 부대가 권총만 차고 있는 1개 소대 밖에 안 되었는데, 상대 쪽은 탱크를 몰고 오고, 포를 쏘려고 그랬어요.

권자경: 상대편 병력이 더 컸었는데, 어떻게 그쪽이 오히려 패할 수 있었습니까?

허화평: 장태완 예하에 있는 부대들 가운데 육사 출신들이 많이 있었잖아요. 그 사람들은 원래 장태완 사람이 아니라고 볼 수 있습니다. 이 수경사는 대대장 이상은 대통령이 아는 사람이 꼭 임명됐어요. 즉 박 대통령께 충성하는 분들이지, 장태완이나 정승화한테 충성하는 사람들이 아니에요. 기갑2여단 사람들은 합수본부장이 박 대통령의 총애를 받던 군의 선배니까 다 아는 사이였어요. 또 우리 합수부가 대통령을 죽인 범인을 조사하는 조직이니까요. 그 사람들은 박 대통령을 추종하던 사람들이어서 우리 합수부를 이해해 주었어요. 장태완 장군이 뭘 하려고 해도 그 중간간부들은 합동수사본부 편을 든 겁니다. 그래서 12·12는 그 정도로 수습이 된 거지요. 안 그러면 엄청난 충돌이 있었을 겁니다.

권자경: 정승화는 그 후 어떻게 되었나요? 처벌을 받습니까?

허화평: 정승화는 12·12 이전까지는 계엄사령관이니까, 실질적으로 국가 법과 질서유지의 총책임자 역할을 하고 있었죠. 12·12 이후에는 장태완과 그날 같이 있던 사람들은 모두 전역을 했어요. 예편요. 문책이나, 처벌은 없었어요.

권자경: 1979년 12·12와 1980년 5·17 비상계엄 사이에 어떠한 일이 있

었나요?

허화평: 정승화는 구속돼서 수사를 받고, 재판을 받았지요. 5·17 이전까지는 그런 상태에 있었어요. 당시 가장 중요한 국정과제는 헌법을 새로 만들어서 그 새로운 헌법 위에서 빨리 정권을 이양해주는 것이 당면과제였다고 봅니다. 그건 법적으로 그렇게 하게 돼 있는 거에요. 대통령 유고 시는 총리가 대통령을 하게 되고, 그리고 유신헌법을 폐지해서 새로운 헌법으로 선거를 치루고 정부가 수립되면 넘겨주는 겁니다. 그러나 최규하 대통령은 그러한 역할을 하지 못했습니다. 이러한 과정 속에서 정치, 사회, 경제, 군사적으로 복잡한 일들이 엉켰어요. 소위 재야세력의 총궐기, 학생 총궐기, 경제적으로 사북 사태, 폭동 등이 전국에서 일어나요. 이런 사건들이 그 기간에 복합적으로 일어나서 5·17 비상계엄이 되는 거죠.

권자경: 5·17 비상계엄을 위해 어떠한 준비 작업을 하셨습니까?

허화평: 뭐 준비라고 할 수는 없어요. 그건 불가피한 것이라는 게 우리의 입장입니다. 그러니까 5공이 가는 일련의 과정은 그 반대세력이 주장하는 것과는 달라요. 반대세력은 '너희들은 권력을 잡기위해서 역사상 가장 긴 쿠데타를 했다'고 주장합니다. 그러니까 12·12 때부터 시작을 해서 광주사태에 이르기까지 일련의 과정을 통해서 쿠데타를 해서 권력을 잡은 거라고 얘기하거든요? 근데 우리의 입장은 그게 아닙니다. 어쩔 수 없이 거기까지 갈 수밖에 없었다는 것이지요. 그건 우리의 의사와는 관계없이 상황이 우리의 등을 떠밀어서 거기까지 간 겁니다. 우리가 의도적으로 한 건 아니라는 입장이에요. 그게 완전히 대치되는 주장이지요. 그건 역사가 정리하겠지만, 나중에 재판과정에서 5·17을 소위 내란으로 몰았어요. 합법적인 정부를 뒤엎고 정권을 잡는 하나의 수단으로 5·17을 했다고 주장

합니다. 그렇지 않은데 말이죠. 아! 이 5·17이 불가피할 수밖에 없었던 일이 전개되는데, 그 가운데 하나가 김대중 씨가 있었다는 겁니다. 1980년 5월 16일에 김대중 씨가 국민연합의 이름으로 정부에 대해서 최후통첩을 했습니다. 사실은 이렇습니다. 재판받고, 청문회하고, 각종 언론이 얘기하는 걸 보면, '1980년 5월 봄엔 우리나라가 조용했는데, 니들이 갑자기 비상계엄을 확대해서, 사람들을 잡아넣고 그랬지 않았느냐?'라는 겁니다. 그래서 일명 그 사건을 1980년 5월의 봄이라고 그럽니다. 그런데 그게 아니에요. 5월 15일, 서울역 광장에서 35개 대학생들이 몰려와 폭력 시위를 했습니다. 버스를 뒤엎고 불 지르고 아수라장이었어요.

권자경: 당시 대학생들은 누구를 대상으로 시위를 한 것입니까? 최규하 정부에 대한 반대 시위였나요?

허화평: 반대 시위죠. 사실 반유신체제 선상에 있는 거였지요. 그게 5월 15일입니다. 이날은 완전히 무정부 상태였어요. 심각한 폭력시위가 5월 15일에 발생했어요. 그러던 중에 5월 16일, 김대중 씨가 국민연합의 이름으로 민주화 촉진 국민선언문을 각 언론사와 각 대학에다 배포를 했습니다. 국민선언문의 내용이 딱 세 가지입니다. 하나는 계엄을 즉각 해제하라. 두 번째는 신현학 국무총리는 퇴진해라. 세 번째는 그 당시 최규하 정부가 개헌심의를 하고 있었는데, 정부의 개헌심의위원회를 즉각 해체하라는 거였어요. 이 세 가지 요구를 발표하면서, '만약 5월 19일 오전 10시까지 정부가 여기에 대한 조치를 하지 않으면 5월 22일을 기해서 전국적으로 봉기를 하겠다'고 최후통첩을 걸어와요. 그런데 계엄을 해제하라니요? 지금 김재규 수사도 종결되지 않았고, 세상이 흉흉한데 그게 되겠어요? 그리고 김대중 이하 사람들의 주장은 '신현학 총리는 유신의 졸개니까 물러나라'는 얘깁니다. 또 '너희들은 개헌할 자격이 없으니까 손을 떼고, 자기들이 하겠

다'는 겁니다. 그런데 김대중 이하 이 사람들이 반유신체제로서 민주화 투쟁을 한 건 우리가 인정을 합니다. 정치, 도덕적으로는 자기가 그런 요구를 할 수 있어요. 그러나 법적으로 그것은 부당한 요구였습니다. 만약 그렇게 되면 무정부 상태가 발생합니다. 그러면 국가는 어떻게 되겠습니까? 최규하 대통령이 청와대에 눌러있겠다는 것도 아니고, 이 비상상황을 정리해서 국민이 합의한 헌법이 만들어지고 정부가 구성되면 떠날 테니까 협조해달라는 입장이었는데, 느닷없이 전부다 손을 안 떼면 우리는 너희들을 상대로 소위 민중 봉기를 하겠다고 나오니... 이 대목에서 김대중 씨의 진면목을 파악할 수가 있어요. 김대중 씨가 대통령이 되어서 한 이야기가 있어요. "국민의 여론이 실정법을 우선한다"고 얘기했습니다. 그때 선거와 관련해서 낙선, 낙천운동하고 여러 가지 복잡한 문제가 있었을 때 김대중 대통령이 공식적으로 얘기한 겁니다. 여론이 법을 이긴다는 것은 법치국가에서는 있을 수 없는 것입니다. 기존의 체제를 부인하지 않는 한 그 소리는 할 수 없는 거에요. 과격 성향이 여기서 드러난다고 봅니다. 따라서 그 사람의 남로당 경력이라던가, 일생동안 빨갱이로 늘 의심을 받은 사람이고, 박 대통령 때 일본에서 한총련, 한민통의 의장으로 추대되었던 경력이 드러난 겁니다. 참고로 한민통은 북한과 관계된 반 대한민국 조직이에요. 그 이후에 김대중 씨의 진면목을 더 제대로 알 수 있는데요, 노무현 대통령 자살한 후에 김대중 대통령이 뭐라고 한 지 알아요? "MB정부, 독재정부에 대항해서 국민들은 들고 일어나라"고 공개적으로 발언했어요. 한번 확인해보세요. 민주적 절차와 투표에 의해서 합법적으로 당선된 이명박 정부에 대해서 들고 일어나라고 이야기한 겁니다. 그때 그 발언을 보면서, '아, 당신은 80년대 당신과 조금도 변하지 않았구나'라고 저는 생각했어요. 섬뜩한 느낌을 받았습니다. 그때 이미 김대중 씨는 육체적으로 거의 기력이 없는 상태였어요.

권자경: 광주에서는 어떤 일이 벌어졌는지 자세히 설명해 주십시오.

허화평: 김대중 씨는 결국 5월 16일에 민중 정부를 수립하겠다고 시위를 합니다. 특히 학생과 광주 문제인데, 특히 광주 지역에서 활발한 시위가 있었어요. 김대중 씨를 오랫동안 경호책임으로 따라 다니던 함윤식이라는 사람이 책을 쓴 일이 있어요. 내용은 김대중과 원수가 되었다는 겁니다. 책 제목이 『동교동 24시』인가 그래요. 그 책 때문에 나중에 김대중이 대통령 된 다음에 함윤식은 교도소에 수감됩니다. 함윤식이 책에 이런 이야기를 합니다. '소위 광주사건은 학생 대표 정동연이를 비롯해서, 그 내란 사건에 김대중이 관계되어있다'고 적혀 있어요. 정동연을 비롯한 11명이 5·18 이전에 김대중 씨의 자택 동교동을 두 번 방문한 적이 있습니다. 그리고 합수부에서 당시 김대중 내란 사건을 수사할 때 정동연이 김대중으로부터 돈을 받은 것까지 다 확인이 되었습니다. 그러니까 광주에선 이미 조직이 진행되고 있었던 거지요. 민중봉기를 위한 조직말이에요. 그래서 그 당시에 광주에서는 어떤 일이 진행되고 있었냐면요, 5월 16일 전후로 지금은 돌아가셨는데, 광주지역 재야에 홍남순 변호사가 있었어요. 홍남순은 인격자인데 그분이 중심이 되어 소위 국민연합의 조직을 맹렬하게 추진하고 있었어요. 김대중 씨가 국민연합 이름으로 했거든요. 그리고 5월 8일에서 쉽사리 일주일 동안에 전남대학교 박광현이라는 당시 총 학생회장이 주축이 되어 소위 민족, 민주화 성회 캠페인을 했습니다. 5월 4일에서 14일까지 약 일주일간 하면서 여러 가지 자기들의 기본입장을 정리하고, 그 가운데 일부 기록이 지금도 남아있어요. 민족, 민주화 성회에서 '박하나 차이'라고 하는 팸플릿을 제작했는데, 거기에 보면 자기들 목적이 명시되어 있어요. '오늘 한국사회는 신식민지, 반봉건 사회다.' 이게 전형적으로 좌파들의 상투적 슬로건이자 논리인데, '시민혁명을 통해서 민주화와 통일화로 나가야 된다'며 이 캠페인을 일주일간 하면서 계속 조직화를 추

진했어요. 그들은 5월 16일에는 광주에서 전국대학교학생 총집합을 해서, 소위 5월 20일을 기준으로, 이게 김대중 씨가 '5월 20일 들고 일어나겠다'는 것과 비슷한 날짜였는데, 전국 학생 총 궐기대회를 결의했습니다. 그러면서 5월 16일에, '군인, 장병들도 동참하라'는 메시지를 보낸 거에요. 이런 일련의 사항을 우리는 다 파악하고 있었습니다. 김대중 씨 이하 사람들은 5월 20일 이후에 무장을 했다고 주장합니다만, 사실은 달라요. 이미 5월 18일 이전에 그들은 무기고를 탈취해서 무장할 계획을 갖고 있었습니다. 실제 무기고 탈취는 5월 19일, 나주 경찰서를 습격해서, 경찰서가 관리하는 예비군 무기인 총기, 기관총, 실탄, 수류탄을 전부 가지고 나와서 무장을 했습니다. 정리하면 이미 김대중 씨가 국민연합의 이름으로 최후통첩을 할 즈음에는 전국적 학생 조직, 반체제 세력들이 은밀한 연대를 해서 봉기를 준비했고, 거기에서 특히 광주는 집중적인 작업을 하고 있던 거지요. 때문에 우리 정부의 입장에서는 두 가지 중 하나를 선택해야했습니다. 그 사람들 요구를 들어주던가, 아니면 제압하던가 둘 중 하나에요. 타협은 불가능했으니까요. 그래서 우리는 '아무리해도 그렇지, 우리가 불법으로 합수부 수사하는 것도 아니고, 불법으로 최규하가 대통령된 것도 아니고, 현 헌법에 따라서 현 정부가 구성되었고, 그 법에 의존해서 해야 될 일을 하고, 나중에 전부다 물려주겠다고 약속했음에도 불구하고, 그걸 인정하지 못하겠다면, 그건 우리도 받아들일 수 없다'로 결정했어요. 우리 군인 입장은, '우리가 불법 집단도 아니고, 불법으로 이걸 수사하는 것도 아닌데, 당신은 무슨 권한으로 권력을 내놓으라고 그러냐?'는 거죠. 민중봉기를 통해서 탈권 투쟁을 김대중 씨가 학생과 재야세력을 업고 한 거지요. 그래서 우리 군부는 5·17 비상계엄을 확대하면서 다 잡아 들였습니다. 그러자, 5월 18일 광주에서 들고 일어난 거에요. 우리나라는 짧은 헌정사지만 군은 늘 국민 편에 서 있었습니다. 4·19 때 군인이 계엄부대 지시대로 했다면 그건 안 되는 거지요. 계엄군도 학생들과 함께 행동했습니다. 그 이유는 자유당 정권의 독재부패가 잘못되었다고 같이 생각했으니까요. 그래서 군인은 늘 국민의 편에 서 있었다는 겁니다. 또, 4·19를 겪으면서 최인규 장관과 곽영주는 처형되었습니다. 그런 경험을 겪었기 때문에 우리 군인들도 시민과의 충돌이 있을 때는, 극도로 민감해요. 근데 광주에서는 이미 5·17이 아니어도 그 요구를 안 들어주면 들고 일어나게 돼있던 거죠. 그 분위기 속에 우리가 김대중을 구속해버리니까 시위가 더 강력하게 폭발해 버렸어요. 그때 특전사 사람들이 거기에 가 있었어요. 근데 미국과 우리나라는 군사 작전에 대한 지휘권 행사가 양분돼있습니다. 미국은 국내 정치적 상황에 대해서는 관여를 못해요. 다만 우리는 북한과의 군사적 충돌이 있을 때만 미국의 지휘를 받게 돼있습니다. 그때 상황은 국내 정치 상황이기 때문에 미국은 여기에 상관할 수 없었습니다. 우리는 그 사람의 눈치를 봐야 될 이유도 없고, 통제받을 수도 없고, 통제할 수도 없어요. 이것은 어디까지나 우리자체의 독단적 행동인데, 대통령이 돌아가신 다음에 전국적으로 비상이 걸린 상태입니다. 소위 북한의 어떤 책동으로부터 우리가 대비하고, 내부에서 소요를 사전에 방지하기 위해 부대들이 투입됩니다. 특전사가 부산도 가고, 광주도 가고, 여기도 가고, 저기도 갑니다. 몇 개 지역에 이미 가있었어요. 만일의 비상사태에 대비해서였지요. 특전사는 게릴라 작전을 하는 부대입니다. 전쟁이 일어나면 이 사람들은 북한에 투입이 돼서 낙하산을 타고 가든가, 잠수함을 타고 가던가, 몰래 숨어들어가서 그 지역 주민들을 모아 게릴라 부대를 만들어 후방에서 교란 작전을 수행하는 임무를 수행하는 게 특전사고, 평소에 그런 훈련을 받습니다. 그렇기 때문에 특전사는 간부 요원들로 구성됩니다. 일반 부대는 1개 중대에 100명 정도 구성된다면, 특전사의 경우에는 1개 중대에 한 10명밖에 안돼요. 특전사들이 적진에 들어가면 10명이 100명 되고, 또 1,000명이 되는 식으로 늘어나는 원리이기 때문에 간부 요원만 여기에 평소 편성이 돼서 훈련받습니다. 최강 부대라고 할 수 있습니다. 그들은 강력한 훈련을 받은 부대

이기 때문에, 눈으로만 봐도 보통 군인보다 정신적, 육체적으로 상당히 강해보입니다. 사람들이 '공수부대 얼룩무늬' 하면 눈에 띄고 겁난다고 하죠? 별다른 행동을 하지 않으면서도 심리적인 압박감을 주는 부대가 특전사에요. 가서 부딪히거나 싸우는 것이 아니라, 그 충돌을 미리 예방하기 위해서 겁주는 부대에요. 근데 이 특전사의 숫자가 적으니까 시민들이 만만하게 본 겁니다. 절대 다수와 절대 소수가 마주치는 상황이 벌어진 거죠. 군이 만만하게 보인 시민은 과격하게 덤비기 시작했습니다. 시민들이 보기에 군이 몇 명 안 되어 보이고, 별거 아닌 것 같아 보였거든요. 상대적으로 시민은 몇 천 명이나 모여 있었어요. 여기에서 비극적인 충돌이 일어났던 겁니다. 무기고를 탈취해서 최근에 북한에서 넘어온 군 출신들이 '광주사태 때 자기가 여기 넘어왔다가 갔다'는 발언을 해서 계속 시비가 벌어지고 있어요. 탈북군인연합회가 광주에 내려가고, 자기들이 자유를 찾아서 남한에 왔는데, 와서 보니 김정일을 찬양하고 있더라는 거에요. 이상한 나라라고 생각했다는 겁니다. 왜 그런지 파악해 보니, 모순적인 행동들이 전부 광주사태와 관계있다는 겁니다. 탈북자들은 광주사태의 실체를 뒤집지 않으면 남한에서 좌파 투쟁은 이길 수 없다고 보았어요. 저희들끼리 책 쓰고, 광주 가고, 지금도 계속 자기들 투쟁을 하고 있는 걸 보면 알 수 있어요. 광주사태 때 시민들은 거의 무장상태였어요. 시민들은 일거에 모든 무기고를 탈취했고, 훈련된 요원이 아니면 운전하지 못하는 장갑차도 몰고 다녔어요. 아시아나 자동차를 습격해서 장갑차를 왱왱 몰고 다녔어요. 저더러 탱크 몰아 보라고 하면 저는 몰지 못합니다. 할 줄 몰라요. 그런데 광주출신들이 군대 와서 다 장갑차 몬 건 아닐 텐데, 당시 전부다 장갑차를 몰았어요. 완전히 군사작전을 펼쳤던 거에요. 이것은 시민도 모르지만 보이지 않는 손에 의해서, 물론 반체제 사람들이 깊이 관련되어 있을 것이고, 친북세력이 가담되어 있었을 겁니다. 광주시민들은 알 수조차 없었을 겁니다. 자기 주변사람이 누군지 알 수 없는 상황이었으니까요. 북한에서 온 간첩도 있었을 개연성도 높아요. 이렇게 해서 극한으로 상황이 치달았습니다. 총을 제일 먼저 쏜 것도 군인이라고 말하지만, 아닙니다. 군인들이 장갑차를 몰고 가다가 가로수를 박아서 멈춰 섰는데, 흥분한 시민들이 장갑차에 올라타고 뚜껑을 열어 불도 지르고 하니깐, 안에 있는 군인들이 탈출하기 위해 해치를 열고 나오면서 공중에 총을 쏘고 나온 겁니다. 특전사 사람들은 나중에 도망갔어요. 나중에 이래저래 해서 서로 일진일퇴를 거듭했습니다. 나중에 경찰, 보안부대, 중앙정보부, 국가기관 모두 도망가 버렸어요. 광주시는 완전히 해방구가 되었어요. 시민군은 무장해서 남쪽으로, 북쪽으로 계속 확장해 나갔어요. 남쪽은 화순 쪽으로 해서 밑으로 내려갔고, 북쪽은 전주 쪽으로 가려 했어요. 이렇게 되면 어떻게 되겠어요? 이러한 상황을 수습하려고 최 대통령이 내려가서 선무도 하고 온갖 노력을 기울였어요. 광주 시민들도 자기들 안에 강온파와 타협하자는 세력으로 나누어졌는데, 결국 강경파가 끝까지 포기하지 않고 버티자고 결정을 내린 거죠. 그래서 계엄사령부에서도 자위권을 발동했어요. 나중에 우리가 재판받을 때 발포 명령자를 전두환 대통령으로 하려고 온갖 노력을 했지만 그건 실패했어요. 그런 사실이 없으니까요. 계엄사령부가 자위권을 발동한 것은 현지 부대의 건의에 의해서 계엄사가 결정해서 '현지 부대가 자신을 보호할 수 없을 만큼 위기에 처해있을 때에는 자위 수단을 강구해도 좋다'고 한 것에 따른 것이고, 그건 법적으로 있는 거에요. 발포하라는 것이 아니고, 자위권을 행사할 수 있다는 거에요. 그래서 내가 죽게 생겼을 때는 총을 쏠 수 있는 거지요. 그 경우에도 '사람을 보고 쏘면 안 되고, 땅바닥에 위협사격을 하고 조심해라'고 했지요. 그러면서 보병 부대가 가면서, '무기를 내려놓고 평화적으로 끝내자'고 제안을 했습니다. 그런데 이 민중 폭동을 처음부터 생각했던 세력은 포기하지 않았어요. 그렇다고 우리는 무한정 기다릴 수 없었습니다. 광주만 있는 것도 아니고, 이미 광주사태 전에 부마사태도 있었어요. 광주사태가 번지면 내전 상태로 퍼질게 분명했어요. 때문에 여기서 빨리 끝내야 되는 거에요. 보니까 강경파가 주도권을 갖고는 타협을 하질 않았어요. 그래서 우리는 최후통첩을 보냈고, 밤에 가서 제압하는 과정에서 일반 시민들이 죽었습니다. 저항하던 사람도 죽고, 군인도 죽고, 경찰도 죽었습니다. 그때 우리가 조사해 본 바로는 사망자가 한 190여 명이던데, 그 이후에 좀 늘어났습니다. 몇 천 명이 죽었다고 광주교구 카톨릭이 발표했고, NHK도 방송하고 그랬어요. 당시 사망자가 이백 여명 정도 추정되었는데, 신원이 확인되지 않는 사람도 있었어요.

사망자는 광주 육군병원에 안치되었는데, 시체들 하나하나를 당시 일일이 검사를 했습니다. 이상한 것은 뒤에서 칼빈 총을 맞은 사람이 상당수에요. 군인은 칼빈을 안 갖고 있어요. 군인들은 M-16을 소지하고 있거든요. 시체 맞은 거 보면 표가 다 납니다. 예를 들어, 이건 칼빈이고, 앞에서 맞았는지, 뒤에서 맞았는지 다 알 수 있어요. 그런데 뒤에서 칼빈으로 맞아 죽은 사람이 무진장 많은 거에요. 이상하죠? 그건 뒤에서 쏘았다는 거잖아요. 시민 속에 누군가가 말이에요. 만약, 북한군들이 내려왔다면 군중 심리를 폭발시키기 위해서 이러한 전술을 쓰니까요. 폭동은 늘 그렇게 접근하죠. 그게 광주사태입니다. 그래서 12·12나 5·17, 광주사태를 우리가 권력을 잡기 위해서 했다는 것은 정치재판에서나 하는 소리지요. 만약, 우리 군부가 권력을 잡을 생각이 있었다면 그 복잡한 광주까지 왜 내려가겠어요? 12·12 때 정승화 잡아넣고 바로 접수해 버리면 그만인데요. 그러나 그런 생각이 없었기 때문에 결국 그런 상황으로까지 계속 이어졌던 거지요. 광주사태는 폭동입니다. 단, 무고한 시민도 희생자고, 우리 국가공권력도 희생자에요. 제가 하고 싶은 얘기는, 그런 일이 있어서는 안 되지만, 북한군이 남한을 적화통일하면 그때 진정한 영웅이 누군지 드러날 거란 거죠. 그 말은 북한이 깊이 개입돼있다는 소리에요 그런데 제가 포항에서 국회의원 선거 후보를 여러 번 나왔어요. 포항은 호남 사람들이 굉장히 많습니다. 포스코, ㈜ 조선내화는 포항에 많아요. 호남사람들은 자기 식구들, 자기들끼리만 사는 아파트도 있고 그래요. 제가 후보로서 유권자를 만나면 광주사태에 대해 꼭 물어봅니다. '광주사태에 대한 입장이 어떠세요? 제가 여러분에게 물어보는 의도는 알고 계실 테고, 제가 대답할 것도 당신들도 예상할 겁니다. 그런데 제가 여러분에게 한 가지 물어볼게 있습니다. 계엄을 해제하라. 민주화를 보장하라. 다 좋습니다. 그런데 그것과 교도소는 무슨 관계가 있습니까?'라고요.

권자경: 교도소 말입니까?

허화평: 네, 교도소요… 시민군이 광주 교도소를 여섯 번이나 탈취하려고 습격했습니다. 교도소하고 민주화가 무슨 관계가 있습니까? 근데 그 사람들이 왜 광주 교도소를 습격해서 문을 열려고 했냐는 겁니다. 교도소는 비정상적으로 문을 여는 케이스가 두 번 있을 수가 있습니다. 하나는 혁명이 일어나면, 혁명군이 제일 먼저 가는 곳이 방송국하고 교도소에요. 두 번째는 전쟁이 일어나면 점령군이 제일 먼저 찾아가는 곳이 교도소에요. 자기 동지들을 구출하기 위함이죠. 근데 그때는 혁명도 아니고, 북한군도 아닌데 왜 시민군이 광주 교도소를 점령하려고 했냐는 겁니다. 우리나라는 휴전선이 있기 때문에 골치 아픈 죄수들을 휴전선 가까이에 있는 교도소에 수용하지 않습니다. 특히 사상범은 주로 남쪽에 보냅니다. 전주, 대전, 광주, 진주, 대구에요. 그 당시 광주 교도소에 국가 보안법 위반자, 간첩들 약 이백여 명이 수감되어 있었어요. 광주 교도소는 다른 곳과 달리 아주 중요한 보안상 목표가 됩니다. 결과적으로 광주 교도소를 차지하려고 했던 것은 자기들 동조 세력을 해방시키려고 간 것이 틀림없습니다. 쉽게 얘기해서, 빨갱이 내보내 주려고 한 것 아니에요? 저는 지금도 그 부분이 납득이 안 되는데요, 여러분들은 어떻게 생각하십니까?

권자경: ……

허화평: 광주 교도소는 시민 무장 세력들이 군사작전을 하는 식으로 여섯 번이나 점령하려고 시도했어요. 그래서 군인들은 여기를 필사적으로 지키려고 한 겁니다. 여러 가지 정황, 소위 5·17 비상계엄 이전에 김대중 씨와 학생들이 재야세력과 결탁, 광주에서 있었던 일련의 민중봉기, 특히 광주에서 무장봉기의 낌새. 궁극적으로, 이 사람들은 합법적으로 정권을 가져가려고 한 것이 아닙니다. 민중봉기를 통해서 탈권을 해서 새로운 정부를 세우겠다는 것이 목적이기 때문에 타협으로는 해결이 안 될 것이라는 우려 속에 김대중 씨가 최후통첩을 보낸 거지요. 그 사람들은 그때 확신했을 겁니다. '박 대통령이 없는 너희들은 허수아비다'라고요. 그러나 대한민국은 그렇게 허깨비가 아닙니다. 관료조직, 정부 책임자들, 군인들이 국가를 호락호락하게 포기하는 집단이 아니에요. 그래서 우리가 있는 거에요. 그러니까 김대중 씨는 우리나라와 국가, 군인을 과소평가한 것 같아요. 김대중 씨는 재야세력이나 학생들을 끌어들이고 군인들까지 자기편으로 이끌 수 있다고 자만했어요. 그건 4·19 때를 되돌아보면 개연성이 있습니다. 과거 볼셰비키나, 이런 사람들을 보면 병사들 위원회를 구성해서 병사들을 자기 편으로 끌어넣었으니까요. 그래서 5·17이 불가피했습니다. 김대중 씨는 결국 구속되었어요. 김대중 씨의 죄는 큽니다. 나중에 권력을 잡은 후에, 그걸 무죄로 했지만 진실은 그렇지 않아요. 우리가 재판을 받아서 다 그런 기록이 있습니다. 물론 자신들의 주장도 있지만 우리의 주장은 다 기록에 남아있어요. 그래서 광주사태는 민주화 투쟁이 아니라고 단연코 말할 수 있습니다. 광주사태가 그 이후에 준 영향은 결국 좌파로서는 일대 성공한 케이스입니다. 이것을 김영삼 정부 때 '역사 바로 세우기'라는 재판을 통해 '국가 공권력이 민주세력을 탄압했고, 친북 좌파세력들은 그때부터 무장투쟁도 불사할 정도로 됐고, 그때부터 친북세력이 표면화됐다'

고 얘기합니다. 그럼 그 이전에는 없었느냐? 천만에요. 1945년 이전부터 남한에 좌파들은 있었습니다. 그리고 제주도, 호남은 더 세력이 세었어요. 물론 경상북도도 세고요. 남한 좌파들의 해방 이후에 여러 가지 활동사항을 보면, 호남, 영남, 제주도 등에서 활동했죠. 10·1폭동 사건, 4·3사건, 여수사건, 그 다음에 5·10선거도 제주도에서 못 치렀습니다. 광주에서도 요란했어요. 근데 소위 1980년 이후 남한의 정치적 주도권은 좌파가 가지고 갔습니다. 이 사건을 재판이라는 이름으로 정당화해서 자기들의 투쟁 정당성을 가져간 거지요. 이게 반미에요, 소위, 안티아메리카(Anti-America), 안티밀리터리(Anti-military)의 결정적 구실이 됐어요. 이들은 남한 내에서 확실하게 자리매김을 하게 됩니다. 결론적으로, 저는 광주사태에 대한 재평가가 이루어져야 한다고 봅니다. 그러나 항간에는 '우리가 남북관계에서 남한의 이념투쟁 관계에서도 반미하게 되었고, 광주사태를 보고 반미하게 됐다. 광주사태에서 군인이 무력으로 우리를 제압했으니까 우리도 무력으로 맞서는 것이 정당하다'는 논리를 내세웠어요. 더 나아가, '너희들은 미국의 앞잡이들이기 때문에 처음부터 정통성이 없다'고까지 발전한 거에요. 하지만, 그것은 자신들의 시나리오지 진실은 아니죠. 광주사태는 집권세력의 음모하고도 관련이 없습니다. 왜 우리가 민간인을 쏴 죽여요? 우리 군인은 그런 군인이 절대로 아니에요. 쏴 죽이라고 해도 쏴 죽이는 군인이 아니에요. 광주사태가 금년에 어떻게 기념되고 있는지 아세요? 기념행사가 딱 두 군데에서 열렸어요. 하나는 광주시민들만의 광주 5·18 기념행사고, 다른 하나는 평양에서 기념대회가 열렸어요. 평양과 광주만의 5·18 기념행사 그게 뭘 의미하느냐가 중요합니다.

권자경: 평양에서 5·18 기념행사를 했다구요?

허화평: 그럼요. 크게 합니다. 금년에도 했어요. 확인해보세요. 대구에

서 광주 5·18 얘기해보세요? 부산 가서 얘기해보세요? 결국 광주만 5·18, 평양에서만 5·18을 얘기합니다. 광주에 5·18묘역을 만들어 놨는데, 그것은 광주시민들을 고립시키는 겁니다. 그리고 한국의 민주화는 광주시민들이 독차지해야 하는 게 아닙니다. 그건 대한민국의 모든 국민이 동참한 민주화에요. 마치 대한민국의 민주화를 광주시민들이 다 이룬 것처럼 하는 것도 과장이에요. 그렇지 않아요? 심한 역사적 왜곡입니다. 그것은 영원할 수 없습니다. 정치 재판에서 반란 내란이 이뤄졌다면 그 자체가 잘못이고, 역사는 당대가 결론하면 안 되죠. 그러니까 우리는 정당했다는 얘기를 하는 게 아니에요. '우리는 임무를 수행했을 따름이다, 우리는 국가를 지켰을 따름이다' 그래서 그게 정당한지 아닌지 차원에서 얘기 할 수 없는 거에요. 이 사안은 정당하다, 비정당하다의 문제를 떠나서, 국가존립과 관계된 문제이고, 군에 주어진 임무와 관련된 문제일 따름입니다. 저는 개인적으로 그런 입장이에요. 앞으로 이것은 계속, 반드시 재평가되어야 하는 사안입니다. 이 사안은 5공 주역 몇 사람에 관계된 문제가 아니에요. 이 문제는 굉장히 중요한 부분입니다.

권자경: 광주사태는 임무수행 차원에서 이루어진 것이라고 말씀하셨습니다. 즉 당시 전두환 합동수사본부장이 비상계엄령을 선포한 것은 개인적 결정이 아니라, 비상사태를 수습하기 위한 조직적 차원에서 내려진 것이라고 말씀하셨어요. 광주에 특전사들이 파견, 파병된 것은 전두환 합동수사본부장 개인의 명령이었는지요?

허화평: 그것과 관계가 없습니다. 합동수사본부는 그러한 명령권이 없습니다. 그건 계엄사의 책임이고, 계엄사가 한 것입니다. 당시 계엄사령관 이희성 장군이 지시한 사항입니다. 참모총장이 자동적으로 계엄사령관이 되니까요.

권자경: 이희승 계엄사령관은 누가 임명했습니까? 전두환 합동수사본부장이 임명한 건가요?

허화평: 아니죠. 대통령이 임명하는 거죠. 최규하 대통령께서 임명했어요. 임명하는데 최규하 대통령은 이희승 장군에 대해 잘 알고 임명 했을까요? 그것도 아니에요. 당시 이미 군이 미치는 영향력이 절대적으로 커 있는 상태였어요. 군 영향력이 커지면 합동수사본부가 그 중에서도 권력이 모여요. 그렇다고 해서 전두환 장군이, 선배 장군들 보고 이 사람, 저 사람 참모총장시키라고 말하는 것은 불가능해요. 군대는 그런 조직이 아닙니다. 그런데 대통령이 누구를 임명할 때 그 한 사람만 아니라, 명단에 몇 사람 올리라고 합니다. 명단 올린 사람이 전두환 보안사령관과 가까운 사이라면, 압력을 넣은 것이 아니냐, 이렇게 얘기할 수도 있어요. 당시 국방부 장관이 주영복 장관이었으니까, 전두환 장군이 시키거나 압력을 넣어 장관이 된 것이 아니냐고 얘기할 수도 있어요. 세상 사람들은 그렇게 얘기합니다. 그러나 꼭 그렇지만은 않아요. 주 장관은 공군 출신으로 물론 전두환 장군과 친한 것도 사실이고, 여러 가지 의논한 것도 사실이지만, 장관이 '노'하면 안 되는 거에요. 어디까지나 장관이 건의하고 대통령이 결정하는 사안입니다. 이희승 장군은 육사 8기인데, 전두환 대통령의 대 선배죠. 저도 잘 알아요. 육사 8기 중에는 선두주자입니다. 박정희 대통령 때 인정받아서, 8기생 동기 가운데는 진급이 늘 1차로 된 사람이에요. 실력이나 인격 면에서 그 사람을 추월할 사람이 없었어요. 우수했지요. 정치적으로 그 사람을 거기에 앉힌 것이 아니고, 어려울 때는 그 사람이 괜찮아요. 원칙론자에요. 그래서 그 사람이 좋겠다고 해서 이희승 장군이 참모총장이 되고, 계엄사령관이 됐어요.

권자경: 대통령이 결재를 했지만, 전두환 장군과 관련된 인사는 아니라

는 말씀이시죠?

허화평: 서로 다 아는 사이에요. 하지만, 전두환 장군이 압력을 넣어서 계엄사령관을 시킨 것은 아니에요. 요즘에는 모르겠는데, 누구 추천이 들어오면, 올리기 전에 스크린해서 보고 하는 것이 관례입니다.

권자경: 5·18 광주사태를 지휘했던 총책임자는 이희승 장군으로 봐야 합니까?

허화평: 아. 그거요? 계엄하에서는 전국 계엄사령관이 있고, 각 지역별로는 계엄분소장이 있습니다. 광주지역에는 그 당시에 소준열 장군이 내려갔습니다. 그러니까 지역 계엄사령관이지요. 그 지역 계엄사령관이 그 지역에 대한 책임을 지고 치안을 유지합니다. 계엄사령관은 위에서 전국적인 것을 컨트롤하고, 지역에서는 지역분소장이 책임을 집니다. 5·18 당시에는 윤흥정 장군이 아니었나? 윤흥정 장군 때 5·18사태가 생겼고, 그 이후에 소준열 장군으로 넘어갔지요. 소준열 장군 같은데요? 그분은 지금 고인이 됐어요. 광주지역 계엄사령관, 그걸 전문용어로 분소장이라고 부르는데, 광주지역 계엄사령관이 책임자지요.

권자경: 네. 그러면 광주지역 계엄사령관은 광주사태가 그렇게 심화되어 번질지 예상을 못했나봅니다?

허화평: 아. 그 당시에 윤흥정 장군이 전투지역 사령관, 광주 지역에서 제일 높은 군 지휘관이었어요. 쓰리스타(3 stars) 윤흥정 장군. 그 다음에 광주에 있는 31 예비사단이 있었는데, 그 예비 사단장이 정웅 소장이었어요. 그분도 호남분이에요. 그리고 전남도경 국장이 박 뭔데.. 이 세 사람이

중요합니다. 이 세 사람이 초기에 일을 하지 않고 꾀를 부리며 게으름을 피운 것 같아요. 초기에 진압해서 질서 유지를 했다면 모르겠는데, 아까 제가 얘기했다시피 이미 김대중 씨를 추종하는 세력, 학생들이 민중 봉기에 대해 상당히 사전 준비를 진행하고 있는 상태이긴 했지만, 결과적으로 보면 이 세 사람이 최초의 농땡이를 친 거에요. 그렇게 하고는 위에다 병력을 요구했어요. "아이고, 우리 힘으로 안 되기 때문에 병력을 빨리 보내달라"고요. 그래서 특전사가 광주로 내려갔던 것입니다. 나중에 우리가 재판받을 때, "야! 너는 전두환의 명령받고 정호영 당신이 지휘한 거 아니냐?" 이렇게 얘기했어요. 정호영 장군이 특전 사령관이었으니까요. 잠깐 군인의 상식을 말씀드리면, 제가 제 부대를 남의 부대에 빌려 줄 때가 있어요. 전쟁할 때 제가 후방에 있고, 전방부대가 병력이 부족하면 위에서 '야, 허화평. 너희 사단에서 1개 연대를 전방에 배속해줘라'고 하면, 저는 1개 연대를 전방 남의 부대에 보냅니다. 이걸 배속이라고 그럽니다. 이때 저는 이 부대에 대한 작전 통제권은 없어요. 간 그 부대장이 이 부대를 지휘하게 돼있어요. 저는 그냥 가만히 있고, 한 번씩 가서 우리 애들이 남의 부대 가서 잘 있나 없나 둘러보고 격려하는 정도지, 작전은 일체 간섭 못합니다. 그건 우리 군 작전의 원칙이에요. 교범에 나와 있어요. 정호영 장군은 특전 사령관으로서 자신의 여단들을 작전 배속시켜준 거지요. 광주 지역에 31사단에 배속을 시켜줬습니다. 정웅 장군이 특전사를 통제하면서, "야, 니들 목숨 걸고 싸워!" 이렇게 막 했어요. 그리고 나중에는 정웅 장군이, "나는 가만히 있었고, 저 사람들이 다 와서 했습니다"라고 말했어요. 그런 후, 그 사람은 나중에 김대중 도움으로 전국구 국회의원을 한 번 했어요. 그런데 당시 그 경찰 국장하는 사람은 도망가 버렸습니다. 무장 시민들이 무기고 탈취하고, 파출소 습격할 무렵에 보고 받고 도망가 버렸어요. 경찰 총수가 도망가 버린 것이죠. 어떻게 되겠어요? 그렇게 해서 광주 상황이 더 복잡해졌습니다. 점점 대통령부터 전부 다 광주에 관심을 안 가질 수가 없게 된 거 아니에요? 그리고 명령은 계엄 사령부, 2군 사령부, 광주, 이렇게 3단계를 거쳐요. 2군은 대구에 본부가 있고, 후방 지역의 군대를 총괄하는 센터에요. 근데 밑에서 '자위권을 허용해 달라'고 요청을 해왔습니다. 그래서 위에서 현지에 가보고 판단해서 '알았다. 자위권 행사해라' 해서 내려주고, '병력을 보내 달라'고 해서 여러 상황에서 병력도 보내주고 했습니다. 결국 육군 본부로부터 말단 그 광주지역에 있는 부대까지 전부 다 밀접한 관계를 유지하면서 광주사태가 마무리됩니다. 이미 그때 그렇게 복잡해졌어요. 그걸 가지고 사람들이 '권력 실세인 당신이 뒤에서 다 조종한 게 아니냐?'고 늘 재판 때 몰아붙였어요. 정치적으로 그렇게 억지를 부릴 수 있지만, 정상적으로 그건 불가능합니다. 그럴 권한도 없고요. 그건 불가능해요.

권자경: 5월 25일에 광주사태가 마무리되지요? 일부에서는 광주사태를 광주 민주화 운동으로 표현하고 있습니다. 이렇게 광주사태에 대한 다양한 시각이 있는데요, 이를 민주화 운동으로 보기는 어렵다는 입장이시죠?

허화평: 어려운 게 아니라, 민주화 운동일 수가 없어요. 저는 오히려 폭동이라고 봐요. 그러나 광주시민도, 군도, 경찰도 모두 피해자입니다. 거기는 반드시 보이지 않는 손이 깊이 작용했다고 믿을 수 있는 증거들이 지금도 계속 나오고 있습니다. 그러나 그 실체는 누군지 모를 따름이에요. 그리고 저는 광주시민들이 그것을 민주화로 규정하고, 보상도 받는 부분에 대해서는 유감이 없습니다. 그것은 그 진실과 관련 없이, 그야말로 정치적으로 아무런 이해관계가 없던 순수한 시민들이 그 와중에 휩쓸려 피해를 받았기 때문에 그런 명예를 주는 것에 대해서 저는 유감이 없어요. 하지만 그것과 역사적 진실은 구분해야 된다는 것을 말해두고 싶어요. 따라서 광주시민들이 앞으로 염두해야 할 것은 그것이 과연 한국 민주화의

결정적 계기가 되었다면, 전국적으로 그것을 호응하고 찬양해야 되는데 그렇지 못한 이유가 뭐냐를 늘 생각해야 된다고 봅니다. 왜 평양에서 광주 못지않은 기념행사를 하느냐는 거죠. 따라서 광주시민들도 겸손할 필요가 있는 거에요. 국가로부터 명예회복도 받았고, 보상도 받았기 때문에 그 정도로 정리하는 게 좋지요. 이걸 끝없이 확대 재생산해서 한국의 민주화를 마치 자기들이 도맡아 한 것처럼 과장해서는 안 된다고 봅니다. 그건 그 사람들을 고립시키는 거지요. 그렇잖아요? 우리 스스로도 정직한 것도 아니고요. 또한, 아무런 이해 관계없이 휩쓸렸던 사람들이 오늘날 뜻밖에도 반미, 반군, 반 대한민국 정서로 가는 것은 그분들을 위해서도 바람직한 게 아닐 거에요. 아니 우리가 그것 때문에 한 건 아닌데, 이게 악용되고 있다고 하는 이 사실에 있어서도 광주시민들, 특히 광주의 지도자들은 깊이 생각해야 됩니다.

권자경: 5·18 광주사태 때까지 이사장님께서는 어떤 직위셨어요?

허화평: 국군보안사령관 비서실장이었죠.

권자경: 그 보안사령관 비서실장으로 계실 때, 1980년 5월 31일 '국가보위비상대책위원회', 소위 국보위가 설치됩니다. 이 조직은 어떻게 만들어졌고, 어떻게 구성되었으며, 구성원의 역할은 무엇이었습니까? 또, 허화평 이사장님은 당시 국보위에서 어떤 임무를 맡게 되셨나요?

허화평: 저는 국보위에는 참여 안 했습니다.

권자경: 아, 그러셨어요?

허화평: 저는 보안사령부를 지켰고, 국보위는 별도로 조직이 돼서 일을 했는데, 국보위가 생긴 것은 다른 게 아니고, 광주 5·18사태가 마무리 된 다음에 전국적 상황이 국정을 제대로 이끌어 갈 센터가 없어진 거에요.

권자경: 최규하 대통령이 소집했나요?

허화평: 최규하 대통령께서는 김대중 등 반체제 세력이 워낙 강하게 나오고, 광주의 비극적 상황을 겪었기 때문에 겁을 먹고 거의 의지를 상실한 채 포기하신 것 같았어요. 정승화가 연행되고 난 이후에 군도 전혀 새로운 국면에 접어들었습니다. 이 상태에서 다음 새로운 헌법에 의해서 정부가 들어서기 전까지 필요한 일이라고 하는 건, 김재규 사건을 완전히 마무리하는 일, 질서를 정상화시키는 일, 정상적인 정권 트랜스퍼를 위한 정비 작업이었습니다. 그럼 누가 할 것인가의 문제가 있지요. 최 대통령 팀이 손을 놓고 있는 상태고, 군은 정치에는 관여가 안 되는 것이고, 질서와 치안 문제에 매달리고 북한 문제에 매달렸을 따름이지요. 그러다보니 심각한 공백이 생기게 되었어요. 결정적으로 중요한 것은 경제적 상황이었어요. 정치적 상황도 중요했고요. 그 당시에 우리나라가 GDP 600억 불 좀 더 되었어요. 개인 소득이 1인당 1,600여 불 되었을까? 그때 좀 산다고는 생각했지만 뒤돌아보면 우리가 이제 겨우 헐떡이며 일어설 정도로 취약한 구조에 있었습니다. 외채가 무려 GDP의 절반 정도 됐는데, 단기 외채는 자고 나면 원리금 상환이에요. 박 대통령이 중화학 공장에 과잉 투자했기 때문에, 창원 공단도 다 마무리가 안 된 상태였어요. 제품 만들어서 수출할 상태가 아니에요. 아직도 건설 단계에 있었지요. 그러니까 이 부분을 방치했다가는 나라 전체가 깡통을 찰만큼의 경제위기의 가능성이 있는 거에요. 그래서 임시 과도 국정관리기구가 필요하다고 판단했고, 이에 국보위(국가보위비상대책위원회)가 생긴 겁니다. 여기에 여러 사람들이 의견을 냈

어요. 물론, 최규하 대통령도 동의를 했습니다. 최 대통령이 선뜻 '그렇게 하자'라고 한 건 아니고, 사회 지도층이나 군 간부들이 "이렇게 해선 이게 안 됩니다"라고, 대통령을 보필하고, 다음 정부를 승계하기 위해서 '과도적 기구가 필요하다'고 보고했죠. 이렇게 국보위 설치가 결정되었습니다.

권자경: 국보위의 위원장, 국보위에는 어느 분이 총책임자가 되셨습니까? 어떤 분들로 구성되었습니까?

허화평: 계엄사 군 수뇌부 플러스, 관료 플러스, 정치인들이었죠. 크게 보면, 각 분과위의 책임자들은 군 장성들, 현역들이 많았어요. 그것은 계엄 상태에서 성격을 표현한다고 보면 됩니다. 그러나 그 밑에 전문요원들은 관료들, 전문가들이었어요. 거기에 동원된 관료들, 정치인들은 그 나름대로 거의 퍼스트클래스라고 보면 틀림없어요. 무슨 인맥에 의해서 차출된 게 아니에요. 예를 들어, 경제 부문에서는 '그 파트의 퍼스트가 누구냐?'고 여러 사람에게 물었어요. 우린 모르니까요. 중앙정보부에서도 자료를 가져와라, 경찰도 가져와라, 보안사도 자료를 내라, 각부에다가 당신들 추천하라고 다 선정된 사람들인데, 거기에 김재익도 포함된 겁니다. 실제 그 안에서 일을 한 주축은 민간 테크노크라트(technocrat)하고 뷰로크라트(bureaucrat)들이에요. 사실 그게 국보위입니다. 제가 한 일은 그 국보위를 구성할 때, 여러 가지 조직 문제들이나 인선 문제에 관여를 했지, 직접 참여하지는 않았습니다.

권자경: 전두환 국보위 위원장이 합동수사본부장을 겸직한 건가요?

허화평: 겸직했지요. 그게 나중에 정치적인 여러 가지 억측을 낳았어요.

권자경: 예. 어떤 측면에서요?

허화평: 사람들은 그게 정권 창출을 위한 중간 징검다리가 아니냐고 얘기를 했지요. 그러나 그때로서는 그런 단계가 아니었어요. 어차피 최규하 대통령 입장에서는, 군을 끼고 국가위기를 수습해야 된다 말이에요. 그건 기능상으로도 정보를 갖고 있는 보안사령부가 그 일을 담당할 수밖에 없는 거지요. 그리고 최 대통령이나 전두환 당시 장군은 서로 모르는 사이가 아니고, 박 대통령을 오랫동안 같이 모셨어요. 전 대통령은 중령 때도 30대대장을 하면서 대통령 경호를 했고, 그 다음에 나중에 사단장 나가기 전에는 경호실 작전 차장을 하고, 실제 경호의 최고 실무 책임자로서 대통령을 모셨기 때문에, 최 대통령은 당시 외무부장관할 때니까 서로 다 알아요. 최규하 대통령도 전두환 장군을 전혀 모르는 사이가 아니에요. 그래서 어차피 강력한 드라이브를 하려면, 강력한 사람이 해야 된다는 거죠. 그것은 계엄하에서는 반드시 군인이 역할을 해야 한다는 것입니다. 민간인이 한다고 해서 그 사람이 주도권을 행사하지도 못하니까요. 계엄하에서는 늘 군인들한테 눈치를 봐야 되고, 군인들 양해를 받아야하니까요. 오히려 민간이 하면 트릭을 쓴다고 하는 오해를 불러일으킬 수도 있는 거에요. 그러지 말고, 아주 직접적으로 현역이 운영하는 게 맞다고 해서 전 장군이 국보위 상임위원장을 겸했어요.

권자경: 국보위 위원장을 할 때까지 전두환 보안사령관은 정권을 잡으려는 의도가 없었다고 보시나요?

허화평: 그 부분은 여러 가지 의견이 있어요. 최 대통령께서 '내가 이 자리를 물러나야겠다'고 생각하시게 된 것과 관련이 있어요. 광주사태를 겪으면서 최 대통령께서는 '내 역량을 넘어서는 상황이다'라고 생각하시면서

대통령직을 포기하신 것 같아요. 그 과정에서 군에 있는 사람들, 이전에 많은 사회 원로들이 최 대통령 보고 '당신이 자신이 없으면 손을 떼는 게 맞다'고 얘기를 했지요. 자기들끼리도 심각한 논의가 있었어요. 한국적 여건하에서는 이런 국가위기를 수습하는 것은 군의 백업이 없이는 불가능하다는 거죠. 그렇다면 그런 인물로 전두환 장군이 적격인 것 같은데, 이 사람 언제까지 보안사령관만 할 것인가. 정치적인 백그라운드도 아무 것도 없는데 되겠느냐는 것이죠. 이런 과정에서 국보위가 들어서고 상임 위원장으로 간 것이지요. 전 대통령 특징이 윗사람을 잘 모십니다. 아부하는 것이 아니고, 최선을 다해서 자기 임무를 수행하는 겁니다. 윗사람이 늘 기분 좋게, 부담 느끼지 않게 잘 보좌합니다. 그렇다고 일을 적당히 하는 사람은 아니에요. 자기 일은 아주 철저한 분이에요. 그 철저한 임무 수행을 통해서 자기 상관이 안심을 해도 될 만큼 노력하는 사람이에요. 그리고 캐릭터도 굉장히 친화적이에요. 그래서 최 대통령 보좌를 열심히 했어요. 그런 과정에서 최 대통령이 전 장군 보고 '나는 안 되겠다. 당신이라도 좀 생각해봐라'고 했다고 해요. 우리는 그 당시에는 그 얘기가 오고 간 사실을 몰랐어요. 나중에 알게 되었지요. 결국 최 대통령의 자리를 인계받는 과정으로 가는데, 국보위는 그 중간 단계에 있었다고 보면 됩니다.

권자경: 당시 정치, 경제, 사회, 문화적으로 혼란했고, 5·18사태가 일어난 후에 국보위는 구체적으로 어떤 역할을 했습니까?

허화평: 국보위가 제일 중점을 두었던 것은 사회 질서유지였어요. 국민적 일체감을 형성해서 사회 부조리를 정리하는 것이었죠. 소위 외과 수술로 비유하면 될 것 같아요. 장기적인 구조 개혁은 아니었고, 당면한 위기 사항을 극복하고 다음 단계로 넘어가기 이전까지 당장 정리해야 될 일들이 많았거든요, 그것을 처리하는 게 핵심이었지요. 경제적인 부분에서는

중화학공업 통폐합 문제를 경제 전문가들이 집중적으로 참여해서 했어요.

권자경: 중화학공업 통폐합 문제를 다룰 정도로 국보위가 중대한 일을 수행했는데, 과도 단계에 있는 정부가 수행하는 업무라고 보기에는 묵중한 면이 있다고 보입니다만 어떻게 생각하세요?

허화평: 그게 가장 중요한 파트였어요. 나중에 정상적으로 돌아가면서 마무리가 되는데 그때 기본 정책은 다 수립이 되었어요. 안 하면 안 되는 것이, 중첩 투자가 되었을 뿐만 아니라 대외 수출에서 경쟁력을 강화하지 않으면 안 되기 때문에 그대로 방치하면 큰 문제가 발생될 상황이었어요. 교통정리를 해야만 외부적으로도 이 문제가 빨리 해결되고, 대외적으로도 수출 경쟁력이 생기게 돼있었기 때문이죠. 그거야말로 군인들이 모르는 것이기 때문에, 철저히 경제 전문가들이 매달려서 했고, 그 누구도 간섭을 하지 않았어요. 그때 톤을 잘 잡은 것이고, 그것이 나중에 전두환 장군께서 청와대 가신 다음 그 연장선상에서 자연스럽게 이어졌습니다. 또 하나 자유주의 사회에서 과외를 없앤다는 것도 있을 수 없는 겁니다. 궁극적으로 공교육을 정상화해서 과외가 전혀 필요 없다는 사회는 있을 수 없는 거에요. 예체능 같은 경우에는 입학을 위해서라기보다 자기 개인 실력 향상을 위해서 전공자한테 레슨 받는 건 당연한 거 아니에요? 절대로 과외라고 하는 게 법으로 금지해서는 안 되는 거지만 일정 기간 스톱시키고, 공교육을 정상화해야 된다고 해서, 청와대가 나중에 교문 수석을 두게 되고, 목적세로 교육세를 신설했어요.

권자경: 교육세가 전두환 정권 때 처음 신설되었군요?

허화평: 교육세를 5년 한시적으로 특별세로 적용했어요. 재정부에서는

아주 반대가 심했습니다. 특별 목적세는 되도록 안 하는 게 원칙입니다. 그런데 특별세로 해야 하는 이유는 일반 재정에서 편성하면 교육부 같은 경우에는 힘이 약해서 재원 마련이 어렵게 돼요. 따라서 이 돈은 다른 데서 손을 못 데게 교육에만 투자하도록 교육세를 5년 한시적으로 만든 거에요. 그래서 이것을 공교육 정상화에 집중 투자하자는 목적이 있었지요. 그렇게 되면, 어느 시기가 되면 과외는 자연히 해소될 수밖에 없다고 예측한 거죠. 그런데 지금도 교육세는 계속 거둬들이고 있어요. 그때 저는 재정부 반대를 무릅쓰고 5년 한시적으로만 거두어들이자고 적극적으로 주장한 사람이에요. 그런데 지금도 계속 되고 있습니다. 교육세 징수가 잘 못 된 거냐, 잘된 거냐를 따진다면, 잘못된 건 아닌데 그게 정상적인 건 아니에요. 빨리 일반 재정으로 돌려야 되고, 스톱해야 되는 거에요. 이게 소위 한강에 돌을 던지는 거에요. 우리나라 교육 공무원이 제일 많거든요. 한 60만 명 정도 되나요? 제일 많다고요. 그러니까 교육공무원 봉급 조금 올리는데도 엄청난 돈이 들어가요. 또 공교육 한다고 교육시설 좀 고치고, 학생들 의자 좀 교체하려고 보니, 예산이 부족해요. 대한민국은 아직도 능력의 한계가 있기 때문에 거기에 모조리 다 쓸 수 없는 거 아니에요? 그렇게 했음에도 역부족이에요. 지금도 교육은 문제 해결이 안 되었잖아요. 그래서 교육세는 없애고, 일반 재정에서 아주 집중적인 투자를 하는 것이 맞다는 생각이 듭니다. 어쨌든 교육세도 그때 생겼습니다.

권자경: 국보위가 존재하는 과정 속에 최규하 대통령 하야는 어떻게 이루어졌습니까?

허화평: 아까 제가 말씀드렸다시피, 어느 날 딱 부러지게 결정된 게 아닙니다. 10·26이 일어나고 이후 쭉 이 과정을 겪으면서 최 대통령이 얼마나 고생했겠습니까? 평생 외교 분야에만 몸을 담고 있는 분이고, 국내 정

치하고는 전혀 관계없는 분이었잖아요. 하루아침에 절대권력자가 쓰러진 그 공백기에, 온갖 모순이 폭발되는 상태에서 자기가 앉아보니 그게 보통 복잡했겠어요. 그러다가 엄청난 광주사태를 겪으면서 자기가 어떤 한계에 부딪힌 것 같았을 거에요. 국민들이 볼 때도 이게 걱정이 되었어요. 과연 최규하가 해결할 수 있을지, 최규하 대통령 본인도 의문이었겠지만 주변 인물들 속에 그런 분위기가 형성되어갔어요. 최 대통령도 마음의 정리를 하는 가운데, 전두환 장군보고 "당신이 내 자리를 아무래도 맡아야 되는가 보다"라고 얘기했어요. 그 시기를 제가 정확히 기억은 못해요.

권자경: 최규하 대통령께서 정말 전두환 보안사령관에게 맡아주었으면 좋겠다는 말씀을 하셨다는 건가요?

허화평: 그 말씀을 정확하게 하셨어요. 이 부분에 대해 저는 전두환 대통령한테 직접 들었어요. 당시 고민을 많이 하시더라고요. 그래서 전 장군이 대답을 했대요. "저는 준비된 바가 없습니다"라고요. 준비해야 될 이유가 있었나요? 군대에 있는 사람이 뭣하러 대통령 해야 되겠다고 준비해야 될 아무런 이유도 없는 거 아니에요? 갑자기 10·26이 나고, 그때 마침 보안사령관으로 있었으니 그 와중에 휩쓸려서 자기 역할을 하게 되고, 세상이 그렇게 돌아가 버린 거죠. 그건 자기 의지와는 관계가 없다고 봅니다. 어느 날 자기가 최강자가 돼 버린 거지요. 객관적으로요. 왜냐하면 당시 가장 강력하던 계엄사령관을 잡아 가버렸으니까요. 광주사태를 마무리하는 것을 보니까 보통 사람도 아닌 것 같고, 이런 과정에서 은연 중 권력핵심이 되어버린 거죠. 본인도 모르는 사이에, 어느 날 그 속에 자기가 앉아 있는 거지요. 관료나 군인들은 시작에서 떠날 때까지 늘 하는 소리가 '국가!'이겁니다. 내가 국가를 다 책임지는 건 아니지만은, 내가 중요 결정을 할 때는 늘 국가를 생각하는 게 관료고 군인입니다. 교육이란 건 무서운

것인데, 특히 육사는 바로 그런 곳이에요. 눈 떠서 잘 때까지 국가 빼고는 할 말이 없어요. 그런 환경에서 자란 세대기 때문에, 국가가 그야말로 어떤 백척간두에 서있는 상황을 보고, 전두환 사령관은 이전까지는 그런 생각이 없었는데, 이 시점에서 보니 '이건 내가 물러서서도 안 되겠다'는 생각을 가질 수 있었을 것입니다. 어느 시점에 가서는 이 상황을 피해갈 수 없다고 판단한 거죠. 그런데 그런 일이라는 게 딱 부러지게 오늘 당장 결론이 나는 것이 아니고 일련의 과정을 거치면서 상황이 자연스럽게 전개되었어요. 그러면서 최종적으로 내가 대통령 하겠다는 것은 본인이 결정한 겁니다.

권자경: 그런데 기존 문헌을 보면 전두환 보안사령관이 강제로 최규하 대통령을 하야시켰다라고 나오는데요?

허화평: 그 부분은 우리가 재판 받을 때도 제기되었고, 지금도 5공 세력을 상대로 그걸 들고 나옵니다. 당신이 압력 넣어서 쫓아냈다는 겁니다. 그렇지만, 그건 아닙니다. 압력을 넣을 수가 없는 거에요. 최규하 대통령이 물러난 것도 상황에 밀려서 물러난 것이고, 전두환 대통령이 대통령으로 나간 것도 상황에 밀려서 거기까지 올라간 것입니다. 저는 그 일련의 과정을 국가도, 개인도, 개인의 의사와 관련 없이 그런 사항에 갈 수 있다고 봅니다. 바로 그 케이스가 아닌가 생각됩니다. 굳이 본인이 싫다면 안 하면 그만이지만, 왜 했느냐고 반문하면 우리가 국가를 놓고 어떻게 생각하느냐가 중요합니다. 이 시점에서 최 대통령이 거의 포기한 상태고, 다른 사람은 가능성이 안 보이고, 그나마 나라도 이걸 책임지고 앞장서야겠다는 생각이 들었던 거죠. 그건 국가라는 생각이 전제돼있을 때만 가능한 거에요. 대통령을 끝까지 안하겠다고 했으면 안했겠죠. 그러나 어느 시점에서 자신이 그걸 수락했기 때문에 된 것이지만, 최 대통령 하야는 압력으로

밀어낸 것은 아닙니다. 일부에서 '너희들이 사람 동원해서 최 대통령 하야를 강요한 게 아니냐?'는 얘기도 많이 나왔어요. 그 가운데 한 분 돌아가신 김정렬 국무총리, 국방장관하신 분입니다. "너희들이 최 대통령에게 압력 넣은 거 아니냐?"라는 거죠. 그렇지만, 그건 지나친 확대 해석입니다. 그분은 최규하 대통령과 경기고 동문이면서 친구였지요. 최규하 대통령은 전직 총리까지 한 분이시고, 김정렬은 국방장관 출신이거든요. 그래서 우리 육사 11기들하고 가까웠어요. 육사 11기들이 '김정렬을 당신들이 속삭여가지고 최규하 대통령 하야하는데 보낸 거 아니냐?'고 하는데 그건 아니에요. 물론 김정렬 씨도 세상 돌아가는 와중에 여러 사람 이야기를 듣는 것은 당연할 테고, 또 그분이 육사 11기 압력을 받을 사람도 아닙니다. 여러 가지 정황이 최규하 대통령도 '그만둘 때가 된 모양이다'하는 상황이 왔을 때 김정렬 씨도 자기가 군을 잘 아니까, 최규하 대통령께 '그만두시오'라고 얘기가 됐으면 모를까, 우리가 시킨 게 아닙니다. 이 문제가 보통 심각한 문제입니까? '당신 내려와라'는 말은 형제간에도 하기 어려운 말이에요. 하물며 대선배 되는 분인데 당시 최 대통령께 명령할 수는 없었겠죠. 김정렬 씨를 아는 사람들은 다 압니다. 그분이 인격자고, 무례한 분이 아니라는 걸요. 박 대통령 모실 때도 비교적 소신있게 행동했고, 최 대통령께 조언했다는 건 다 알려진 사실입니다. 그 외에 여러 사람이 있었던 것 같은데 그 면면은 몰라요. 군 자체 내에서는 전 대통령의 선배되는 사람들이 전 대통령을 찾아 와서, '당신이 그냥 청와대 가라'고 그렇게 이야기할 선배도 없어요. 그건 제가 더 잘 압니다. 이희승 계엄사령관 같은 분은 그런 분이 아니에요. 깐깐한 분입니다. 최 대통령도 압력을 넣어서 물러날 사람도 아니에요. 12·12 밤에 보면 한남동에 총격전이 벌어지고, 생난리인데, 요지부동하고, '국방장관을 찾아오라'고 눈도 깜짝 안 하는 분이에요. 아주 자존심이 강한 분이에요. 일본 관료로부터 출발하셨고, 상당히 중후한 분이고, 가벼운 분이 아니에요. 그렇기 때문에 그런 경우에도 압력 받아서 물러날 정도의 마음 약한 분은 아닌 것 같아요.

〉〉〉〉〉 2차 구술

권자경: 전두환 정부 시기, 당시 정무수석을 지낸 허화평 정무수석을 모시고 제2차 인터뷰를 진행하겠습니다. 일시는 2010년 7월 29일 목요일 오후 1시 30분입니다. 장소는 미래한국재단에서 청와대 방향으로 자동차로 이동 중에 있습니다. 오늘 인터뷰는 10·26사건 현장답사부터 시작하겠습니다.

[10·26사건 현장 답사]
('미래한국재단→청와대'로 이동 중)
권자경: 김계원 청와대 비서실장은 어떻게 되셨나요?

허화평: 무죄 판결 받고 나중에 다시 사면복권되어 나왔어요.

('청와대→최규식 경찰총장 동상 앞'으로 이동 중)
허화평: 10·26 당시 김재규가 저 앞에서 밥을 먹었습니다.

권자경: 네...

허화평: 보안사 요원들과 우리 군 헌병이 합동으로 김재규를 유인해서 우리 보안사 차에 태웠어요. 아, 이 길 잘 안 다녀봤지요? 여기 가면 동상이 하나 서있어요. 여기 멈춰봐요. 좌측을 봐요. 종로 경찰서장 동상이 서

있는데. 여기 사진 한 장 찍어 두세요.

권자경: 네.

(최규식 경찰총장 동상 앞)
허화평: 여기 청와대로 김신조 일당이 탄 버스가 온 겁니다. 당시 종로 경찰서장 최규식 씨가 딱 가로막고는, '당신들 누구냐?' 하니까 그 북괴에서 온 특수대원들이 그대로 쏴 죽였어요. 그래서 죽은 겁니다.

권자경: 네...

허화평: 그런데 말입니다. 청와대 안에 30경비단이 있었어요. 그것은 청와대 경호하는 부대고, 그 김신조가 여기 왔을 때 청와대 경호단장이 전두환 중령이었어요. 전두환 중령은 여기서 총소리가 나자마자 총소리를 들은 거에요. 왜냐하면 그 일대는 밤이 되면 쥐 죽은 듯이 고요한 곳이기 때문이에요. 조용한 밤에 경복궁 앞에서 몇 발 안 되는 총소리를 들을 정도로 여기는 조용한 곳입니다.

('최규식 경찰총장 동상 앞→궁정동 사건 현장'으로 이동 중)
허화평: 정승화는 여기서(궁정동) 총소리가 난 것을 알고 있었어요. 담 너머에서 '사건과 총소리 나는 것을 나는 몰랐다', 그리고 '식사는 저 청와대 본관에서 한 줄로 알았지, 여기서 한 줄은 몰랐다'라고 얘기하는데 사실과 다르지요. 그러니까 수사하는 사람들은 작은 거짓말도 놓치지 않는데, 이건 보통 앞뒤가 맞지 않는 말입니다. 뿐만 아니라, 사건이 나기 전 자기들이 함께 다닌 이야기부터 사건 나서 김재규와 정승화가 같이 행동한 그 일련의 과정, 그 다음에 김재규가 체포돼서 정승화가 옆에 있었다는 것을

듣고, 정승화를 우리가 수사를 할 때, 수사관이 우리가 수사하는 사무실에 와서 '이건 아니야, 이건 이렇게 고쳐' 하는 등 사건을 위조하려는 일들을 계속 했어요. 한 가지 더, 정승화가 김재규와 모의는 안했다 하더라도 김재규에게 "정승화가 당신을 도와줄 것으로 생각했느냐?"는 질문에 대해서 "정승화가 자기 편에 선다고 확신했다"고 대답했습니다. 자, 이제 직진해서 갑시다.

(궁정동 사건 현장)

허화평: 궁정동 사건 현장이 아마 저기에요. 지금 저 울타리가 있지요? 저걸 울타리로 생각하면 됩니다. 그 옆에 안가가 하나있고, 그 옆에는 다른 안가가 하나 더 있었어. 집에 담이 높지 않았어요. 담에는 여기서 저기로 왔다갔다 하는 조그만 통로문이 있었어. 그러니까 평소에 이 안가는 김재규가 관리하는 안가에요. 두 개다 사용하는데, 저쪽에 있는 안가는 김재규가 개인적으로 사람만나고 할 때 쓰던 것이고, 이쪽에서는 대통령이 주로 만찬을 할 때 사용하는 안가에요. 김재규가 '오늘 밥 먹을 준비해!' 하면 늘 장소가 여기였어요. 그러니까 저 담을 사이에 두고, 두 채가 있는데 그 사이 거리가 50m도 안 됩니다. 여기서 총이 수십 발 난사됐는데, 정승화 자기는 저기서 총소리가 났다고 하는 건, 그건 아니지요...그리고 자기는 박 대통령이 여기서 식사를 한다고 생각하지 않았고, 저 청와대 본관에서 식사를 하는 줄 알았다? 또한, 김재규가 청와대 본관에서 대통령을 쏴죽이고, 맨 발로 여기까지 올 수 있습니까? 철통같은 청와대 경비를 뚫고 어떻게 빠져나옵니까?

권자경: 청와대에서 여기 안가까지는 상당히 먼 거리인데요...

허화평: 벌써 대문이 몇 개있고, 경호원이 길 따라 있고, 문마다 있는데,

거기서 대통령 경호실장을 해치우고, 맨 발로 여기까지 오는 건 불가능합니다. 그렇다면, 김재규가 박 대통령의 지시를 받고, 차지철을 통해서 지시를 받고 "만찬 준비를 해라"하고, 정승화를 여기서 불러서 "내가 대통령을 모시고 식사를 하니까 끝날 때까지 너는 여기서 김정섭 하고 같이 얘기하면서 기다리고 있어"라고 합니다. 당시 중앙정보부에 정치담당 김정섭 차관보라고 있어요. 자, 이런 상황에서 김재규가 대통령과 식사를 하는데 기다리라는 지시를 받은 만찬이 끝날 때까지 귀가 거기에만 집중되어있을 가망성이 큽니다. 또한, 만찬 도중에 김재규가 그 사잇문을 통해 정승화하고 김정섭이 앉아있는데 자기 사무실로 다시 갔어요. 식사 도중에 나와 '나 식사 진행하고 있는데, 곧 끝낼 거다.' 그렇게 하고는 김재규가 2층 자기 방, 개인 사무실에 올라가서 자기 총을 가지고 내려와 이 장소에 간 겁니다. 현장에서 다 쏘아 죽인 다음, 맨발로 있었는데 온 몸에 피가 묻어 있었어요. 왜냐하면 박 대통령, 차지철 두 사람을 쏴죽였으니까 피가 튀지요. 허겁지겁 사잇문으로 나와서, 정승화보고 "빨리 가자"라고 합니다. 피투성이가 되어 나온 김재규를 본 정승화가 조금 전까지 대통령하고 식사를 했는데 총소리가 수십 발 난 것에 대해 어떤 질문도 안했다는 것이 말이 됩니까? 총소리가 나면 당장 쫓아가 봐야하지 않아요? 그런데 그런 행색을 보고도 어떤 질문도 안 한 겁니다. 우리가 수사했을 때 정승화는 "나는 겁이 나서, 나는 조심했다"고 대답했어요. 이게 말이 됩니까? 사건 후, 김재규가 정승화더러 "어디로 가야되느냐?"고 하니까 정승화가 "육군본부 벙커로 가는 것이 좋겠다"고 하여 김재규가 그 안에서 신발도 바꿔 신고, 옷도 다 바꿔 입었어요. 정승화가 벙커에 김재규를 데리고 가서 수경사에 전화를 걸어서, "너희들 꼼짝하지 마라. 움직이지 마라"고 했어요. 그 다음에 경호실 이재전 차장, 쓰리스타였어요. 그 차장한테 전화를 걸어서, "너희들 내 이야기 없이 움직이지 마라"며 꼼짝 못하게 해 놓았어요. 그런 다음 정승화와 김재규 둘은 김재규가 빨리 비상각의를 열어서 계엄을 선포하고 보안을 유지하는 것, 그리고 부대를 어떻게 장악할 수 있는지, 어떻게 동원할 수 있는지 등을 의논했습니다. 전방에 어떤 부대를 동원할 수 있겠어요? 그 과정에서 당시 최규하 국무총리는 청와대 김계원이 보자고 해서 벙커에 들어갔고, 김치열 내무부장관도 같이 들어갔을 겁니다. 거기서 김재규가 "이제 박 대통령은 죽었다"고 말했어요. 그 과정에서 김재규가 전화로 김계원을 불러서, "형님, 뭐하고 계십니까? 빨리 오십시오"라고 해서, 최규하 총리가 김계원 하고 같이 육군 본부로 갔는데, 장소가 협소해서 국방부 회의실 쪽으로 간 겁니다. 거기서 비상각의가 열렸지요. 김재규는 계속 "빨리 비상계엄을 해야 된다. 북한 동향도 그렇고, 대통령 사망 소식에 대해 보안을 유지해야 한다"고 주장했어요. 여기서 굉장히 중요한 요소가 있습니다. 소위 북한과 관련해서 군을 움직이려면 참모총장은 국방부장관한테 "긴박한 사태가 벌어졌다. 군의 경계 태세를 내려야 된다"라고 건의를 해야 합니다. 그러면 장관은 대통령 유고시거나, 없으면 대리자에게 보고해야 되고요. 또한 군을 움직이려면 작전 지휘권을 갖고 있는 8군과 협조를 한 다음에 참모총장이 병력들을 움직일 수 있는 겁니다. 그런데 정승화는 어떤 보고도 하지 않았고, 어떤 절차도 밟지 않았어요. 분명 김재규 하고 앉아서 부대 동원에 대한 파악과 검토를 이미 마친 상태였어요. 그것 하나만 봐도, 정승화는 역사 속에서 용서받기 힘들지 않겠어요? 자, 이제 현장을 검토하였으니까 사무실로 들어갑시다.

('궁정동 사건현장→미래한국재단' 이동 중)

허화평: 1차 구술에서 얘기한 것처럼 비상각의에서 그런 사태가 일어나고, 김재규가 체포되었어요. 그런데 정승화가 계엄사령관이 된 다음, 죽기 아니면 살기로 피했습니다. 권 박사, 여기서 저 거리가 얼마인가요?

권자경: 네. 상당히 멉니다.

허화평: 그렇죠. 검찰 조사받고 재판 받을 때 현장검증을 반드시 해야 하는데, 현장검증도 하지 않았어요.

권자경: 예? 조사당시 현장검증을 안했습니까?

허화평: 네, 안했어요. 못했어요. 각본에 의해서 덮어씌웠습니다. 이 현장을 보면 이해가 훨씬 빠를 것으로 생각해서, 오늘 인터뷰에 제가 좀 빨리 오라고 했어요. 올라가서 제 방에서 여기 현장을 다시 보세요. 그럼 좀 더 머리에 분명한 그림이 그려질 것입니다. 우리가 이렇다 해서 그게 진실이 될 수 없고, 마찬가지로 정승화가 이거다 해서 진실이 될 수 없습니다. 객관적 상황을 놓고 판단했을 때 해답이 나오는 겁니다. 팩트는 정승화가 한 행동은 확실히 있는 것이고, 정승화가 대답을 한 것도 확실히 있는 것이고, 김재규가 말 한 것도 있는 등을 놓고 종합적으로 조립해서 보면 정승화는 빠져나갈 수가 없지요.

[미래한국재단 집무실: 10·26사건 설명]
(미래한국재단 집무실 창가)

허화평: 저 아래가 사건 현장이고, 종로경찰서장 동상 있던 곳이 저기에요. 저 산에 쏙 들어간 바로 그 밑입니다. 그리고 30사단이 바로 여기 경복궁 옆에 있던 곳입니다. 30사단이 어디냐면 전두환 중령이 청와대 바로 맞은 편 경복궁 안에서 밤에 저기서 난 소리를 듣고, 박격포를 쐈는데… 저런 울타리 사이에 놓고 수십 발 총소리를 못 들었다 하면 말이 안 되지요.

(사건 개요 그림 설명)

허화평: 이게 지금 공원입니다. 여기에 담하나 사이에 두고 안가가 있었어요. 여기가 사건 현장입니다. 여기가 바로 김재규 개인 안가에요. 최규

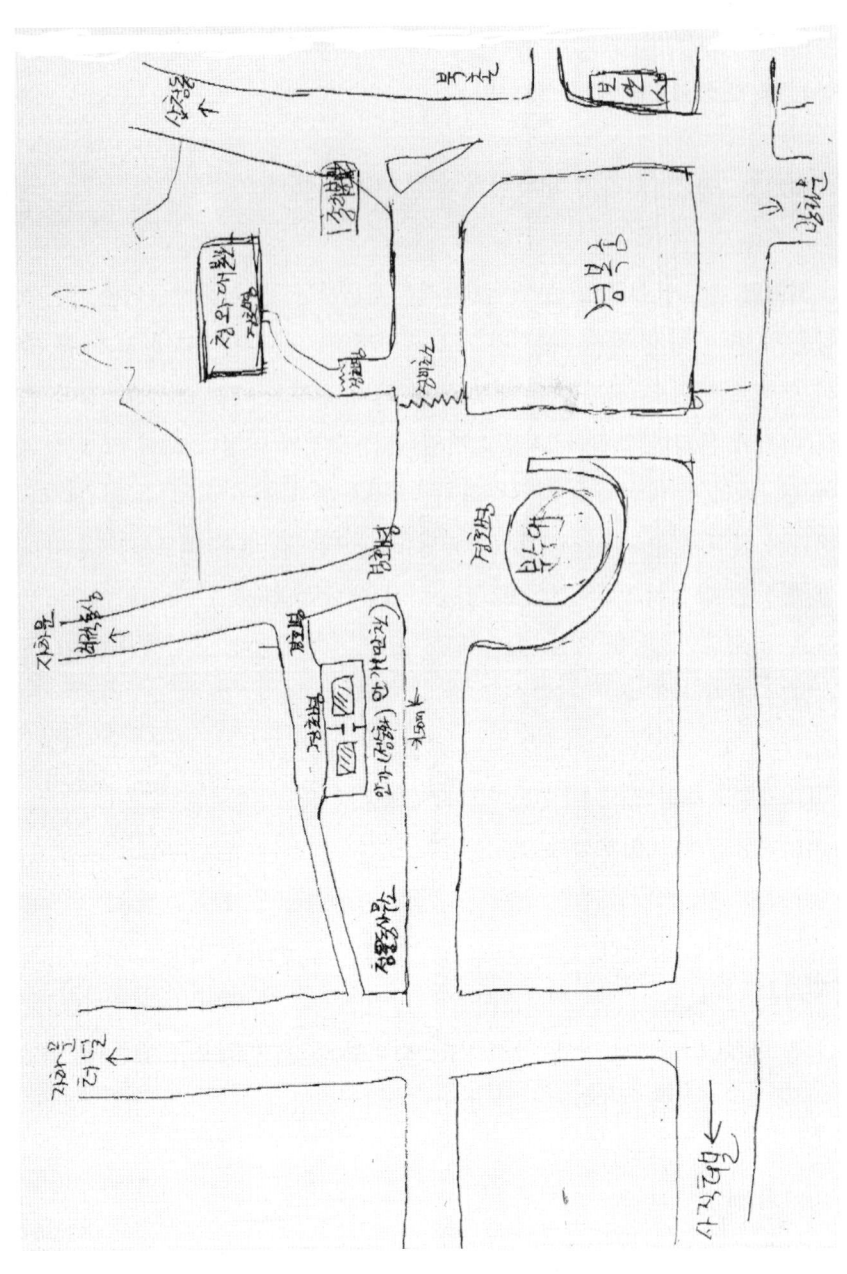

식 종로 경찰서장 동상이 있는 곳이고, 옆이 자하문이에요. 그리고 경비단. 이렇게 돼 있어요. 그런데 여기에 오면 앞에 들어가는 입구에 밤 되면 이 안에 들어가려고 해도 경비단이 첩첩이 근무를 보고 있기 때문에 들어갈 수가 없어요. 이 안에 가면 또 있고, 그 안에 가면 또 있어요. 지금은 없어졌는데, 청와대가 옛날에 총독부 건물이었잖아요. 밑에는 비서실 보좌관, 그 다음에 의전실이 있고, 회의실 하나 있고, 위 2층이 대통령 숙소입니다. 경호원이 대통령 주무시는 방 앞에도 있고, 또 대통령이 식사할 때는 식당에서 항상 경호원이 뒤에 스탠바이 합니다. 이 안에 경호가 굉장히 많습니다. 그런데다가 아까 봤지만은 경호하는 사람들이 여기도 있고, 저기도 있어요. 경호원이 쫙 깔려 있어요. 그런데 정승화는 '나는 대통령이 여기 청와대서 식사한 줄 알았지. 궁정동 안가 여기서 하는 줄 몰랐다'. '나는 총소리가 청와대 여기에서 난 줄 알았지. 안가 여기서 난 줄 몰랐다' 고 말하는 것은 전혀 앞뒤가 맞지 않아요.

권자경: 그런데 전두환 합동수사본부장이 정승화를 체포하기 전까지, 정승화의 말이 세상에서는 그대로 믿어졌고, 최규하 대통령은 진실을 묵인하고 지나가셨네요?

허화평: 최규하 대통령은 일제 코멘트가 없습니다. 정승화가 최고 권력자로 계엄사령관의 위치에서 딱 버티고 있는 상황이었고, 그런 상황에선 군이 실질적인 힘을 갖고 있는 거였으니까, 최 대통령이 정승화 눈치를 보는 상태로 바뀐 거지요. 국방부장관도 자기 부하가 없어요. 나중에 조사하는 과정에서 확인된 것은 이재전 장군이라고 경호실 차장인데, 차지철 경호실장이 죽어버렸으니까 차장이 장악해야 될 거 아닙니까? 정승화가 이재전한테 전화를 걸어서, '이제 너희 움직이지 마라'고 했습니다. 그런데 대통령 유고가 생기면 경호실은 비상을 걸어야 되고, 사건 현장에 가봐야

되고, 다 조치를 취해야 되는 게 정상입니다. 그런데 이재전은 현장에 나와 있는 경호원까지 철수시켰어요. 아무도 못 들어 간 겁니다. 그래서 우리 합동수사본부는 이재전을 구속하려고 했지만, 그때 정승화 육군참모총장은 이재전에 대한 우리의 구속 건의를 각하해 버렸어요. 우리가 이재전을 구속하려면 정승화 총장의 서명이 필요했는데, 정승화는 "노"했습니다.

[허화평 이사장님 공식 인터뷰 2회 내용]

권자경: 지금까지 10·26사건 현장과 수사과정에 대한 얘기를 잘 들었습니다. 제1차 구술기록에서는 최규하 대통령 하야에 대한 내용까지 잘 들었습니다. 제2차 구술기록에서는 본격적으로 5공화국에 대한 질문을 드리도록 하겠습니다. 1980년 8월 29일 통일주체국민회의 간접선거로 전두환 제11대 대통령이 당선됩니다. 당시 선거는 어떻게 치러졌습니까?

허화평: 유신헌법에 따른 선출이었어요. 통일주체국민회의에서 선출한 겁니다. 간접선거죠. 최규하 대통령이 그만 두시니까 그걸 이어받는 입장에서는 아직 새로운 법이 생기지도 않았으니까요. 박 대통령 당시의 헌법에 따라서 취임했습니다.

권자경: 간접선거로 정권을 잡으셨는데, 당시 국민들의 반발은 없었습니까?

허화평: 그 당시에는 표출된 게 거의 없었다고 봐야죠. 그 무렵에는 광주사태도 다 마무리 된 상태고, 폭풍처럼 휘몰아쳤던 여러 가지 상황들이 어느 정도 표면적이지만 잠잠했던 상태에서 진행했기 때문입니다. 그리고 그때는 여전히 계엄이 계속되고 있었어요. 그래서 잠잠했었습니다.

권자경: 당시 선거가 차질 없이 진행되었나요?

허화평: 그건 차질이 있을 수가 없는 거에요. 하나의 요식 절차라고 보면 틀림없어요.

권자경: 유신헌법하에 전두환 제11대 대통령이 취임하시고, 바로 제5공화국 헌법을 제정하는 과정에 들어섭니다. 1980년 10월 27일, 제5공화국 헌법이 선포됩니다. 제5공화국 헌법의 기본 방향과 주요 내용에 대해 말씀해 주십시오. 또, 헌법 제정 과정은 어떻게 이루어졌습니까?

허화평: 그 부분은 제가 깊이 관여를 안 한 부분입니다. 국보위가 해체되면서 입법위원회가 구성되었어요. 그 입법위는 새로운 헌법을 만들기 위한 코미티(committee)에요. 각계 인사들, 법조 출신들, 학자들, 정계, 여러 사람들이 주체가 된 입법 위원이 구성되어 5공화국 헌법을 만들었어요. 제가 직접 관여한 것은 없습니다만, 다만 대통령 단임제, 그리고 임기 7년, 그것이 핵심적인 사항이었어요. 대통령 선출방식도 '직선으로 하자', '아직은 안 된다. 간선으로 하자' 양론이 있었어요. 결국 절대 다수가 선택을 했고, 단임으로, 간선으로 결정을 했습니다. 제가 관심을 가졌던 것은 대통령 단임제 도입이었죠. 그리고 연좌제를 헌법상 금지하자는 것도 제가 강력히 주장한 부분입니다. 5공화국 헌법과 관련해서 제가 직접 관심을 가졌거나, 참여한 것은 그게 다입니다.

권자경: 대통령 임기를 7년 단임제로 만든 것은 대전환이었는데요?

허화평: 대통령을 중임으로 할 것인지, 단임제로 할 것인지는 굉장히 중요한 겁니다. 우리 헌정 역사상 최고 권력 정상에 올라간 사람들은 내려올

생각을 안했기 때문에 우리가 지난 경험상 이건 한 번으로 끝내야 하고, 그 대신에 기한을 좀 늘리자고 본 거죠.

권자경: 그래서 7년으로 결정이 난 거군요.

허화평: 8년은 너무 길고, 6년도 조금 짧다고 논의가 됐습니다. 당시 박정희 정권에서 새로운 과정으로 넘어오는 일련의 과정은 복잡했고, 또 많은 정비 작업이 필요했고, 새로운 질서가 구축돼야하기 때문에 가벼운 것들이 아니었습니다. 근본적인 것들을 정립하는 것이라서, 6년은 짧고, 7년이면 충분하진 않지만 열심히 하면 어느 정도는 달성할 수 있을 것이라고 생각했죠. 그리고 당시 여당이 민정당(민주정의당)인데, 새로운 정당이 7년 동안 열심히 하면, 국민의 심판을 받을 수 있을 것이라고 해서 7년 단임제가 결정되었어요. 선거 방식도 직선제로 하면 새로운 충돌이 불가피하게 생기게 되니까 간선으로 결정했습니다. 직선제는 다른 건 못하고, 선거에 전체국민이 매달리게 되고, 그렇게 되었을 때 우리는 늘 예상외의 일들, 폭발적이고 우발적인 상황이 생기는 리스크가 큰 나라에요. 나중에 간선제를 수정하더라도, 일단 간선제로 가자고 결정되었어요. 그리고 연좌제는 사람들이 일반적으로 염두에 없었어요. 여러분들도 연좌제가 뭔지 별로 관심을 안 가졌을 거라고요?

권자경: 유신체제하에서는 연좌제가 엄격하게 지켜졌었죠? 수석님께서 우리나라 연좌제 폐지를 주도하셨다죠?

허화평: 우리나라는 가까이는 이조 500년부터 박정희 정권까지 계속 연좌제가 지배한 사회에요. 원래 이 연좌제는 여러 가지 전 세계 역사상 유사한 게 많았는데, 동양, 아시아의 경우, 진시황제가 연좌제를 제도화했어요.

예를 들어 다섯 가구가 있다면, 법을 어기거나 도망가면 공동 책임을 졌어요. 진시황제가 통일 왕조를 이루는 과정에서 많은 돈을 주는 것도 아니고, 강제로 잡아 오다시피 해서 군사력을 보강했는데, 전쟁터에서 9명 1개 조가 되어 이 중 한 사람이라도 도망가면, 9명이 전부 다 똑같은 처벌을 받았어요. 중국의 역대 왕조에서는 그것이 전통이 됐고, 그 영향을 한반도의 역대 왕조도 그대로 답습한 겁니다. 그래서 역적모의 사건이 발생하면, 3족을 멸한다, 9족을 멸한다는 말이 연좌제에요. 이 제도도 학문적으로 연구해야 될 아주 중요한 부분 중 하나에요. 조선시대부터 지속적으로 그 제도가 뿌리 깊이 전해왔고, 일제 식민지 강점하에서도 계속 유지되었어요. 반일 집안에 관계되는 패밀리들은 똑같이 불이익을 당하고, 감시의 대상이 되었어요. 해방이 되고, 건국이 됐는데 좌우가 갈라져서 또 지속되었습니다. 연좌제가 적용된다면, 본인도 모르는데 우리 집안에 몇 촌 누가, 6·25 때 월북했다, 좌익 활동을 했다, 이 사실이 확인이 되면 공직, 주요 공직에 채용이 안됐어요. 공직에 가더라도 비밀이나 중요한 일을 맡지 못했어요. 예를 들면 제주도 사람들은 대부분 이 연좌제의 해당자에 속했어요. 4·3사건과 관련해서 무수한 제주도 주민들이 직·간접적으로 엉켜서, 제주도 출신들은 공직 사회에 진출이 아주 적었어요. 부지기수입니다. 연좌제에 해당되는 사람은 판검사가 될 수 없었고, 장교도 될 수도 없었습니다. 해외여행도 허가를 안 해줬어요. 이것은 문명국가에서 있을 수 없는 악법입니다. 그래서 근대 국가 헌법에서는 몇 가지 공통되는 게 있어요. 연좌제는 하지 마라, 죄인법정주의, 마지막 세 번째는 절대 소급 입법은 만들지 마라는 거에요. 이 세 가지가 근대국가 헌법의 황금률이에요. 고대국가, 독재국가에서는 연좌제가 재산권 행사에도 관계됩니다. 어떤 나라에서는 아버지가 엄정한 죄를 범했다고 자식들의 재산을 다 몰수합니다. 직계 가족만이 아니라, 처가까지 다 해당됩니다. 이러한 악법을 우리나라가 수백 년 해왔던 거죠. 이로써 무수한 인재들은 꽃도 펴보지 못하고 시들어

죽었어요. 어떤 위대한 인물이 날 지는 알 수 없지만, 분명한 것은 붕괴된 사회에서는 무수한 인재들이 그 연좌제 때문에 결국 피기도 전에 제거되었다는 것입니다. 만일 그걸 계속한다고 생각해보세요. 우리 사회는 어떻게 되겠습니까? 야만적인 사회일 뿐만 아니라, 한국사회의 에너지를 계속 갉아먹는 거지요. 저는 여러 가지 이유로 연좌제에 대한 관심이 많은 사람이에요. 우리 집안에도 해당이 되고요. 그렇다고 해서 우리 집안 때문에 한 건 아니에요. 왜냐? 나는 이미 권력의 정상에 와있었기 때문에, 제가 연좌제로 불이익 받을 아무런 이유가 없었기 때문이죠. 차라리 저는 그걸 놔놓고, 상대를 옥죄는데 사용하면 좋지요. 운동권, 좌파 등에게 연좌제 걸어서 넌 검사도 안 돼, 판사도 안 돼, 이렇게 하면 더 좋을 수도 있단 말이에요. 그렇잖아요? 그렇지만, 역사를 바로 배운 사람들은 저와 같은 생각을 하는 게 정상입니다. 그래서 일반 법령으로 하면 안돼요. 대통령이나 장관이 바꿔버리면 그만이기 때문이고, 그럴 가능성도 충분히 있는 거지요. 당시에 중앙정보부, 법무부, 기무사, 경찰 전부 다 연좌제 폐지를 반대했어요. 없애면 안 된다고 주장하는 사람들은 남북이 분단되어 좌우 싸움이 진행되는 과정에서 연좌제는 유지해야 된다고 말해요. 그걸 당연하게 생각한 겁니다. 그러나 우리 삼촌이 좌익이라고 해서, 나도 좌익은 아니잖아요. 분단국가에서는 그런 일이 자연스럽게 형성되어 있고, 비일비재했어요. 따라서 이 민주주의 국가에서는 연좌제가 아닌 당사자주의가 서야한다는 것이 저의 기본 입장이었어요. 아버지가 죄를 지으면 아버지가 책임지는 것이지, 그 자식이나 부인이 책임질 이유는 없는 거죠. 그게 소위 자유주의체제하에서의 개인주의 사상과 관련이 있는 거에요. 개인 책임은 개인이 부담하며, 연대해서 책임을 물어서는 안 된다는 입장입니다. 미국이나 선진국을 보면, 차장, 차관, 국장 등 하급직원이 큰 잘못을 해서 장관이 그만 두는 일은 없어요. 그런데 동양, 특히 일본, 한국, 중국의 경우는 장관은 아무런 잘못이 없는데, 그 밑에 간부들이 잘못하면, 장관도 도의적인 책임을 지고 자리를 그만두는데, 그건 잘못된 거에요. 그건 하나의 연좌제적 문화라고 봅니다. 지금도 연좌제 멘털리티가 많아요. 연좌제 사고방식이 곳곳에 아직도 남아있는데, 이건 우리가 개인주의 사회로 발달하는 데 큰 장애 요소에요. 그래서 연좌제는 없어져야 된다는 것입니다. 일반 법률로는 할 수 없고, 헌법에 넣어야 한다는 것이 저의 주장이었어요. 헌법 개정은 어렵잖아요? 이제는 연좌제하자면 그 누구도 찬성하는 사람이 없을 거에요. 이제 고치고 싶어도 찬성하는 사람도 없고, 그게 불가능할 겁니다. 제가 계엄 당시 강창성 민주당 국회의원 등이 12·12 국정 조사를 실시해서, 그 강창성 의원이 저에 대해 이 부분을 서면으로 질의 했어요. '당신이 연좌제를 없앤 주동 인물인데, 당신 개인을 위해서 그런 것 아니냐?'고 말입니다. 저는 그 이후로 강창성 의원과 대면하는 일이 없었기 때문에 지나갔는데, 저는 개인의 이익 때문이 아니고, 우리 사회의 잘못된 부분을 고치고 발전을 위해 시도한 것이지요. 연좌제가 당시 우리사회를 얼마나 구속했는지는 상상을 초월했습니다. 그래서 제가 헌법개정과 관련하여 그 정도 관여는 했지요.

권자경: 11대 대통령에서 12대 대통령으로 넘어가면서, 이사장님은 지위가 어떻게 변경되셨어요?

허화평: 보안사령관 비서실장으로 있다가 전두환 대통령 취임 하자마자, 저는 예편하고 대통령비서실 청와대 수석보좌관으로 갔습니다. 비서실 내에서 비서실장이 넘버원이라면, 저는 넘버투 서열정도 되었어요.

권자경: 1980년 11월 3일, 김대중 사형 선고가 내려집니다. 사형 선고가 내려지기까지 전말은 어떻게 되나요? 누구의 지시가 있었습니까?

허화평: 지시를 한 사람은 없습니다. 그 당시에 합동수사본부는 내란음모사건으로 김대중을 구속해서, 수사를 하고 조사했어요. 그것은 한국민주통일연합으로부터 시작이 됩니다. 한국민주통일연합(한민통)은 일본에 있는 친북 세력들이 주축이 돼서, 김대중을 추대하여 만든 조직인데, 김대중이 일본에 납치돼 오기 전에 외곽을 돌면서 그 활동을 했습니다. 나중에 국내에 들어와서 10·26이 난 다음에 1차 구술에서 제가 얘기를 한 것처럼 광주를 중심으로 전국 학생을 부추겨 민중 봉기를 획책했죠. 거기에 대한 구체적 증거들이 나와 있고, 광주의 정동연 같은 사람들에게 자금 준 것도 증명되었어요. 수사는 그 당시에 수사 파트에서 했으니까요. 내란과 민중 봉기를 통해 정부, 권력을 탈권하려고 했으니까요. 정말 내란을 염두한 것으로 보고, 극형에 해당하는 죄가 성립된다면, 그 당시 증거에 의해서 명백한 내란 음모죄로 사형판결이 났던 거죠.

권자경: 당장 사형집행은 안 되었네요?

허화평: 집행은 안 되고, 나중에 사면됩니다. 김대중이 사면될 무렵에 저는 청와대를 떠나야 했습니다. 사면을 하게 된 과정에 미국 사람의 압력이 있었다는 둥 여러 가지 말이 많았는데, 앞으로도 그렇고 제 개인적으로도 정치범이나 사상범은 절대로 죽여선 안 된다고 봅니다. 왜냐하면, 정치적 상황은 늘 변하기 때문이에요. 한국은 특수한 상황이기 때문에 사상의 자유가 없는 나라에요. 북한은 공산주의와 다른 걸 하면 죽는 사회입니다. 남한도 북한을 찬양하면 그게 죄가 됩니다. 그건 어쩔 수 없는 현실이라서 반쪽 사상의 자유가 있는 나라인 거죠. 통일된 대한민국이라면 그런 일은 있을 수 없죠. 사상의 자유가 있는, 진정한 자유민주주의 국가에서 공산주의를 지지한다고 불이익을 줄 수는 없는 것입니다. 그렇지만, 우리의 경우 분단이 되어있고, 좌우가 그야말로 보이지 않는 전쟁을 하는 상태에서는

어쩔 수 없는 거거든요. 특히, 이런 경우 정치범이나 사상범을 죽이면 안 된다고 봅니다. 북에도 남한을 지지하는 사람들이 있을 거 아니에요? 그렇잖아요? 이번에도 소련하고, 미국하고 스파이 교환하지 않았습니까? 스파이는 죽이는 거 아니에요. 소련이 미국에도 보내주면, 미국이 소련에도 보내거든요. 그건 서로 게임이기 때문에, 그런 사람들은 그대로 살려놔야 돼요. 나중에 세상이 바뀌면 문제가 해소되고, 서로 교환도 되고요. 이건 다른 흉악범하고 다른 문제입니다. 김대중은 정치, 사상적 문제와 관련해서 그런 형을 받았는데, 그건 처음부터 집행이 될 수 없는 선고라고 봅니다. 여러 가지 정치적 상황도 거기에 관계가 되지만 5공이 김대중 당시 재야 지도자를 꼭 죽여야 될 이유는 없었어요.

권자경: 1981년 2월 25일, 개정 헌법하에 전두환 대통령이 재선출되시고, 그해 3월 제12대 대통령으로 취임합니다. 11대 대통령의 자리에서 5공화국 헌법이 새로 만들어지고, 1년 만에 다시 제12대 대통령으로 취임하는 것을 연이어 했던 이유가 있나요?

허화평: 그건 당연한 겁니다. 최규하 대통령의 갑작스런 하야 때문에 유신 헌법 절차에 따라서 전두환 대통령이 취임을 했지만, 새로운 헌법이 만들어졌기 때문에 그 법에 의해서 대통령이 다시 선택되어야 했지요. 그것은 반드시 그렇게 돼야만 했던 거죠.

권자경: 간접선거는 어떻게 치러졌습니까?

허화평: 대통령 선거가 직선이 아니고 간선제였어요. 과거보다도 대통령 선거인단 숫자가 한 5천 명 이상 늘어났나 그래요. 정확히 기억은 안 나지만, 각 지역의 대표성을 갖는 대의원 숫자가 굉장히 늘어났어요. 간선

이기는 한데 그 투표인단의 규모와 내용이 과거 유신 때보다 훨씬 직능별, 지역별로 늘어났고 광범위하게 되었죠.

권자경: 투표인단이 표면상으로는 직능별, 지역별 대표라고 하지만, 투표인단을 작성하는 과정에서 인위적인 표본 추출이 되지 않았나요?

허화평: 그건 우리 한국의 정치 풍토하고 관계됩니다. 그 당시에는 정치적으로 전두환 대통령 세력을 견제할 수 있는 실체는 거의 없었잖아요? 그런 상황하에 일방적인 정치 주도권 행사를 할 때였기 때문에 각 지역에서 대표인단을 선정하는 과정에도 그 영향이 그대로 끼쳤다고 봐야 돼요. 그렇잖아요? 지역마다 다르긴 합니다. 예를 들어서 영남 지역에 가면, 제가 만약 당시 선거인단에 가서 투표를 했습니다. 선거인단에 포함된 것을 자랑스럽게 내세우는 사람이 있었던 반면에, 호남에 가면 그걸 자랑스럽게 내세우는 사람이 거의 없는 거에요. 그러나 당시에도 호남 대표들이라도 호남이라고 해서 전부다 김대중을 지지하는 건 아니니까요. 숫자가 적을 따름이지 지금도 마찬가지에요. 우격다짐으로 안 해도, 서로 거기에 참여하려고 하는 분위기가 있었어요. 그러니까 후진적 현상인거죠. 왜냐하면 그래도 사람들은 자기가 대통령 선출인단에 들어갔다 하면 조그만 구멍가게를 해도 그게 바람막이가 될 수 있다는 생각을 늘 우리 사회는 하는 거에요. 위에서 보면 그거 아무 것도 아니잖아요? 그런데 저 시골에 가서 작은 중소업을 하는 사람들은 관료들하고 자주 부딪혀야 되고, 정치인들하고 부딪쳐야 하니까, 대통령 선거인단에 들어갔다고 하면 괄시 못할 것 아니에요. 그러니까 그걸 하고 싶어 하는 사람은 언제나 있기 마련이에요.

권자경: 선거인단에 구성된 사람들에게 사전에 투표에 대한 지침이 주어졌나요?

허화평: 그런 건 없었어요. 거기서 대충 다 아는 겁니다. 거기에는 우린 전두환 대통령 후보를 찍는다는 인식이 머리에 전부 다 들어있었을 거라고요. 당시 다른 라이벌이 없었으니까요. 김대중은 구속되어버렸고, 김영삼은 풍지박산이 나버렸으니까요. 원사이드 게임이었지요. 그 과정에서 대표인단 선정이 어려울 수도 없는 것이고요. 거기다가 압력을 넣고, '야! 반드시 찍어' 해야 될 필요가 없었어요.

권자경: 5공화국 출범을 11대 대통령 당선됐을 때, 1980년 9월 1일이라고 하는 자료도 있고, 12대 대통령 출범일자, 1981년 3월 3일이라고 하는 자료도 있는데, 5공화국 출범을 언제로 봐야 되나요?

허화평: 법적으로는 후자입니다. 5공 헌법에 의한 취임을 했고, 지금도 전두환 대통령께서는 공식적으로 자기 직함을 '제12대 대통령 전두환'이라고 씁니다.

권자경: 5공화국이 출범 후, 정부조직은 어떻게 구성되었고, 주요 인사는 어떻게 인선되었습니까?

허화평: 정부의 기본 조직은 큰 변동이 없었습니다. 유신정부 때도 그렇지만은 대통령제하에서의 정부조직은 노멀한(normal) 뼈대를 계속 유지해왔어요. 다만, 변동이 있었다면 아주 부분적인 것인데, 소위 구조조정 차원에서 종전에 세 개의 국이 있었다면, 두 개 국으로 업무를 조정한다던가, 업무상 문제가 있으면, 공무원 숫자를 축소시키고 그랬죠. 가장 구조조정을 철저히 당한 곳이 안기부(국가안전기획부)였어요. 안기부는 김재규 부장 밑에서 범죄 조직으로 변했고, 그 이전에 온갖 월권을 행사해서 전두환 정권에서는 업무를 상당히 축소시켰어요. 안기부는 그때나 지금이나 권력

기관 중에는 제일 높은 서열에 있잖아요. 당시 구조조정을 단행하는데 권력 실세에 있는 사람은 단 한 사람도 들어가지 않았어요. 이 말은, 외부에서 우리가 믿을 수 있는 사람이라고 임명하고, 누구 사람이라고 해서 빼내고 하지 않았어요. 철저히 그 안에 커리어를 놓고, 경력과 실력 기준에 의해서 정비를 했어요. 바깥에서는 한 사람도 안 들어갔어요. 그러나 그 이후 정부는 그러지 않았습니다. 예를 들어 김영삼 대통령은 출범하자, 안기부 비서실장에 신라호텔 전무하던 김기섭을 임명했어요. 그 중요한 국가정보기관, 인사와 예산을 책임지는 자리에 자기가 개인적으로 잘 아는 호텔 전무하던 사람을 앉혀놨습니다. 김대중의 경우는 들어가서 과거 정부에 열심히 했던 사람, 지역 사람 등 완전히 자기 사람들 넣었어요. 예외 없이 다 그랬어요. 하지만 우리는 그렇지 않았어요. 인사에는 원칙을 적용했습니다. 허화평 개인이 믿는 사람을 한 사람도 정부에 인선해서 넣은 일이 없어요. 대통령을 우리가 보안사에서부터 보좌 등 몇 사람이 청와대에 따라가기도 했지만 어떤 경우에도 우리가 아는 사람은 추천한 바가 없었어요. 딱 기준이 하나에요. 그 분야의 베스트가 누구냐? 그게 핵심이죠. 지역이다 뭐다, 이건 관계가 없는 거에요. 분야의 최고가 누구냐를 놓고, 이번에 어떤 장관, 어떤 국장 이런 사람을 결정해야 되는데 그 후보를 물색하라고 한 거죠. 그럼 이제 안기부에서도 자료를 가져오고, 보안사, 경찰에서도 가져오는 거죠. 해당 부처 장관도 후보를 가져옵니다. 청와대에 다 올라오면, 그때 청와대에 민정사정이 있었는데, 사람들의 소위 청렴도라든가 여타 기준들을 중심으로 다 스크린합니다. 이 가운데 가장 적합한 사람을 통상 두 사람 내지 세 사람으로 압축해서 올리면 결정은 대통령이 합니다. 그 과정에서 장관이 아주 중요한 역할을 했어요. 그것은 전두환 대통령의 스타일하고, 군 간부들이 중요하게 생각하는 건데, 군대 조직은 지휘관 위주로 관리해야 됩니다. 참모 위주가 아니고요. 그러나 참모는 늘 최고 지휘관하고 같이 있기 때문에 호흡도 맞고, 친할 것 아니에요? 자칫 참모들 말만 듣고 결정하기가 쉽고, 그게 보편적 현상으로 통할 수가 있어요. 지금도 일부 그런 것 같은데요. 하지만, 정상적으로 원칙을 중시하는 사람에게 그것은 틀린 거에요. 지휘관은 참모의 조언도 듣지만 그건 어디까지나 참고일 따름이고, 최종 결정은 지휘관 책임자들의 말을 듣고 결정해야 돼요. 그래서 그 원칙을 우리가 지키려고 했죠. 대통령께 두세 사람 후보가 올라가면, 장관을 불러서 '이 가운데 당신이 추천하는 사람이 누구냐'고 질문을 합니다. 왜냐하면 당신이 데리고 있어야 되니까 결정해보라고 한 것이죠. 그러면 예외가 아닌 한, 그걸 다 억셉트했어요. 그 대신 추천한 사람이 책임을 져야 돼요. 그거 굉장히 무서운 겁니다. 최종 결정권자가 어떤 불이익이나 나쁜 마음을 안 먹은 상태에서 그런 최종 결정권을 상대에게 줬단 말이에요. 나중에 시간 지나고 보니까 자기들끼리 평소에 잘 통하는 사이고, 그런저런 연고가 있는 사이라는 게 밝혀지면, 그건 장관이 책임져야 되는 거죠. 저는 제가 아는 단 한 사람도 추천한 일이 없어요. 세상 사람들이 볼 때 강력한 권한을 행사한 것 같지만, 저는 한 사람도 제 사람을 추천한 일이 없어요. 제가 아는 사람들은 그 당시에는 다 그랬어요. 박 대통령도 인사를 잘 하셨는데, 역대 정부를 통해서 전두환 대통령 당시에 각료, 참모들이 가장 강력했다고 자부합니다. 아는 사람은 다 인정합니다. 주어진 일은 자기가 알아서 최선을 다 해야 되는 겁니다.

권자경: 다른 정부보다 전두환 정권 때 군부 출신 관료들이 많았다는 평가는 어떻게 보십니까?

허화평: 군 출신 관료들은 그렇게 많지 않았습니다. 우선 군 출신이 가는 자리는 체제를 관리하는 파트죠. 늘 우리 사회는 시끄러우니까 군 출신은 안기부장에 갔죠. 나중에는 외무부장관하던 노신영이 갔죠. 또, 군 출신은 국방장관에 가는데, 국방장관은 늘 군 출신이 하는 거에요. 그 다음

에 간혹 내무장관에 군 출신이 갔지만, 오래 하지 않았습니다. 내무장관에 잠깐 노태우가 했었죠. 나머지 부처에는 전부 민간인들이 임명되었어요. 그래서 5공화국은 전문 테크노크라트들과 뷰로크라트들이 소위 군부 권력 우산 밑에서 자기 멋대로 국가를 경영했던 시대에요. 군인 출신들은 껍질이었지요. 얼마 되지 않아 저 같은 사람들은 다 떠났잖아요. 그 다음에 허삼수도 다 떠났고, 이학봉 수석, 마지막에는 군 출신이 가장 높았던 자리가 아마 안기부 해외 담당 차장이었을 겁니다.

권자경: 군 출신들이 초기에 정부를 떠난 것은 무슨 이유 때문이었습니까?

허화평: 여러 가지 이유가 있어요. 전두환 대통령은 대통령 재임 중에 군 출신을 꼭 필요한 몇 개 부서 이외에는 쓰지 않았습니다. 국회에는 좀 보냈는데, 그건 또 다른 문제지요. 선거를 통해서 국회에 가는 거니까요. 그러나 행정부에서, 특히 경제 파트에서 군인은 아무도 없었어요.

권자경: 이사장님께서는 1981년 3월 3일, 제12대 대통령 취임 이후에도 계속 대통령 비서실 보좌관으로 계십니까?

허화평: 예. 비서실 보좌관으로 있다가, 청와대를 떠나기 일 년 전에 정무수석으로 갑니다. 청와대 수석들은 대부분 출신들이 민간인들이잖아요? 대통령과 개인적으로 인연도 별로 없는 사람들이 많았어요. 박 정권 이후에 새로운 질서를 잡아가는 과정에서 새 정부에는 코디네이터가 있어야 하는 거에요. 비서실장이 김경원 씨였는데, 사람은 좋은데 여러 가지 정치적 상황에서는 한계가 있었어요. 그래서 제가 비서실 보좌관으로 있으면서 그런 역할을 했습니다. 제가 보좌관으로 일할 때 제일 중요하게 생각했

던 것은 청와대 조직 개편을 책임지고 해야겠다는 것이었어요. 그리고 민정당 창당에 실질적인 코디네이터를 했습니다. 제가 실무자가 돼서 한 것은 아니지만 제가 전부 종합적으로 일했어요. 이종찬도 참여하고, 현홍주, 경찰 대표, 보안사 요원도 참여하였는데 전부 취합하여 민정당을 창당했고, 공천을 해서 제11대 국회를 구성했습니다. 그 부분까지 제가 사실은 거의 주도를 했죠. 물론 최종 결정은 대통령이 하셨지만, 민정당 창당과 11대 국회 구성은 제가 주요했다시피 했어요.

권자경: 1981년, 민주정의당 창당이 필요하셨나요?

허화평: 반드시 필요했죠. 정당 정치에서는 기존의 당원이 다 없어져버렸어요.

권자경: 당이 없어졌어요?

허화평: 공화당도 흐지부지 돼버렸어요...

권자경: 신민당이 창당되는데요?

허화평: 신민당은 그때 새로 생겼어요. 그것은 사실 여권에서 많은 도움을 줬죠. 제가 저 사람들은 그러지 말고, 당신들이 좋은 사람들끼리 당을 만들라고 했지요. 그러나 그 결정은 자기들이 한 거고, 그런 여건을 사실은 여당이 사인을 해서 만들어진 겁니다. 일당체제는 안 되니까요.

권자경: 민정당 총재가 전두환 대통령이 되시는데, 당시 대통령께서는 정부 최고 통치권자로서 당의 총재를 겸직하는 것이 적합했나요?

허화평: 박 대통령 때의 패턴이 그랬었죠. 우리는 권력 구조가 대통령제지만은 내각제 요소가 있는 대통령제에요.

권자경: 내각제적 요소가 있다는 부분에 구체적인 설명을 부탁드립니다.

허화평: 내각제는 총리가 있고, 총리가 통상적인 국정을 장관들 데리고 하지만, 그 총리는 대통령에 대해서 책임을 지는 사람이에요. 국민에 대해서 책임지는 게 아니에요. 지금도 그래요. 그래서 우리나라는 이 내각제 요소가 가미된 대통령제입니다. 이것은 우리 제헌 때부터 그렇게 형성된 것입니다. 아시다시피 그런 상태이기 때문에 강력한 대통령이라고 하는 것이 집권당 총재를 겸한 대통령일 때 강력한 대통령이 나옵니다. 당을 장악한 대통령이란 제 일당일 때 국회를 장악한다는 의미지요. 그 무렵에는 강력한 대통령이 필요할 때에요. 그렇잖아요? 그리고 이 우리나라 당은 지금도 그런 환경에서 완전히 벗어났다고 할 순 없겠는데, 당의 보스는 당을 먹여 살려야 돼요. 그러니까 당 총재가 되는 것은 권력을 가져갈 수 있는 찬스도 갖지만 또 당을 책임지고 먹여 살려야 되는 부담을 갖는 거에요. 그럼 당을 어떻게 먹여 살리느냐는 문제가 있지요. 결국 기업들한테 돈을 얻어서 쓰는 방법을 써요. 민정당의 경우, 중앙당과 지방에는 전국 지구당이 있지요. 한 달 동안 예산이 무진장 들어가요. 또, 선거 치룰 때마다 중앙당이 지원을 해야 돼요. 예를 들면, 지역구 사무실에 근무하는 직원, 사무실 운영비 등이 필요하니까, 지원이 필요합니다. 우리나라는 당원이 돈내는 나라가 아니기 때문에, 총재가 돈을 걷어야 돼요. 그래서 총재가 대통령 한 번 한 사람은 늘 감옥소에 가거나, 아니면 청문회 불려가거나 하는데, 그게 다 돈 때문이지요. 그래서 당의 입장에서도 대통령이 총재를 맡아 주는 게 좋은 거지요. 골치 아픈 돈 문제도 해결할 수 있고요. 특히, 그 당시에는 집권당 지도자로서 대통령이 하셨죠. 이것은 박 대통령 때부

터 하나의 전통으로 내려왔어요. 그러다가, 전두환 대통령이 노태우 대통령에게 권력을 물려줄 때 당 총재직에서 물러나요. 그때 그 전통이 깨집니다. 대통령이 당에서 손을 떼면서, 당을 껴안은 사람이 돈을 갖다 대는 책임을 진 겁니다. 그것이 우리나라의 정당정치 모습입니다. 우리는 4·19도 있었고, 5·16혁명도 있고, 그 다음에 10·26을 거쳐 헌법이 바뀌기도 합니다. 그 역사 속에 처음부터 끝까지 바뀌지 않은 가장 중요한 원칙이 있어요. 첫째, 자유민주공화국체제라는 겁니다. 박 대통령이 유신을 해서 독재를 했지만 일당 독재는 안했어요. 다당제로 어떻게 됐든 국민이 선출한 국회의원이 구성된 국회가 국가를 운영을 한 거에요. 국회도 없애 버리고, 야당도 없애 버리고 일당으로 한 것이 아니고 다당제로, 국민이 자기 대표를 뽑고, 그 국민의 대표인 국회의원이 모여서 국정을 운영한 거죠. 그게 공화정체제거든요. 그렇게 해서 다당제는 계속 유지돼왔다는 점에서 우리는 한 번도 독제체제를 한 일이 없습니다. 다만, 권력 행사 면에서 독재적으로, 권위적으로 한 건 있지만 그 원리는 그대로 유지했습니다. 두 번째 원칙은 사유재산권에 대한 존중입니다. 사유재산제도는 자본주의의 핵심이잖아요. 다시 정리하면, 공화국체제, 그리고 자본주의체제의 근간은 그대로 살려놓고, 한 사람이 국가를 좌지우지하다시피 한 건 사실인데, 그러나 형식적으로 보면 그것이 독재체제를 했다라고 보기는 어렵다는 것이죠.

권자경: 전두환 대통령이 행정부 수장을 하시면서 동시에 집권정당인 여당의 총재를 겸하는 것은, 행정부와 입법부의 견제와 균형의 원리를 지키는데 방해가 되었을 것 같습니다. 또한, 국회 법률안 통과 시에도 대통령이 원하는 방향으로 진행되었을 것이고요?

허화평: 그때는 자연적으로 그렇게 이루어졌어요. 그런데 그건 지금도

여전히 우리의 과제에요. 우리나라 현재 헌법은 행정부 우위의 권력 구조입니다. 삼권 분립 원칙은 무너져 있어요. 그게 우리 헌법이 갖고 있는 가장 큰 약점이에요. 우린 통상 권력을 분산해야 된다, 제왕적 대통령을 그만 하려면 대통령 권력을 나눠줘야 한다고 얘기하잖아요? 그런데 그건 아닙니다. 이번에 국회 김형오 의장 당시에 자문위원회가 만들어낸 개헌을 위한 연구보고서를 보면 이원정부제를 하자는 주장이 있습니다. 제왕적 대통령을 종식시키기 위해서 대통령과 총리의 업무가 분리된 구조를 구성하자는 주장이죠. 대통령은 일정한 역할을 하고, 국정은 총리가 중심이 된 내각체제로 하자는 내용을 보고서에서 담고 있어요. 그걸 권력 분산이라고 하면 안 되지요. 그건 행정부 권력 분산이지요? 그렇잖아요? 입법부, 사법부는 그대로 있다고요. 그러니까 행정 권력을 대통령과 총리가 나눠가지면 마치 우리 민주주의체제에서 권력 분산이 되는 것처럼 이야기를 하는데 그건 잘 모르는 소리에요. 그게 아닙니다. 행정부, 입법부, 사법부 간 권력이 분립이 돼서 견제와 균형이 이루어져야만 된단 말이에요. 그런데 행정부 내에서 대통령과 국무총리가 권력을 나누는 것은 해답이 아니죠. 그 보고서 주장으로는 권력 분산이 안 되고, 오히려 복잡한 문제를 더 야기 시킨다고 봅니다. 우리가 보면 헌법적으로 행정부가 절대적 우위를 갖고 있습니다. 예를 들어서, 대통령이 법률 제안권, 예산안 제출권, 예산 감사권도 갖고 있습니다. 그런데 국회 기본임무는 입법, 세입·세출 통제에요. 지금 우리 국회를 보면 다 할 수 있는 것 같지만 아무 것도 할 수 없는 껍데기에 지나지 않습니다. 왜냐하면, 국회의원 한 사람이 갖고 있는 보좌관이 몇 명도 안 되고, 국회 사무처에 있는 입법 전문가, 예산 전문가가 몇 명 안돼요. 국회의원이 예산, 세입, 세출을 다룰 역량이 안 갖춰져 있는 거죠. 행정부는 어때요? 법제처가 있잖아요. 그리고 전 중앙공무원이 거의 입법 전문가고, 예산 전문가들이에요. 그러니까 우리나라 입법 통계를 보면, 행정부가 입안해서 통과하는 법이 약 80%이고, 국회의원은 법률안 발의를 거의 못하거나, 본인이 역량이 부족하니까 여당은 아이디어를 외부에 아예 부탁을 합니다. 결국, 입법 주도권을 대통령이 갖는 거에요. 거기에다가 제 일당의 총재직을 갖고 있으면 더 일사분란하게 처리됩니다. 예산 편성권은 국회가 갖고 있는 것이 아니라, 대통령이 갖고 있습니다. 그것이 국회로 넘어가면, 국회는 거기에 거의 추가할 수 없어요. 정부가 낸 안에 국회가 단독으로 새로운 걸 거의 추가할 수 없습니다. 액수도 거의 늘릴 수 없어요. 더 이상 할 수 없는 구조에요. 나중에 도장을 찍어낼 수밖에 없는 거에요. 정부 예산 집행에 대해 감사는 감사원이 하잖아요. 감사원장은 대통령이 임명을 합니다. 감사원이 수 천 개 되는 국가기관을 다 감사 못하고, 랜덤으로 합니다. 우리 헌법 구조상 대통령은 대법원장, 검사, 장군 등의 임명, 정보기관 장악 등 왕의 자리에 앉은 거나 마찬가지입니다. 전 세계에서 대통령제의 원조인 미국은 어떤 구조에요? 대통령은 법률 제안권이 없습니다. 권고, 부탁할 따름이에요. 예산 제출권도 없어요. 국회가 갖고 있어요. 감사는 국회에 있는 회계 감사단이 합니다. 그러면, 대통령은 아이디어를 내고, 결정은 하지만, 법적인 조치는 전부 국회가 합니다. 그래서 미국은 상임위원회에 장관은 불려가지 않습니다. 실무자가 합니다. 행정부 독립, 입법부 독립체제에요. 각각 독립되어 있어요. 장관이 우리처럼 상위에 불려가지 못해요. 그렇게 권력분립이 돼있는 거지요. 그리고 의회가 입법권을 갖고 있기 때문에 무슨 법이든지 만들어서 그걸 실천 하겠다 하면 그건 입법 통치가 되는 거에요. 그걸 방지하기 위해 대법원이 입법의 위헌성 등을 따지고, 조목조목 체크해서 밸런스를 취하는 거에요. 그런데 일반적으로 생각할 때 강력한 대통령은 남의 말도 안 듣고, 아무나 다 집어넣는 것을 강력한 대통령으로 생각하는 것은 아주 레벨이 낮은 사람들의 생각이죠. 학문을 연구하는 사람은 그렇게 얘기하면 안 돼요. 우리나라가 왜 제왕적 대통령이냐? 헌법상 그렇게 돼있다는 것이죠. 이회창이 대통령 후보로 나왔을 때, 김영삼 대통령이 당에서 손을 떼버렸어요. 대권을 가진 사람은 당권을 가질 수 없고, 당에 관계해서는 안 된다는 것이 당의 규정으로 돼 있어요. 근데 이게 현실적으로 됩니까? 대통령이 국정운영을 하다가 골치 아픈 일이 발생하면, 당 지도부를 오찬에 모아놓고, 잘 부탁한다고 합니다. 자기 사람을 대표로 밀고, 총무 등을 시킵니다. 차라리 당 총재하면서 대통령을 하는 것이 책임소재를 추궁하는데 더 유리합니다. 차라리 대통령이 총재를 겸해야 국민 입장에서는 이 집권당의 실수에 대해서 실질적인 책임자에게 책임을 물을 수 있다고 봅니다. 그래서 국민들 입장에서는 대통령이 당 총재를 겸해서 대통령이 강력하다고 보는 것은 문제가 아니에요. 우리가 그런 정치풍토와 문화 속에 있고, 이 헌법의 구조적 모순 등이 다 엉켜서 절대적 권력을 행사하는 거에요.

권자경: 5공화국의 정책결정 시스템과 과정은 어떠했습니까? 전두환 대통령의 의사결정방식은 독단적이셨는지, 참모의 제안에 경청하시는 스타일이셨는지요?

허화평: 5공화국 전체적으로 보면 정책 우선순위가 확실히 있었어요. 왜냐하면, 경제가 그땐 너무나 심각했기 때문에 경제 정책에 최고 중점을 뒀어요. 그 다음에 박 대통령 때 한미, 한일 외교관계가 다 망가져 있었기 때문에, 외교·안보 면에서 우리가 단단히 정비도 하고 관계도 개선을 해야 됐어요. 그리고 중요하게 생각했던 것이 사실은 교육입니다. 교육세 신설한 것은 저번에 말씀드렸죠?

권자경: 네.

허화평: 그리고 남북 및 중국, 소련에 대한 기본 입장을 새롭게 정립하자는데 중점을 두었지요. 전체적 기준은 개혁, 개방, 민간 주도라고 하는

사회 분위기를 정립해야겠다는 것이었어요. 그건 시대 변화를 보면 피할 수 없는 과제입니다. 그런 맥락에서 정책결정이 이루어졌어요. 그리고 전 대통령의 정책결정 방식은 전형적인 군사 시스템 속에서 자란 것이 기본이라고 보면 틀림없어요. 군의 명령체계는 수직이 돼서 엄격하지만, 그 결정 과정은 매우 민주적이에요. 왜냐하면, 전쟁이 일어났다고 가정했을 때 그 전쟁을 수행하는 일련의 행동들은 무수한 생명이 관계되어 있고, 궁극적으로는 국가의 명운이 걸려있는 것이기 때문에 지휘관 한 사람이 독단으로 결정을 못 내립니다. 그래서 목표 설정과 목표 달성을 해 나가는 일련의 과정이 가장 민주적이고, 합리적인 절차를 거치도록 돼있고, 그런 트레이닝을 밟고 군대 생활을 했기 때문에 바로 국가를 경영하더라도 그게 그대로 적용된 겁니다. 조직의 정수는 군대 조직입니다. 특히 프랑스가 나폴레옹 이후에 근대 국가 조직의 아버지라고 하는데, 군대 조직은 기동성, 효율성, 생산성이 있어야 돼요. 그리고 최소한의 낭비를 전제로 해서 형성된 것이 군대 조직입니다. 근대 국가에서 소위 조직의 기본 원칙을 확립한 건 나폴레옹이고, 프랑스혁명 이후에 독일, 영국, 미국 등이 1차, 2차 대전을 겪으면서 오늘에 이른 겁니다. 혼자 결정하는 체제가 아니고, 참모와 각료, 당과 충분한 논의를 해서 결정하는 관계가 아주 중요한 원칙이에요. 그래서 최종적으로 결정을 내릴 때는 장관의 의견이 굉장히 중요한데, 그건 한 사람 말만 듣고 하는 게 아니에요. 예를 들어서, 상공부와 관계가 되는 정책의 경우, 경제수석이 중간에 보고를 하면 물론 장관이 경제수석을 통해서 대통령께 조금 사전 지식을 전해달라고 요청을 합니다. 그럼 장관이 와서 보고를 합니다. 서로 이해가 쉬우니까 빨리빨리 시간을 아낄 수 있으니까요. 그럼 대통령이 딱 듣고는 경제수석 도움을 안 받고, 비서실 같은 곳을 통해서 해당 과장을 부릅니다. 해당 과장을 새벽에도, 밤에도, 일요일에도 부르죠. 또 관련 전문 교수들도 불러들이고, 기업총수도 부릅니다. 하여튼 관계되는 정계, 관료, 학자, 기업인 등 관련자들을 최대한 만나보는 거에요. 그런 후 자신의 입장을 정리합니다. 그런데 사람마다 의견이 다 달라요. 예를 들어, 자동차 산업을 국가적으로 할 거냐, 안 할 거냐의 정책결정 앞에서 그 당시 경제수석은 반대를 했어요. "이것은 엄청난 투자를 해야 되고, 우리나라는 도로 밀도가 아직 낮은데다가 경제력이 형편없는 상태에서 거대한 자동차 공장을 만든다면 몇 대 밖에 못 팔고, 수출해야 되는데, 세계 메이저들하고 우리가 상대할 채비가 못됩니다. 우린 차라리, 비교우위를 따졌을 때 자동차 생산이 아니라, 세계에서 값싼 차를 사서 쓰는 게 맞습니다"라고 얘기를 했어요. 지금 우리의 재정 여건으로 봐서 이건 무리라는 얘기지요. 그럼 대통령이 재무부장관 얘기도 들어요. 재무부장관도 비슷하게 얘기를 합니다. "지금 우리나라는 차관도 이래저래 해서 어렵고, 국내 돈 조달도 쉽지 않습니다"라고 말이지요. 상공부장관은 생산해서 차를 판매해야하니까, 불러서 물어보면, "해야된다"라고 말을 합니다. 상공부는 이건 해야 된다는 거지요. 그 다음에 정주영 씨를 불러서 생각을 물었지요. "그건 해야 됩니다"라고 했어요. 기업인들은 늘 리스크를 안고 뛰어드는 사람이니까 해야 된다고 하는 거죠. 그럼 대통령은 이제 진퇴양난에 봉착하게 되는 거죠. 그래서 대통령이 어렵다는 겁니다. 한 사람 말만 듣고 결정하면 그 말이 맞지만, 한 가지 정책 결정을 놓고, 정부 내에 각 부처가 의견이 다를 경우에 결론은 대통령이 내려야 합니다. 따라서 대통령은 매우 종합적이고 머리가 비상해야 업무를 잘 볼 수가 있어요. 제 육사 동기생이 김재익 경제수석 밑에 있었어요. 경기고 나오고 육사 동긴데, 미국서 학위 받고, 육사 교수하다가 수석보좌관으로 갔어요. 건국대 총장을 지낸 오명이도 그때 같이 와있고요. 그래서 제가 그 유종렬 박사한테 자동차 산업 이렇게 돼있는데 어떻게 할 거냐고 질문을 하니까, '대통령에게 경제수석 모르게 보고할 수 있는 기회를 달라'고 합니다. 이러한 것은 원칙 상 정상적인 상태에서 있을 수 없는 일이죠. 그러나 중요한 국가 정책의 경우는 그럴 수도 있는 거에요. 그래서 그때 사람 이름은 모르겠는데, MIT나온 그 방면의 전문가를 유종렬 박사가 데리고 대통령한테 가서 보고합니다. '자동차 완제품을 만들어서 국제 사회에서 경쟁하는 것이 어려울 수는 있다. 그러나 이 자동차 산업은 소위 제조 산업의 꽃이기 때문에 여기에 연관된 산업이 무수히 많다. 그래서 우리가 완제품 생산은 이겨내지 못할 수 있더라도, 부품 생산은 경쟁력을 가질 수 있고, 무수한 직업을 창출한다'고 보고했어요. 대통령이 들어보니 그 말이 맞는 겁니다. 그래서 대통령이 다 들은 다음에 '자동차 산업 해'라고 결정을 한 거지요. 지나고 보면, 그게 적중한 거죠. 그러니까 대통령은 그런 군사 교육을 받은 배경에서 체질적으로 혼자 결정하지 않는 원칙을 갖고 있습니다. 그런데 이보다 더 중요한 게 있어요. 갑자기 대통령이 되셨고, 경제는 잘 모르잖아요. '나는 경제는 잘 모른다'라고 하는 전제 위에서 대통령은 정책 결정을 하는 겁니다. '나는 경제는 잘 모르기 때문에 한 사람 얘기만 듣고 결정하는 것이 아니라, 많은 전문가들의 이야기를 듣지 않으면 안 된다'하는 원칙을 갖고 있었어요. 그것이 비단 이런 건만 해당하는 것이 아니고 다른 것에도 다 마찬가지였어요. 그러니까 결정과정이 매일 신문에 나간 건 아니지만, 정책결정이 그렇게 진행되었기 때문에 큰 실수가 없었어요. 그리고 최종결정이 되면 정부가 최대한 백업을 해서 일관성 있게 밀어붙인 거에요. 정책은 일관성이라는 게 중요합니다. 또, 우선순위 결정도 중요하고요. 우리가 돈도 제한돼있고, 맨 파워도 제한돼있고, 여러 가지 여건 속에 정치적 우선순위가 굉장히 중요하지요. 열 가지 다 동시에 할 수 없는 거에요. 내가 7년 동안 다 할 수도 없는 거에요. 그럼 이 시점에서 뭘 우선적으로 할 것이냐가 대단히 중요한 사안이죠. 그 다음에 그 결정 과정에서 있어서 절대 독단적으로 하면 안 됩니다. 최종 결정이 이루어지면, 특별한 이유가 없는 한 끝까지 목표 달성할 때까지 추진한다는 것이 5공의 소위 정책 결정과정과 실천의 메커니즘이에요. 또한, 주변의 참모들이 다 유능했어요. 민간인들은 베스트라고 한 사람들이 모여 있었으니까요. 뒤돌아보면 경제 정책에선 실수한 게 없어요. 다른 것도 크게 실수한 건 없지만 경제만큼은 크게 성공한 케이스지요.

권자경: 정무수석으로 일하시면서 이뤄내신 성과로, 대표적인 몇 가지를 소개해주십시오. 첫 번째 작업으로 유신체제하의 핵심 세력을 포함해서 공직자를 숙정하셨는데요?

허화평: 그건 업적하고는 상관이 없어요. 유신시대 공직자라고 숙정한 건 없어요. 문제가 있는 공직자들이 정리가 됐죠. 그 문제가 있는 건 청와대가 아는 게 아니라, 해당 부처가 아는 사항이죠. 고위공직자들은 안기부나 경찰 등 정보기관에서 정보를 갖고 있어요. 그리고 해당 부처에서 대략 알아요. 사고 친 일, 무능력함 등 여러 가지 문제를 일으킨 것이 문제에 해당하지요. 정치적인 이유로는 언론인들을 제외하고는 극히 없었어요. 한마디로, 부정부패하고 무능한 공직자들이 잘려 나갔다고 보면 돼요. 그것이 기준이었습니다.

권자경: 교복 자율화를 실시하셨는데요?

허화평: 저는 그게 별로 중요하거나 크다고 생각하지 않습니다. 전 대통령 당시에 자제들이 아들 셋, 딸이 하난데 모두 학교를 다니고 있었어요. 또래들이 머리 기르는 문제, 교복 입는 문제 등에 늘 민감해서 주변에서 많은 이야기를 들으신 것 같아요. 그래서 교복자율화하자로 지시된 것 같아요. 그게 무슨 정책적으로 중요하게 다뤄서 된 건 아닙니다. 아마 국보위 때 실시한 것 같은데요...

권자경: 허문도 씨가 인터뷰 한 것을 보면 5공화국의 교복자율화는 자유

주의를 실현하고 자유화를 가져온 대표적인 업적이었다고 평가하셨다는데요...

허화평: 저는 그렇게 생각하지 않아요.

권자경: 그럼, 이사장님께서 생각하시는 대표적인 업적으로 어떤 것을 꼽을 수 있을까요?

허화평: 대표적으로 5공화국 정권에서 역사적으로 눈여겨봐야 될 점 중에 하나는 사상과 남북문제에 있어서, 과거 정부와는 완전히 다른 스탠스를 가졌다는 점입니다. 과거에는 늘 북한하면 우리는 늘 위축되는 심리적 상태에 있었어요. 북한은 단결하고, 물불 안 가리고, 명령 하나에 덤벼들고, 전쟁도 하고, 습격도 하고, 온갖 끔직한 일을 저질렀기 때문에 언제나 수세적 입장에 놓여 있었다고 할까요? 당시 상황은 미국이 손을 떼면, 우리나라는 북한에 잡아먹히는 위치였어요. 그건 우리 국민들 머릿속에 은연중에 깊이 쌓여있는 거에요. 근데 우리는 그건 잘못되었다고 생각한 겁니다. 북한 애들 실제 군사력은 우리보다 앞서 있는 건 사실입니다. 70년대 초반까지 우리보다 경제적으로도 앞서 있었으니까요. 사상적으로도 무장된 건 사실입니다. 그러나 북한체제는 언젠가는 붕괴될 체제이고, 절대적 군사력만 가지고 승패를 좌우할 수 없는 거에요. 인간은 심리적 요소가 굉장히 큽니다. 북한은 일사불란한 건 좋은데, 오래가면 우리가 더 강할 수 있다고 보았어요. 북한은 선을 그려줘서, 이 길을 따라가라고 지시합니다. 군대나 전쟁에서나 다 그렇게 하죠. 우리 자유주의 사회에서는 선을 주는 것이 아니라, 폭을 줍니다. 여기로 가든, 저기로 가든 이 안에서 마음대로 가라고 말입니다. 소위 결정과 선택의 자유를 갖고 있는 체제에요. 그 무렵은 우리 경제도 어느 정도 올라가 있었는데, '북한이 초전에는 우리

를 이길 수 있을지 몰라도, 시간이 지나면 너희들이 질 것이다. 우리가 받은 교육훈련도 너희들보다 월등한 교육을 받았다. 전혀 위축될 필요가 없다. 그러나 제일 중요한 것은 전체주의체제, 공산주의체제는 희망이 없다는 것이다. 인간이 희망이 없으면 결국 이길 수 없는 것이다. 우리가 북한을 이기는 것은 시간문제다. 그러니 북한에 대해서 이제 오픈하자. 피할 일이 아니고, 정면으로 상대하자. 중국이나 소련에 대해서도 마찬가지다. 우리가 매번 미국 눈치만 보고 겁먹을 필요도 없는 거 아니겠느냐?'는 생각을 했습니다. 소위 레드 콤플렉스를 벗어난 것이 5공 주역들의 주요 입장이에요. 그래서 제가 미국으로 떠난 다음에 보니까 남북간 비밀회담도 있었지요. 그리고 제가 워싱턴에 있었을 땐데, 84년에는 남한에 큰 수해가 났는데, 북한이 남한 정부에 수해복구 물자를 주겠다고 제의했죠. 북한 측에서는 남한이 틀림없이 '노'라고 할 것이라고 전제하고 얘기했을 텐데, 전두환 대통령은 '받겠다'고 했다는 거에요. 제가 나중에 들으니까 상황이 이렇게 됩디다. 전 대통령이 지원해 달라고 하니까, 북한이 '우리가 아직 준비가 안 되었으니까 시간을 좀 달라'고 하더래요. 나중에 북한이 수해물자를 보냈는데, 시멘트, 쌀 등이 인천으로도 오고, 육로로도 왔어요. 쌀은 사람 먹기가 어려울 정도로 형편없이 오래된 쌀이고, 질이 나빴어요. 시멘트도 이게 될까말까 할 정도로 품질이 나빴어요. 그리고 싣고 온 선원들, 운전수들이 있잖아요? 이 사람들이 돌아가기 전까지 우리가 대접을 해주는데, 늘 눈치보더란 말이에요. 우리가 안보는 틈을 타서 번개같이 먹고, '좀 더 없느냐'고 했다는 거에요. 그 선상에서 북방 정책이라는 용어가 5공 때 만들어진 겁니다. 당시 이범석 통일부장관(1980.9.2.~1982.1.3.)이 국방대학에서 '앞으로 중국과 소련하고도 우리는 관계를 정상화해야 되고, 과거의 패턴을 벗어나야 된다'라고 얘기를 했다고 해요. 그때 그걸 북방 정책이라 했어요. 그러나 그때는 냉전이 팽팽할 때라서 큰 변화가 없었지만, 결국 그 이후에 몇 가지 중대한 사건이 생겼어요. 중공기 민항기 불시착 사건도 있었고. 중공의 소위 군함이 목포로 온 사건이에요. 그리고 한국에서 88올림픽 게임이 곧 열리게 되는데 냉전이 막바지에 다다르면서 중국과도 국교가 정상화되고, 소련과도 관계가 정상화 되었어요. 그러나 그 시작은 5공 때입니다. 우리가 정치적으로는 강력한 콘트롤의 패턴으로 갔지만, 우리는 리버럴리스트니까요. 두 번째 대표적인 성과로는 헌법개정이라고 봅니다. 우리는 앞으로 절대 독재를 해서는 안 된다는 확고한 생각하에 헌법도 다시 고쳐져야 된다고 보았어요. 그런데 이 헌법을 만든 주체가 어느 시점에 가서는, 잘하면 7년 후에 국민의 심판을 받을 수도 있다는 전제를 두고, '우리는 점진적으로는 모든 것을 열어 제치자, 모든 사슬을 끌러버리자, 개개인이 능력껏 살아갈 수 있는 사회를 만들어야겠다'는 의지로 국정관리를 했습니다.

권자경: 그러한 국정방향 속에 구체적으로 어떠한 조치를 취하셨습니까?

허화평: 우리 사회가 박 정권 때만 하더라도 너무 타이트했어요. 좋던 싫던 모두가 먹고 살기 위해서 전부 다 스트레스를 받고 산거죠. 그러다가 그 절대 권력자가 쓰러지고, 다른 세상이 전개되는 과정에서, 이제 가는 길은 뻔한데 사회분위기가 그 속박에서 벗어나고 싶어 했어요. 그건 전 대통령도 그렇고, 저도 그렇고 다 마찬가지였어요. 우리가 영원히 권력을 틀어잡고 있으려면 이걸 어떻게 계속 컨트롤하는지 연구하겠지만 그게 아니고, 이제 가는 길은 이 길이니까 하나씩 이걸 풀지 않으면 안 되겠다는 기본 입장을 갖고 있는 거죠. 그래서 대학 입학정원을 늘리는 것도 그런 취지에서 만든 거에요. 그 대신 졸업정원제를 두었지요. 입학 정원은 늘어났고, 대신 입학해서 무조건 졸업하면 안 된다고 제한을 두었는데, 결과 입학정원만 늘어나고, 졸업제한은 잘 지켜지지 못했어요. 탈락은 별 성과를

못 본 것 같아요. 교수들이 다 점수를 잘 주니까, 금년에 낙제했다면 애는 다시 복학했어도 졸업을 했으니까요.

권자경: 네. 지금 현재 고등학교 졸업생들의 80% 이상이 대학에 진학하고 있거든요. 전 세계에 없는 진학률이라고 합니다. 이러한 현상이 5공화국 때 입학정원을 늘리고, 졸업정원제를 실시한 것이 오늘날까지 영향을 미친 게 아닐까요?

허화평: 그거는 아니에요. 우리나라가 전 세계에서 대학 진학률이 제일 높은 나라는 아닙니다. 상위권에 속합니다. 물론 인구규모 한 5천만 되는 나라에서, 우리와 비슷한 경제수준을 가진 나라들 중에서 그 정도로 대학 진학을 많이 하는 국가는 없어요. 선진국과 비교해 보았을 때, 즉, 인구 한 천만 정도의 선진국과 비교해 보았을 때 대학진학률이 우리가 톱은 아닙니다. 비중이 높은 건 사실인데, 다만 그 질의 문제죠. 대학교 수준의 문제죠. 5공화국 때 입학정원 확대정책이 외형상 폭발적인 증가를 가져온 기폭제로 작용하였던 것은 틀림없습니다. 부작용도 있는데, 한양 대학이 최초에 생길 때는 공대 위주였어요. 우리나라가 개발시대, 박 정권 때, 소위 산업 역군의 절대 다수는 한양대학 출신입니다. 지금은 모르겠지만, 현대 건설만 하더라도 이명박 대통령이 현대건설 사장할 무렵에는 서울 공대 출신들은 맥을 못 춰요. 한양 공대 출신들이 주도권을 갖고 있었어요. 그러니까 어느 시기에는 질보다는 양이 중요할 때가 있는 거에요. 아주 핵심적이고, 고도의 이론과 기술이 필요한 부분에 우리는 여전히 미국에 의존하고 있는 거에요. 지금 두바이에서 백 몇십 층 빌딩을 짓잖아요? 그 감리 같은 건 우리가 못합니다. 그건 외국 전문 회사가 합니다. 여전히 한국의 최고 공대 출신이라 하더라도 세계 수준의 빌딩 건축 공사에는 여전히 우린 외국의 도움이 필요하거든요. 그러니까 우리 사회 전체가 어떤 수준에 도

달하기까지는 일단 양적으로 늘어나는 것이 그리 나쁜 건 아닙니다. 다만, 이것이 학력 인플레가 되는 건 문제지요. 청소부도 대학교를 나와야 되는 것은 우리의 교육 열정, 배우지 못한 사람은 대접을 못 받는다는 조선 시대부터 내려져온 풍토, 선비를 존중하는 깊은 문화가 너무 강한 거죠. 조선 시대는 선비들이 지배했던 시댄데, 선비를 다 존중했고, 또 선비되는 걸 다 자랑스럽게 생각했어요. 거기에 과거급제를 하면 더 좋은 걸로 여겼죠. 그렇게 해서 배우지 못하면 사람대접을 못 받는다는 강한 풍토가 조선 역사 500년부터 우리 문화에 깊이 깔려있어요. 그런데 이러한 문화가 근대 사회를 지나, 고도의 지적 사회가 되면서 폭발적으로 이런 현상이 나온 겁니다. 지금은 이 양을 콘트롤하는 게 문제가 아니에요. 지적 콘트롤을 잘 하게 되면, 양의 문제는 해결이 된다고 봅니다. 우리는 그 점에서는 잘못된 건 아니었어요. 그러나 앞으로는 어떻게 될 것이냐? 아마 해결이 쉽다고 전망할 수 있는 것은 출산율이 낮고, 교육 시장이 개방된다는 것입니다. 교육 시장이 개방되니까, 굳이 국내에서 학교 다녀야 될 이유도 없고, 그래서 교실도 남아돌아갈 거고요. 사는 방식도 다양해지고, 이런 저런 요소들이 있기 때문에 결국은 해소되는 것은 시간문제라고 봅니다. 그러나 지금은 아주 중요한 전환점이라고 할까요? 몸살을 앓는 상태인데, 이걸 우리 국가가 잘 정리해서 수습해나가면 쉽게 해결이 될 수 있어요. 그러나 이념적 요소까지 학문에 뻗쳐 있어서 조금 복잡하긴 하지만, 긴 안목에서 보면 해결이 쉽죠.

권자경: 5공화국 때, 과외 금지 조치도 있었습니다.

허화평: 했죠. 그런데 과외금지 조치는 해선 안 되는 것을 한 거라고 봅니다. 지금은 돈이 좀 있는 가정에서 과외비가 비싸고, 과외 범위도 훨씬 넓어졌어요. 옛날에는 두 과목하면 되는 걸, 지금 유치원 아이들도 다섯

과목씩 과외를 받는 세상이란 말이에요. 이게 어떤 병적 현상에 가까운 상황까지 와버렸어요. 그러나 그때는 지금과 달리 한 두 과목이지만 경제적 여건이 지금보다 훨씬 나빴기 때문에 가정마다 보통 부담이 된 게 아니었어요. 그래서 과외를 한시적으로 금지시키고, 빠른 시간 내 공교육을 정상화하자라고 방향을 정했죠. 그렇다고 해서 초, 중, 고등학교만 해서 되는 게 아니라 대학입학제도도 바꿔야 된다고 보았어요. 그러니까, 대학 문을 닫아놓고, 밑에서만 과외금지를 해서는 안 되고, 대학문을 열어서 경쟁을 조금 완화시키자고 한 것입니다. 교육세를 우리가 한시적으로 5년 걷어서, 공교육에 집중투자하고 빨리 공교육의 질을 향상시켜, 사교육 문제를 해소해 보자고 한 것입니다. 그때 전교조 문제는 없을 때니까요. 그런데 지금 와서 평가해보면, 계산을 잘못한 겁니다. 그 수십만의 교육 공무원 봉급 만 원씩 올려줘도 정부 예산의 몇 분의 일이 더 증가하는 것을 우리는 너무나 가볍게 생각한 거에요. 결국, 공교육 정상화도 안 되고, 나중엔 과외금지조치도 풀리게 됩니다. 그것은 학생들 때문에 풀리게 된 거에요. 시골에서 올라와서 머리는 좋은데 돈은 없는 대학생들이 아르바이트 해서 학비를 번다고 해서, 거의 다 과외해서 일을 한단 말이에요. 아르바이트해서 한 푼이라도 벌게 해야 된다는 거에요. 어차피 자본주의 사회에서 금지조치는 해서는 안 되는 건데 하게 되었고, 그때 다시 풀었을 거에요. 원래 끝까지 하려고는 안 했고, 일시적인 충격으로 과외를 스톱시켜 놓고, 당초 우리나라 교육제도 전반을 손보려고 했었어요. 여러 가지 이유가 있어요. 교육공무원, 일반행정직 공무원 등이 또 패가 나뉘어요. 엄청납니다. 서울 사대 출신들, 서울 사대가 아닌 출신들 등이요. 지금도 마찬가지입니다. 어떤 공통된 의견이 모아지지가 않는 거에요. 그걸 그때는 우리가 쉽게 생각했어요. 그런데 하려고 보니 그게 아니에요. 그래서 과외는 우리가 일시 스톱시켰는데 나중에 결국 금지조치가 풀렸어요.

권자경: 해외여행 자유화가 실시되었습니다.

허화평: 네. 그건 제가 적극적으로 주장했습니다. 이제 5공화국이 레드 콤플렉스에서 벗어났고, 전체적으로는 개방과 자유화로 간다하는 방향 설정이 있었는데, 그걸 상징적으로 나타낸 결정이 연좌제 금지고, 통행금지 해제고, 그 다음에 여행 자유화에요. 이 세 가지 모두 제가 깊이 몰두했습니다. 당시 해외여행 때 달러도 마음대로 못 갖고 나갔어요. 또한, 해외에 나가면 북한한테도 포섭당하기도 했습니다. 그 전에는 동백림 사건 때문에 소동이 있었고, 온갖 일이 있었단 말이에요. 북한은 중립국에 손을 뻗치고, 맹렬하게 국제 사회에 손을 뻗치고 있을 때였고, 반면 우리는 내부적으로 반공체제를 다져가는 상태에서 사람을 되도록 움직이지 못하게 했어요. 그러한 상황에서 해외여행은 그때 특권이었던 거죠. 보통 사람은 해외 여행할 생각도 못 했어요. 너무 어려우니까요. 돈 때문에 못가고, 연좌제 때문에도 못가고, 유학 갈래도 시험 쳐야하고, 이래저래 못가는 거에요. 그것은 크게 잘못된 거죠. 서독 광부들이 갈 때 미국은 의사가 부족해서, 노동력도 부족하고, 미국의 경제 상황에선 그랬을 텐데, 그때 이민을 막 받을 때라고요. 그때 우리 정부가 해외로 보내는 것을 막지 않고, 오히려 적극적으로 보냈으면 더 많은 한국 사람이 미국에 진출할 수 있었을 텐데 말이에요. 박 정권 때 정부가 국민을 해외에 못 보내서, 밖에 못간 거에요. 당시 가족 전체가 이민갈 때도 돈은 거의 못 가지고 나가게 했습니다. 그래서 제가 자유화하자고 주장했죠. 전 가족이 이민갈 때는 10만 불까지는 허용해주자는 입장이었어요. 정부는 절대 반대했죠. 그래서 저는 이민 가족의 경우 10만 불까지 가져갈 수 있게 해주자고 설득했어요. 우리 국민이 미국에 가서 채소 장사, 세탁소, 가발 장사 등 한 10년 해서 겨우 집 사고, 모기지 내고, 자식들 공부시켜서, 고향에 있는 친척들, 조카들 데리고 가서 공부 시키고, 자식들이 훌륭하게 자라면, 돈 번 사람은 돈 벌어서 고국에

도 보낸다는 거죠. 재무부가 이민자들이 신고하고 나간 돈은 계산할 수 있을지 몰라도, 무형, 유형으로 되돌아오는 돈은 재무부가 계산 못하지 않느냐는 거에요. 모르기는 하지만 이건 수십 배, 수백 배라는 거죠. 따라서 우리는 적극적으로 해외진출을 권장해야한다고 주장했죠. 우리나라는 수출로 먹고 사는 나라니까요. 결국, 해외여행을 자유화한 거에요. 실시 1년 후에 제가 점검한 결과, 십만 불 이상 갖고 간 사람이 몇 사람이나 되는지 조사해 보았더니 다섯 가구도 안 되는 것 같아요. 그러니까 십만 불 있으면 해외 안 나가는 거지요. 그때 십만 불은 아주 큰 돈이었고, 십만 불도 없는 사람이, 한국에서 앉아서 굶어 죽느니 아예 보따리 싸서 이민 가자고 나간 거에요. 당시 우리는 그걸 모르고 있었던 거지요. 지금은 우리 정치인들이 미국 가서 후원 단체 만들어서 달러 떼먹잖아요. 후원금 달러 받고는 반대급부로 해외 동포들에게 투표권 주겠다고 만들고 있잖아요. 지금 생각하면 해외여행 자율화는 아무 것도 아니죠. 통행금지문제는 벌써 없어져야 했던 거에요. 통행금지를 해제하려고 보니깐, 통행금지가 간첩을 잡는데 꼭 필요하다는 이유로 공안기관은 반대합니다. 그런데 12시 넘어서 돌아다니는 간첩이 어디 있습니까? 술꾼들이나 12시 넘어서 집에 못가서 돌아다니지요. 간첩이 뭣 때문에 12시 넘어 돌아다니겠습니까? 다니다가 붙잡히면 파출소가서 신분이 노출되는데 말이에요. 간첩 잡는 것과 통행금지는 아무런 상관이 없다고 보았어요. 그런데 이 통금 때문에 우리 경제 활동은 12시간 밖에 일을 못하는 거 아니에요? 그러니까 통금 해제라고 하는 것은 우리의 사고도 개방시켜주었지만, 우리의 경제 활동을 완전히 자유화시켜 놓는 거에요. 여행 자유화도 마찬 가지지요. 해외 경제활동까지 확대되니까요. 연좌제는 아까 얘기했고요, 그 세 가지가 다 연관이 있습니다. 연좌제, 통금, 여행 제한, 이 세 가지가 연관이 있는데 우리는 이 세 가지를 완전히 해체했습니다. 저는 그 점에 대해서만큼은 정부에 참여해 한 일로서 충분히 보람이 있다고 생각합니다. 다른 걸 다 제쳐놓고라도 저는 그것만으로도 우리 국가에 큰 기여를 했다고 자부합니다. 우리 새로운 세대들에게 무한한 도움을 주었다고 저는 생각합니다. 그만큼 그 사안들은 중요한 겁니다. 그러나 그 전까지 이것을 이야기했던 민주 투사는 아무도 없었어요. 실제로 김영삼, 김대중 그분들이 그걸 주장했어야 된다고요. 그런데 일언반구의 언급도 없잖아요. 그만큼 우리의 사고가 폐쇄돼있었고, 그런 환경에 이미 순치돼있었던 것이지요. 그걸 정상적인 것으로 우리가 받아들일 수가 있는 거죠. 그게 중요한 모멘텀이에요.

권자경: 이러한 업적 이면에는 한편으로 출판·인쇄물 제한 조치가 있었고, 또 언론기관을 통폐합하는 조치도 있었습니다.

허화평: 출판 간행물, 사실 신문, 잡지 등 출판이 많이 횡행했는데, 소위 반체제적 지하 출판물들도 많았어요. 체제 차원에서 출판물에 대한 정비작업을 했어요. 반체제와 관련된 인쇄, 출판물에 대해 조치를 한 거죠. 언론 통폐합은 서울이 문제가 아니라 지방에 가면, 조그만 도시에 이름도 모르는 온갖 언론들이 도처에 우후죽순으로 자고 일어나면 생기는 거에요. 또 기관에 출입하면서 괴롭히고요. 주먹만 쓰는 게 폭력배가 아니라고요. 당신 폭로할 거야하고 협박하면서 폭력배처럼 굴었지요. 그래서 이건 사회 질서 차원에서도 좀 정리하고 넘어가야 된다고 본 거죠. 언론도 어느 정도 질서가 있어야 되는 것이 아닌가하고 통폐합을 했어요. 사실, 통폐합은 원래 민간 언론 출신들이 먼저 주장을 해왔습니다.

권자경: 오히려 민간이 주도를 했었다고요?

허화평: 최종 결정은 권력을 가진 사람들이 했지만, 그 아이디어를 제공하고, 적극적인 설득을 한 것은 민간 언론 출신들이었어요. 우리가 아닙니

다. 허화평이 언론 통폐합해서 방송사 하나 가져온 것도 아니고, 신문사 하나 가져온 것도 없잖아요. 근데 제가 왜 그걸 찬성했을까요? 그리고 또 우리의 비판 세력들은 권력을 장악하려고 언론을 통폐합했다고 밀어붙이는데 그렇지 않습니다. 오히려 그대로 두고, 우리 입장에서는 협조하는 언론은 잘 봐주고, 협조 안 하는 언론은 혼을 내고 하는 옛날식으로 하면 되는 거에요. 제가 정무수석으로 일 할 때, 언론기능도 정무수석이 갖고 있었어요. 중앙정보부도 언론을 가지지 못하도록 했어요. 그래서 국무총리실에 홍보 조정실을 둬라, 안기부는 언론에서 손을 떼라고 지시했죠. '안기부는 언론에 손을 떼고, 한시적으로 국무총리실에 홍보 조정실을 둬서 언론인들끼리 좀 협조하도록 하는 것이 좋겠다. 언론도 이제는 남의 것 뜯어 먹지 말고, 정상적인 재무구조를 가지고, 정도를 가야한다. 그렇지 못한 언론은 다 정리하면 좋겠다'는 방향에서 언론을 통폐합시켰습니다. 언론사 사주들은 아주 좋아했죠. 그걸 기회로 골치 아픈 기자들은 다 솎아냈으니까요. 반체제를 외치는 기자들은 리스트에 올라와 있었지만, 비슷한 건 다 언론들이 먼저 명단을 내놓았습니다. 옛날에 동아, 조선일보 등도 투입돼 있었어요. 자신들끼리도 시끄러웠거든요. 사주들하고 당시 전부 다 제거돼버렸어요. 결국, 살아남은 언론사는 어떻게 되었겠습니까? 완전히 세상 만난 거지요. 정부하고 갈등만 안 생기면, 그리고 자기들이 정상적으로만 가면 앉아서 쉽게 일을 할 수 있는 거지요. 언론재단 만들고, 기금도 만들고, 프레스센터도 만들고 신이 났죠. 살아남은 언론들은 최후의 혜택을 보장받았어요. 우리가 권력을 잡은 것과는 아무런 관계가 없는 겁니다. 한국 사회의 민주 발전을 위해 언론이 절대로 발전해야 된다는 건 지금도 마찬가지에요. 한국의 오늘날 조선·중앙·동아일보를 포함해서 하나의 권력게임에 깊이 개입되어 있잖아요. 3개 주요 언론사는 저는 거의 한패라고 봅니다. 한 나라의 기관지가 비슷하게 된 것은 김영삼 정부 때부터 그렇게 된 거에요. 김영삼 장학생, 김대중 장학생말입니다. 김영삼, 김대중 대통령은 언론에 자기 세력을 구축해서 언론은 언론 나름대로 민주화에 자기들이 동참한다는 명분으로 한패가 돼서, 정부 권력도 잡고, 청와대도 가고, 장관도 되고, 국회의원도 됩니다. 정도가 갈수록 더 심해졌습니다. 당시 언론 통폐합할 때는 한국 민주발전을 위해서 언론도 정리가 되어야 한다는 게 기본 핵심이었어요. 우리가 권력 잡기위해서, 옛날식으로 혼만 내면 되는 시대니까 한 건 아니란 말이에요. 그런데 그 언론 통폐합은 우리가 했던 정책 가운데 가장 실패한 정책이에요. 권력의 힘으로 해서는 안 되는 것을 한 거에요. 결국은 우리는 그 복수를 지금까지 당하고 있습니다. 당시 목 잘렸던 언론인들이 다시 살아나서 민주 투사가 돼서, 복직도 하고 국회도 가고 이래저래해서 하나의 권력 실체가 된 겁니다. 그 사람들이 맹렬하게 5공화국에 대한 비판하는 것 같아요. 사주들은 모르는 채하고 민주화 시대에 장사도 더 열심히 하게 된 거죠. 결국, 우리 5공화국이 언론 통폐합을 해서는 안 되는 것을 해버린 거지요. 이 언론들의 전횡을 끊으려면 결국 사회 전체적 수준, 특히 지식인, 교수들의 수준이 향상되지 않으면 힘들다고 봅니다.

권자경: 출판, 인쇄물, 음반물 검열과 제한을 당시 안기부가 한 것이 아니었습니까?

허화평: 그때는 안기부가 했어요. 청와대에서 우리가 관심 갖고 있는 것은 반체제와 관련된 출판물이었죠. 그건 당연히 관심이 쏠리는 부분이었어요. 당장 실정법에 위반되는 것도 많았어요. 그런데 미풍양속을 해친다는 명목으로, '이 노래를 불러서는 안 된다, 저 노래를 불러서는 안 된다, 너는 출연하면 안 된다', 이런 일이 있었다고 하는데, 그건 안기부 실무자들이 한 일입니다. 우리 청와대는 알지도 못했어요. 어느 날 그냥 이 노래도 못 불렀고, 어쩌고저쩌고 하는 말이 들렸지요. 그리고 금서목록이 있었

어요. 그러나 금서목록을 제가 해지해버렸어요. 제가 관계를 한 겁니다. 여행이 자유화된 상태에서 바깥에 나가면 다 들고 오는 거 아닌가요? 팩스가 왔다갔다하고, 복사해서 운동권이 유포하는데, 서점에서 막아서 될 일입니까? 전부다 숨어서 보고 있는데, 그걸 무슨 수로 찾아낼 건가요? 금서목록 배포는 실효도 없고, 앞으로 학문의 자유를 위해서도 안 되는 거라고 주장했죠. 제가 당시 두 가지를 요구했어요. 하나는 금서목록을 해지해야 된다는 것이었어요. 그런 얼마 후에 금서목록이 언젠가 해지가 됐어요. 그때부터 온갖 책들이 서점에 나오기 시작했어요. 두 번째는 박철언에게 "국가 보안법으로 구속된 사람들이 그 안에서 책도 마음대로 읽게 하고 글도 쓰게 하는 게 어떻겠냐?"고 요구했죠. 그러니까 박철언이 "책이 퍼지면 선동이 나와서 안 됩니다"라고 해요. 그래서 저는 그것은 해결방법이 있지 않겠냐고 제안했어요. 예를 들어서 감옥소에 있는 동안 자기가 쓰고 싶은 글을 쓰고, 만약 그게 국가안보에 관계되는 거라면, 엠바고를 붙이면 된다고 아이디어를 주었지요. 이것은 출판하면 안 된다던가, 몇 십 년까지 공개하면 안 된다던가요. 그리고 그 소유권은 쓴 사람이 갖게 한다고 제안했죠. 수십 년, 수백 년 후에 그것들이 어떤 의미를 가질지 모르잖아요. 우리는 역사책을 많이 봤으니까요. 그 불우했던 기간에 위대한 사상도 나오고, 책도 많이 나오잖아요. 그래서 지식인들이 감옥소에서 글 쓰고, 책 읽는 것을 허용하면 안 되겠냐고 한 거죠. 그리고 저는 얼마 있다가 청와대를 떠났으니까 출판·인쇄물·음반물 검열과 제한을 저는 어떻게 할 수가 없었어요. 제가 구속되어 있었을 때, 저도 책을 계속 썼는데 그건 위반이라고 이 사람들이 다 검열을 했습니다. 그러나 저는 교도소에서 제가 위반되든 말든 계속 집필했어요. 제가 쓴 『지도력의 위기』라는 책 1, 2권 초안을 감옥소 안에서 초안을 잡은 거에요. 제가 2년 구속되어 있는 동안 노트 20권 정도 썼어요. 그 책의 기본 틀을 그때 정리했어요. 법무부에서 허용하는 노트가 스물한 권인가 있어요. 제가 거기다 정리를 해뒀다가 교도소에서 나와서 시간이 났을 때, 다시 정리를 했습니다. 지식인을 가둬놓고 밥만 먹일게 아니지요. 네가 생각하고 싶은 걸 다 글로 쓰고, 읽고 싶은 걸 다 읽으라고 해 줘야합니다. 그게 나중에 개인과 공동체에 도움이 되면 좋은 거 아닙니까?

권자경: 삼청교육대 실시가 있었는데요. 삼청교육은 어떤 내용이었나요?

허화평: 폭력배 일제 단속 차원에서 당시 사정에 의해 했습니다. 박 대통령이 돌아가신 다음에 격동을 겪었어요. 사회가 극도로 혼란해지고, 탄광 폭동도 심각하게 일어나기도 했어요. 박 대통령 돌아가실 무렵 경제적 여건도 어느 정도 좋아지고 하니까, 여러 가지 경제적인 문제와 관련해서 주먹 세계들이 많이 생겨났어요. 폭력배들은 법을 무서워하지 않아요. 감옥소 갔다 오는 걸 훈장 받는 걸로 생각하니까요. 그 사람들이 두려워하는 것은 바로 육체적 고통입니다. 폭력배들이 남을 두드려 팼으니까, 너희들도 육체적으로 혼 좀 나야 된다고 초법적인 조치를 내렸습니다. 그건 증거나 법적인 근거가 있어서가 아니라 '깡패로 찍혔으니까 데리고 가야 되겠어'라고 해서 각 지역마다 기관들이 인원을 선정한 거에요. 자기들이 아니까요. 장사하는 사람들을 갈취하는 사람들이 제일 많았어요. 이것이 선을 보호하는 요소가 크고, 폭력배들은 육체적으로 혼을 좀 나야 된다고 봐서 삼청교육을 실시했던 것이지요. 그래서 전방 부대에 삼청교육대를 설치하고, 거기에 이 사람들을 데리고 가서 쉴 사이 없이 훈련시키고 그랬어요. 물론 금지되어 있었지만 자기들끼리 치고 박고하는 일도 있었던 것 같은데, 구타는 일체 허용하지 않았어요. 구타 아닌 다른 방법으로 훈련을 시켰어요. 봉을 여럿이 들고 한다던가, 구보를 한다거나, 일을 하는 방식으로 교육시킨 거죠. 끊임없이 육체적 활동을 강요해서 힘들게 만들었죠. 지

금도 물어보면 감옥소 갔으면 갔지, 삼청교육은 안가겠다는 거에요. 그것도 사실은 비정상적인 초법적 조치였던 거죠.

권자경: 삼청교육 대상자들은 나중에 가정으로 돌려보냈는지요?

허화평: 다 돌려보냈어요. 영원히 수용한 게 아니고, 기한은 잘 모르겠는데, 기한 끝나면 다 돌려보냈어요.

권자경: 영화에서 보면, 지역에서 색출을 할 때 폭력배가 아닌 무고한 시민들을 자동차에 실어서 삼청교육대로 보내는 장면이 나옵니다.

허화평: 간혹 억울한 사람이 수용되었어요. 전국의 폭력배, 갈취배를 선별하는데 한 곳에서도 할 수 없잖아요. 각 지역의 경찰, 보안 부대, 안기부가 결정했는데, 기준이 있죠. 이런이런 사람이다 하는 게. 자기들 눈에 잘못 보였던 괘씸한 사람들을 간혹 집어넣는 거에요. 그래서 억울하게 당한 사람들이 있어요. 그건 우리가 알 수 없고, 그거는 예상하지 못했던 일인데요, 억울한 피해를 입었던 사람이 다수는 아니고, 소수는 있었어요.

권자경: 삼청교육을 실시한 조직은 어디였습니까?

허화평: 국보위에서 결정된 겁니다. 그리고 사회정화위원회에서 의식개혁을 해야 된다, 질서도 바로 잡아야 된다고 하는 캠페인을 벌려서 선량한 시민을 괴롭히는 폭력배들도 이참에 손을 봐야 된다고 본 거죠. 우리나라는 혁명이 날 때마다 폭력배는 끌려갔습니다. 5·16혁명 때는 군대 안 갔던 기피자들, 깡패들을 전부 잡아들였어요. 그때는 깡패를 잡아가지고, 몽둥이로 안 죽을 만큼 두들겨 팼어요. 지금 저 덕수궁에 계엄군을 설치해

서, 폭력배들을 국토 건설대로 보냈어요. 강제 노동을 보낸 거에요. 그래서 제주도에 가면 5·16 도로가 있어요. 그 사람들을 제주도 섬에 보내서 그 도로를 만드는데 투입했어요. 1972년 유신계엄 때는 깡패들을 소탕했었어요. 당시 서울에서 잡혀온 사람들을 보니까 5·16군사혁명 때 잡혀온 사람도 있었어요. 우리나라는 정치적 격동기 때마다 사회질서 캠페인이 벌어졌어요. 한때는 짧은 치마도 단속하고, 긴 머리도 단속하고, 미풍양속을 해친다거나 질서를 어기는 건 전부다 단속을 하는데 꼭 깡패가 그 대상에 포함돼있었어요. 사회질서를 잡기 위해 깡패들 기를 죽여 놓으면 일반서민들은 잘 따라간단 말이에요. 그때도 예외없이 깡패도 타켓이 된 거지요. 다만 이름을 고상하게 붙인 거에요. 삼청교육대라고요. 세 가지를 깨끗하게 한다는 의미였어요. 생각도 바로 고치고, 행실도 바로 고치자는 거죠. 앞으로도 비슷할 거에요. 질서가 혼란하면, 새로운 질서를 구축하기 위해서 폭력배들을 잡아야 되니까요. 그러니까 국보위에 있는 사람들 전부가 깡패를 가만 놔둬도 안되겠다 싶어서 어느 날 삼청교육대가 결정이 된 거에요. 그리고 그 책임을 누가 지느냐면, 처음에 국보위에서 나중에 사회정화위원회로 넘어갔나 그래요. 그때는 이미 다 결정돼서 수용되고 끝날 무렵이고, 국가보위 비상기구가 설치돼서 여러 가지 경제적 문제점도 있지만, 질서 확립도 큰 논의 거리였는데, 그 질서 확립의 일환으로 삼청교육대가 서고 폭력배를 정화시킨 거죠.

권자경: 유신 때도 고문이 상당히 이슈화되었는데, 5공화국 때도 고문이 심했다고 합니다. 심지어 학생 운동하는 대학생들까지 고문을 한 것이 후에 문제가 불거졌는데요?

허화평: 고문을 하는 그 자체는 저 개인적으로 언제나 반대하는 입장이에요. 우리 직계 가족도 잡혀가서 고문 받은 일도 있고 하니까요. 저는 고

문을 결코 찬성한 일이 없습니다. 해서는 안 된다고 보는 입장이에요. 대통령하는 분이나, 대통령 측근에 있는 일반적인 사람의 경우에 고문해야 된다고 보는 사람은 아무도 없어요. 대통령이 '알아서 고문해' 하는 대통령은 없어요. 그런데 일본 시대부터 경찰이나 기관에 불려 가면 두들겨 패는 것은 당연하다는 오랜 고질적 관습이 계속되어 왔어요. 일본 시대에는 소위 반일 투쟁하는 사람을 잡아가면 일본 놈들이 하여튼 바른말 할 때까지 두들겨 팼잖아요. 그리고 해방 후 좌우 투쟁이 있었는데, 요즘 중앙일보 한번 보세요. 여수 반란 사건 같은 경우, 백선일 장군이 쭉 이야기한 게 나옵니다. 그때는 서로 죽이고, 죽는 상황이었습니다. 제가 초등학교 1학년 때 해방되었으니까요. 그리고 6·25전쟁 날 때 제가 6학년이었는데, 우리 포항에서도 동네 형들, 누나들이 학교에서 한쪽은 빨갱이, 한쪽은 우익으로 갈라져 폭동이 나고 서로 죽이고 살리고 했어요. 이런 과정에서 군대에는 공산군, 빨갱이가 제일 많았어요. 잡아가서 죽도록 고문을 해서 자백을 받아내고, 특히 북한에서 내려오는 간첩들은 목숨을 내놨지, 골수들은 말은 안 해요. 그래서 일반적으로 간첩은 고문합니다. 막연한 생각은 다 갖고 있고, 그러려니 하는 거죠. 그런데 공안 계통의 요원들은 사람 들어오면 무조건 한 대 올려놓고 보는 거지요. '자식아, 빨리 이야기해'라고 하는 거지요. 그런데 대통령이 '당신은 고문합니까? 하고 물어본 일도 없고, 물어보지도 않아요. 중간에 있는 간부들이 고문을 하는 겁니다. 우리나라는 일본시대 항일과 관련된 피투성이 나는 역사, 해방 후에는 건국 전쟁에서 오늘에 이르기까지 좌우 이념 투쟁과 관련된 투쟁, 이것이 만들어낸 하나의 사회적 현상이 고문이었다고 봅니다. 그 이후에 반혁명 사건도 계속 되지요. 김재규도 두들겨 맞았을 거에요. 그런 소위 국가 전복, 체제 전복, 민족의 생사를 걸고 격돌하는 과정에서 그런 고문이 일상화 된 겁니다. 제가 볼 때 5공 출범 직전까지 갔다라고 보고, 5공 출범 이후에는 대북 요원들, 공안 요원들은 간첩을 다루는 사람들이라서 정상적으로는 고문을 잘 안 해요. 그런데 간첩이 틀림없는데 바른 말을 안 하거든요? 증거는 뚜렷한 게 없고, 그 경우에 고문을 했을 것 같아요. 그리고 학생 운동권의 경우는 고문이라기보다도 바른 말을 하라고 상대는 대수롭지 않게 폭력을 휘둘렀다고 생각하는데 당한 사람은 무진장 당한다고 받아들일 수밖에 없는 거지요. 더 나아가 이제 세상이 까다로워진 겁니다. 저는 그 점에서 크게 발전했다고 봅니다. 저는 이제는 고문이 불가능하다고 봅니다. 언어폭력은 몰라도 그 전까지는 결정권을 갖고 있는 사람들이 그건 무심했어요. '너희들 고문하면 못 써'라고 말렸어야 했는데, 그 부분은 전혀 머리에 안 들어가 있었던 거지요. 오로지 '사실이 어떻게 됐니? 진실이 뭐냐?'는 것이 질문이었던 거지요. 관심 사항이 아니고 물어보지도 않는다고요. 그러나 그 밑에서는 늘 일상사처럼 이뤄진 것이 아닌가요. 결국, 감독자들의 책임도 크다고 봐야죠. 그런 의식 자체가 사실은 약했다는 것도 잘못이니까요. 요즘은 불가능하거든요. 욕만 해도 고소하는 세상으로 바뀌었죠.

권자경: 88올림픽을 유치하게 됩니다. 언제부터 유치 준비가 시작되었나요?

허화평: 전두환 대통령이 청와대 가시자마자 시작되었어요. 80년대 초지요. 전두환 대통령이 올림픽에 대해서는 잘 아셨어요. 원래 박 대통령 계실 때 아시안 게임을 우리나라가 주최하게 되었어요.

권자경: 1970년대 우리나라에서 아시안 게임은 개최되지 않았는데요?

허화평: 박 대통령 재임 시에, 그게 1976년인가 그래요. 제가 정확한 연도는 모르겠는데, 경제적 상황이 나쁘다고 해서 반납한 일이 있어요. 그때 아마 아시안게임 유치를 가장 반대한 사람이 남덕우 부총리 겸 경제기획

원장관이었어요. 스테디움도 짓고 많은 자원이 필요한데 도저히 여력이 안 된다고 해서, 그걸 반납한 일이 있어요. 올림픽, 아시안 게임에 대한 인식은 박 대통령 때 이미 생겼어요. 5공화국이 출범하는 당시에 관심 있었던 사람들이 한번 해 보는 것이 안 좋겠나, 못할 게 뭐 있느냐고 본 거죠. 전 대통령은 스포츠맨이거든요.

권자경: 예. 권투를 좋아하셨다지요?

허화평: 권투도 하시고, 축구도 하시고, 탁구도 잘하시고, 배드민턴도 하셔요. 최근에는 배드민턴을 하시죠. 원래 운동신경이 발달돼 있는 분이에요. 그래서 시작이 된 거에요. 국제사격연맹회장을 지낸 박종규 씨도 있었습니다. 당시 저도 옆에 있었어요. 그런데 경제적인 이유 때문에 대부분의 사람들이 걱정을 했어요. 가장 반대했던 사람은 남덕우 부총리 겸 경제기획원장이 아닌가 싶어요. 그리고 김택수 대한체육회회장도 시큰둥하고, 호스트가 서울시장인데, 박영수 서울시장이 "안됩니다"라고 한 거에요. 그러니까 경제 걱정하는 사람들, 체육계 인사들 대다수는 턱도 없는 소리라고 이야기한 거지요. 그러나 우리가 볼 때는 '국제적으로 이것 이상 크게 어필할 수 있는 이벤트는 없다, 빚을 내더라도 할 가치가 있다'고 본 거죠. 우리가 분단국가이기에 대북관계 개선이 필요하고, 잘 사는 나라가 아니지만 우리도 국제사회에 역량이 있다는 걸 과시할 필요가 있는 거에요. 그래서 안 될 때 안 되더라도 한 번 밀어보자고 해서 발동이 걸린 겁니다. 그런데 최종적으로 우리나라가 유치국가로 선정되는데 있어서 행운도 따랐습니다. 1984년도 LA올림픽 게임은 공산 측이 보이코트해서 참가국이 반쪽이었고, 그 이전 1980년 모스크바 올림픽은 자유 진영이 "No"해서 참가하지 않았어요. 그러한 상황에서 그 다음이 1988년이란 말이에요. 누가 봐도 이게 안 되는 스토리지요. 그런데 우리는 분단국가이기 때문에 오히

려 장기적으로 더 성장할 수 있다는 부분을 크게 부각시켰어요. 그러한 브로드한 생각을 가지고 당시 전두환 대통령이 적극적으로 푸쉬했습니다.

》》》》 3차 구술

권자경: 허화평 현 미래한국재단 이사장님을 모시고, 제3차 구술기록을 시작하겠습니다. 일시는 2010년 8월 4일 수요일 오후 2시입니다. 장소는 서울시 종로구 효자동 미래한국재단입니다. 올림픽 유치에 대한 내용을 계속 듣도록 하겠습니다. 경제 관료, 또 대한체육회 등의 각종 반대에도 무릅쓰고 88올림픽 유치가 적극적으로 추진되었네요?

허화평: 올림픽 개최를 위해 전방위 로비를 해야 됐어요. 우리나라 입장에서는 가능성보다는 불가능성이 더 많은 상황이었으니까요. 우리는 남북한이 분단도 돼있었고, 10·26사건이 있은지 얼마 지나지 않았고, 경제 상황도 아주 나빴지요. 누가 봐도 올림픽 개최는 엉뚱하고, 무리한 생각일 수가 있었어요. 그렇기 때문에 더욱 그런 거대한 국제행사인 올림픽을 할 이유가 되는 거죠. 올림픽경기 기간이 한 달 이상 되죠? 우리 국력에 대한 소위 테스트도 되고, 그 과정에서 국민이 한 방향으로 노력을 같이 하게 되고, 성공을 하면 국제적으로 위상이 굉장히 높아지는데, 우리는 분단된 국가, 그리고 박 정권 때의 급격한 산업화 등으로 인해 국제 사회에 굉장히 알려져 있었지만, 기타 면에서는 크게 알려지지 못했고, 특히 금전적인 측면에서는 여러 가지 애로가 있었는데, 그런 것들도 해결할 수 있는 좋은 기회가 된다고 보았어요. 그래서 전방위 노력을 기울이게 됩니다. 정부로서는 대통령이 각 해외 공관장을 국내에 들어오도록 해서, 아주 간곡한 부

탁을 하고, 맨투맨 작전을 펼쳤습니다. 경제관료라던가 체육계 지도자들도 엄두가 안 나니까 이러한 상태에서는 불가능한 일이라고 한 거죠. 그래서 해외에 나가있는 기업인들, 현대 정주영, 한진 조중훈 씨가 상당한 역할을 많이 했습니다. 우리의 이 스포츠계가 그때나 지금이나 보면, 대기업이 스포츠에 대한 메인 스폰서에요. 예를 들어서, 삼성 이건희 씨는 그 당시에 레슬링을 맡고, 한국화학그룹(現 한화) 김승현 씨는 권투를 맡고, 아마 현대가 그때 수영을 맡았나 그래요. 탁구는 동아 최원석 씨가 맡았을 거에요. 이런 식으로 기업이 스포츠를 스폰하게 됩니다. 전 대통령이 "당신들이 좀 도와줬으면 좋겠다"고 기업인들에게 각별한 부탁을 했습니다. 우리나라 기업들은 지금도 그런 경향이 있는데, 그때는 더 했어요. 정부가 국가적 목표를 위해서 협조를 해달라고 하면, 물불 안 가리고 했어요. 그 대신에 대기업을 정부가 최대한 밀어줄 테니까요. 그래서 그 힘이 결정적으로 작용을 했다고 보면 틀림없는 거에요. 또, IOC위원들이 아프리카, 라틴 아메리카, 아시아 등 여러 나라 사람들이 많이 있죠. 후발, 후진국의 IOC위원들은 늘 강한 나라만 올림픽 개최를 독식하는 것에 대한 불만스런 심리도 작용한 것 같아요. 우리 한국도 할 수 있다고 파고 들어가니까요. 그렇게 해서 결국 그 당시에 일본 나가노를 제치고 우리가 유치 확정됐을 거에요. 얼마나 놀라운 일입니까? 그런데 유치에 성공한 다음, 문제는 공산권이 우리 한국에 와야 하는 거에요. 러시아와 중국이 양대 세력인데 우리 한국 입장에서는 중국이 더 가깝고, 인구가 전 세계에서 가장 많고 중요한 거에요. 또 중국이 동남아에 미치는 영향이 상당히 크고요. 우리가 생각한 것은 서방국가들이 다 오고, 중국이 오고, 또 중국하고 가까운 나가들이 다 온다면, 러시아 동부 밖에 남지 않는데, 그 쪽 국가들에서도 안 오는 것이 좋은 일은 아닐 거라는 계산이 나온 거죠. 국가도, 사람도 우연의 요소가 있는 것 같아요. 그게 1985년도가 아니었나 싶어요. 저는 그때 미국에 있었을 때에요. 중국 민항기가 공중 납치돼서 대만으로 가려고 하다가 우리나라 춘천에 불시착한 거에요. 춘천에 미국 부대가 있는데, 그게 무슨 제트 여객기 활주로가 아닌, 군용 간이비행장 활주로에요. 거기 100여 명의 탑승객이 있었던 것 같은데, 85년 그 무렵에 중국 민항기에 탈 수 있을 정도라면, 중국 사회에서는 상당한 위치에 있는 사람들이지요. 이 사람들이 가다가 기름이 떨어져서 북한은 가면 안 되니까 춘천은 휴전선에서 가까운데 그 춘천에 와서 거기에 불시착하게 되었어요. 그런데 당시 중국 민항기의 한국 불시착은 엄청난 사건입니다. 왜냐하면 중국하고는 국교 정상화가 안 된 상태고, 우리나라는 대만하고 국교가 맺어져 있는 상태였으니까요. 그래서 대만은 정부 최고 책임자가 여기 와서 대만으로 가게 해 달라고 하고, 중국은 우리하고 직접 관계가 없으니까 여러 가지로 어려웠던 거죠. 그래서 그 당시 우리 정부가 이 납치한 범인들은 중국에 가면 죽으니까 대만으로 보내고, 나머지 비행기 탔던 사람들은 전부 다 중국으로 보냈어요. 그런데 그 중국 사람들이 우리나라에 불시착해 있는 동안 우리나라가 무진장 대우를 잘 해주었어요. 당장 워커힐로 숙소를 옮기고, 승객 한사람, 한사람을 정성껏 모신 거에요. 그리고 그 사람들을 데리고, 우리 시장, 산업현장을 구경시키고, 선물 보따리 가득 쥐어줘서 중국으로 돌려보냈어요. 그게 중국에선 보통 고마운 일이 아니지요. 사실 국가 관계를 생각하면 대만으로 가야 되는 거였지만, 여러 가지 전략적 측면에서 중국으로 보내 준 거지요. 그리고 당시에 연도는 정확히 기억이 안 나는데, 중국 군함 같은 배가 선상 반란을 일으켜 표류해서 목포로 왔습니다. 배에서 자기들끼리 도박하다가 서로 쏴죽이고, 산 사람들이 그 배를 몰고 왔는데, 그것도 대만으로 가기에는 기름이 부족하니까 우리 서해안 쪽으로 오다가 목포로 온 거에요. 그 사람들도 대만의 요구를 거절하고 모두 중국으로 보내줬어요. 왜냐하면 이 사람들이 완전히 범죄자고 질이 아주 나쁜 놈들이라고 판단했기 때문이에요. 당시 중국의 최고 권력자 등소평에게는 한국이 말할 수 없이 고마운 일이 된 거죠. 그래서 등소평이 전두환 대통령한테 고맙다는 표시로 비밀리에 개인 특사를 보냈어요. 그 보낸 사람이 안나 샤놀드라고, 중국계 미국 시민이에요. 그 샤놀드 남편이 누구냐 하면, 2차 세계대전 때 장개석 군과 모택동 군이 싸울 때, 그쪽에 기지를 두고 미국이 장개석 군을 지원해 히말라야 산을 넘어서 군수 물자를 수송했던 그 비행부대 최고 책임자였어요. 그 비행단 이름이 유명한 플라잉 타이거스(flying tigers)라고, 하늘을 나는 호랑이라는 이름이었어요. 그 비행단 지휘관의 부인이 안나 샤놀드에요. 그러니까 샤놀드는 원래는 장개석 정부의 최고 미국 로비스트인 거죠. 미국 정계에서는 알아주는 사람이고, 중국으로서도, 대만으로서도 인연이 깊은 사람이라서 안나 샤놀드라 하면 당시에 국제 사회에서 다 알아주던 사람이었어요. 하나의 중국을 위해서 자기가 등소평의 심부름을 한 것 같은데, 안나 샤놀드를 보내서 전두환 대통령께 고맙다고 한 거죠. '언젠가 양국 간에 좋은 관계 개선이 있길 바란다'고 했어요. 그게 아마 결정적인 것 같아요. 그렇게 해서 아시안 게임에 중국 대표가 오게 되고, 그 다음 88올림픽 때도 중국이 오게 된 거죠. 동서양 진영이 모두 참석을 해서, 성공적인 아시안 게임도 했지만, 올림픽 게임도 하게 된 거에요. 뜻하지 않은 사건이지만, 그것이 그런 엄청난 영향을 줬고, 성공적인 올림픽 게임을 할 수 있었던 하나의 모멘텀이 된 것 같아요. 그리고 올림픽이 성공적으로 개최되었는데, 그 가운데 김운용 씨의 역할도 컸던 것 같아요. 연희대학 출신이고, IOC위원이었지요. 노무현 정부 때 억지로 축출 당했다고 할까요. IOC위원도 사퇴하고, 구속 시키고 그랬지요. 제가 볼 때 정치적 이유로 큰 실수 같은데요. 어쨌든, 김운용 씨도 국제 체육계, 특히 IOC계통에는 상당한 심부름을 할 수 있는 입장에 있었어요. 그리고 박종규 씨는 사마란치 IOC위원장하고 여러 가지 일을 본거구요. 이런 것들이 종합적으로 작용해서 성공적으로 잘 된 거에요. 결국 그것이 우리 사회에 미친 영향은 상상할 수 없어요. 텔레비전을 통해서 전 세계에 사우스 코리아라고 하는 게 나왔는데, 무지 잘 사는 나라로 비춰지는 거죠. 분단된 휘청한 나라로 생각했던 한국이란 사회를 보니까, 그게 아니란 말이에요. 나중에 냉전이 종식 된 후에, 우리나라 학자들은 이 점에 대한 지적을 거의 안 하다시피 하는데, 동구가 무너지는데도 한국의 올림픽 개최가 상당한 역할을 했다는 겁니다. 그러니까, 동구의 소위 위성국가들이 보니까 자유롭고, 활기찬 남한 사회의 발전된 모습에 엄청나게 쇼크를 받았다는 거에요. 1988년 같으면 1989년도 독일 베를린 장벽이 무너지기 1년 전이고, 소련 지역이 무너지는 것이 1991년 되니까 한 3년 전인 거죠. 그러니까 동서냉전, 우리 한반도의 냉전은 지금도 계속되지만 동서냉전이 끝나기 직전에, 한국의 88올림픽이 있었는데, 그것이 심리적으로 동구권 국가들에 큰 영향을 줬다는 거에요. 동구권 국가들 사람들의 얘기는 88올림픽이 동구권 붕괴에 보이지 않는 심리적 영향을 크게 줬다는 것이 정설로 나온 거죠. 박정희 정권 때는 구호가 '잘 살아보자'로 가난의 탈출이었어요. 그런데 88올림픽을 거친 이후에 대한민국 국민의 생각은 '우리도 할 수 있다'로 바뀐 거죠. 역사상 우리는 늘 남의 지배를 받고, 약한 나라고, 뭉치고 살아야 되고, 보릿고개만 해결하면 더 바랄 것이 없겠다는 그런 소박한 민족적 멘탈이 강하게 작용했어요. 남의 지배를 안 받고, 밥이라도 제대로 먹었으면 좋겠다는 거였죠. 이것이 박 정권 때까지의 우리 국민들의 정서라면, 저는 박 대통령은 그 점에서 위대한 지도자의 반열에 올랐다고 봅니다. 결국, 가난을 극복할 수 있다는 구호가 자긍심을 심어줬고, 성공을 했다고 봅니다. 그 연장선상에서 88올림픽을 치루면서, 우리의 정치적, 사회적 난관을 극복하게 되었다고 봅니다. 그리고 평화적으로 정권교체도 한 거니까요. 따라서 88올림픽을 거치면서, 대한민국이 국제사회에서 엄청난 위상이 올라갔을 뿐만 아니라, 심리적으로 '우리도 할 수 있다' 정신이 확산 된 거죠. 어떤 세기적 터닝 포인트가 된 것이 아닌가라고 생각됩니다. 얼마 전에 어윤대 고대 총장했던 분이 국가 브랜드 위원장을 하면서, 신문에 G20정상회담은 클래식이라면, 88올림픽은 팝뮤직 수준이라고 얘기했어요. 저는 그 소리를 듣고, 이 사람이 고대 총장 출신이 맞나 할 정도로 의문을 가졌어요. G20정상회담이 자랑스러운 거라지만, 그것은 국제회의에 불과한 거에요. 예를 들어, 2차 세계대전 때 카사블랑카에서 처칠, 루즈벨트, 장개석이 만났다고 하면, 카사블랑카가 어딘데요? 북아프리카의 조그만 나라로 그 3대 거두가 모였다고 해서, 그 나라가 하루아침에 잘 되는 것도 아니라고요. 국가 정상들이 모인다고 하는 건, 필요에 따라 어디든지 모일 수 있으니까요. G20정상회담을 한국에서 한다고 해서, 한국의 팔자가 바뀌는 게 아니라는 거죠. 그 점에 비해서 이 88올림픽은 우리의 국가운명을 바꾸는데 상당한 임팩트를 준 이벤트였어요. 우리가 그만큼 투자도 했고요. 제가 미국에서 한국에 귀국해서 기억이 납니다. 선수들이 합숙훈련을 하는 태릉선수촌에 전 대통령이 가셨어요. 대통령이 가면 기업총수들이 다 와야 됩니다. 왜냐하면 기업마다 하나씩 맡은 종목들이 있으니까요. 레슬링, 역도라면 이건희 회장이 가야 되고, 권투 선수들이 있는 데는 권투 맡고 있는 한국화학그룹(現 한화) 김승연 회장이 가야 돼요. 자연히 거기에는 책임지고 있는 기업총수들이 다 오게 됐지요. 전 대통령이 선수촌에 온 기업총수들 보고, '이번에 우승하면 당신들 적극적으로 봐 줄게'라고 한 겁니다. 무식한 말로 세금도 좀 깎아주고, 특혜(favor)를 주는 거에요. 전 대통령은 말하면 약속을 지킨다는 인식을 하고 있었을 때니까요. 기업들은 세무 조사 안하는 것만 해도 중요한데, 여기에 페이버를 주겠다고 하니까 얼마나 열심히 하겠어요? 그런 것들이 다 연관이 되는 겁니다. 그 이후에 한국은 스포츠 강국이 된 거지요. 스포츠 강국이 아무 것도 아닌 것 같죠? 그렇지 않습니다. 고대, 특히 아테네 민주주의 꽃이 피였을 때 가장 중요시했던 게 음악, 문학, 스포츠에요. 사람들이 올림픽 경기를 4년에 한 번씩 할 때 지금의 희랍 반도 지역에 백 오십 몇 개 올망졸망한 국가가 있는데 휴전을 선언합니다. 올림픽 때는 어떤 충돌도 하지 않아요. 그리고 전부 거기에 참여합니다. 연극, 음악, 예술, 스포츠 등

구분해서 얘기할 수 있지만, 그게 결국 문화력을 이야기하는 겁니다. 고대 사람들은 이미 그걸 알고 있었지요. 설명을 더 하자면, 돈은 많이 벌었고, 정치도 잘하고, 시민이 수준 높은 삶을 산다는 것이 결국 문화적 삶인 거에요. 우리나라도 앞으로 선진국, 인류 국가가 된다면 지금보다 훨씬 더 국민이 스포츠를 사랑하고, 예술을 사랑하고, 문화도 사랑해야하는 거죠. 그와 같은 전환점이 나중에 따라왔어요. 한국의 대중문화, 사물놀이, 씨름, 미신으로 치부되던 어떤 샤머니즘 같은 것들도 하나의 문화로 들어왔어요. 올림픽은 그런 선상에서 결정이 됐고, 결과적으로 그런 영향을 줬어요. 그 올림픽은 지금도 우리 사회에 영향을 주고 있잖아요. '우리도 할 수 있다' 정신이 우리 사회에 영향을 미친 겁니다. 우리가 국민소득 한 2만 불 시대, 세계에서 우뚝 선 국가 등의 이야기를 할 무렵에는 우리도 이길 수 있다, 우리도 경쟁할 수 있다는 의식이 선 겁니다. 이것은 두 가지에서 나온 거라고 봅니다. 정치는 아니지만, 경제적으로 우리도 이제 미국하고 경쟁할 수 있고, 이길 수 있다는 자신감, 이제는 2000년도 접어들면서 지금은 구호가 '선진국으로 가자. 일류국가로 가자' 이겁니다. '빵 한 번이라도 제대로 먹었으면' 하다가, 올림픽 개최 이후에 '우리도 할 수 있다'로 바뀌고, 이후에 경제적, 정치적으로 훨씬 커지니까 '우리가 이길 수 있다'로 구호가 바뀌고, 지금은 '우리도 선진국으로 진입할 수 있다'로 바뀐 겁니다. 그래서 88올림픽이 굉장히 중요한 의미라는 거죠. 제가 굉장히 포괄적으로 이야기했지요. 우리가 어떤 일을 해놓고 그 의미를 모르고 지나칠 수 있잖아요? 어떻게 해서 시작되었고, 어떻게 진행되었으며, 나중에 사회, 국가, 민족에 어떤 영향을 주었는지 그 의미를 아는 것이 아주 중요한 겁니다. 끝나면 잊어버리고 손 털고 하는 것은 아니지요. 계속 연장선상에 있는 거에요. 그런데 국내에서는 이를 과소평가합니다. 그 이유는 자체 의미를 그렇게 볼 줄 모르기 때문에도 그렇지만, 또 하나는 전두환 정부가 주도해서 한 게임이니까 그걸 되도록 이야기를 안 하려고 하는 거지요. 그 점에서 우리는 미국에게도 배워야 하고, 중국으로부터도 배워야 돼요. 중국은 지금도 장개석 고향에 그의 흔적이 그대로 다 보존돼있습니다. 더 멀리가면 중국에는 일본인들이 지은 건물에 여전히 국가기관들이 다 있어요. 그런데 우리는 다 부셔버렸잖아요?

권자경: 5공화국의 노동 정책은 어떠했습니까? 80년 8월, 국가보위비상대책위원회가 노동청을 통해서 요청한 노동조합 정화지침이 노동운동에 대한 강력한 탄압조치로 기록되어 있습니다.

허화평: 저는 5공화국이 노동을 탄압했다는데 조금 동의하기 어렵습니다. 그 이전부터 우리 환경은 노동운동의 자유가 충분히 허용되지는 않았기 때문이죠. 왜냐하면 해방 이후에 건국 과정에 좌익 조직이 우익보다 훨씬 강력했어요. 거기에서 특히 철도노조를 주축으로 소위 전평(조선노동조합전국평의회)이 이념 투쟁에 뛰어든 겁니다. 대한민국 정부가 수립되고, 6·25가 끝나고, 남한사회가 우익사회로 자리를 잡으면서, 우리 노동계는 처음부터 정치이념 투쟁에 너무 깊이 개입해서 해체가 되었습니다. 그래서 생긴 것이 대한노총(대한노동조합총연합회)이에요. 이 대한노총은 그런 배경에서 출발했기 때문에 늘 정부 편에 서있었습니다. 정부를 또 당연히 좌우투쟁에서 같이 싸우는 그런 입장이라고 생각하고 있는 거지요. 그 이후에 어용 노조로 비판받게 되는 근본 뿌리가 거기 있게 됩니다. 그리고 우리나라에 산업이 박 정권 이후에 들어왔는데, 산업노조라고 하는 건 미미한 거에요. 우리가 농촌경제 상태에서는 공장 근로자가 거의 없잖아요? 그게 시비가 될 일이 없는 거에요. 다 가난했고, 따라서 임금 투쟁을 해야 된다거나, 그것이 정치적으로 시비가 될 상황이 아니었던 거지요. 그러나 농촌경제가 산업화 시대로 전환하면서 농민들이 도시 노동자가 되면서 도시문제도 생기고, 노동문제도 생긴 거에요. 영국 등 어느 자본주의 국가도

마찬가지에요. 그런데 박 대통령이 돌아가실 무렵에는 아직도 우리는 허리에 끈 매서 어느 목표로 갈 때까지는 정부가 희생할 때입니다. 우리 노동계만 희생하는 것 아니에요. 당시 공무원이나 우리 군인들도 봉급 얼마 못 받았습니다. 모든 국가 공무원도 아주 박봉을 받아가면서 희생하면서 살고 있었어요. 그런 상태에서 노동계는 지금 기준으로 보면 그야말로 정부의 강력한 콘트롤하에 있었던 거죠. 생산성을 중시하지 않을 수 없었어요. 왜냐하면 정부가 보증을 서서 차관하여 온 돈을 재벌들에게 빌려주면, 재벌들이 빨리빨리 생산하고 장사해서 많은 이익을 올려야 정부가 빌려준 돈도 회수할 수 있는 것이니까요. 전부 다 국민의 돈이었고, 그때는 여유가 없던 거에요. 그 당시 환경 문제는 고려하지도 못했고, 노동문제도 노동계만 그렇게 불이익을 당한 것이 아니고, 대한민국 모든 공직자들이 다 박봉에 시달리면서 살고 있었습니다. 엄밀한 의미에서 노동문제가 심각하지 않다가, 불을 지피게 된 계기가 YH사건이에요. YH무역 여성노동자들이 임금 처우 문제로 농성을 벌였어요. 당시 우리나라에 이미 도시산업선교회가 있었어요. 시카고에 본부를 둔 카톨릭 메리놀 계통의 신부들이 부평, 인천 쪽에 둥지를 틀고 뒤에서 고무하여 노동권을 각성시켰는데, 노동운동이 지하로부터 이념투쟁과 합쳐져 도시산업선교회가 발족된 거에요. 지금 경기도지사 김문수가 당시 위장취업해서 노동운동 하던 곳이 부평 쪽이에요. 사회문제가 된 것은 YH여공 사건인데, 거기에 당시 김영삼 야당 대표가 가서 불을 지르면서 선동하고, 박정희 정권과 충돌이 일어났습니다. 그렇게 노동운동은 10·26사태가 일어나기 전후해서 서서히 사회문제로 드러났어요. 그 전에는 노동문제가 사회적 이슈화되지 않았지요. 10·26이 일어나고 사북 탄광에서 폭동이 일어났습니다. 아주 심각했습니다. 5공화국이 중화학공업 정리를 다 한 상태에서 공무원들 봉급 다 통제해버렸고, 공무원 수도 감축시키고, 불필요한 경비를 최대한 줄였어요. 이런 과정에서 노동자들에게 우대할 수도 없는 상태였어요. 그러나 노동자들의 문제는 앞으로 국가 차원에서 정상적으로 다루지 않으면 안 된다고 하는 방향을 설정한 거에요. 당시 상황이 노동자들의 대우를 배려해주는 여건은 못 되었지만, 한국은 산업화 사회로서 노동 세력을 제대로 관리하지 못하면, 절대로 다른 문제도 해결하지 못한다라는 판단을 세워서 5공화국에서는 노동청을 노동부로 승격했고, 노동문제를 이제부터 본격적으로 다루자고 한 것이죠.

권자경: 국가보위비상대책위원회 때는 노동청이었고, 5공화국 초기에 노동부로 승격하네요.

허화평: 네. 노동부로 승격되는 거에요. 그러니까 5공은 노동자를 탄압한 정권이 아닙니다. 박 정권 말기에 가서 아까 얘기했던 그런 형태로 노동문제가 이념적인 성향을 띠면서 외국 선교사들, 특히 독일과 같은 곳에서 코미티를 형성하여 노동운동을 부추기게 된 것입니다. 한국제품이 점점 국제사회, 특히 유럽, 미국 등에서 경쟁력을 갖게 되니까, 국제사회도 클레임을 걸기 시작하는 거에요. 국제노동기구의 이름을 빌려서 '공정한 노동자 대우를 해라'고 자본주의 국가들이 한국을 하나하나 간섭하기 시작합니다. 마치 우리나라의 노동자를 보호하기 위한 것처럼 보이지만, 그 안을 들여다보면 외국이 한국을 대상으로 가격 경쟁력을 낮추기 위한 하나의 방법일 수가 있습니다. 우리가 어려운 상태에서 임금을 인상하면, 그 상품의 가격경쟁력이 그만큼 떨어지는 게 아니에요? 특히 미국 산업계, 독일 산업계 등에서 보이지 않는 돈도 많이 흘러들어 왔어요. 이게 바로 게임이지요. 겉으로는 노동자 권익보호를 내걸고는 사실은 국제 시장에서 가격 경쟁력의 어떤 레버리지를 행사하려고 한 부분이 굉장히 큽니다. 그러나 공개적으로 시비할 수 없잖아요. 뻔한 것이지만 구체적인 증거를 댈 수는 없는 것이니까요. 그러나 그것은 우리 인간의 역사, 현대사는 그걸

충분히 입증해주고 있어요. 지금 중국에 대해서 서방 G7국가들이 '중국, 환율을 절상해라, 노동자들의 대우를 국제 기준에 맞게 해라'고 지금 요구하고 있습니다. 그걸 우리가 그 당시에 받은 겁니다. 중국 상품과 국제시장 경쟁력에 있어서 페어하게 하자는 거지요. 선진국은 노동자를 대접해서 생산하니까 제품을 비싸게 받는데, 한국은 노동자를 착취해서 제품을 싸게 파니까, 국제시장 질서에 맞지 않는다는 겁니다. 그러니까 한국에 노동자들의 임금을 올려주고, 노동자에 대한 대우를 똑바로 해주고, 환경도 개선해라고 계속 압력을 넣는 거에요. 이러한 선진국들의 요구가 박 대통령 돌아갈 무렵에 우리 한국에도 들어온 거에요. 그러나 5공은 박 정권의 산업화를 물려받아 수습해야 될 정국인데, 국가도, 노동자도 예외가 없을 때에요. 이때는 노동자에 대해 불이익을 더 준 건 없어요. 또 당연히 국가 지도자는 기업들보고 이익이 생기는 만큼 노동자에 대한 이익도 나눠줘야 한다고 명령하는 건 하나의 기본입니다. 종합하면, 대기업 이익을 보장하기 위해서 5공화국이 노동자를 착취한 건 조금도 없습니다. 박 정권 연장선상에서 우리 노동계가 그런 환경에 놓여 있었기 때문에 획기적인 소위 보호 대책은 못해줬지만, 그러나 후퇴하는 것은 없어요. 다만 5공화국이 관심 가졌던 건 이념투쟁을 위해서 노동운동을 가장했던 이 세력에 대해서는 당연히 관심을 가질 수밖에 없었습니다.

권자경: 그분들을 대상으로 노동계 정화작업을 하신 거네요.

허화평: 노조정화라고 하는 것도 그때 노동계에는 특별히 정화한 게 없어요. 노동운동을 빙자한 정치 투쟁하는 사람들이 대상이었습니다. 정상적인 작업현장에서는 돈벌이 열심히 해서 좀 같이 잘 살자는 것이 5공화국의 기본 입장이에요. 그러니까 5공화국 국가목표 가운데 하나는 '정의사회구현, 복지 확충'이라는 것이 있었어요. 첫째, 정의사회구현이란 나쁜 사

람 때려잡는 것만이 능사가 아니에요. 궁극적으로 정의사회라고 하는 것은 그 구성원 개개인이 일한 만큼 보상을 받아야 되고, 불법한 불이익을 당하지 말아야 되는 거에요. 둘째, 우리나라는 복지 면에서 후진 국가, 신생 독립국가로서는 성공한 케이스입니다. 박 정권 때부터 꾸준하게 복지에 투자해왔어요. 그때 의료복지, 연금제도를 도입했지요. 능력이 없어서 그렇지, 능력이 생기는 만큼 꾸준하게 복지를 확충해왔어요. 아주 드문 케이스입니다. 2차 세계대전 이후, 신생 독립국가로서 아주 빈곤한 나라가 일어서면서 소득 분배나, 복지에 그나마 성공한 나라가 단연 대한민국이에요. 우리는 토지 개혁을 성공하지 않았습니까? 이승만 대통령이 건국해서 두 가지를 이룩했는데, 하나는 토지 개혁이고, 하나는 교육 혁명이에요. 그래서 우리 헌법에 교육의 의무가 있는 것 아니에요? 중등학교까지 전부 의무적으로 다녀야 합니다. 부모가 학교 안 보내면 벌 받게 돼있는 나라에요. 아무 것도 없던, 한 80~90%가 문맹이었던 국가에서 빠른 시간 내에 그게 역전됐잖아요? 우리 관료들도 그렇게 만들어내고, 군대도 재빨리 현대군으로 되고, 관리자도 생기고, 이게 교육혁명에서 시작된 거에요. 일반적으로 우리는 산업화, 민주화 성공을 근대화로 보는데 그 이전에 교육 혁명이 전제돼 있습니다. 또 토지를 유상몰수해서 유상분배했습니다. 현금은 못주고, 채권이라든지 다른 걸 주면서 땅을 다 정부가 사서, 그걸 다시 돈을 받고 판 거에요. 한 사람이 왕창 토지를 갖지 못하게 한 조치죠. 그래서 우리 헌법은 경제적으로는 처음부터 사회주의적인 요소가 있습니다. 그렇게 토지 혁명을 한 나란데, 6·25전쟁이 났을 때 이미 토지 혁명은 끝났거든요. 만약 토지개혁을 안 하고 6·25전쟁이 났으면 남한은 공산화가 됐다고 봅니다. 김일성이 그걸 아주 후회했다고 해요. 남한이 토지개혁을 안했으면 남한을 먹을 수 있었는데, 그것 때문에 우리가 기회를 놓쳤다는 거에요. 김일성이 남한에 쳐들어와서 지주들 땅을 다 빼앗아서 농민들한테 나눠주면 농민들은 어떻게 되겠습니까? 그 땅을 안 내놓기 위해서도 남한 편을 안 들어요. 김일성 편들어야 돼요. 절대 다수가 소작농인데, 그 절대 다수가 김일성이 좋다고 하면 어떻게 되겠어요? 그래서 우리가 6·25 때 여러 가지 이유가 있지만 김일성이 남한을 못 먹은 거지요. 우리나라가 토지개혁에 성공한 나라로 볼 수 있어요. 산업화하면서 지금 우리가 부자감세니, 시장경제 하자니까 시장만능주의라고 한쪽에서는 비판하잖아요. 그러나 우리나라는 소득 분배에서 성공한 나라라고 봅니다. 우리나라에 세금을 한 푼도 안 내는 사람이 굉장히 많아요. 우리나라에는 그럼 누가 돈을 내느냐면, 공무원들 꼼짝없이 돈 내지요. 등록한 자영업자들, 기업들, 꼼짝없이 돈 내는 거에요. 이것도 저것도 아예 능력없는 사람은 세금 안냅니다. 그리고 우리나라는 세금 담세율이 약 22% 정도 됩니다. 높은 수치죠. 있는 사람들한테 돈을 더 걷자는 것은 부자들 틀어서 나눠먹자는 얘기지요. 그러나 부자가 있어야 중산층도 생기고, 가난한 사람들도 그 돈의 혜택을 받는 거 아닌가요. 일부러 부자를 국가가 만들 순 없지만, 개인의 노력에 의해서 정당한 부를 국가가 조장해줘야 그 사회는 건강하고, 나중에 빈곤층에까지 돈을 줄 수가 있습니다. 담세율이 22% 정도로 세금을 내는 만큼 행정서비스를 받는지 살펴보면 세금을 내는 게 훨씬 더 많은 나라에요. 그리고 전 세계에서 병원비가 싼 나라 중 하나에요. 우리나라는 역대 정부가 계속해서 복지예산을 확충해왔어요. 여러 가지 종합적으로 검토하면, 소득분배에 우리가 실패한 나라가 아니에요. 가난한 사람을 쥐어짜서 부자를 도와주려고 했던 정부는 역대 단 하나도 없습니다. 소위 우익 정부는 가난한 사람 희생해서 자기들끼리 잘 먹었다라고 하는 말은 맞지 않아요. 5공화국은 기본적으로 서민을 위한 정부였습니다. 그래서 중소기업청도 만들고, 중소기업들이 만든 제품을 우리 국가 조달청이 우선적으로 매입해줬어요. 같은 값이면 우리 제품, 우리 중소업자들 것을 써라, 그리고 기술도 개발해라, 국가가 도와주겠다고 한 거죠. 산업학교도 만들고, 기술자도 계속 만들어, 열심히 중소 자영업자의 이익을 우선적으로 했어요. 대기업은 자본력이 있으니까. 나쁜 짓만 안하고 열심히 하는 것만 원위치하면 되는 거에요. 5공화국이 노동운동을 탄압했다라는 것은 틀린 겁니다. 노동문제를 미래에 중요한 문제로 봤기 때문에 청을 부로 승격시켰고, 다만 노동투쟁을 정치투쟁으로 이용하는 그런 불순세력에 대해서 우리가 조치하고 제재를 가했던 거지요. 일반 노동자는 우리가 보호해야 될 제1의 대상으로 알았어요. 우리는 정말 정치적 공세에 대해서 뒤죽박죽되어 있어요. 어떤 게 정의인지, 진리인지 이 사회가 구분을 못하고 있어요. 보통 연구하지 않으면 잘 못 알게 돼있습니다. 적어도 김대중 정부 때까지 우리나라의 경제체제는 국가가 관리하는 자본주의체제입니다. 근데 언제 우리가 시장경제 제대로 해봤습니까? 지금도 추석 앞두고 물가 단속한다고 나올 겁니다. 우리는 시장을 철저히 국가가 관리했으니까요. 자본주의 원리에 의해서 제 발로 걸어가는 일이 없다는 거에요. 요즘 신자유주의는 글로벌 마켓에서 개인과 기업이 경쟁하려면 이제 국가는 손 떼라, 시장 기능에 의존해야 된다는 거에요. 그러나 국가가 가만히 있는 건 아니에요. 룰은 계속 개선하여 시대에 맞게 고쳐가는 거에요. 우리나라는 소위 국가관리 자본주의체제, 즉 관치경제를 해온 나라입니다. 이 관치경제를 극복하기 위해 소위 이념적 입장을 달리하는 사람들이 시장만능주의에서 벗어나야만 한다고 주장합니다. 서울대학교 경제학 교수부터 많은 전문가들이 시장주의를 비판해요. 그러나 우리나라가 언제 시장 만능주의체제를 가져보고 그러한 주장을 하면 모를까, 우리는 시장 기본주의에도 가보지 못한 국가입니다. 국가가 조세정책, 건설경기 등을 좌우하지 않습니까? 정부는 시도 때도 없이 물가 통제한다고 하지요. 인·허가권을 관료가 가지고 있지요. 정부가 세금 매기지요. 우리는 여태 단 한 번도 자본주의 자유시장경제를 한 일이 없습니다. 그러한 점에서 5공화국은 노동정책에 관한 한 노동자 입장에 서있었습니다. 절대 탄압해야 될 이유가 없었어요. 다만 정치투쟁, 의식투쟁을 노동운동에 이용하는 사람들에 대해서는 강력한 제재를 주저하지 않았습니다. 위장취업해서 피고용인들 의식화시키고 자본주의체제에 대해서 계속 나쁜 인식을 심어주고 하니까, 위장 취업한 사람들 잡아내고, 쫓아냈지요. 그것 이외에는 충분한 임금을 올려주지 못한 부분에 대해서 늘 정부는 고민이었어요. 이 부분은 역대 정부가 똑같습니다. 우리 정부는 애초에 가난한 나라에서 출발했으니까요. 노동자들은 정치적 슬로건을 위해서 과장하는 건 있어요. 그건 우리가 잘 새겨들어야 돼요.

권자경: 이념적으로 노동운동을 이용했던 사람들을 착출하는 과정에서 학원프락치 사건이 있었습니다.

허화평: 예, 있어요. 정부 기관들이 학원 사찰을 했습니다. 그걸 학원 사찰이라고 그래요. 학원의 동향을 계속 감시하는 거지요. 이 사람들이 언제 데모하고, 언제 전대협 학생들 모아서 이북을 찬양하고, 자본주의는 반대하는지, 반미선동 하는지 등을 계속 살펴보는 거에요. 불행한 한국 현실이지만, 이제는 거의 불가능하죠. 이제는 학교 안에 들어갔다 잡히면 맞아죽으니까요. 멀리서 아는 사람을 통해서 듣지, 직접적으로는 불가능하죠. 그때는 여러 가지 방법으로 학생을 포섭해서 정부 편으로 만들어서, 정보도 듣고, 다방면으로 했습니다. 그것은 게임이에요. 이념투쟁을 하는 학생들이 소위 대한민국 체제를 두들겨 엎어야겠다, 그리고 국가체제를 유지하려면 미군이 필요한데 그 사람들은 미군을 쫓아내야 되겠다, 국가보안법 폐지하자고 게임을 하는 거지요. 지하 서클을 만들고, 불온문서를 만들어 돌리고, 온갖 불법을 동원해서 투쟁을 한 게임입니다. 그렇다면, 국가에서 일하는 사람들은 이러한 행태를 다 발견하고 찾아내야하지 않아요? 그걸 위해서 또 온갖 방법을 써야 되는 거에요. 스파이도 넣고, 붙잡으면 입을 억지로 벌려 자백을 받아냈죠. 국가체제가 유지되고 성장하는 과정에서 일어나는 한때의 게임이라고 봅니다. 이걸 '정치적 탄압이다, 그럼 너

희들은 왜 불법 투쟁했냐?' 등 쌍방 간에 도덕적 정당성을 주장할 순 없습니다. 한 쪽은 어떤 정치적, 이념적 목표를 위해서 생사를 걸고 싸우는 것이고, 다른 쪽은 국가의 모든 걸 걸고 그걸 막으려고 하는 거고요. 거기에서 기술적인 여러 가지 충돌이 생기는 겁니다. '전두환 대통령 물러가라'는 것 하고, '대한민국 체제는 잘못된 체제이기 때문에 반역이 불가피하다'는 것은 차원이 다릅니다. '전두환 물러가라'는 것은 오히려 용서할 수 있어요. 이것은 자유주의 국가에서는 정부가 두들겨 패서도 막을 수 없어요. 안 됩니다. 그러나 '대한민국 체제를 근본적으로 바꿔야 된다'? 이건 용서하면 안 되는 거지요. 그렇잖아요? 유명한 처칠이 한 얘기가 있어요. '총을 정부에 대고 겨누는 사람은 각오해야 될 게 있다. 자기도 총 맞아 죽을 각오를 해라'. 비단 처칠만이 한 얘기가 아닙니다. 국가를 책임지는 사람들에게 국가라고 하는 건 바로 그런 존재로 인식하고 있는 겁니다. 늘 피해자 편에서 접근할 수도 있고, 국가라고 하는 가해 집단에서만 봐서도 안 되지만, 가장 공정한 것은 국가입장에서 봐야 되는 거 아닌가요? 국가입장에서 보면 서로가 선을 넘은 게 있는 거죠.

권자경: 5공화국과 미국의 관계는 당시 어떠했어요? 그때 미국과 여러 가지 사건들이 있었는데요, 먼저 박정희 대통령 시해 배후에 미국이 있었다라는 소문도 있습니다.

허화평: 그걸 믿습니까?

권자경: 그것 때문에 1982년에 부산 미문화원 방화사건이 발생한 걸로 알고 있습니다.

허화평: 1980년 5월 17일 광주에 우리가 진압하러 간 것도 미국 사람들

이 허가를 해서 갔다라던가, 미국이 아니었다면 우리나라가 벌써 통일도 되고 잘 됐을 텐데, 미국이 한반도를 다 망쳐놓았다던가 식의 말은 늘 친북 세력들이 늘어놓는 말입니다.

권자경: 박 정권 때 핵개발을 하고 있었는데, 미국 정부가 막았다는 얘기가 있고, 전두환 대통령 때는 미국 정부가 우리 정부에 핵을 포기하는 걸 강압했다는 말도 있습니다. 그때 우리가 핵을 포기하는 조건으로 전두환 대통령님께서 미국도 방문하고, 또 레이건 대통령이 방한하시게 되었다고요.

허화평: 한미관계 연구하는 학자들도, 그런 입장에서 굉장히 태만한 면이 많아요. 저한테 그거 하나 물어보는 학자들은 아무도 없었습니다. 예를 들어, 제가 최종 결정권자는 아니지만 만약 전두환 정부가 그런 일로 해서 레이건의 초청을 받았다면, 그때 제가 청와대 있을 땐데, 우리나라 한 사람도, 한 명의 교수도 저한테 이 사실을 확인하거나 물어보는 사람이 없었어요.

권자경: 그렇습니까?

허화평: 지금도 없어요. 이것은 학자들이 연구를 안 한다는 것을 뜻하지요. 그냥 언론에 나오는 흘러가는 소리를 짜깁기해서 자기 논리를 만들었던 거죠. 5공화국과 한미관계는 굉장히 중요합니다. 앞으로 학문적으로도 연구대상이 될 만한 부분이에요. 우선 영국 수상이 한국을 방문한 일이 있습니다. 최근에 영국 엘리자베스 여왕이 한국을 방문하였지만, 5공화국 이전에 없었어요. 그리고 영국 수상이 한국을 방문한 것은 5공 때 대처수상이 처음이자 마지막입니다. 일본 수상의 방한도 5공화국 때 나카소네 수상

이 처음이자 마지막이에요. 그 이후에 호소가와도 정상 회담 때문에 왔지만 그 전에는 없었습니다. 육영수 여사가 돌아가서 진사 차 다나카 총리가 다녀갔지만 정치적으론 없었습니다. 또 전 대통령이 미국에 1차로 가게 되었지요. 박 대통령이 혁명하기 전까지 미국은 군의 중요인사에 직접적으로 간섭을 했습니다. 군사 고문단이 있어서 장군을 시킨다는 등 중요 보직에 간다고 할 때는 법에는 없었지만 미국의 양해를 구해야 됐어요. 미국인이 한국에 직접적으로 눈에 띨 만큼 간섭했던 시기는 4·19 전까지에요. 장면 정권까지입니다. 장면 정권 이전은 대한민국 건국도 미국 때문에 가능한 거에요. 전쟁에서 살아난 것도 미국 때문에 우리가 살아났고, 굶어죽지 않은 것도 미국 원조 때문에 우리가 살아난 거에요. 미국이 없었으면 대한민국은 없는 거라고 봅니다. 그렇다고 해서 우리가 미국을 무작정 존경해야 된다는 건 아니에요. 미국이 보편적 가치를 중요시하는 선진국으로서 그 원칙에 의해서 우리나라를 세우는데 관계했고, 그 원칙에서 관계를 유지해왔기 때문에 중요한 거지요. 만약 나치 정권이라면 그렇게 했겠습니까? 안 되죠. 그래서 남한에서 미국의 영향은 절대적인 것만은 틀림없는 거에요. 그런데 박 대통령이 5·16혁명을 일으키는데, 미국은 케네디 행정부 때에요. 우리나라의 소위 반정부 세력들, 반유신 세력들, 반5공 세력들, 특히 운동권 사람들은 5공화국을 보고 미국의 도움을 받아서 반정부 세력들을 억압하고, 한국의 민주화 세력을 억압했다고 말합니다. 이러한 운동권의 기본 논리가 말이 됩니까? 오히려 정반대입니다. 미국은 비단 한국뿐만 아니라, 어느 나라든 국제 사회에서 독제를 하거나, 쿠데타를 반대했던 국가에요. 그건 그 사람들 건국 역사하고도 관계있어요. 실제 5·16이 일어났는데, 당연히 미 행정부는 반대한 겁니다. 케네디 행정부가 특히 박 대통령 5·16혁명에 대해서 반대한 이유를 저는 다 모르지만, 미국의 큰 원칙에서 의거한 보편적 원칙에 따르면, 쿠데타는 자유주의 원칙에 반한다는 입장에 서 있었던 겁니다. 4·19혁명이 나서 장면 정권이 들어선 것에 대해, 미국에서 볼 때에는 후진 국가가 건국해서 전쟁하고, 비로소 하나의 시민혁명 비슷한 학생 운동을 거쳐 민주화로 가고 있다고 보았는데, 박정희 정권에 대해 군인들이 중간에 가로챘다고 본 거에요. 그래서 이건 안 된다라고 보았던 거죠. 두 번째, 케네디는 유명한 아이리쉬 카톨릭 집안 출신입니다. 카톨릭 정권인 장면 정권을 무너트린 것에 대한 또 다른 불만이 있었을 겁니다. 또, 장면은 철저한 친미 배경을 갖고 있는 분이니까요. 우리나라 건국할 때 UN대사고, 또 미국에서 오래 있었고요. 완전히 미국통이에요. 이걸 쓰러트려 버렸으니까요. 그래서 박 대통령이 미국 갔을 때는 괄시를 무진장 받았습니다. 워싱턴에도 못 들어갔어요. 캘리포니아에서 만났어요. 미국은 원칙이 있어요. 정통적 국가원수의 방문을 존중할 때는 워싱턴으로 바로 갑니다. 한국 대통령이 바로 워싱턴에 바로 간 일은 없습니다. 이명박 대통령 빼고는요. 그 이전에는 꼭 뉴욕을 거쳐 가거나, LA를 거쳐 갔지요. 언론에 이야기를 할 때는 중간에 기착해서 몸 풀고 간다하는데, 그건 미국 정부가 요구하는 거에요. 그러니까 워싱턴으로 직행하지 않는 것은 사실은 정상적인 것보다는 소위 비즈니스 미팅 정도로 보면 되는 거에요. 사실 격이 낮은 거라고요. 그러나 만난 건 만난 거지요. 미국은 프로토콜의 룰이 있습니다. 박 대통령이 그 상태에서 미국하고 처음부터 앙금이 쌓였어요. 박 대통령은 자존심이 센 사람이고, 특히 민족적 의식이 강한 사람이에요. 그런 불행한 출발을 했고, 그 이후에도 미국 측에 도와달라는 걸 미국이 잘 안 들어줬어요. 포스코 만드는데 돈 달라고, 빌려달라고 해도 안 도와주고. 우리가 비행기 사야할 때도 안 해주고, 하여튼 거의 다 안 해준 거에요. 그러다가 월남 전쟁 때문에 한국군을 월남에 참여시켜야 된단 말이에요? 그래서 케네디가 죽고, 존슨이 대통령이 되어 한국군 파병 때문에 박 대통령을 달랬어요. 존슨도 한국에 방문하고, 미국 국방부장관도 한국에 오고요. '한국이 미국의 입장을 도와주면 이것도 해주겠다. 저것도 해주겠다'고 약속을 많이 한 거에요. 그래서 박 대통령이 베트남전쟁 파병에 OK한 거지요. 그래서 우리가 백마사단, 맹호사단, 비둘기부대, 해병 여단 등 해서 미국 다음으로 우리가 제일 많이 갔죠. 그때 약속한 게 많아요. 그러다가 존슨이 그만 두고, 닉슨이 대통령이 돼서 월남 전쟁을 마무리 하는 단계에서 소위 닉슨 독트린이 나온 거에요. 그러니까 월남보고 전쟁은 '너희들 힘으로 해라, 우리는 뒤에서 거들어 줄 테니까, 미국은 전투 부대를 빼야 되겠다'고 발표한 거죠. 마찬가지로 한국도 앞으로 전쟁나면 너희들이 책임지고 싸워야 된다고 발표 한 거에요. 그러면서 한국에 있는 미군 1개 사단을 사전에 양해도 없이 뽑아 가버렸어요. 우리한테 일말의 사정도 없이 갑자기요. 그게 강대국의 버릇이죠. 북한 위협이 상존하는 상태에서 박 대통령은 심각한 고민에 빠진 거지요. 닉슨 독트린에다가 동맹국이라 해놓고는 사전에 협의도 없이 1개 사단을 싹 뽑아버렸으니까요. '아... 진짜 이 사람들은 믿을 수가 없겠구나' 상당한 배신감을 느낀 거에요. 그때 약속한 상당 부분을 미국이 이행하지 않았습니다. '브라운 각서'라고 존슨 대통령 밑에서 국방부장관을 했던 브라운 장관이 한국에 와서 한국 정부가 파병을 해주면 이런저런 방법으로 한국의 안보에 대해서 최대한 조치를 하겠다는 약속들을 하고, 각서로 썼어요. 그런데 월남전을 그렇게 마무리하면서 흐지부지된 게 대부분입니다. 그리고 주한 미군도 1개 사단 없어져 버리고요. 그래서 박 대통령이 '이거 안 되겠다' 해서 자주국방론을 들고 나온 거에요. 그래서 방위산업도 하고, 무기도 우리가 만들어야 되겠다고 한 거죠. 그 과정에서 미사일 핵개발도 한 겁니다. 그 이유는 미국의 콘트롤을 벗어난 겁니다. 특히 미사일과 핵개발은 박 대통령은 미국이 약속을 안 지키고 멋대로 했으니까, 우리도 우리가 알아서 해야되겠다고 한 거죠. 이게 미국과 갈등의 근본 원인입니다. 그래서 실제 핵을 개발하기 시작했습니다.

근데 주한 미군은 한반도 평화를 위해, 북한의 침략을 억제하기 위해서도 있지만, 남한이 북한 쳐들어가는 것도 감시하기 위해서 있는 거에요.

이것이 굉장히 중요한 포인트입니다. 북한은 전쟁으로 먼저 쳐들어오지 않는데, 남한이 힘 좀 있다고 넘어갈 수도 있는 거 아니에요. 남한이 단독 군사작전을 벌려놓고 미국이 자기도 할 수 없이 끌려들어 가는 이 상황을 절대 용납해서는 안 되는 것이기 때문에 남한을 샅샅이 정찰해요. 지금도 마찬가지입니다. 공중에 있는 첩보 비행기나 위성은 북한만 감시하는 게 아니에요. 미국은 남한 전부 지금 보고 있어요. 그래서 우리하고 미국하고 라이센스해서 만드는 무기를, 미국의 허가 없이 남의 나라에 팔았다간 큰일 나요. 전에 박 정권 때 그거 한 번 약간하다가 들켜서 망신당한 일이 있어요. 전 세계 정보망을 미국이 갖고 있잖아요. 그리고 한국 항구에서 뭐가 나가고, 뭐가 들어오는지 미국이 다 봅니다. 이 상태에서 박 대통령이 실수한 건 뭐냐면, 미국 사람을 속이고 핵을 한국에서 만들 수 있다고 생각한 게 잘못입니다. 그건 비밀 유지가 불가능합니다. 핵을 만들기 위한 소위 실험시설이라던가, 핵무기를 만들어내기 위한 생산시설 등을 설치하려면 이 손바닥만한 나라에서는 거짓말을 할 수가 없어요. 지금 미국이 전 세계 핵폭발을 감시하는 나라인데, 여기 주한미군이 수만이나 있고, 미국의 온갖 전자정보시스템이 있는데, 여기에서 그게 가능하겠습니까? 결국은 이게 들통이 난 겁니다. 그리고 카터 행정부가 들어왔어요. 그래서 카터가 인권정책을 들고 나오면서 박 정권에 압박을 가하기 시작한 겁니다. 사실은 박정희 대통령의 자주국방 가운데에서도 미사일 핵개발 때문에 미 행정부가 압력을 넣었음에도 박 대통령은 말을 안 들으니까, 미국이 '이거 한국, 안 되겠다'고 하는데, 이것을 드러내놓고 이야기는 못하니까, 국제사회에서 한국을 고립시키는 가장 효과적인 무기가 인권이에요. 국제사회 동조를 받기 위해 박정희 정권을 독재 정권, 인권탄압 정권으로 몰아 붙였어요. 미국의 인권정책은 냉전 시에 동구와 소련에 있는 유태인에 대한 인권정책이에요. 그것은 한국의 인권하고 관계없는 겁니다. 그래서 특히 소련에 있는 유태인들이 이스라엘로 많이 돌아가고 싶어도 소련에서 안 보내주고, 여행도 안 시켜주고, 이동을 못하게 하니까 미국의 유태인 세력이 워낙 세니까 소련의 인권탄압을 전 세계에 알린 거죠. 원래 인권정책은 소련권에 있는 유태인을 자유롭게 하기 위한 하나의 압력 수단으로 나온 게 미국의 인권정책이에요. 소련은 폐망할 때까지 늘 서방 세계로부터 일 년에 수백 만 톤의 양곡을 수입해갔어야 했어요. 특히 주 수출 국가가 미국이었어요. 미국은 이것을 기회로 해서 법을 만들었어요. 유태인에 대한 통제를 풀기 전에는 절대로 소련을 도와줄 수 없다는 걸 법으로 만든 적이 있어요. 이런 식으로 소련에 대한 인권정책을 카터 대통령이 한반도에 적용한 거에요. 한국의 인권정책을 그 범주 차원에서 정하기 시작한 겁니다. 그러나 결국 카터는 한반도에서 인권정책을 실패로 마감합니다. 박 대통령이 죽음으로 비극적인 막을 내렸지요. 박 대통령이 미국 말을 안 들었어요. '난 너희들 말을 하는 걸 믿지 못하고, 내 살길을 가야 되겠다'고 말입니다. 박 대통령 돌아가시기 얼마 전에 카터 대통령이 한국에 와서 정상회담을 하지만 아주 비극적으로 끝났어요. 박 대통령은 우리 한국이 처한 상황으로 어쩔 수 없는 길을 가야겠다고 카터를 이해시키려고 했고, 카터는 들으려고도 하지 않았던 것이죠. 이러한 비극적 결말로 카터는 미국으로 돌아갔습니다. 기록에 그대로 남아있습니다. 그 일련의 과정을 김재규가 잘 아는데, 우리가 이렇게 해석할 순 있죠. 미 행정부는 박 정권을 버렸다. 미국 정부가 워싱턴에서 버려버리면 한국은 고립무원이에요. 국민적인 심리 면에서도 그런 거에요. 워싱턴도 박 대통령을 버렸는데, 김재규로 하여금 박 대통령을 제거해도 미국은 조금도 유감스럽게 생각하지 않을 것이라는 간접적 동기를 부여할 수는 있었다고 봐요. 그러나 직접적인 어떤 흔적을 우리가 하나도 발견하지 못했습니다. 따라서 박 대통령 죽음 배후에 미국이 있다는 것은 단언할 수가 없어요. 10·26 당시, 주한 미국의 상황으로 대사는 글라이스틴이고, 미국은 한반도에 군인, 국방성 산하에 전자정보 등을 하는 정보부대를 가지고 있어요. 또, 한국에 CIA가 나와 있는데,

USIS같은 기관과 다 연계가 되어 있어요. 그리고 전문적이지는 않지만, 미국무성 자체가 또 정보 기능이 있어요. NSA(National Security Agency)도 전자정보부대로, 전 세계에 정보 네트워크를 가동하는 아주 능란한 독립된 기구에요. 다 한국에 꽉 들어와 있어요. 그런데 전두환 대통령을 위시한 나 같은 육사 정규 출신들의 성향은 한미간 관계를 굉장히 중요하게 생각하지만, 우리 선배들처럼 미국한테 슬슬 기는 사람들이 아닙니다. 미국 사람들하고 같이 근무하고, 미국서 훈련도 받고, 공부도 하고, 미국이 절대 중요하다는 것을 인정하지만, 우리 선배들처럼 그 사람 앞에 가서 스테이크나 얻어먹고, 속 다 털어놓고, 이렇지 않아요. 우리가 약하기 때문에 당신들의 도움을 받고 있지만, 당신들은 당신을 위해서 하는 거고, 우리는 우리를 위해서 있는 거니까, 그 이상도 그 이하도 아니라는 그런 기본 인식을 갖고 있었던 겁니다. 10 · 26이 났을 때 미국 사람들이 우리를 잘 모르는 겁니다. 전두환 소장, 육사 11기를 알 수 없는 거에요. 레쥬메에 보면 어디서 공부하고, 언제 진급하고, 어떤 사람들이고, 한국사회에 어떤 영향력을 갖고 있는지 미국이 일체 모르는 거에요. 당시 미국은 우리 선배들하고만 쭉 관계가 있었으니까요. 미국은 우리 선배들하고는 골프치고, 서로 어울리고, 유학하고 그랬는데, 우리하고는 전혀 관계가 없었어요. 어느 날 우리가 한국의 정치 무대 중심부에 진입을 했는데, 다른 일반 사람들은 잘 모르잖아요? 미국 측에서는 알 수 없는 거지요. 그래서 미국은 아주 캄캄한 밤에 장님처럼 앉아있어야 하는 거에요. 그때 8군 사령관에 주한 미군 사령관의 정보 보좌관 하우스만이 암 수술을 하고 본국에 가있었을 거에요. 이 사람은 정일권 장군하고 친구사이에요. 하우스만은 우리 건군 당시에 대위로 와서 한국의 건군을 도와준 사람이고, 역대 주한 미 군사령관의 정보 보좌관이었어요. 유명한 사람이었죠. CIA 블루스터 책임자도 말기 암환자였을 거에요. 미국의 경우는 여기 주한 미군이 가장 중요한 파트너고, 그 다음이 CIA인데 CIA책임자도 병에 걸렸습니다. 그 당시 5공 합수부에서는 주한미군, CIA와 전혀 커넥션이 없었어요. 우리가 그 사람들 간섭을 받아야 될 이유도 없었습니다. 해방 이후 미국이 한국에 들어온 날부터 가장 심각한 단절 상태에 빠진 게 바로 그때입니다. 우리는 미국 측에 아주 공식적인 정보 외에는 어떤 것도 주지도 않았고, 협조할 일은 더욱 없었어요. 우리가 8군 보좌관들한테 가서 아이디어를 구해야 될 이유도 없었어요. 미국으로서는 정말 시련의 계절을 보냈고, 우리는 그런 입장에서 독자적 노선을 간 거에요. 제가 1983년도에 미국 워싱턴에 있었는데, 그 당시에 대사를 포함해서 책임자들이 카터한테 박살이 난 것을 알았습니다. 정보가 제대로 파악이 안 되니까 어떻게 돌아가는지 알 수가 없으니까요. 우리는 완전히 대문 잠궈 놓고 아무 데도 얘기를 하지 않았죠. 광주사태까지 나는데, 당연히 광주에서 일어난 일을 미국 사람들한테 협조할 일이 없었죠. 우리 육사 출신들은 다릅니다. 우리가 병력을 빼는데 북한 때문이 아니라 남한의 정치 상황 때문에 하는 거라서 미국과 의논할 일도 없었어요. 철저히 우리는 독자적 노선으로 가는 거지요. 그래서 미국 사람들은 골탕 먹고, 8군 사령관 하고 그때 우리가 큰 충돌이 있었어요. 당시 위컴 장군이 8군 사령관이었는데, 이 사람이 몰몬교도에요. 12·12 일어나고 해서 미국이 아주 언해피한 상태에서 정보도 안 들어오고, 우리는 절대 자기들에게 어떤 손도 내밀지 않고 하는 긴장이 팽팽한 상태에서, 그때 국보위 사람이 아닌가 싶은데 8군 골프장에 골프치러 갔어요. 그걸 위컴 장군이 보고는 '저 사람들 못치도록 해'라고 한겁니다. 불만의 표시를 그런 식으로 한 거지요. 우리는 주한미군하고 심각한 갈등 관계에 있었어요. 핵개발은 박 대통령 때 미국하고 약속해서 이미 포기했습니다. 너무 압력이 세고, 우리로서는 너무나 카드가 제한되어있기 때문에 여러 가지 방향으론 몰라도, 정치, 기타 면에서 우리는 견딜 수가 없었어요. 결국 박 대통령이 포기한 겁니다. 왜냐하면 미국이 이런저런 증거를 대어 비밀이 다 탄로났기 때문이었죠.

권자경: 전두환 정권이 미국의 핵포기 압력을 받아들였습니까?

허화평: 그것과 관련하여 여러 가지 말들이 나옵니다. 미국 레이건 행정부는 한국의 새로운 행정부와 커넥션을 해야 됐지요. 우리도 정치적으로 한일관계가 아주 냉랭한 상태여서 풀어가야 했어요. 우리나라는 경제성장이 더 필요한 상태에서 레이건 행정부가 수용하지 않으면 안 되는 거에요. 그럼 레이건 행정부가 우리 말을 듣고 왜 수용했느냐는 거죠. 그게 키(key)에요. 그건 미국 인권정책의 일대 전환을 가져왔어요. 레이건 행정부 당시에 UN대사로 간 진 커크패트릭(Jean Kirkpatrik)은 조지타운대학 교수 출신으로 민주당 소속이에요. 그는 카터 행정부의 인권 정책이 실패했다고 얘기했어요. 권위주의적 동맹 국가와 소위 적대 관계에 있는 공산 국가를 우리는 구분해서 인권 정책을 적용해야하는데, 한국과 같은 동맹국에게 권위주의 정권이라고 비난하면서, 소련과 똑같은 레벨에서 무차별 적용을 했기 때문에 결국 소련이 양보한 것도 없고, 한국이 결국 말을 듣지도 않았기 때문이다. 결국 비극적인 사태가 한국에서 일어났다는 거에요. 동맹국가가 권위주의 정권을 갖는 것은 전체주의 국가인 소련보다는 훨씬 개선의 소지가 있다는 거에요. 동맹국가는 시간을 주면서 개선을 꾸준히 요구한다면 나중에 바꿀 수 있지만, 소련은 미국과 힘이 같다고 생각하기 때문에 결국 수용하지 않는다는 거죠. 미국은 외교부문에서 실패했기 때문에 이제는 동맹국가가 권위주의 정권일 때는 인내로 해결해야 된다고 주장합니다. 그 첫 적용이 한국이에요. 레이건 행정부는 듣고 싶은 게 딱 하나였어요. 10·26이 어떻게 일어났으며, 새로운 5공 정부가 어떻게 탄생했는지 알고 싶었어요. 미국이 '좋다. 당신들이 약속한 민주화는 지켜라. 단임 평화적 정권교체를 지키고, 인권탄압도 안 하겠다는 걸 좀 존중해주면 좋겠다'고 제안했어요. 그건 우리가 틀림없이 지킨다고 OK했어요. 그래서 레이건은 카터처럼 팔 비틀어서 비극적인 상황만 만들고 해결 안 되는 것

보다는 7년을 기다릴 수 있다고 해서 전 대통령의 방미를 전격적으로 수용한 거에요.

지나고 보면 레이건은 정확한 판단을 했다고 봅니다. 나중에 보면 1986년, 1987년이 헌법개정 등으로 국내에서 시끄러웠잖아요? 전 대통령은 과연 정권을 내놓겠나 말이에요. 그때 미국은 딱 한 가지 이야기 밖에 안 했습니다. '약속을 지켜라'. 그 약속이란 바로, 단임제 평화적 정권 교체에요. 이제는 과거로 돌아가지 않는다, 민주화 길로 간다는 거었어요. 그게 5공화국의 한미관계였어요. 다른 한 가지 문제는 핵 문제였어요. 핵 개발해야 된다고 주창하는 학자들이 계속 주장해 왔어요. 우리가 국보위에서 구조조정할 때 국방과학연구소의 과학자들을 대거 해고해 버렸어요. 당시 김재익 경제수석이 주도적으로 단행했죠. 김재익은 비교우위론자에요. 우리가 돈을 많이 들여서 비싼 국산을 쓸 게 아니고, 값싼 외국제 쓰는 게 훨씬 낫다고 늘 주장했어요. 그러나 우리는 '아니다, 우리의 독자적 생산 능력을 가져야 된다, 그것이 무엇이든 돈이 들더라도 하자'는 쪽에 있었죠. 그 무렵에 정부인력을 대규모로 해고해 버린 사람이 김재익입니다. 김재익이 혹시 미국 스파이가 아니냐고 의심하는 사람도 있었어요. 그 사람은 실수한 게 있어요. 방위산업, 국방 관계 같으면 정무수석이나 정치 분야와 의논을 해야 되는데 의논하지 않았어요. 자기 경제파트라고 해서 일괄 처리해버린 거에요. 그 오해를 제가 많이 받았어요. 허화평이 다 모가지를 잘랐다고 소문이 돈 거죠. 잘못된 건 다 허화평 이름을 한 번씩은 들먹이니까요. 또 다른 소문 하나는, 5공이 핵개발 팔아먹고 미국 갔다왔다더라는 소문이죠. 핵은 앞으로도 우리는 만들어선 안 됩니다. 핵은 아무나 갖는 게 아니고, 아무 때나 함부로 쓸 수 있는 것도 아닙니다. 또 엄청난 돈이 들어갑니다. 저는 절대로 핵을 가져서는 안 된다는 입장이에요. 핵을 한 번 갖게 되면, 계속 관리를 해야 되는데, 보통 골치 아픈 게 아니에요. 우리가 핵 보유 국가의 지위를 유지하려면 핵 물질을 계속 생산할 수 있는 역량을 유지해야 돼요. 그리고 전문 기술자를 계속 양성해내야 하고, 관리하는 시설이 있어야 해요. 요즘 미국 핵 선진 국가들은 핵을 계속 소형화합니다. 핵은 잠수함에서도 쏠 수 있고, 비행기로 가져가서 떨어트릴 수도 있고, 미사일에 실어서 보낼 수도 있고, 포로 쏠 수 있고, 여러 가지 방법이 많아요. 핵탄두를 줄이는 만큼 딜리버리 시스템도 바꿔야 돼요. 핵은 플루토늄탄과 우라늄탄, 두 가지인데, 우라늄탄은 큰 변동이 없어요. 그러나 플루토늄은 어떤 변화가 일어나는지는 모릅니다. 미국은 일단 플루토늄 완제품을 만들어났어요. 무시무시한 보안 시스템에 의해서 대통령이 최고 책임자로서 관리하고 있는데, 이 플루토늄탄이 필요할 때 과연 터질 것인가를 계속 체크를 해야 되요. 그래서 미 상원에서 전면 핵실험 금지조약(The Comprehensive Test Ban Treaty: CTBT)에 미국 상원은 'No'입니다. 미국은 지금 핵실험을 중지한 상태에요. 미 과학자들이 핵실험을 중지해서 컴퓨터 시뮬레이션으로 하고 있지만, 플루토늄탄은 직접 어느 단계에 가서 실험해보기 전에는 100% 보장을 못합니다. 화학적 반응을 시뮬레이션으로는 결론을 내리지 못하는 게 플루토늄탄이에요. 그럼 수시로 테스트해야 하는데 엄청난 돈이 드는 거에요. 북한은 핵 때문에 망한다고, 써보지도 못하고요. 북한은 모든 에너지를 거기에 다 쏟아야 해요. 기타 여러 가지 이유도 있지만, 미국이 박 대통령 핵을 왜 그렇게 심각하게 생각했냐면, 그땐 북한이 핵 문제가 없을 때에요. 그것보다는 일본의 핵 무장을 자극하기 때문이에요. 지금도 한국에 대한 미국의 영향력이 없어지는 날 핵 만드는 건 시간문제라고 보는 거에요. 우리가 실제 그런 능력을 갖고 있습니다. 우리는 이승만 대통령 때부터 원자력 발전소를 연구하고 만들어 놓은 나라니까요. 세계적으로 프랑스, 미국, 캐나다, 일본 등이 원자력 발전소를 보유하고 있지만, 지금 상용은 우리가 앞서있어요. 다른 나라는 거의 스톱된 상태고요. 박 대통령의 참모들이 잘못 판단해서 건의한 거지요. 가당치도 않은 핵을 조금이라도 알았다면 그렇게 무모하게는 안 했을 거에요. 미국 사람을 속이고 할 수 있지도 않아요. 미국 입장에서는 동맹국이고, 자기들이 작전권을 갖고 있고, 한반도의 어떤 안정을 책임지고 있는데 미국을 속이고 핵을 만든다는 것은 보통 심각한 문제를 일으키는 게 아니죠. 지금도 애국을 자처하는 사람들은 핵을 만들자고 하잖아요? 핵은 그런 문제가 아니에요. 핵은 여러분들이 공부를 해야 할 부분이에요. 박정희 대통령 말년에 미국에게 핵을 안 하겠다고 손 들었어요.

권자경: 레이건 행정부와 5공화국의 관계는 친밀하게 유지되었다고 봐야하나요?

허화평: 미국과의 약속을 지킴으로써 더 가까워졌죠. 지난 역사를 보면, 이승만 대통령도 미국과 계속 충돌이 있었어요. 건국 과정에서는 좌우 합작하라는 일부터 시작해서 싸웠고, 전쟁이 났을 때 반공 포로를 석방해서 싸웠어요. 국제적인 룰에 어긋나는 것인데 미국사람이 책임지는 포로수용소까지 다 석방해버렸거든요. 4·19 나기 전까지 정치적 문제로 계속 미국과 충돌하고 있었어요. 재빨리 한국 군대를 강화하고, 경찰도 강해져서 자체 능력을 갖도록 할 때까지 정부가 역할을 다해야 되는데, 자유당 정부도 당시 매우 부패했잖아요. 미국이 원조 보낸 것을 다 뒤로 빼돌리고 횡령해서 국민들은 불만이 쌓여갔고 갈등했죠. 박정희 정부에서도 한미관계가 지금 얘기한 바와 같이 좋지 못했죠. 역대 한미 간에 가장 밀접하고, 우호적이었던 때가 5공화국 때입니다. 우리는 미국과 관계가 좋아지면서, 영국, 일본하고도 좋아졌어요. 미국이 일본한테 전두환 대통령의 부탁을 들어주면 좋겠다고 해서 일본이 40억 불인가 차관을 빌려줬어요. 박정희 대통령 때 5억도 안 주려고 했는데 말이에요. 전두환 정부가 방미했을 때 레이건 대통령에게 부탁했어요. '한국이 어려운데, 미국에 돈을 빌려달라고 안하겠는데 일본은 돈이 있고, 한반도 때문에 일본이 자유주의 국가로 경

제적 부를 누리는데 한국에 자전거 한 대도 해준 일이 없다. 그러니까 안보 무임승차를 하고 있는 일본이 돈을 한국에 빌려주도록 영향력을 행사해 주었으면 좋겠다'고 말입니다. 그래서 전두환 대통령이 일본에 최초로 100억 원을 요구했습니다. 일본이 그걸 수용했어요. 일본이 우리말을 들을 사람들이 아니지요. 결국은 워싱턴과의 관계가 잘됨으로써 국내 상황도 안정이 빨리 된 거에요. 일본 나카소네 수상과 전두환 대통령은 지금도 아주 가까운 사이죠. 그리고 영국과도요. 전무후무한 밀월관계가 있어요. 그런데 프랑스 미테랑 정부와 좀 문제가 있었어요. 사회당 정부로 북한과 국교 정상화하려고 했어요. 미테랑 부인도 북한하고 가까워요. 자기 보좌관은 골수 친북이었고요. 당시 우리도 원자력을 건설하고 있었을 때에요. 프랑스는 원자력 산업이 굉장히 중요한 산업이고, 세계에서 가장 앞서 있는 나라에요. 프랑스는 원자탄을 만들기 전에 원자로부터 만들었어요. 한국이 프랑스와 손잡고 원자력 건설하고 있는데, 당장 프랑스 사람들 손 떼게 하라고 해서 미테랑이 양보한 겁니다. 나중에 손 들었어요.

권자경: 프랑스 얘기가 나와서 질문드립니다. 우리나라 정부의 정식 명칭은 5공화국, 6공화국, 문민정부, 국민의 정부, 참여정부로 불립니다. 공화국이라는 단어가 우리나라에 처음 생긴 시기가 전두환 정권인데요, 어떻게 정부명칭을 정하게 되었나요?

허화평: 네. 그 전에는 그렇게 안 불렀어요. 공화정 체계는 로마에서 왔죠? 로마 공화정이 나중에 제정으로 넘어가잖아요? 공화국이라는 단어가 대의 민주주의체제를 의미하는 거죠. 5공화국은 학문적 용어를 그때 처음 쓴 거에요. 다른 정치적 의도는 없었어요. 무리한 정권을 잡았으니까 이름이라도 잘 붙여보자는 의도가 있었던 것은 아닙니다. 지금은 돌아가셨는데 박일경 씨라고 우리나라 헌법 학자로서는 알려져 있는 분이에요. 헌법

하는 사람은 많이 알 겁니다. 학문적으로 우리의 국체를 정확하게 얘기하면 입헌자유민주공화국이죠. 민주 절차와 자유를 합한 헌법에 의한 민주와 자유가 보장되는 대의체제, 그게 공화국입니다. 당시는 그 학문적 의미가 더 컸어요. 사실은 전두환 행정부라고 부르는 것이 통상적인 방법인데 공화국이라는 것은 '우리가 독재정부는 아니다'라는 대외적인 의미가 담겨 있습니다. 비록 완전한 상태는 아니지만 우리가 지향하는 바를 공화국으로 의미를 담게 된 거에요. 그 다음 정부는 문민정부에요. 문민정부는 무엇에 대한 문민정부냐? 밀리터리에 대한 문민의 정부를 이야기합니다. 김영삼 정부는 군을 정말 매도하고 짓밟았어요. 정상적 자유민주공화국체제에서 군은 문민 통제를 받게 되는 거에요. 김영삼 대통령이 정상적 민주 절차에 의해서 군 통수권자가 됐는데, 거기에 구태여 문민정부라는 말을 붙여서 될까요? 그건 군을 완전히 고립시키는 단어고, 국민을 분열시키는 단어죠. 그 다음 '국민의 정부'는 또 다른 의미에요. 영어로 옮기면 People's Government라고 쓰지요. 소위 민중이란 말을 못 쓰고, 국민이란 말을 쓴다고 저는 그렇게 이해해요. 그럼 그 사람들이 생각하는 국민은 뭐냐? 그건 우선순위가 있는 거에요. 가진 자와 가지지 못한 자, 소외된 자와 그렇지 못한 자, 그렇게 해서 자기들이야 말로 갖지 못한 자, 소외된 자를 대변하는 진정한 정부라고 이야기하는 거죠. 그래서 국민의 정부는 지극히 이념적 표현이에요. 그럼 참여정부는 뭐냐? 아웃사이더들이 이제는 센터에 다 들어가자는 의미가 있다고 봅니다. 아웃사이더란 국가 보안법으로 밀려있던 사람들 등 합법적으로는 도저히 권력의 중심이나 관료가 될 수 없는 이런 사람도 이제는 편애하는 정부라는 의미죠. 김대중 정권과 노무현 정권에 위원회가 유독 많은 것도 그런 거에요. 기존관료, 기존 세력들을 다 몰아낼 수 없는 거고, 그렇다고 자기 말 들을 사람이 있는 것 같지도 않고 해서 '국민의 정부'로 '너희도 좋고, 나도 좋다'는 의미를 붙이고, '참여정부'에는 '너희들도 이제 들어올 수 있어'로 의미가 붙습니다. 기존의 세력 판도를 뒤엎기 위한 하나의 전술이라고 봅니다.

권자경: 이철희, 장영자 씨의 어음사기사건이 1982년 5월 4일, 이 부부가 검찰에 구속되면서 세상에 알려지고, 5공화국의 정의사회구현이라는 국정목표가 큰 타격을 받게 됩니다. 이 사건의 수습 과정에서 이사장님께서 큰 역할을 하셨고, 전두환 대통령의 처삼촌인 이규광 씨를 구속해야 사건이 잘 해결된다고 이사장님께서 강력하게 주장하셨다지요?

허화평: 사실입니다. 그 당시에 제 직무가 정무 일이어서 그렇게 돼있었어요. 그 당시에 검찰 관계는 제 업무에 속해요. 그게 검찰이 조사하는 거 아니에요? 저는 처음에 몰랐는데 보니까 사기를 포착을 했고, 명백한 사기 사건이었어요. 5공화국의 국정방향은 정의사회구현인데, 거기에 예외가 있을 수는 없죠. 당시 법무부장관 이종원 씨에서 정치근 씨로 교체되는 과정에서 제가 크게 실망했어요. 그 사람들은 어떻게 하면 정치적으로 무난하게 처리할까만 골몰한 거에요. 그들은 법 집행 기관의 책임자로서 대통령에게 영향을 주지 않으면서 기술적으로 처리만 하면 된다고 보고, 대통령만 관계되지 않으면 그만이라는 입장이었어요. 이렇게 단순하게 볼 수 있지만, 저는 정치 참모로서 그런 입장이 아니었어요. 이 사건을 잘못 처리해놨다가는 완전히 전부 바가지 쓰는 거라고 판단되었어요. 장영자, 이철희 사기꾼들 동원해서 청와대가 돈을 긁어모았다고 하는 혐의를 절대 벗을 수 없고, 이게 잘못되면 두고두고 전두환 정부는 헤어날 수 없다고 생각되었어요. 법무부장관이 보는 세상과 정치 참모인 제가 보는 세상은 완전히 다른 거죠. 인식의 차이가 있는 거에요. 그 사람들은 이 사건을 현 순간에서 마무리하면 끝난다고 생각하는 사람이에요. 이건 대통령하고는 아무런 관계가 없는 것이고, 사기 사건이고, 언론 통제하면 끝이라고 생각했겠죠. 저는 어떻게 생각했냐면, 전두환 정권은 7년이면 끝나는데, 정부

끝난 다음에 반드시 평가를 받게 되는데, 이걸 지금 제대로 안 해놓았다가는 나중에 반드시 골치 아픈 문제를 겪을 것이라고 보았어요. 또 대통령 집안에 관계가 돼있기 때문에 이 문제는 확실히 해야겠다고 마음 먹었어요. 당시 박철언이 제 밑에서 업무를 보았는데, 강재섭은 그 밑에 있었고요. 검찰 업무 담당이 정무 일이니 제 업무 아니겠어요? 제가 잡아넣을 수밖에 없는 거 아니에요. 그때 신문을 보시면 어떤 언론 제한도 없었습니다. 기자들이 자기들 아는 대로 다 썼습니다. 그것이 나중에 전두환 대통령께서 저를 오해하게 된 원인이 됩니다. '이 친구 말이야, 언론 플레이 해서 사건을 크게 만들어 나를 골탕먹였다'라고 생각한 것 같아요. 지금은 그렇게 생각을 안 하실 것 같은데, 결국은 1989년 청문회 때 장영자, 이철희 사건이 다시 떠올랐어요. 그래도 그때 법대로 조사와 처리를 해버려서 새로울 것이 없었어요. 엄청난 뭐가 있는 줄 알았지만, 우리가 감추는 게 없었기에 5공화국이 초기에 버틸 수 있던 거에요. 만약 그걸 법무부장관 말대로 했으면 어떻게 되었을까요? 법무부장관이 당시 정치적으로 해결해야 된다고 했답니다. 정치적으로 해결해야 될 문제가 따로 있지요. 우리가 그때 정의사회구현을 내세우면서 외부 자금을 받은 일이 없어요. 제가 청와대를 떠나기 전까지 우리는 정치자금 한 푼도 받지 않았습니다. 제가 정치 참모니까요. 근데 많은 사람들은 '저 사람들 어디에서 돈을 구할 텐데', '어디서 그 돈이 나올까?' 이렇게 생각하는 거에요. 전부 다 '너희들 정의 좋아하네? 돈 없이 정치가 돼? 그 돈이 어디서 나오나?' 이렇게 세상 사람들이 생각하고 있을 거에요. 그런데 이 상황이 터진 거죠. '그러면 그렇지. 너희들 사기꾼이 정치자금 모은 거 아니냐' 이렇게 세상 사람들이 치부해 버렸어요. 우리는 절대 그런 게 아니었는데, 5공화국 초기를 뒤돌아보면 주요 참모들 중 금전 관계에 연루된 사람이 아무도 없어요. 그때까지는 그런 일 없었어요. 조용한데 이상한 일이 터진 겁니다. 제 판단이 맞은 거죠. 그래서 전 대통령도 살렸고, 5공도 살려준 거라고 저는 자신합니다. 그 대신 그 사건으로 제가 많은 시달림을 받았습니다. 허나 그건 다 지나간 이야기지요...

권자경: 이철희, 장영자 사건으로 1983년에 5공화국 정무수석 자리에서 물러나시네요?

허화평: 제가 청와대 가서 바로 '언젠가는 떠나야 된다'는 생각을 해 본 사람이에요. 그건 우리 권력 역사를 공부해 본 사람은 압니다. 너무나 위험한 자리에요. 그래서 저는 제 일을 할 만큼 하면 떠나야 된다는 생각을 하고 있었죠. 물론 이철희, 장영자 사건도 분명히 영향을 줬어요. 온갖 일들이 복합적으로 일어나서 떠나게 되었어요. 많은 집안들이 불편했을 거 아닙니까? 전 대통령은 '그래, 맞다'며 자기가 결정해서 구속에 동의했지만 해놓고도 마음이 편하지 않았을 거에요. 또 집안에서 온갖 이야기를 했겠죠? 그리고 이건 세상에 잘 알려지지 않은 부분이었는데, 제가 영부인하고 크게 충돌이라기 보담도 의견이 안 맞은 적이 있었어요. 장영자 사건이 나기 훨씬 전입니다. 초반에 제가 보좌관할 때, 제11대 국회 선거하기 전입니다. 그때 교문수석이 이상주 박사인데, 교육부총리도 하시고, 김대중 대통령비서실장도 했죠. 교문수석이 '새 세대 육영회' 업무를 보는데, 그 이사들이 전부 기업총수의 부인들이라는 거에요. 교문수석이 이사회를 개최하는데, 제가 교문수석보고 '그건 안 된다. 이사들이 전부 기업총수 부인들인데 지금 돈 못 갖다 바쳐가지고 안달이 나 있고, 그것도 돈 바치려는 것을 좋아서 하는 게 아니라 살기 위해서 하는 것이다. 선거가 곧 있는데, 세상 사람들이 볼 때 결국 오해받기 십상이다'라고 말했어요. 당시 '새마음봉사단'이 있었는데, 박근혜 대표가 총재를 했고, 전국 조직이죠. 5공화국 때 제가 직접 심부름하고 그랬어요. 그런데 제가 볼 때 이 조직은 해산해야 된다는 것이죠. 그때는 박 정권에 대한 여러 가지 시비가 생겨서는 안

되기 때문에 '새마음 봉사단'은 없애야 된다고 주장했어요. 그걸 박근혜 대표는 동의하지 않았어요. 이 조직은 애국적인 자생 단체고, 열심히 하고 있는데 해산해야 되겠느냐고 했지만, 제가 사정사정해서 해산시키는데 앞장섰어요. 제가 뭐라고 했냐면, '로얄 패밀리는 절대 이런 거 하면 안 된다. 이 정도의 사업은 국가사업이 돼야지. 로얄 패밀리가 앞장서서 하면 결국 이건 남의 돈을 공짜로 뺏어서 하는 거다. 이제 그런 시대는 끝내야 되는 것 아닌가? 그리고 필경 이건 나중에 시끄러워 질 거다'라고 했죠. 그래서 제가 강력히 제동을 걸었어요. 당시 '저는 절대로 해서는 안 된다고 생각하는데, 그러나 영부인이 꼭 하시겠다니까 한다면, 선거라도 끝내고 했으면 좋겠다'라고 했죠. 이걸 이상주 교문수석도 이야기를 한 모양입니다.

권자경: 최종적으로 회의는 어떻게 됐나요?

허화평: 결국 취소되었지요. 그 후 얼마 지나지 않아, 영부인께서 저를 불렀어요. 자기가 암만 생각해봐도 '이상주 뒤에 당신이 그걸 한 것 같다'는 거에요. 정확하게 보신 거지요. 그래서 제가 '맞다'고 했죠. '제 일은 아니지만, 이러한 이유로 그렇게 이야기를 했습니다'라고 했죠. 그랬더니 섭섭하게 생각하신 겁니다. '내가 그래도 그렇지, 영부인이 돼서 최초로 이 사업을 시작했는데, 체면이 있지 않은가?'라고 생각하신 거에요. 제가 생각할 때 그건 개인적인 유감이에요. 이제 정부가 막 일어서려고 하는데, 여기 기업총수 부인들이 모이면, 암만 여기 빗장을 걸어놓으면 뭐해요? 뒷문으로 다 들어가 버리는데? 이건 통제 불능이지요. 영부인은 그게 굉장히 섭섭했던 것 같아요. 그래서 저라고 하는 위치는 한 정부가 안정이 되면 별 도움이 안 되는 사람이지요. 그런 와중에 이철희, 장영자 사건도 생기고 떠날 때가 된 것이죠. 왜? 사사건건 제가 충돌해야 되는데, 제가 충돌해서 뒤집어엎으면 몰라도, 할 수 없었어요. 어려운 과정을 겪어서 사회가

가까스로 안정이 되고, 앞으로 5공화국 일이 태산처럼 남아있는데, 거기에 중요한 참모라는 사람이 소동을 일으키면 어떻게 되겠습니까? 당시에는 제가 구심력이 셌어요. 복잡해지는 거에요. 그래서 이제 어느 정도 되었으니 떠나면 좋겠다고 생각해서, 제가 편안한 마음으로 떠나게 된 거에요. 떠날 때는 이 정부가 끝날 때까지 '나는 다시는 안 돌아와야 되겠다'고 해서 결국 5공이 끝날 때까지 저는 미국에 있었어요.

권자경: 중간에 전두환 대통령께서 러브콜을 하셨는데도 안 돌아오셨어요?

허화평: 몇 번 그런 일이 있었어요. 전 대통령이 제가 정치하는 것은 절대 원하지 않았어요. 정치 현장에서 영향을 미치는 과정에 가장 골치 아픈 존재가 허화평일 수 있는 거죠. 늘 원칙론자니까요. 그렇다고 제가 고집피우는 사람은 아니에요. 제가 대통령을 보좌하는 사람이지만 대통령 위에 국가가 있는 거죠. 그러니까 제가 바른 말을 했다는 것은 특별한 것도 아니에요. 지극히 정상적인 거에요. 우리가 일할 때 대통령 개인에 초점을 맞추는 것인지, 국가에 초점을 맞추는 것인지 확실히 해야 됩니다. 예를 들어 군대에 같이 있을 때는 형님, 동생 이렇게 공사 구분 없이 어울려도 되지만, 청와대는 그런 게 아닙니다. 국가가 잘 돼야 대통령도 잘되는 거죠. 그렇지 않아요? 적어도 한 정권을 같이 만든 사람들은 그 정도의 역할은 해야지요. 그게 높은 자리 한 두 개 받아먹으려고, 턱도 없이 비위를 맞추는 그건 아닙니다. 대통령을 보좌하는 수석들 이상은 당연히 그렇게 해야 된다고 보는 거에요.

권자경: 2년 청와대에 계시다가 떠나시는데, 만약 더 근무하셨으면 5공화국은 어떻게 됐을까요?

허화평: 글쎄요? 우리나라는 지금도 그렇지만, 최종 결정권자와 호흡이 잘 맞으면 엄청난 일을 할 수가 있었을 겁니다. 그러나 최종 결정권자와 호흡이 안 맞으면 아무 것도 못합니다. 저는 그때 봐서 아무 것도 못하는 것이 현실이라고 본 거죠. 전두환 대통령께서는 어떤 분이냐 하면 현재 주어진 임무에 대해서는 철저하고 투철한 분이에요. 전력투구해서 매달리고 그걸 마무리하려고 하시는 분이에요. 대통령직도 그렇게 한 거에요. 그분이 언제 대통령 일 하겠다고 생각하신 것도 없는 분일 테고요. 국가를 책임지려고 평소에 생각하시는 일도 그런 식으로 나오셨을 거에요. 먼 앞날을 보는 비전은 약한 분입니다. 그건 흠이 아니고, 군대는 주어진 현재 업무에 모든 것을 쏟아야 되는 것이 기본이에요. 그러나 정치는 그렇지 않잖아요. 먼 앞날을 봐야 되는 거죠. 그 점에서 전 대통령도 그런 식으로 자기를 관리한 일도 없고, 그러다 보니까 '10년 후에 이렇게 될 텐데 이렇게 합시다'라는 것이 당시 대통령에게 통하지 않은 거에요. 괜히 피곤하게 내가 자꾸 그걸 우기게 되면 그건 입장이 바뀌지는 거에요. 그러나 7년 동안 그때부터 자기가 해야 될 일은 최선을 다해서 성공하신 분이에요.

권자경: 정무수석으로 일하시는 동안, 경제수석과 갈등이 종종 있었다고 하던데요?

허화평: 그건 어디서 들었습니까?

권자경: 책에서 봤습니다.

허화평: 국가란 경제만 있는 게 아니라, 안보 영역도 있고 다양하잖아요. 그런데 돈과 관계된 것을 부탁하려면 전부 경제수석하고 얘기를 해야 합니다. 그러나 저는 경제수석한테 한 건 부탁한 일도 없어요. 평소 제가 경

제수석의 일에 관여한 일도 없고, 어떤 불편함도 없었어요. 딱 한 건, 실명제 때문에 문제가 생겼습니다. 국가의 경제 일을 보는 사람이 특히 이권과 관계 되는데 거기 압력을 넣으면 안 되죠? 정말 경제수석은 자기 왕국처럼 했어요. 권력 실세라고 하는 사람들이 아무런 부탁이나 간섭을 하지 않으니까요. 자기들이 하고 싶은 대로 대통령처럼 군림했어요. 그렇지만 중요한 것은 경제든, 법이든 나중에 다 정무에 연결이 돼요. 예를 들어 실명제를 경제수석이 대통령 허가를 받아서 결정했다고 하더라도, 당에 협조를 받아서 국회통과를 시켜야 되고, 언론에 협조해서 국민에게 설명도 해야 됩니다. 그 언론기능도 정무수석이 가지고 있고, 당, 국회에 대한 것도 정무수석의 일입니다. 그렇다면 경제든 뭐든 저하고 반드시 협조를 해야 하는 상황입니다. 국회를 거치는 것은 정무의 도움 없이는 아무 것도 되지 못합니다. 따라서 협조를 해야지요. 그런데 이철희, 장영자 사건이 난 다음, 김재익 수석이 실명제를 들고 나옵니다. 강경식 재무장관하고요. 대통령 서명을 받아 온 겁니다. 대통령 서명을 받으면 다 끝입니다. 바로 실시해야 해요. 저는 그 사실을 늦게 알게 되었어요. 당, 국회 등 여기저기서 소동이 일어난 거에요. 벌집 쑤신 듯 문제가 된 거에요. 저도 실명제가 뭔지 알아봤지요. 당시 상황으로는 실명제를 해서는 안 되는 정황이었어요. 비서실장이 주재하는 수석회의가 있어요. 거기에서 실명제 문제가 논의됐는데, 그 회의에서 '저는 군복을 입고 살아온 사람이라서 당신들이 보기에는 비민주적 생활에 익숙한 사람으로 볼 수 있다. 그러나 군대는 그렇지 않다. 또 당신같은 시빌리언들은 다른 사람이 볼 때 아주 민주적인 마인드를 가지고 일하는 것으로 보이지만, 일하는 과정을 놓고 볼 때 당신이야말로 일방적이고, 비민주적이다. 실명제는 일종의 혁명적 법안인데, 이걸 당신 혼자 비밀로 대통령 서명만 살짝 받아서 우리한테 내놓고, 대통령이 결제했으니까 실시한다, 이건 있을 수 없는 거다'라고 저는 말했습니다. 그리고 제가 대통령께도 말씀을 드렸어요. '이건 하시면 안 됩니다'라고요.

권자경: 실명제를 하면 안 되는 이유가 무엇이었습니까?

허화평: 선진국에서는 실명제를 쓰는 나라가 없어요. 실명제를 사용하지 않습니다. 일본도 하려고 하다가 실패했어요. 모든 나라는 지하 경제가 있는 겁니다. 그러니까 인간 세상에 태어나서 매춘부가 영원히 존재했던 것처럼, 성매매 법 만든다고 매춘이 없어지나요? 요즘 성폭력이 계속 더 생기고 있잖아요? 여성 운동, 페미니즘 운동하는 사람들이 들고 일어나서 그 법을 통과시키는데 오히려 더 복잡하게 만들어버렸어요. 어쨌든 지하 경제는 다 있는 거에요. 특히 우리나라는 은행 돈을 중소기업이 거의 쓸 수 없습니다. 지금도 마찬가지에요. 담보물이 없으면 신용대출을 안 해주는 나랍니다. 왜냐하면, 자금 여력도 적은데다가 신용사회가 아니기 때문에 그래요. 그래서 지금 어떻게 돼있냐면, 사채를 쓰고, 형제간에도 돈을 빌려주고 빌려써요. 공짜로 주는 형제들 별로 없어요. 삼촌들한테도 좀 빌려 쓰고, 이래저래 다 살아가는 거에요. 그러나 당장 실명제하게 되면 그 사람들이 다 죽게 돼있어요. 만약, 제가 누구에게 돈을 빌려준 상황에서 실명제를 하게 되면, '나는 이 돈을 누구에게 받아서 어떻게 썼다'. 그럼 그 돈에 대한 합법적인 이자도 물어야 됩니다. 안 그러면 공직자는 뇌물이 됩니다. 정치인은 실명제가 있건 없건 관계없이 돈을 얻어 쓰게 돼 있어요. 대기업 실명제 실시로 대기업은 꿈쩍도 하지 않아요. 영향도 안 받아요. 대기업들이 해외 지사들에 돈 묻어둔 거 무슨 수로 찾아냅니까? 이미 사회에 90% 이상이 실명제를 하고 있었습니다. 감춰진 돈? 실명제가 아니어도 돈 감출 사람들은 얼마든지 감춥니다. 실명제를 실시하면 결국 죽게 되는 부분은 중소 영세업자입니다. 경제정의라는 이름으로 결국은 그 사람들이 죽게 되는 일이 생기기 때문에 우리 정무파트에서는 경제 수준이나 포지션으로 봐서 아직 턱도 없는 소리라고 거부했어요. 두 번째, 권력가진 사람이 실명제를 할 수 있느냐의 문제가 있습니다. 결국 안 됩니다. 각하께

서는 저더러 '실명제를 왜 반대하냐?'고 질문했어요. 답변으로 제가 '그럼, 정치자금 실명제를 하시겠습니까? 그럼, 제가 반대 안 하겠습니다'라고 말씀드렸어요. 나중에 김재익 수석이 거기에 대한 답을 대통령께 해드린 것 같아요.

지금 생각하면 우리나라가 차명계좌로 돈이나 권력을 갖고 있으면, 떠날 때까지는 자기 돈 볼 사람 아무도 없어요. 대통령 돈인데 누가 건드리겠어요? 대통령께서 실명제를 못하시면 할 수 없는 겁니다. 나중에 이것은 엄청난 정치 탄압의 도구가 됩니다. 권력가진 사람이 권력을 빙자해서 아무나 집어넣으면 꼼짝 못할 가능성이 큽니다. 우리 한국은 이 법을 실행해서는 안 됩니다. 이 법을 했다가는 영세 중소업자가 거의 죽게 생겼습니다. 금융실명제 반대를 직접적으로 대통령에게 저는 보고했습니다. '각하의 돈을 실명제 하시겠다면 저는 반대 할 이유가 없습니다' 언젠가 어떤 기업총수가 저보고 하는 말이 '왜 당신은 반대하느냐? 정의사회구현에 어긋나는 게 아니냐? 질문하더군요. 그래서 저는 '회장님, 진짜 그렇게 생각하세요? 당신은 대기업이기 때문에 실명제를 숨겨야 될 이유가 없을 겁니다. 매번 은행 대출로 사업하는데 실명제가 무슨 의미가 있습니까? 그러나 다른 영세업자한테 물어보세요. 다 사채 쓰고, 이상한 돈 빌려 쓰고 사업합니다. 은행이 돈을 안 빌려주니까요. 실명제는 돈에 꼬리표가 붙는 것이죠. 제가 볼 때 실명제하면 대기업이 돈을 더 가져가겠죠? 대기업이 가장 덕을 볼 것입니다. 실명제 해서 돈이 다 제도권 안에 들어오면 결국 대기업이 다 가져가게 됩니다. 옳지 않습니다'라고 대답했죠. 최종적으로 5공화국은 실명제 실시를 유보하게 되었어요. 그런데 우리나라 정부수립 이후에 대통령이 서명한 사안을 참모가 클레임을 걸어 유보한 것은 그게 전무후무한 케이스에요. 그 이후에는 5공화국 때 실명제 했으면 큰일 날 뻔 했다고 제가 이야기했던 게 김영삼 대통령 때 확인되었어요. 김영삼 대통령이 결국은 전두환, 노태우 비자금을 들춰내기 위해서 실명제를 실시했습니다. 또, 자기가 다른 것 때문에도 벗어나기 위해서요. 그 과정에서 어떻게 됐습니까? 자기 아들이 실명제 위반한 것이 들통 나서 감옥소 갔지 않았습니까? 요즘 정치인들이 정치자금 걸리면 실명제 때문에 덜덜 떠는 거에요. 권력 가지고 있는 사람은 권력을 쥐고 있는 동안은 문제가 없어요. 그러나 권력을 놓으면 노무현이 대통령 물러난 다음에 어떻게 됐습니까? 실명제 위반으로 조사를 받습니다. 돈의 출처를 캐묻게 되는 거죠. 그건 상식이에요. 저 정무수석과 김재익 경제수석과의 관계가 어떠하냐면요, 5공화국은 경제정책에서 성공했다고 평가를 받아요. 이건 부동의 진실이죠? 그런데 전두환 대통령에게 공을 돌려주고 싶지 않은 사람이 많은 거에요. 그래서 사람들이 어떻게 했어요? 5공화국 경제정책은 김재익이 한 거라고 몰아갑니다. 전 대통령 자기가 뭘 아냐고, 그룹들이 책도 쓰고, 꾸준하게 그 논리를 퍼트린 거에요. 그게 아니에요. 결정은 대통령이 하는 것이고, 지난번에 이야기했듯이, 무수한 선택을 대통령이 해야 되는데 대통령이 경제수석 말만 듣고 결정을 하진 않아요. 이것저것 검토해서 대통령이 판단해야 되는 겁니다. 대통령께서 그 당시에 김재익이 보고 하신 말씀이 있습니다. 이 부분은 최근에도 좀 오해가 풀렸어요. 전두환 대통령이 경제수석을 통해서 장관에게 연락하라고 하면 그걸 제대로 팍팍 못하더래요. 저는 바로 옆에서 안 봤으니 모르죠. 대통령이 보니까 김재익 수석이 장관들한테 대통령 심부름을 시원시원하게 못하는 것 같더래요. 상당히 예절을 차리는 것 같고, 조심하는 것 같더라는 거에요. 그래서 한 번은 그걸 해소하고 경제수석에게 파워를 실어주기 위해서 경제 관료들 다 있는데 이야기를 했대요. '경제는 김재익 수석, 자네가 대통령이야' 대통령이 강력한 힘을 그 장관들 있는 앞에서 김재익한테 실어준 거지요. 장관들이 가만 보니까 김재익의 말을 함부로 들어서는 안 되겠네라고 해서 김재익 수석으로 하여금 강력한 발언을 행사하도록 대통령이 만들어주셨다는 거에요. 김재익의 경제가 아니에요. 전 대통령이 '저축 예금 많이 올려봐'라고 하면, 어떻게 올렸겠어요? 당시 공무원들 전부 다 통장 하나해서 예금 들라고 지시했지요. 우리나라 은행에 돈이 적었기 때문에 대통령 본인도 은행에 한 구좌씩 만들어 예금해요. 공무원은 그때 다 한 구좌 씩 강제로 만들어야 됐어요. 그래서 5공화국 때 저축률이 사십 몇 프로까지 최고로 올라갔어요. 전 대통령이 '물가를 잡아봐'라고 지시하면 참모들이 '어떻게 해서 잡습니까?'라고 하지요. 그럼 전 대통령이 '연구해서 가져와 봐요. 맞으면 내가 백업해줄게'라고 합니다. 강력한 대통령이 백업하면 밑에선 안 할 수 있습니까? 김재익 수석이 참모로서는 아주 정상적이고 훌륭한 참모였어요. 저는 자기한테 이권 부탁한 것도 없고, 업무 간섭한 것도 없고, 딱 그 실명제를 반대했습니다. 그럼 대통령의 힘을 빌려서 모든 참모와 각료들을 꼼짝달싹 못하게 하는 아주 나쁜 방법을 실시하려고 하는데, '이거 대통령 지시입니다'라고 들고 나오면, 누가 그걸 클레임을 거나요? 그건 꼼짝없이 해야 되는 겁니다. 우리 관료들이 아주 나쁜 습성이 있어요. 대통령을 팔아서 하급 직원에게, 업체에게 압력을 가하는 것 말이에요. 제가 그걸 보고 아주 실망을 했어요.

권자경: 지금 현재도 실명제의 필요성에 대해서도 예전과 같은 견해이십니까?

허화평: 본질은 같아요. 우리가 돈의 흐름을 법으로 막으려고 하면 한계가 있고, 그것 때문에 법을 어기는 범법자를 많이 만들어 냅니다. 우리 법치 철학은 범법자를 되도록 적게 만들어야 됩니다. 법을 만들더라도 무거운 형벌보다는 그 법이 시행 가능하도록 법을 만들어야 돼요. 무시무시한 벌금을 때린다거나 상상을 초월하는 형을 내리면 결국은 집행이 안 되고, 깎아줘야 하고 사면해야 되요. 그리고 인간은 언제나 실수를 하기 때문에 반드시 법을 어길 것이라는 전제하에서 법을 만들어야 돼요. 이 법 하나면

절대로 사람들은 법을 어기지 않을 것이라는 식으로 법을 만들면 안 돼요. 그런데 우리는 그런 경향이 짙은 나라에요.

우리가 실명제라는 그런 법의 이름을 빌리지 않고, 이 사회가 실명화로 가야돼요. 미국 예를 들면 이런 거에요. 미국서 제가 살 때, 전기세, 수도세, 가스세가 고지서로 집에 배달됩니다. 고지서에 이렇게 써 있습니다. 현금은 보내지 마시고, 가계 수표로 보내 달라. 제가 헤리티지에서 봉급을 받고 있었는데, 2주일에 한 번씩 체크로 줍니다. 사회보장번호(Social Security Number)가 있어서 바로 국세청에 통보가 가고, 돈은 제 은행구좌에 가서 넣어야 됩니다. 그리고 제 수표를 제가 갖고 있습니다. 제가 돈 들어가 있는 만큼 수표를 끊을 수 있어요. 그럼, 전기회사는 제 수표를 받아서 은행에 가서 돈을 빼지요. 그럼, 그 수표는 은행에 남게 되지요. 은행에서는 그 수표에 도장 딱 찍어서 돈이 집행됐다는 걸 보여줍니다. 그게 영수증이에요. 별게 아닙니다. 같은 수표가 은행을 통해서 돌아오면 그게 영수증이에요. 그리고 미국 사회는 금융 사고를 저지르면 그 사회에서는 못 삽니다. 공직자에게 가장 무서운 것이 국세청 조사입니다. 우리나라처럼 국정원 신원 조사가 아니에요. 선진 자본주의 사회는 사람 뒤를 쫓아다니지 않고, 돈의 행방을 찾아다녀요. 돈의 방향을 보면 이게 범죄자의 돈인지, 어디로 흘러가는지 상대를 훤히 볼 수 있어요. 선진국은 이런 시스템을 갖추고 있어요. 비선진 국가는 돈은 안보고, 사람 꽁무니만 찾아다닙니다. 이 사람이 어제 어디서 술 먹었나? 말입니다. 이런 차이가 있습니다. 선진국에서는 실명제란 말을 쓰진 않지만 그 사회에서는 돈의 흐름이 투명하도록 제도화되어 있습니다. 또, 국가 공직에 취임할 때 가족과 본인의 파이넨셜 리포트를 수십 년 전까지 다 뒤지는 거에요. 그저께도 신문에 나왔어요. 민주당 랭글 미 하원 위원이 가장 강력한 국회 세입, 세출 위원장이지요. 그런데 콘도 세우고 임대로 제대로 신고 안하는 등 돈 문제 때문에 낙마했어요. 미국은 용서가 없어요. 실명제란 말은 안 쓰지만, 실명제 법을 어겨야 될 이유는 없어요. 돈의 흐름을 투명하게 굴러가도록 제도화 해놓으면 됩니다. 그렇게 함으로써 법을 어기지 않도록 하는 거죠. 그럼 어떻게 됩니까? 범죄자가 아닌 한 그 룰 속에서 살고, 거기서 결정적으로 중요한 신용 사회가 형성이 되는 거에요. 그래서 어떤 사람이 담보물이 없어도 세금 낸 것, 그 사람이 받은 수익 등을 봐서 그 범위 안에서 은행이 돈을 빌려줍니다. 우리사회가 투명한 사회, 신용사회가 되도록 이 메커니즘을 만들어 가야지, 실명제라고 하는 법으로는 절대로 안 됩니다. 어떻게 됩니까? 첫째, 이회창 씨 대통령 후보 나와서 차떼기 사건 나왔죠? 실명제 없을 때면 수표로 했으면 끝났을 텐데, 실명제 때문에 어떻게 된 거에요. 현금 박스로 실어 나르는 오히려 누가 볼 때 참 말할 수 없이 부끄럽고, 불편한 방법이 동원된 거죠. 둘째, 한국이 실명제를 실시해서 예금이 더 늘어났나요? 제가 조사를 안 해봐서 모르겠지만, 이미 당시 실명제가 90% 이상 되어 있었기 때문에, 실시 이전과 이후가 별 차이 없을 거에요. 셋째, 정치인의 자금이 투명해졌나요? 안 그렇잖아요. 실명제 했다고 해서 비자금이 안 만들어지나요? 결국, 이 사회를 더욱 혼탁하게 만든 결과 밖에 없는 거에요. 결과적으로, 실명제라는 것은 소위 법치 만능주의의 패턴이에요. 법치는 중요하지만 법치 만능주의는 조심해야 됩니다. 경제 정의라는 말은 쉽죠. 그러나 그게 하루아침에 되는 것은 아니고, 국가의 구조를 어떻게 조직해서 어떻게 관리해야 되는가가 중요한 겁니다. 여기에 선, 후진국의 차이가 있는 겁니다.

권자경: 1983년, 아웅산 묘소 테러사건으로 정부 주요 관료를 비롯해 17명이 사망하는데요. 아주 큰 사건이었죠.

허화평: 그건 북한의 전형적인 패턴이죠. 6·25전쟁, 청와대 습격사건, 그 연장선상에서 보면 됩니다. 북한의 일관된 목표, 소위 민족통일, 적화

통일 그걸 위해서 그 사람들은 모든 수단과 방법을 가리지 않아요. 나중에 KAL기 폭파사건도 그렇고요.

권자경: 1983년에 정무수석에서 물러나면서 미국행을 선택하게 되는 어떤 이유가 있으신가요? 한국에 계시는 것은 고려하지 않으셨어요?

허화평: 한국에 있으면 안 되죠. 여러 사람이 원하는 것도 그런 것 같고, 가족들하고 다 같이 미국으로 건너갔어요. 미국은 이제 세계의 센터고, 거기가면 공부도 좀 할 수 있을 것 같았어요. 미국을 이해하지 못하면 세계를 이해 못하니까요. 금세기도 마찬가지일 겁니다.

권자경: 미국에 계실 때 헤리티지에 근무하셨죠?

허화평: 5년 동안 있었어요. 거기서 읽고, 쓰고 미팅 참석하고, 사람들 만나고 그랬죠.

권자경: 청와대 근무하시는 동안 어떤 점을 아쉬운 것으로 꼽을 수 있을까요?

허화평: 아쉬운 점 많죠. 저는 전혀 준비없이 들어간 사람입니다. 제가 대통령이나 국가를 위해서 보좌하고 봉사한 것은 그때까지 저의 지식, 그때까지 제가 갖고 있었던 상식에 의존했기 때문에 지금 뒤돌아보면 정말 더 잘 할 수 있고, 해야 할 일들이 많았던 것 같아요. 그러나 그때는 너무나 혼란 이후에 새로운 정부가 어려운 상태에서 출발했기 때문에 당장 눈에 보이는 중요한 일들에 매달렸는데, 좀 더 장기적으로 많은 사람들의 의견을 존중해가면서 시간적 여유를 갖고 할 수 있었으면 좋았을 텐데 하는

아쉬움이 남아요. 그때는 빨리빨리 급한 대로 했었죠.

권자경: 김영삼 대통령이 들어서고, 5공화국 실세들이 거액의 비자금조성으로 재판을 받게 됩니다. 5공화국의 참모들이 부정축재한 게 없었다는 말씀을 하셨지만, 재판과정에서 평화의 댐 건설, 민정당 운영 과정에서 비자금조성 등이 드러났습니다.

허화평: 평화의 댐하고는 관계가 없는 것 같고요. 소위 전 대통령, 노 대통령 비자금이 노출되어 많은 국민들이 실망하고, 비판의 대상이 됐습니다. 제가 그때 어떤 언론하고 이야기했어요. 이것이 한국적 현상이다. 권력을 놓고 떠난 전직 대통령이 자기를 보호하는 것은 돈이라고 봅니다. 왜냐하면 돈이라도 좀 있어야 지지하는 세력과 사무실도 차리고 얘기라도 하지요. 권력도 없고, 돈도 없고, 아무 것도 없으면 다 어떻게 합니까. 부정축재가 정상은 아니지만 한국적 현상이고, 전 대통령 경우에 본인이 기업으로부터 돈 받은 것을 부인하지 않았습니다. 그런데 소위 포괄적 뇌물죄로 당신이 받은 돈은 정치자금으로 인정할 수 없다고 판결이 나서, 추징금으로 이천 몇 백억 내놔야 된다고 하는 거에요. 그건 다 해명하신 것 같아요. 저는 민정당 한 달에 얼마씩 줬고, 선거할 때 얼마주고 이래저래 해서 이거다라고 얘기했어요. 보통 서민들이 들을 때 입이 벌어질 정도의 액수지만, 대한민국의 최고 권력자 입장에서 보면 또 다른 생각을 할 수 있는 돈이에요. 저는 그것이 잘 됐다고 옹호하진 않지만, 한국적 정치 현실을 무시할 수 없다면 고통스럽지만 그건 인정해줘야 될 부분이라고 봅니다. MBC TV에서 PD가 그때 저한테 5공화국으로 이야기하자고 그러더라고요. 그래서 저는 이야기는 할 게 없고, 차나 한 잔하고 가라고 했어요. 제가 진짜 시청률 올리는 방법에 대해 얘기해 줬지요. 김대중 대통령에 대해서도 그거 하나 해보라고 했지요. 세상 사람들은 김대중 대통령이 엄청난

돈을 갖고 있다고 생각하고 있다. 전 대통령, 노 대통령 돈 다 빼앗아갔고, 감옥소 보냈고, 맨날 욕했는데 다른 대통령도 조사해 보라는 것이지요. 페어하게요. 김영삼 대통령도 돈 한 푼도 안 받았다고요? 안기부 돈 천억 가지고 선거 치루었습니다. 전 대통령은 안기부 돈 건드리지 않았어요. 강삼재가 국가정보기관의 천억을 써서 구속됐잖아요. 본인은 자기 돈을 맡겨 놓았다고 말했지만, 자기 돈이 어디있어요? 대통령이 한 달에 봉급이 뻔한데. 국가정보기관 창고의 천억을 빼서 돈을 물 쓰듯 쓴 거죠. 그거는 영수증 받고 돈 받은 것의 수십 배 부도덕이죠? 저는 절대 전 대통령, 노 전 대통령 비자금을 잘 했다고 얘기하는 것이 아닙니다. 그러나 한국적 권력 세계를 본다면, 여러 대통령에게도 공평하게 적용해야 된다고 봅니다. 그리고 앞으로 우리는 이런 일이 없도록 공동 노력해야 합니다. 학생들이나, 학자들이 들을 때는 대통령 선거 한 번하는데 돈이 천문학적으로 들어간다는 사실을 납득하지 못해요. 우리는 한국의 정치제도를 바꿔야 되고, 선거제도를 바꿔야 되고, 그걸 바꾸려면 당장 헌법을 바꿔야 됩니다. 그건 개인의 책임이 아니라고 볼 수 있어요.

권자경: 5공화국에 대한 전반적인 평가는 어떻게 보십니까? 공(攻)에 대해 말씀해 주시겠습니까?

허화평: 5공화국에 대한 전반적인 평가로 박 대통령의 산업화를 마무리한 정권이라고 평가하고 싶습니다. 박 대통령은 다른 나라 차관 써서 공장 한창 짓다가 돌아가셨어요. 이 상태에서 5공화국이 들어가서 박 대통령이 세운 것을 무너뜨리지 않고 성공적으로 마무리한 겁니다. 그래서 우리 산업화가 마무리되고 박 대통령이 오늘날 존재하는 겁니다. 우리나라에 중산층이 바로 5공화국 때 생겼습니다. 그래서 5공화국은 중산층을 만들어 낸 정권으로 볼 수 있습니다. 그리고 평화적 정권 교체를 했다는 게 아주

중요합니다. 민주화의 물적, 제도적 기반을 5공이 만든 정권이에요. 5공화국의 공적이라고 하는 게, 만약 광주사태가 광주시민들 일부가 생각한 것과 달리 그게 민주화 투쟁이 아니라, 이상한 폭동이었다면 5공에 대한 평가는 다시 이루어져야 되는 거에요. 국민 직선에서 자연스럽게 탄생된 정권이 아니라 하더라도, 그 당시 상황에서는 그 길 밖에 없었으니까요. 애들이 클 때 감기 앓는 것처럼 한 국가도 이런저런 과정을 거치잖아요. 거기에 비하면 우리 대한민국은 어려움이 많았고, 희생도 컸지만 거대한 선진 자본주의 국가의 역사에 비하면 저는 그 희생이 그렇게 컸다고 보지 않습니다. 물론 그 희생이 적다고 보지도 않습니다. 제가 희생이 적다고 이야기하는 건 아니지만 한 사람이 죽어도 그건 죽은 거에요. 그러나 어떤 희생과 대가없이 성공한 나라는 없잖아요? 시간이 지난 시점에서 우리 국민들이나 한국의 지식인들이 마음을 열고 객관적으로 봐줄 수 있는 때가 되지 않았나싶어요.

권자경: 전두환 대통령 시기와 관련돼서 개인적으로 알고 있는 에피소드나 비화가 있으면 소개해 주십시오.

허화평: 에피소드나 비화는 별개 없어요. 제가 이 기억은 납니다. 박 대통령 돌아가시던 날, 비상이 걸려서 사령관 실에 전두환 합수본부장하고 저하고 둘이 앉아서, 세상이 전부 다 놀라있는 상태에서 절대 권력자가 저 옆에 누워있고, 제가 전 대통령보고 '이게 우리의 역사일 수도 있습니다. 우리 부대의 임무는 다른 부대와 달라서 이럴 때일수록 우리는 냉정할 필요가 있습니다'라고 말한 적이 있습니다. 그것이 5공화국의 시작인 것 같기도 합니다. 제가 기획해서 비서실장간 것도 아니고, 전두환 장군께서도 계획적으로 간 것도 아니고, 대통령 명에 의해서 가신 것이고, 보안사령관이 저보고 오라고 해서 제가 간 것입니다. 거기 있다가 10·26이 터져서 우

리가 역사의 파도 속에 휩쓸려 간 거죠. 그걸 어떤 개인기준으로 잣대를 놓고 이야기하기가 굉장히 어려운 거죠.

권자경: 14대, 15대 국회의원을 지내십니다.

허화평: 제가 14대 국회에 무소속으로 출마해서 구속된 상태에서 당선 했어요. 15대 국회 때는 당선을 하고 그 다음에 대법원이 판결해서 다시 자격이 상실됐습니다. 그러니까 우리 헌정사에 이 내란 반란 사건으로 구속이 된 상태에서 출마했는데 당선된 일이 앞으로도 없을 겁니다. 저도 당시 당선되겠나 의심스러웠는데, 그게 세상의 인심일수도 있죠. 김영삼 대통령의 처사가 정당하지 못하다고 하는 뜻도 있다고 봅니다. 당선 이전에 출마 자체도 쉬운 일이 아니었습니다. 제가 출마 안 하고 엎드렸으면 조금 더 봐주겠지라고 생각할 수도 있는 거 아니에요? 그러나 당시 저는 어떻게 처분하던지 나는 출마를 해야 되겠다고 생각했어요. 왜냐하면 당신이 하는 역사 재판은 잘못된 거니까요. 당신이나 나나 역사 심판은 같이 받아야 될 사람입니다. 같은 시대, 같은 무대에서 국가를 놓고 겨뤘던 사람입니다. 그렇다면 당신이 권력자로서 우릴 집어넣는 것은 언페어하다는 거죠. 그래서 당신의 처사를 받아들일 수 없어서 저는 출마했습니다. 그런 것들이 포항 시민들이 저를 당선시키는데 크게 작용하지 않았나 싶어요. 만약 김영삼 대통령의 처사가 명명백백하게 정당했다면 저는 당선되지 않았습니다. 김영삼 대통령 조치가 맞다면 제가 펼칠 수 없는 거죠. 그래서 저의 당선이 김영삼 정부의 역사 바로 세우기 소위 그 재판이 정당하지 않다는 걸 입증한 거라고 봅니다. 세상 사람들이 인정하든 안 하든 저는 그렇게 생각합니다.

권자경: 박정희 정권부터, 전두환 정권 때까지 모든 공무를 보시고 국회

의원까지 지내시는데, 여러 대통령, 정부를 거치면서 정권을 비교해봤을 때 전두환 정권이 다른 정권과 차별화된 것이 있을까요?

허화평: 전두환 정권은 징검다리 정권으로 보시면 될 겁니다. 산업화에서 민주화로 넘어가는 그 격동기를 우리 국민들이 물에 안 빠지고 건너뛸 수 있는 그 기간이 7년이었다고 봅니다. 전 대통령은 그 역할을 성공적으로 한 분이에요. 약간 물이 튀기도 했지만, 그렇게 보면 틀림이 없을 거에요.

권자경: 아까 5공화국의 공에 대해 말씀해주셨는데, 과에 대해서도 말씀해 주십시오.

허화평: 결국 정권 출범이 자연스럽지 못했다는 부분에 대해서는 5공화국 주역들은 분명히 책임이 있다고 봅니다. 그러나 그것을 모르고 한 것은 아니었어요. 그건 피할 수 없었고, 그것이 당시에 우리 국가를 책임져야 될 군의 입장이라고 생각했어요. 그러나 그것이 이제 평화 시에 교과서를 놓고 보면 비판을 피할 수 없죠. 그럼에도 불구하고, 결과적으로 해피엔딩이 된 것이 아닌가라고 생각듭니다. 그러하기에 오늘날 대한민국이 있는 게 아니겠어요?

권자경: 마지막 질문 드리겠습니다. 한국사회 우리 국민들에게 당부하고 싶은 말씀이 있으시다면 들려주십시오.

허화평: 지금 우리나라는 정치, 사회적으로 아주 어려운 상황이에요. 희망을 갖고 있음에도 불구하고요. 저는 우리 국민이 학력 수준은 국제적으로 아주 높은 수준이라는 것을 압니다만, 학력이 높다고 해서 지혜가 많은 건 아닙니다. 우리나라 국민들은 제가 봤을 때 사회의 기준이 없다고 보는

거에요. 예를 들어 세종시 건설에 대해 충청도 사람들은 쌍수를 들어서 환영하는데 다른 지역 사람들은 아니라고 합니다. 그런데 어느 날 보니까 그렇게 흘러가는 거에요. 결국 그렇게 된 것은 국민에게 책임이 있는 겁니다. 둘째, 정치인은 양심이 없다고 봅니다. 우리가 가난한 데서 60년 동안 앞뒤 안보고 여기까지 오다보니까 어느 날 그렇게 된 것을, 이제 비로소 눈을 뜨고 알게 된 거죠. 눈을 뜨고 보니까 사실 기준이 정말 없는 거에요. 찍어놓고 손가락 자른다고 매번 이야기하는 국민이니까요. 기준이 있었으면 그런 일은 없는 거죠. 또한 정치인들은 국민들에게는 온갖 소리 해놓고 제대로 한 게 없습니다. 그게 우리 정치의 현실입니다. 정치가 계속 후퇴하는 이유는 정치인들이 양심이 없어서라고 봅니다. 이제 우리 국민은 제자리로 돌아가서 기준도 찾고, 양심도 찾아서 정상적으로 가야 됩니다. 바로 이 시점에서 이루어져야 하는 게 아닌가 싶어요. 근본적으로 우리가 지적 수준이 높기 때문에 재빨리 그걸 인식할 수 있는 가능성이 굉장히 많다고 봅니다. 인식하기 위해서는 어떤 전환점이 있어야 합니다. 모멘텀이죠. 이건 눈에 안 보이는 거죠. 그건 우리 교육하고도 관계가 됩니다. 이승만 대통령이 교육혁명을 해서 재빨리 우리를 문맹에서 깨치고 한국이란 나라를 일으켜 세웠고, 거기에서 한 발짝 더 나가서 각 가정에서는 소 팔고, 땅 팔고 빚져서 자녀 교육시켜 산업화까지 온 거에요. 여기에서 우리는 이길 수 있고, 선진국이 될 수 있다고 하는 강한 마인드를 가지게 되었고, 이제는 우리가 생각할 수 있는 국민이 돼야 합니다. 생각하는 국민이 되기 위해서, 사상의 대가들과 대학교에서 유도해야합니다. 철학적 사상가, 소위 인문학이 발전하지 않으면 우리 사회는 당분간 표류합니다. 얼핏 보면 당장은 관계없는 것 같지만 천만에요. 우리가 장기적으로 이기려면 지금의 인문학으로는 부족해요. 산업화 할 때까지만 써먹을 수 있는 우리 교육을 한 거에요. 우리의 퍼스트클래스 교육이 획기적으로 점프해야 됩니다. 당대를 대표하는 사상가가 있어야 이 사상적 혼란에서 우리가 기준을 잡을 수 있고, 당대의 철학자가 있어줘야 우리가 미래에 대해 좀 더 깊이 생각할 수 있는 여유도 갖게 되는 겁니다. 앞으로 그걸 여러분들이 해주세요. 대학교가 맡아서 해야 합니다. 인문학하면 요즘 취업이 잘 안되어 안 하잖아요? 그럼 국가에서, 학계에서, 사회단체에서 인문학자들이 먹고 사는 것을 걱정하지 않도록 지원해줘서 철학과 사상을 배출하도록 해야 해요. 그걸 해야만 국민은 기준을 찾을 수 있고, 우리 사회의 전체적인 양심을 지킬 수 있는 거죠. 철학과 사상이 없는 상태에서 젊은이들이 신문을 볼 줄 모르는 겁니다. 신문 사설을 다 이해할 수 있나요? 그렇지 않을 거에요. 학생들한테 나중에 물어보세요. 왜 신문이 이걸 쓰고 있는가를요. 왜 반문하지 않는 거에요? 거짓말 하고 있는 건지? 이 사람이 이야기하고 있는 게 얼마나 진실에 가까운지? 이게 결코 쉽지 않을 거에요. 그럼, 제 자신은 왜 철학자가 안 되었냐고 반문할 수 있는데, 제가 그 길을 안 밟았잖아요. 제가 남에게 부탁할 게 아니라 제가 먼저 그렇게 돼야하지만, 우리 세대는 다 지나갔습니다. 철학과 사상이 먼저 서서 기준과 양심이 있는 국민이 되어야 합니다.

권자경: 장시간에 걸친 소중한 말씀에 감사드립니다.

이종찬

(전) 민정당 국회의원

1. 개요

　국정원장을 역임하고 국회의원을 지낸 이종찬 전 의원과의 인터뷰는 2010년 4월 8일, 27일 이틀에 걸쳐 진행되었다. 종로구 소재 우당기념관에서 총 6시간 정도 소요된 인터뷰에서 이종찬 전 의원은 전두환 정권이 출범하기 직전의 정치상황과 민정당의 창당과정, 그리고 당시의 주요 정치사건과 복잡한 1980년대의 한국현대정치사의 주요 내용들을 소상하게 이야기해 주었다. 이종찬 전 의원은 중앙정보부에서 국장을 역임하였고 민정당 창당의 주역으로 참여했으며 11대, 12대, 13대, 14대 의원을 지냈고 민정당 내에서 원내총무 등 주요 보직을 두로 경험하였다. 특히 육사 16기 출신으로 당시 정계의 핵심적인 위치를 차지하고 있었다. 민정당 창당과정에서 당의 이념적 지향성을 확립하고 강령 등을 만드는데 중요한 공헌을 하였고 서울을 비롯한 경기도의 지구당 인사들을 충원할 때도 결정적인 역할을 하였다. 당내에서는 온건파로서 당시 야당인 민한당과 신민당과의 대화와 협상을 중시하는 입장을 취했고 전두환 정권의 강경파에 맞서 학원안정법 등 중요한 시국대책이나 정책을 만들 때 온건파의 입장을 대변하는 역할을 하기도 하였다. 인터뷰 내용 중에서 주목할 만한 것을 간단하게 소개하면 아래와 같다.

　첫째, 박정희 사후 전두환과의 만남에 대한 일화이다. 이종찬 전 의원은 박정희 사후 정보부에서 일할 당시 업무처리 과정에서 전두환 당시 보안사령관으로부터 신뢰를 받게 되었다고 한다. 그 후 전두환 전 대통령이 중앙정보부를 개혁할 것을 지시했다. 당시 이종찬 전 의원은 중앙정보부 총무국장을 맡으면서 그 일을 처리했고 중앙정보부 거의 전 직원의 사표를 받았다고 한다. 중앙정부부에서 퇴출의 기준은 먼저 정치에 물든 경우였다고 한다. 그리고 부패하고 무능한 인물들이 쫓겨났다고 한다. 새롭게 출범한 중앙정보부는 먼저 국내부서를 줄이고 대공기능을 강화시켰다. 그러나 광주항쟁이 발발하자 국내수사관이 부족하여 국내정치인을 담당하는 수사부서는 그대로 두었다고 한다.

둘째, 민정당 창당과정에 대한 이야기이다. 이종찬 전 의원은 전두환 전 대통령의 지시에 의해 창당작업을 하게 되었고 거의 모든 전권을 위임받았다고 한다. 이때 남재희 전 의원과 접촉하여 창당작업을 서두르게 되었고 남재희 전 의원의 권유대로 민족주의 세력을 넣게 되었다고 한다. 그러나 창당과정에서 권정달과 대립하는 경우가 많았고 특히 민족, 민주, 정의, 복지, 통일을 주요 정당 구호로 넣는 것에 대해 심각한 이견이 있었다고 했다. 그밖에 배성동 교수 등으로부터 정강내용이 너무 진보적이지 않은가 하는 견제를 받았다고 한다. 창당과정에서 대학의 주요 교수들이 초청되어 세미나를 했고 정당수립에 관한 아이디어를 제공했다고 한다. 정당명은 민주복지당, 민주정의당 2개의 안이 준비되었고 전두환 전 대통령이 민주정의당을 선택했다고 한다.

지구당위원장을 모집하기 위해 수도권의 주요 인사들을 많이 만났으며 오유방, 박찬종 전 의원에게 참여를 권유했지만 거부했다고 한다. 특히 오유방에게는 당헌, 당규를 검토할 것을 부탁했고 어느 정도 일을 해주었다고 한다. 창당과정에서는 권정달, 노태우 등이 자금을 외부에서 가져와 조달하는 경우도 많았다고 한다. 삼성 같은 대기업에서 돈이 들어오기도 했다고 한다.

본인은 전두환으로부터 권유를 받아 종로에 출마하게 되었다고 한다. 그러나 허화평 등이 오재도를 종로 위원장으로 밀어 선거 당시 오재도를 설득하느라 많은 노력을 했다고 한다. 반대급부로 오재도에 전국구를 주었다고 한다. 결국 이종찬 전 의원은 당을 만드는 과정에서 주요한 역할을 하였지만 신군부로부터 보이지 않는 견제를 받았음을 알 수 있다.

셋째, 새마을 운동을 추진한 전경환과의 일화이다. 전경환과 국회에서 예산삭감문제로 갈등이 있었고 전두환은 전두환 대통령은 전경환이 열심히 일한다고 생각하는 등 긍정적으로 평가했다고 한다.

넷째, 김재익 전 청와대 수석에 대한 평가이다. 당시 김재익은 실명제를 추진하려고 했고 전두환 대통령은 김재익을 전적으로 신뢰하고 실명제를 지지했다고 한다. 장영자 사건 이후 허화평은 김재익을 매우 비판적으로 바라보았고 이종찬을 만나 불만을 토로했다고 한다. 그 후 전두환의 요구로 허화평 등은 미국으로 유학을 떠나게 된다. 전두환은 평소 허화평에게 권력이 쏠리는 것에 대해 우려했다고 한다.

다섯째, 장영자 사건 이후의 정국에 대한 이야기이다. 장영자 사건 이후 핵심들이 물러나게 되고 많은 권력을 민간화시키게 되었다고 한다. 이때 민한당의 공세도 강화되고 재야에 있던 김영삼의 움직임도 활발해졌고 법전문가들이 당주변에 많이 포진하게 되었다고 한다.

여섯째, 12대선거 후 정국상황에 대한 이야기이다. 전두환 전 대통령을 만나 선거결과가 매우 안좋고 위기로 받아들여야 한다고 보고했다고 한다. 그러나 당내에서는 평년작의 결과라고 낙관론적으로 인식하고 있었고 이러한 시각차이 때문에 당내에서 미움을 받았다고 한다. 이러한 시각을 가진 사람들은 결국 자신들의 자리를 지키기 위한 것이었고 후에는 권력을 강화시키는 방향으로 나가게 되었다고 한다. 예를 들어 학원안정법의 등장 같은 것이다. 당시 학원안정법을 두고 안가에 모여 당내 주요 인사들이 토론을 벌였다고 한다. 이 법의 주도자는 허문도였다고 한다. 이 법이 폐기된 후 이종찬 전 의원은 사퇴했고 이일에 대해 전두환은 미안함을 표시했다고 한다. 전두환은 이종찬 전 의원을 아프리카, 중남지 지역 특사로 보냈고 방송사 기자들을 붙여주었다고 한다.

이때부터 4·13호헌조치까지 서울시 지역의 의원들을 중심으로 위기에 대한 인식을 하게 되었고 민심의 동향에 관심을 가졌다. 이종찬 전 의원에 의하면 전두환은 노신영을 매우 긍정적으로 평가하고 있었다고 한다. 전두환은 반드시 노태우를 후계자로 생각하고 있지 않았고 여러 명을 후보자로 생각하고 있었다고 한다. 당시 전두환은 서울시를 중심으로 지구당 위원장을 TK 출신들로 교체하고자 했지만 이종찬 전 의원이 반대하여 거의 성사되지 못했다고 한다. 미문화원사건 때 노신영 총리를 비롯 김석휘 법무장관 등이 강경파가 국가보안법으로 학생들을 처리하자고 했을 때 이종찬 전 의원은 반대했다고 한다. 온건한 입장에서 이 사건을 처리할 것을 주문했고 결국 그렇게 되었지만 오히려 나중에 이것이 빌미가 되어 강경파가 더욱 강하게 나가게 되었다고 한다.

한편 당시 전두환을 비롯한 핵심인사들은 당시에 광주문제에 대해 책임의식이나 죄의식이 전혀 없는 것처럼 보였다고 한다.

일곱째, 노태우 전 대통령과 관련된 일화이다. 노태우는 1985년 개헌논쟁에 휩싸이던 당시 내심 호헌조치를 반기고 내각제로의 전환에 대해 강하게 반대했다고 한다. 그때 노태우를 지지했던 인물들은 유학성, 정호용, 황영시 등이라고 한다. 유학성은 전두환이 후보를 결정한 후 그 말을 듣기 위해 7년을 기다렸다고 말했다고 한다.

노태우 정부가 출범했을 때 이종찬을 따랐던 서울지역 의원들을 탈락시켰다고 한다. 이종찬 전 의원도 탈락시키려고 하자 본인이 무소속으로 나가겠다고 하자 공천을 받았고 그 후 정무장관으로 임명되었다고 한다. 당시 노태우는 군부 쪽에서 이종찬 전 의원에 대한 반대가 많았다는 이야기를 했다고 한다.

여덟째, 전두환 전 대통령에 대한 통치 특성에 대한 평가이다. 전두환 전 대통령은 인재등용을 잘했고 본인이 공부를 잘하지 못한 사람임을 인정하면서 일자리를 맡기면 전권을 주었다고 한다. 그러나 전두환 대통령을 비롯한 핵심인사들은 당시에 광주문제에 대해 책임의식이나 죄의식이 전혀 없는 것처럼 보였다고 한다.

이종찬 전 의원은 전두환 정권의 쿠테타 세력의 핵심은 아니었지만 5공화국 출범의 기초를 닦는데 중요한 역할을 한 인물이었음은 부인할 수 없다. 그러한 점들은 이 구술내용을 통해 충분히 확인할 수 있다. 전두환 정권의 출범과정에서 잘 알려지지 않았던 주요 인사들의 충원과정과 집권당의 창당과정, 당 노선 설정과정 등의 이야기를 이 구술을 통해 소상하게 알 수 있었다. 또한 집권당 내부의 갈등, 주요 정책을 둘러싼 강경파와 온건파의 대립, 학원안정법과 4·13호헌 조치 등 주요 사건 시기의 집권세력 내부의 이야기들을 세세하게 구술했다는 점에서 이 구술사료집은 중요한 의미를 갖는다고 본다. 그리고 구술을 통해 이종찬 전 의원은 주요 대통령들의 특징과 그들의 리더십의 장단점을 비교하여 설명하였다. 한국현대사의 큰 비중을 차지하는 대통령들의 리더십과 개인적 특성들을 새로운 시각 속에서 조명할 수 있는 기회를 주었다는 점도 이 구술사료의 정치적, 역사적 의미를 부각시켜주고 있다.

2. 구술

>>>>> 1차 구술 ─────────────────────────

윤민재: 안녕하십니까. 먼저 선생님께 드릴 질문은 1980년부터 1987년까지의 일에 관한 것입니다. 먼저 선생님 호가 삼인이신데, 어떤 의미인지요?

이종찬: 옛날에 제가 고등학교에 다닐 때 어른들이 해공, 유석, 인촌으로 불렀습니다. 그래서 당시에 우리가 그것을 흉내낸다고 친구들끼리 석탄이라고 부르기도 하고, 송완이라는 친구도 있었습니다. 모두들 저를 삼인이라고 부르고는 했습니다. 그건 10대 때 있던 일이고 그 후에는 쓴 적이 없습니다.

윤민재: 경기 중학교, 고등학교, 그리고 육군사관학교를 졸업하시고 그 다음에 바로 대사관 근무를 하신 건가요?

이종찬: 육군사관학교를 들어가 졸업하고 다음에 임관을 해서 소령까지는 군대 생활을 했습니다. 전방근무도 하고 육사 근무도 한 것이지요. 그리고 대위 때는 제가 중앙정보부 공채 1기로 시험을 봐서 들어갔으니 대위 때부터는 정보반 생활을 했습니다.

윤민재: 그게 언제입니까?

이종찬: 1965년입니다.

윤민재: 당시 중앙정보부장이 어떤 분이셨나요?

이종찬: 그때 중앙정보부장이 김형욱 씨입니다. 당시에 처음 공채를 실시했습니다. 중앙정보부의 전신은 장면 박사 때 중앙정보실이라는 것이 있었습니다. 장면 박사가 그것을 만들어 놓으신 것입니다. 당시 실장이 이후락 씨였구요. 그래서 5·16 때 이후락 씨가 구속됩니다. 원래 이후락 씨는 박정희의 사람이 아닙니다. 반 박정희 사람이지요. 그런데 이분이 군사영어학교 출신으로 미국 무관도 하고 그 후 정보계통에서 일했습니다. 당시 육군에는 21부대라는 것이 있었습니다. 그 부대는 미국과 합동으로 정보 쪽 일을 하는 곳인데 그 부대 이름이 21부대가 된 것은 이후락 씨 군번이 10021이라서 그렇게 된 것입니다. 이렇게 보자면 이후락 씨가 우리 군의 정보계통에 있어서 일종의 원조라고 볼 수 있습니다.

윤민재: 계보를 살펴보자면 원조라고 볼 수 있을 것 같습니다.

이종찬: 원조입니다. 군사영어학교 출신이니 훨씬 전이지요. 그러다보니 장면박사가 이후락 씨의 실력을 알아본 것입니다. 그리고 또 미국과의 관계도 좋았으니까요. 그렇게 중앙정보실이라는 것을 만들게 됩니다. 당시에 1, 2기를 뽑게 되는데 지금은 잘 모르겠지만 김영삼 정부 때 교통부 장관을 하던 이계익 씨가 있습니다. 동아일보 출신이기도 하구요. 그분도 거기 1기생입니다. 제 친구입니다. 그런데 이후락 씨는 말을 더듬습니다. 그러다보니 장면박사가 브리핑을 하러 부르면 말을 잘하던 이계익 씨를 데리고 가서 브리핑을 했습니다. 친구는 KBS에서 경제해설을 하기도 했으니 말을 잘했습니다. 그러니 5·16이 나자마자 구속이 됐지요. 제일 먼저 구속을 당해서 몇 달 감옥생활을 하게 됩니다.

제가 이 이야기를 하는 것은 이승만 박사, 박정희, 전두환, 김대중 이 네 사람에 한해서 특별한 인사 문제가 있기 때문입니다. 다른 사람은 자기 패거리들만 데리고 코드인사를 합니다. 김영삼, 노무현도 마찬가지입니다. 자기와 맞는 코드가 아니라면 인사를 하지 않았습니다. 물론 이명박도 마찬가지입니다. 요즘 얘기하는 고소영 이런 것들이 다 그런 것 아니겠습니까? 그런데 이승만, 박정희, 전두환, 김대중은 자기와 반대에 있는 사람들을 대담하게 중용했습니다. 이승만의 경우 조봉암 씨를 데려다가 토지개혁을 맡겼습니다. 전두환은 허씨를 모두 물리치고 김재익 씨를 중용했습니다. 그리고 김대중은 자기와 가장 반대쪽에 있는 강인덕을 데려다 통일부장관에 기용했습니다. 이것이 바로 용인술입니다.

역대 대통령 중에서 특별한 용인술을 가진 사람은 네 사람 밖에 없습니다. 노태우에게는 박철언이라는 황태자가 있었고 김영삼에게는 최형우가 있었지요. 이건 리더가 아니라 마피아식 패거리이지요. 이런 것들이 나라를 경영하려는 마음가짐이 없다는 것을 보여줍니다. 오바마도 보십시오. 힐러리를 쓰잖아요. 리더들은 사람들을 어떻게 쓰느냐가 중요합니다. 과거에 자기에게 반대했든 찬성했든 능력이 있다면 데려다가 쓸 수 있어야 하는데, 그런 것이 없지요. 이승만 박사를 보십시오. 토지개혁을 하려는데 한민당이 그야말로 지주들의 중심이니 한민당을 시켜서는 토지개혁이 될 수 없습니다. 그러니 가장 반대쪽의 조봉암, 엊그제까지 공산당에 있던 사람에게 토지개혁을 맡겼습니다. 그렇게 보자면 용인술은 의표를 찌르는 것입니다. 현재의 이런 문화는 변화되어야 합니다.

다른 예를 보지요. 과거에 모택동이 닉슨과 국교를 정상화하고 그 사이에서 키신저가 활동하니 중국공산당 안에서 왜 미국에도 개혁적인 인사가 많은데 가장 깡패하고 교섭을 하냐는 이야기가 나왔습니다. 거기에 모택동이 "중요한 일은 힘이 있는 확실한 사람과 하는 것이지 어중간한 위치에 있는 인물과 교섭을 하면 일이 되지 않는다."고 했습니다. 일본도 마찬가지입니다. 일본 자민당도 그 내부에 아시아아프리카 그룹이 있습니다. 우스노미아 도꾸마니라는 어중간한 인물들이 있습니다. 좌파인지 우파인지 구분도 안 되지요. 그러니 교섭은 다나까 다꾸에와 합니다. 말하자면 그 사람은 자민당 내에서도 가장 우파입니다. 아주 극과 극이 결합을 해서 일을 처리해 버렸지요. 이런 것을 할 줄 아는 리더십을 가진 것이 진짜 리더입니다. 어제 식사 자리에서 소금이 제일 좋다는 얘기를 했습니다. 흔히들 빛과 소금이 되라고 하지 않습니까? 소금이 뭐지요? NaCl입니다. 염산과 나트륨입니다. 주기율표로 따지만 염소와 나트륨은 서로 정반대에 있습니다. 극과 극이 결합을 해서 인체에 좋은 역할을 하는 것입니다. 이런 자세가 없다면 그건 리더가 아니라 우두머리에 그칠 수밖에 없습니다.

윤민재: 그런 면에서 전두환 대통령도 그 세 대통령과 비교할 정도로 용인술이 좋았습니까?

이종찬: 전두환 정부 때 있던 김재익 씨는 전두환의 사람이 아닙니다. 오히려 어떤 면에서는 전두환에 반대하는 사람이었지요. 굉장히 뛰어난 분이었지만 인간적으로 전두환 대통령에게 승복하지 않았습니다. 그러던 사람이 나중에는 변하게 됩니다. 전두환 대통령이 그에게 "너도 알다시피 나는 공부도 못했고 경제학도 너보다 아는 것이 없다. 너에게 모든 것을 맡기겠다."고 했습니다. 리더에게 가장 중요한 것이 바로 권력위임입니다. 자기 권력을 다른 사람에게 위임할 줄 아는 것이 가장 중요합니다. 위임을 할 수 있다는 것은 그 사람을 믿는다는 것이고 그 사람이 하는 모든 이야기가 내 품안에 있다는 것입니다. 그 사람이 잘못하면 모두 자신의 책임 아닙니까? 아까 말한 다나까 가꾸에가 대장성 대장대신을 했습니다. 역대 대장대신 중에서 다나까가 가장 명 대신입니다. 왜 그럴까요? 그 사람은 "알다시피 나는 고등학교 밖에 안 나오고 동경제국대학 문턱에도 가보지 못한 사람이다. 나는 경제학을 잘 모른다. 잘 모르니 여러분을 믿는다. 잘

해주기 바란다. 책임은 내가 지겠다. 잘 해달라." 이렇게 말했습니다. 그래서 이께다 정권 때 대장대신을 하면서 당시 정권의 비약적인 성장의 뒷받침을 한 사람입니다. 대통령이 다 한다는 것은, 옛말에도 있지만 '서툰 것이 안하는 것만 못한 것'입니다. 차라리 자신이 모른다고 이야기하는 것이 낫습니다. 이명박 대통령이 잘 못한 것이 무엇입니까? 배를 보고 '나 배 짓는 것 좀 안다'고 한 것입니다. 이런 태도가 사람을 그르치는 것입니다. 원인도 아직 모르는데 어떻게 자신이 먼저 얘기를 할 수 있습니까?

유비가 제일 무식한 사람 아닙니까? 그러나 삼고초려를 통해 제갈공명을 품에 안아 그 사람에게 부탁하고 관운장, 장비, 조자룡을 모두 다 포용할 수 있었습니다. 품을 수 있는 사람이 리더입니다. 자신이 다 아는 만물박사는 리더가 아닙니다. 그러니 이것을 잘 구분해야 합니다. 리더십이라는 것은 그 사람이 어떤 입장에서 국가라는 한 집단을 대할 때 겸손한 마음으로 대하냐 그렇지 않느냐가 중요한 것입니다. 이박사도 자기가 다 안다고 안 했습니다. 위임을 했지요. 전두환 씨는 초기에 제 말을 많이 들었지만 말기에는 상당히 저하고 나빴습니다. 그 양반이 돈을 많이 축적한 것에 대해서 전 반대하는 입장입니다. 싫어합니다. 하지만 그 시기에 어떤 것이 공이고 과인지에 대해서는 생각해 볼 필요가 있습니다. 하지만 대통령이 되는 과정을 보자면 뛰어난 점이 있습니다. 이러한 부분에 대해서는 차츰 이야기를 하겠습니다.

윤민재: 그러면 선생님께서는 중앙정부부에 공채로 들어가셔서 1980년도에 전두환 전 대통령을 공식적으로 처음 만나게 되신 건가요?

이종찬: 전 하나회도 아니었고 육사회에 있다 보니 오히려 반대쪽에 있었습니다. 당시 육사회는 하나회와 반대에 있었습니다. 그래서 교수들이 5·16 행진 때 나가자고 했을 때도 반대를 했었습니다. 그래서 우리 선배

들, 11기 선배들은 연금 상태에 있기도 했습니다. 그리고 강영훈 씨는 당시에 교장이었는데, 반대했다는 이유로 구속이 되었습니다. 하나회가 박 대통령을 지지하는 쪽이었고 육사회는 그것에 대해서 비판적이었습니다. 그리고 저도 당시에 육사회에 있었기 때문에 5·16에 찬동하는 입장에 있지 않았습니다.

박 대통령이 돌아가시고 개인적으로 큰 숙제가 있었습니다. 월남 공관원을 구출하는 것이었습니다. 이 일은 김재규 씨가 저에게 준 임무였는데 당시에 그 일이 중단이 되어 버렸었습니다. 김재규 씨가 구속되고 일이 중단되니 월남 공관원은 죽게 되어버렸습니다. 그래서 제가 월남공관원 세 명을 구출하기 위해서 당시 전두환 보안사령관에게 찾아가서 이들을 구출하는 일을 중단할 수는 없으니 계속하게 해달라고 부탁했습니다. 그랬더니 당연히 계속해야한다고 말했고, 결국 구출해 냈습니다. 그 일을 감쪽같이 해내니 그것에 신뢰가 갔던 모양입니다. 저는 하나회도 아니고 전두환 대통령은 저를 알지도 못했겠지만 그 일로 저를 발탁해서 중앙정보부 개혁을 하라고 했습니다. 중앙정보부에는 김재규 후유증이 있었기 때문에 청소를 해야겠다고 했고 저도 그것에 찬성을 해서 제가 청소작업을 시작했고 그래서 가까워지게 된 것입니다.

전상숙: 공채1기라고 말씀하셨는데 1기라는 것에는 상징성이 있지 않습니까? 어떤 형식으로든 공고 모집이 처음 나왔을 때 그곳에 지원해야겠다고 선생님께 마음을 먹으셨다면 중앙정보부 혹은 정보기관에 대한 생각이 있으셨을 것 같은데요. 그리고 그 연장선상에서 중앙정보부를 개혁하셨을 것이라고 판단됩니다. 당시에 어떤 생각을 가지고 계셨는지, 그리고 입사하셨을 때 선생님이 생각하시던 중앙정보부의 상이 어떤 것이었는지 말씀해 주십시오.

이종찬: 제가 초급장교 시절 존경하던, 마음에 와 닿았던 인물이 이스라엘 건국에 기여한 벤구리온이라는 사람이었습니다. 말하자면 건국의 아버지라고 할 수 있는 사람입니다. 그 사람이 이스라엘이 독립할 때 정보분야에서 일을 시작했습니다. 그리고 생각해보면 옛날에 있던 백범의 한인애국단, 의열단은 정보라는 이름을 붙이지는 않았지만 일종의 정보기관이었습니다. 그러다보니 '우리나라가 통일이라는 과업을 앞에 두고 야전에서 총을 쏘고 싸우는 것만이 전부는 아니다'라는 생각을 하게 되었습니다. 그래서 전문분야를 정보로 해야겠다는 생각을 했습니다.

전상숙: 육사에 들어가고 생활을 하시면서 정보 분야에 관심을 가지고 계셨던 것이군요.

이종찬: 네, 그때부터이지요. 말하자면 역사를 만드는 이런 쪽이 제 적성에도 맞아서 하고 싶은 일이라는 생각을 했습니다. 그래서 전방생활을 하고 중위 때는 최고회의에도 소집되어서 일 년 정도 근무를 하고 육사로 가게 되었습니다. 그리고 그때 공채가 있었습니다. 그래서 제가 시험을 본 것입니다.

윤민재: 다시 1980년도로 돌아가면, 그때 전두환 씨를 월남공관원 구출작전 때문에 알게 되셨다고 하셨는데, 구체적인 과정은 어떠했습니까?

이종찬: 알게 된 것은 그 전부터이고 구체적으로 안다기보다는 일을 처리하는데 깔끔하게 한다는 정도의 평가가 있었겠죠.

윤민재: 아까 말씀하신 청소는 중앙정보부내에서의 일종의 숙청일 텐데, 그것을 담당하는 기구가 있었습니까?

이종찬: 기구는 없었고, 당시에 제가 해외담당부국장이었는데 총무국장으로 옮겨서 그 일을 맡겼습니다.

윤민재: 숙청은 김재규의 측근들이라는 점이 기준이었습니까?

이종찬: 당시 국장들은 특수 분야의 두 세 사람만 빼고 나머지 모두의 사표를 받았습니다.

전상숙: 중앙정보부 조직을 새롭게 개편한다는 것은 새로 출범하게 되는 5공화국 정권의 기반에 대한 정보 분야의 보조를 한다는 의미이고 또 매우 중요한 것이라고 판단됩니다.

이종찬: 네, 중요한 일입니다.

윤민재: 몇 가지 기준을 두고 일을 맡겼을 것 같습니다.

이종찬: 원칙은 몇 가지가 있습니다만, 말하자면 정치에 물 들은 사람은 전부 나가는 것이었습니다.

윤민재: 민간 정치에 물들은 사람은 다 나가는 것이지요?

이종찬: 네, 모두 다 나갔습니다. 그리고 또 다른 원칙은 무능하고, 유세를 부리고, 부패한 사람들은 모두 내보는 것이 원칙이었습니다. 그 과정에서 재미있는 일도 있었습니다. 전두환 씨가 소령 시절에 인사과장을 하면서 추천을 한 인물들이 있습니다. 그런데 제가 명단을 수집하고 심사를 해 본 결과, 당시에 추천을 한 사람이 아주 부패한 사람이었습니다. 미8군에

들어가면서 양담배를 가져다가 팔기도 하고 술, 담배를 가져다 팔기도 하고 그랬죠. 정보관이 아니라 장사꾼이었습니다. 거기에다가 전두환 씨가 나온 대구공고의 동기생입니다. 이 사람을 그냥 놔두면 기준이 없어지게 될 상황이었습니다. 그래서 제가 그 사람도 포함해서 한 이백 명 넘게 결재를 받으러 갔습니다. 명단을 넘겨보더니 카드 한 장을 뺐습니다. 그 사람 카드였습니다. 그리고는 저를 가만히 보고는 이 사람을 왜 넣었냐고 물었습니다. 그래서 제가 이 사람을 빼고 다른 사람을 넣으면 기준이 흔들려서 숙청 작업이 처음에서부터 불신을 받게 된다고 말했습니다. 기준은 엄격해야 하기 때문에 넣은 것이라고 다시 말했습니다. 그랬더니 저에게 이 사람 추천한 사람이 누군지 아냐고 묻더군요. 그래서 제가 "압니다."라고 했더니 "누구야?"라고 되물었지요. 제가 "사령관님이 추천하지 않으셨습니까?"라고 대답하니 서류를 딱 덮고는 사인을 했습니다. 그리고는 "자네는 내가 추천한 줄 알면서도 그 기준에 따라 선정을 했다면 다 엄격하게 명단을 심사했다는 것을 내가 믿어도 된다. 더 이상 묻지 않겠다."고 하더라고요. 그래서 결국 그 사람은 나가게 됩니다. 그분은 나가면서 저도, 전두환 씨도 원망했겠지만 그 일로 인해서 숙청 작업에 대해서는 말이 없었습니다.

이런 것은 그 사람의 장점입니다. 그렇지 않습니까? 결정하고 행동하는 것에는 다른 사람이 하지 못하는 대담성이 있습니다. 이런 것들이 인사에도 반영되어있습니다. 김재익 씨 같은 경우에도 경제학에 대해서 내가 아는 것이 무엇이 있느냐, 네가 다 해라, 나는 너를 믿는다. 이렇게 된 것입니다. 김재익 씨는 누나 두 명이 모두 다 수녀인, 아주 독실한 가톨릭 신자이고 매우 정직한 사람입니다. 자기 분야로 보면 이론에도 밝고 성실한 사람이었습니다. 그런데 대개 경제부처에 보면 재벌들하고 연결되는 끄나풀이 있지 않습니까? 그것에 반대되는 사람이었습니다. 저는 이러한 용인술이 그 시대를 전두환 씨에게 맡기게 된 것이 아닌가하는 그런 생각을 합니다.

윤민재: 숙청작업 후에 다시 중앙정보부가 출범을 하게 되는 것인가요?

이종찬: 출범을 하는데 문제가 좀 있었습니다. 저는 국내 부서를 확 줄이고 당시에 대공 수사 기능만 강화시켰습니다. 정치인을 불러서 조사하는 국내 수사는 없애기로 했지만, 광주사건이 터져 수사관이 부족했습니다. 그래서 이것은 보류를 했습니다. 다른 부서는 다 정리했는데 이 부서만 그냥 둔 것입니다.

전상숙: 원래 국내 업무를 담당하는 부서를 정비하실 계획이었는데 광주 때문에 못하셨다는 것인가요?

이종찬: 네, 당시에 요원이 부족했습니다. 그리고 우리가 말하는 정권에는 상수도만 있어서는 안되고 하수도도 있어야 했습니다. 하수도 역할을 하는 것을 당장 없애버리면 일을 할 수 없으니 그냥 남겨두었습니다. 그 부분을 없앴어야 했는데 그냥 남았다는 것입니다. 유감스러운 일이지만 저는 그 문제를 이해합니다. 당시에는 요원 한 명이 아쉬울 때였으니까요.

윤민재: 광주이야기가 나와서 여쭤보는데, 당시 5월 말쯤에 국가보위입법회의가 발족이 됩니다.

이종찬: 저는 그때까지는 가지 않았고 당시에는 국가보위 상임위원회와 국가보위 입법회의가 있었습니다. 국가보위 상임위원회는 최규하 대통령을 보좌하는 하나의 기구로 있었는데 사실상 최규하 대통령이 얹혀있었던 것입니다. 실제로 거기에서 조치를 다 했는데 전두환 대통령이 8월에 대통령이 되자 이것을 해체하고 국가보위 입법회의를 만들게 됩니다. 한시적 입법기능을 가지는 입법회의를 만들었을 때 제가 들어가게 되었습니다.

전두환 대통령이 취임을 하고 8월 이후에 그것이 만들어졌는데 10월에 제가 들어가게 됩니다.

윤민재: 그곳에도 전두환 대통령이 직접 가라고 말씀하셔서 가시게 된 것인가요?

이종찬: 그냥 가라는 것이 아니라 입법회의 파견근무로 명령을 낸 것입니다. 그런데 입법회의에 가서 얼마 지나지 않아서 저보고 창당 작업을 하라고 옷을 벗겼고 그 다음에는 제가 그만 두게 되었습니다.

윤민재: 입법회의에 참여한 기간은 아주 짧은 기간이겠네요?

이종찬: 네.

전상숙: 입법회의와 상임위원회는 인적구성에서 연속성이 있었습니까?

이종찬: 인적 구성상에서 일부만 연속성이 있었습니다.

전상숙: 기능이 바뀌면서 인적 구성이 바뀌게 된 것이 아닌가요?

이종찬: 네, 맞습니다. 이쪽은 입법 대행기능이고 다른 쪽은 집행 기능이니까요.

전상숙: 인적 구성도 부분적으로 바뀌고 국가보위 구상자체가 전두환 전 대통령의 뜻에 따라 바뀌면서 구성이 된 것인가요?

이종찬: 그렇습니다. 구상대로 진행되었습니다. 처음에는 헤드가 있었고 전권을 가졌지만, 기능적으로는 보좌입니다. 그런데 대통령이 되고나니 보좌기능이 필요 없게 된 것입니다. 그래서 이것을 없애고 입법회의를 만들게 된 것입니다.

윤민재: 선생님께서 민정당 창당에 참여하게 되었다고 말씀하셨습니다. 그것도 전두환 대통령의 지시에 의해서요.

이종찬: 네, 지시에 의해서 창당을 한 것입니다. 그런데 창당을 하는데 저에게 무슨 지침을 준 것은 아니었습니다. 창당 작업 자체를 저에게 거의 위임하다시피 했습니다. 물론 자신의 정치기반을 확고히 하라는 것은 말하지 않아도 아는 것입니다만, 창당의 컨셉을 어떻게 하라는 구체적인 지시는 전혀 없었고 그냥 만들어서 가져오라는 것이었습니다. 그렇게 창당 작업을 시작하게 되었는데, 사실 저는 정당에 대해서는 잘 몰랐습니다. 권정달 씨, 이상재 씨, 임석순 씨 이런 분들이 있었는데 그분들도 정당에 대해서 잘 모르는 것은 마찬가지였습니다. 그래서 제가 제일 먼저 도움을 요청한 것이 남재희 씨였습니다.

윤민재: 남재희 씨하고는 개인적인 인연이 있으신 건가요?

이종찬: 네, 알고 지내는 사이였습니다. 우리나라 정당에는 두 가지 맥이 있지 않습니까? 건국에 있어 이승만 박사의 한 쪽 팔이었던 자유당, 공화당 이렇게 내려오는 일종의 맥이 있고 다른 편에는 한민당이 있습니다. 예를 들자면 한민당, 민국당, 민주당, 3김씨가 모두 다 거기의 적자들입니다. 그래서 제 생각에는 제3당이 좋겠다고 생각을 했고 거기에 남재희 씨도 공감을 했습니다. 이 구상에는 독립운동을 하던 세력들이 모두 다 소멸

을 해서 국민들이 기존의 두 정당에 아무 말도 안하고 있지만 속으로는 '이들이 민족이 어려울 때 나라를 지키려던 사람은 아니다, 이들은 일종의 협력도 하면서 살아온 사람들이다'라는 생각을 한다는 것이 포함된 것입니다. 앞서 말했지만 이스라엘 건국 같은 그런 문제에 있어서 제3의 길이 있어야겠다고 생각을 해서 그렇게 생각을 했지만 제가 전두환 대통령을 완전히 설득하지 못했습니다.

그리고 전두환 대통령을 둘러싼 사람들이 제 생각을 이렇게 받아들이지 않기도 했습니다. 그래서 제가 제일 먼저 모신 분이 의열단을 했던 유석현 선생을 모신 겁니다. 제가 말했던 그런 컨셉을 얻기 위해서이지요. 그리고 이것에 남재희 씨가 호응을 했고요. 처음에 남재희 씨도 저의 생각에 대해서 "공화당을 하나 더 만들자는 것이 아니냐"고 해서 저녁에 밥 먹고 술을 마시면서 이야기도 많이 했지만 마음에 와 닿지는 않는 것 같았습니다. 그런데 제가 사직동 여관에 계시던 유석현 선생을 찾아가서 선생님께서 연로하셨지만 창당에 상징적인 발기인이 되어 달라고 부탁을 드렸습니다. 그랬더니 그분이 저에게 "나는 일제 때도 요시찰인이었고 공화당, 자유당 때도 마찬가지였다. 다 낡아빠진 나를 찾아서 무엇을 하겠냐"고 하셨습니다. 그래서 제가 "요시찰인이라서 찾아 뵌 것입니다. 나오십시오. 제가 모시겠습니다." 그렇게 말씀 드렸습니다. 그렇게 그분을 창당 의장에 모셨습니다. 결국 제 생각이 관철된 것은 아니지만 시초는 그런 것이었습니다. 그래서 복지국가, 민주복지국가 같은 것들도 모두 이런 컨셉 속에서 만들고자 한 것입니다.

전상숙: 선생님께서 저희가 미처 생각을 하지 못했던 부분들까지 생각을 하셔서 행동하신 것 같습니다. 당시의 시점, 1980~81년에 그런 생각을 가지고 실천을 하셨던 것이 전두환 전 대통령의 집권을 둘러싼 부정적인 국민적 시각, 그리고 집권당 내부에서도 원래 뜻대로 보지 않아 행동에 제

약이 있었을 것 같고 또 유석현 선생 역시 같이 동참한다는 것이 쉽지는 않았을 것 같습니다. 민정당의 창당 과정에서 선생님의 이러한 행보가 결과적으로는 관철되지 않았지만 집권당 내부에서의 인식 그리고 상징적으로 대국민 이미지를 만드는 데 있어 어느 정도로 기여했을 것이라고 생각하십니까? 저희도 이러한 내부 사정에 대해서는 들은 적이 없기 때문에 드리는 질문입니다.

이종찬: 민정당 창당 15위의 인적 구성을 보시면 아실 겁니다. 당시에 윤길중 선생도 있었는데 그분은 진보당을 하시면서 8년간 옥살이를 하신 분입니다.

전상숙: 동참하신 것이 선생님과 함께이기 때문이라고 생각되는데요?

이종찬: 그런 빛깔을 내기 위해서 제 나름대로 사람을 골라서 진용을 짠 것이지요.

전상숙: 하지만 동참하셨던 분들도 쉽지는 않았을 것 같습니다. 광주가 있었기 때문에 쉬운 결정은 아니었을 텐데요?

이종찬: 제 생각에 설득력이 있었던 것 같습니다. 제가 '창당에서 정통성을 잃을 수는 있지만, 태생적 전통성이 훼손되었다 하더라도 사후에라도 우리가 올바른 일을 할 수 있다면 그것이 훼손된 부분을 보충할 수 있을 것이다'라고 했습니다. 사후 정통성을 말한 것입니다. 사후에라도 정통성이 없다면, 사전에 조직해서 창당하는 것으로 전락해버리면 문제가 있을 것이라고 생각한 것입니다. 그리고 이것이 제가 많은 분들에게 공감을 얻은 부분입니다. 그래서 남재희 씨, 김종인 씨 모두 저하고 가까워졌습니다.

이것 때문에 후에 전두환 씨, 그리고 특히 노태우 씨에게 수난을 당했지만 말이지요.

윤민재: 파벌을 형성하는 것으로 의심을 받으셔서요?

이종찬: 네, 제가 파벌을 만든다는 이유였습니다. 특히 학원안정법을 반대한 이후로 제가 수난을 많이 겪게 되었습니다. 이 문제에 대해서는 가치에 있어서 반대하기 때문에 할 수 없다고 한 것입니다. 그러다보니 김철 씨도 저와 의기투합해서 같이 움직였는데 끝까지 제가 챙겨주지 못했습니다. 그것이 제일 미안합니다. 나중에 떨어져 나가게 되고요.

윤민재: 김철 선생님도 그 당시 발기인으로 참여를 하셨습니까?

이종찬: 하지 않았습니다. 왜냐하면 그분은 제가 앞서 말한 것처럼 다시 출발을 하자고 했을 때 한 가지 조건을 붙였습니다. 이름은 기억나지 않지만 어떤 사람의 정치규제를 풀어달라는 조건이었습니다. 그런데 제가 하지 못했지요. 당시에 제 힘이 닿는 부분은 그렇게 넓지 않아서 제 마음대로 할 수는 없었습니다. 말하자면 인조반정처럼 전두환 씨에 대한 반정세력이었지요. 그래도 허화평 같은 사람은 이해를 했습니다. 그래서 같이 생각대로 하자고 돕기도 했는데 권정달 씨부터 이해를 못하고 반대를 했습니다. 당시에 5대 구호에 민족, 민주, 정의, 복지, 통일을 넣었는데 민족을 넣어서 저하고 권정달 씨하고 토론을 했습니다.

전상숙: 민족에 대해서 권정달 씨 측에서는 어떻게 생각을 한 것입니까?

이종찬: 그것을 굳이 넣을 필요가 있냐는 것이지요.

전상숙: 그 시점에서 생각을 하자면 선생님께서는 민족이 어떤 내용이라고 생각하십니까?

이종찬: 만약에 우리가 민족사적 정통성을 여기서 주장하지 않는다면 허공에 떠 있는 것이라는 것입니다. 허공에 떠 있다는 것은 우리가 그냥 국회의원 한번 더하고 정권을 잡으려는 것 밖에는 되지 않느냐, 정권의 기본이 없어지지 않느냐는 것이었습니다.

윤민재: 선생님이 생각하시기에 권정달 씨는 어떠한 이유로 반대하시는 것 같으셨나요?

이종찬: 말하자면 민족주의 같은 것은 좌파나 하는 것이라는 것이지요.

윤민재: 북한이 민족 정통성을 말하는 것처럼 말이신가요?

이종찬: 네 맞습니다. 그래서 처음부터 그 문제에 대해서 상당한 갈등이 있던 와중에 시작을 한 것입니다. 저는 지금도 제가 주장한 것을 양보하고 싶은 생각은 없습니다. 제가 비록 실패는 했지만 양보는 하지 못한다는 것입니다. 제가 김영삼하고 싸우는 것도 단순히 김영삼이 어떻다는 것이 아니라 이러한 문제에 대해서 김영삼은 철저함이 없다는 이유에서 싸우는 것입니다. 그리고 제가 김대중 편을 드는 것도 김대중은 상대적으로 이 문제에 대한 철저함이 있었기 때문입니다. 제가 과거 정보부 초임 시절에 백낙청 씨 같은 분도 다 제 친구였습니다. 우리는 10·26 전에도 이 문제에 대해서 논쟁을 했습니다. 당시에 전당대회에서 김영삼이 당수가 되어서 그 사람들이 전부 김영삼을 지지해야 한다고 했을 때도 저는 "너희들과 생각이 다르다, 김대중이 한다면 지지하겠다"고 했습니다. 김영삼은 민족에

대한 철저함이 없었고 또 하나의 한민당 정치인이 나오는 것에 불과하다고 봤습니다. 그래서 "왜 지지하느냐, 나는 반대다"라고 하고 실제 어떤 면에서는 박정희가 더 나을 수 있다고 제가 말했습니다. 그것에 대한 불신은 지금도 가지고 있습니다. 김영삼은 한민당의 유산을 받은 적자에 불과하지 그 사람은 민주주의에 대한 투철함이 없고, 민족을 사랑하는 투철함이 있는 것도 아닙니다. 아무것도 없다는 것이 지금도 제가 불신하고 싸우는 이유입니다. 3당합당을 해서 싫어하는 것이 아니라 기본적인 태도가 싫다는 것입니다.

윤민재: 근본적으로 정치철학의 문제일 수 있겠네요.

이종찬: 정치 철학의 문제입니다. 김대중이 가장을 했는지는 몰라도 논쟁을 할 때 그것 위에서 시작을 합니다. 그런 문제에 있어서 출발이 다른 것입니다.

윤민재: 그러면 권정달 의원과 창당 실무작업을 하실 때 일종의 실무 작업팀의 팀장 역할을 하신 건가요?

이종찬: 네, 실제 팀장입니다. 정책 부분을 제가 했는데 사실 제가 그것을 할 수 있는 학문적 능력을 가진 것은 아니었습니다. 그래서 저와 가까운 것이 누구인지 찾은 것이 남재희 씨였습니다. 그렇게 남재희 씨를 초청해서 같이 하자고 했고 그분이 호응을 해서 같이 하게 된 것입니다. 공개되진 않은 것이지만 양호민 씨, 임종철 교수, 모두 생각이 올바른 분들을 모셔서 몇 번 같이 세미나를 했습니다. 그런데 그분들이 이름은 공개하지 말아달라고 하셨습니다. 여하튼 그분들을 모셔서 정리된 이야기는 아니지만 또 하나의 공화당을 만들지 않도록 앞으로 만들 정당은 어떠해야 하는

지 아이디어를 구했습니다. 그래서 복지 부분이라든지 이런 부분들을 굉장히 많이 제시해주셨습니다. 그런 것들이 창당 정강 속에 다 알알이 박혀 있습니다.

윤민재: 정강정책의 큰 틀을 만드는 데 그분들의 힘이 무척 크게 작용했군요. 그렇다면 민정당이라는 이름은 어떻게 만들어진 건가요?

이종찬: 그 과정은 제가 정확히는 모르겠습니다. 제 생각에는 민주복지당이라고 할까 민주정의당이라고 할까 이런 논의들이 있었는데 전두환 씨에게 그것을 가져가니 민주정의당이라고 하라고 해서 그렇게 된 것으로 알고 있습니다. 그런데 복지라는 부분은 상당히 강조를 했습니다.

전상숙: 양호민 선생님 등은 이렇게 말씀하십니다. 복지개념이 실질적으로 필요한 부분이지만 정당을 만드는 컨셉 중에 복지 부분을 넣어서 새롭게 조정을 하고, 방금 말씀하신 항일운동부터 상해임정, 그리고 해방 이후의 건국정신에 대한 이념적인 부분들을 복원하자는 취지였다고요.

이종찬: 네, 말씀드렸다시피 그런 것들이 제 생각 속에 있었습니다.

전상숙: 그것에 복지 문제까지 들어가려고 했던 것인가요?

이종찬: 건국강령에 그런 요소가 많습니다.

전상숙: 네, 맞습니다. 그런데 그것까지 들어가면 권정달 씨 등이 이런 것들이 사회주의적이라고 반대했었을 것 같습니다.

이종찬: 네, 그래서 그것에 대한 엄청난 반대가 있었습니다. 그래서 이것을 몰래 정강에 넣으려고 남재희 씨가 고민을 많이 했습니다.

전상숙: 드러나지 않게 채우기 위해서 노력을 많이 하신 것 같습니다.

윤민재: 남재희 의원의 역할이 컸을 것이라고 생각됩니다.

이종찬: 초기에 제가 의존을 많이 했습니다.

전상숙: 이 과정에서 선생님과 함께 동참하셨던 분들이 기본 취지에 동의한다 하더라도 참고를 한 모델이 있었을 것 같습니다. 외국의 정당은 어떻게 했다든지 하는 선례들이 있었을 것 같은데요.

이종찬: 당까지는 모르겠지만 소위 페이비언 소사이어티 정도의 생각은 있었지만 그것을 드러내지는 못했습니다.

전상숙: 정서적으로는 그런 개념에 동의를 하신 건가요?

이종찬: 네. 그래서 이것을 어떻게든 반영을 해서 국민들이 보기에 무언가 다른 것이 나왔다는 것을 보여주려고 했습니다. 새로운 정당이 기존의 것과 같은 정권을 잡기 위한 수단, 도구로만 나오지 않았다는 것을 보이려 했습니다. 그럴 경우에 금방 신임을 잃을 것이라고 생각했고 그래서 지금도 민정당이 무언가를 하려고 애썼다고 말하고 싶습니다. 물론 나중에 그것이 왜곡이 되고 잘못이 부분은 많았지만요.

전상숙: 선생님 말씀을 듣고 보니 민주정의당, 말 그 자체로 보면 정의

라는 말이 사실 페이비안적인 요소가 꽤 있는 것 같습니다. 물론 정의의 개념이 완전히 리버럴한 것 일수는 있지만요.

이종찬: 가식적인 개념은 아닙니다. 그런 요소를 넣으려고 많이 노력했고 그래서 이것이 성공했다고는 보지 않지만 그래도 노력을 많이 했습니다. 정강을 자세히 보시면 그런 요소들이 곳곳에 많이 스며들어 있습니다.

전상숙: 성급한 질문일 수는 있겠지만 민주정의당을 처음 창당하셨을 때 어떤 생각이었는지 듣고 보니 막상 정당이라는 형태를 가지고 출범이 된 이후에 처음의 생각과 많은 차이가 있었을 것 같습니다. 그럼에도 불구하고 창당 과정에 일익을 담당하셨고 이후에도 관여를 많이 하셨으니 출범 이후 인적구성이나 정강의 이데올로기적인 측면에서 선생님이 가장 아쉬웠던 부분들은 어떤 것들이 있을까요?

이종찬: 인적구성에 있어서 솔직하게 보자면 이상과 현실이 3:7, 4:6 정도로 되었다고 봅니다. 전두환 대통령이 이런 사람을 넣으라고 하면 할 수 없이 다 받아들였으니까요. 나중에 부적합한 인물에 대해서는 다시 가서 이유를 말하면서 안 된다고 하기는 했지만 영향을 받지 않을 수가 없지 않습니까? 그런 문제도 있었고, 민족일보를 한 송지영 선생도 제가 모시고, 이찬혁 씨는 제가 조금 알고 있었고요. 그러니 그런 것을 다 보자면 잘 봐주어서 이상은 4, 3 정도 되고 현실은 6, 7 정도였습니다. 그래도 과반수를 넘지 못한 것입니다. 정강 문제도 마찬가지입니다. 예를 들자면 토지공개념도 결국 우리는 하지 못했습니다. 나중에 이야기를 한 것이지요. 힘들었습니다. 그러니 그런 부분들이 마냥 응어리진 부분들로 남아있습니다. 그 대신 정강을 대충이라도 만들려고 노력했고, 그 과정에서 김영모 교수, 임종철 교수, 이런 분들의 이야기를 많이 듣고 다 반영을 하려고 했습니다.

윤민재: 권정달 의원 측이 그런 부분들에 대해서 반대를 많이 했지만 어찌되었든 그 당시 전두환 전 대통령의 측근이라고 하면 일반적으로 세 명의 허씨를 들고 있지 않습니까? 아까 허화평 의원을 언급하셨지만 그분들도 이런 정강정책에 대해서 동의를 하셨네요.

이종찬: 허화평은 개인적으로 상당히 많은 공감대를 얻었습니다. 허문도 씨는 약간 개똥철학이지만 비슷한 생각을 가지고 있었고, 여하튼 그런 그룹들이 있었습니다. 그리고 그중에서는 허화평 씨가 가장 깊이가 있어서 제 말에 대해서 그것이 맞으니 하라는 것이고요. 권정달 씨는 자꾸 너무 나간다는 거부감이 많았습니다.

전상숙: 선생님이 보시기에는 거부하는 측의 입장이 현 정권의 안보를 지켜야한다는 차원의 것인가요 아니면 다른 지향이 있던 것으로 보시나요?

이종찬: 그 당시에 너무 과도하게 나가면 오해를 받는다 하는 그런 것이 있었습니다.

윤민재: 너무 진보적이다, 이런 것인가요?

이종찬: 너무 진보적으로 나간다는 것에 대한 견제였습니다. 그런데 아주 이상한 것이 배성동 교수 같은 사람이 권정달 씨 의견에 동의했다는 것입니다.

윤민재: 배성동 교수가요?

이종찬: 네, 그것을 계속 반대했습니다. 그래서 우리 팀이 배성동과 많이 싸웠습니다. 그런데 배성동은 1년이지만 경기를 같이 다녔습니다. 친구처럼 지냈지요. 그런데 계속 싸웠지요. 그래서 제가 "너는 서울대학교 교수가 그렇게 케케묵은 생각을 하냐"고 막 싸우고 그랬습니다. 나중에도 계속 민족을 빼라고 해서 결국 최종 심판을 이재형 씨한테 받았습니다. 이재형 씨가 옛날에 이범석 장군을 따라다니다 보니 그런 역할을 하게 되었습니다. 그래서 이재형 씨가 보더니 "아닙니다, 넣으십시오, 이걸 넣지 않으면 우리에게 명분이 없지 않습니까?"해서 결국 들어가게 된 것입니다. 이 부분에 대해서 제가 회고록을 쓰려고 정리한 부분입니다. 이것은 정리하고 넘어가야 됩니다. 당시에 이런 일들이 있었다는 것을 밝혀야 합니다.

전상숙: 그래도 그 당시에 어떤 뜻에서 같이 이야기를 나누셨는지는 의미가 있을 것 같습니다.

이종찬: 그분들은 정당에 참여할 생각이 없으니 정당 참여를 권하지 말라고 저에게 말했습니다. 그 대신 어떤 것이 한국의 미래를 위해서 필요하냐는 이야기를 해달라고 한다면 이야기하겠다고 해서 논의를 한 것이지요. 그것이 정치참여의 문제는 아니었습니다.

전상숙: 그런데 그것이 알려진다고 해서, 선생님이 성함을 쓰신다고 하더라도 이제는 그분들께 누가 될 거 같지는 않습니다.

이종찬: 그런데 사전에 이야기는 해야겠지요. 결례를 범하면 안 되지요. 다 좋은 분들입니다.

윤민재: 기본적인 틀을 다 만드신 다음 지구당을 만들어야 할 텐데요.

당시 지구당이 몇 개 정도였나요?

이종찬: 당시는 2구 1인제이니 백 몇십 명 정도 일겁니다. 그런데 그것도 사실 이상은 3~4 현실은 6~7 정도 됩니다. 지역에서 신망을 좀 받는 인물을 골라야 하니까요. 그러니 상당히 사람을 많이 고르고 넣고 뺐고 했지요. 다 일일이 만났습니다. 참 많이 만났지요.

전상숙: 지구당 전체 부분까지 선생님이 입당 권유를 다 하셨나요? 일단 사람을 다 만나셨나요?

이종찬: 네, 그렇습니다. 그러니 하루에 네, 다섯 명씩 만나고 같이 밥을 먹고, 두 번씩 먹을 수도 있었습니다. 또 만나서 그냥 이야기하면서 간단히 입당할지 말지 이럴 수는 없는 것 아닌가요? 그러니 배경도 모두 설명하고 같이 하겠다고 물어보면 생각해보겠다고 말하는 경우도 있었습니다. 생각을 해보고 안하겠다고 하면 또 다른 사람을 구해야 했고요. 거절한 사람도 많았습니다.

윤민재: 제 생각에는 입당을 권유하실 때 가장 힘들었던 분이 구야당 출신 분들이 아니었나 생각하는데요.

이종찬: 솔직히 말해서 구야당은 오히려 쉬웠습니다. 직업 정치인은 쉬었습니다. 예를 들면 지금도 제가 가장 좋아하는 친구가 오유방인데 그 친구를 만났습니다. 그 사람이 소위 공화당 개혁파지요. 박찬종 씨도 내가 만났습니다. 박찬종 씨한테 이야기했더니 자기는 정치를 쉬겠다고 했어요. 그래서 오유방은 제 후배니 그 사람을 만나서 입당하라고 했습니다. 그래서 다 듣더니 알겠다고 했습니다. 그리고 제가 정당, 당의 구조, 당헌,

당규 그 작업을 부탁했습니다. 그래서 당헌, 당규를 어느 정도 만들었습니다. 그런데 저에게 정치풍토 쇄신법은 만들지 말고 공정하게 모두 경쟁을 시키라고 말했습니다. 그걸 하지 않더라도 우리가 유리할 수 있다고 하더라고요. 그런데 그 당시에 국가보위입법회의를 제가 마음대로 할 수 있을 정도로 힘이 있지는 않았습니다. 결국 정치풍토 쇄신법이 통과가 되었고, 그 다음날 오유방은 저를 만나서는 결별하겠다고 했습니다. 그래서 떠났지요. 그런데 저는 어떻게든 오유방을 구하고 싶었습니다. 당시에는 정치규제를 신청하게 되어 있는데, 신청을 하면 심사를 해서 가부를 정하게 되어 있었습니다. 신청이 먼저인 것입니다. 그래서 오유방이 신청서를 먼저 내면 어떻게든 제가 하나 빼줄 수 있었습니다. 제가 신세를 진 것도 있으니까요. 그런데 그냥 도망을 가 버렸습니다. 핸드폰이 있던 시절도 아니고 제 전화를 받지도 않고 그리고 신청을 하지 않았으니 자동적으로 묶여버렸습니다. 그래서 그 후에 제가 만나서 아쉽다, 왜 신청을 하지 않았냐고 하니 내가 내 동료들하고 같이 묶여야지 내가 무슨 염치로 나 혼자 풀려나와서 희희낙락하겠냐고 하고는 쉬겠다고 해서 한 2년 쉬었습니다. 그래서 두 기수, 11, 12기 쉬었지요. 결국 12기 때 풀렸습니다. 그래서 제가 지금도 참 좋은 동지라고 아주 존경하고 있습니다. 연하지만 제가 존경하고 있습니다. 그런데 뭐 빼달라고 하는 경우가 참 많았습니다. 하겠다고 나선 사람도 많았고요.

윤민재: 그러면 구야당 출신 분들이 쉬웠다고 말씀하셨는데, 그분들은 주로 선생님께서 접촉하셨나요?

이종찬: 야당 출신을 많이 만났습니다. 제가 만난 사람들 중에서 들어온 사람도 많았습니다.

윤민재: 오세응 전 의원도 선생님께서 추천해서 오신 건가요?

이종찬: 네, 맞습니다.

전상숙: 선생님이 생각하셨던 모델케이스, 즉 지향하셨던 것과 현실에서 만들어진 당이 좋게 생각하면 넉넉하게 이상과 현실이 4대 6, 야박하게 말하면 3대 7이라고 말씀하셨습니다. 선생님께서 원내총무를 하시면서 무언가 해보겠다고 하셨을 것 같은데요.

이종찬: 제가 연수시기에도 일부러 시간을 내서 국회의원들에게 솔직한 말로 구공화당이나 구신민당이나 다 일란성 쌍생아가 아니냐고 했습니다. 그래서 우리는 제3의 길로 가자고 말했습니다. 그랬는데 이재형 씨가 저를 보고 너무 대담하게 이야기하지 말라고 충고를 하기도 했습니다.

전상숙: 선생님께서 당을 만드실 때의 입장과 당이 이미 만들어졌을 때가, 선생님께서 조금 전에 직업 정치인 말씀하신 것처럼, 완전 현실 정치에서와는 달랐을 것 같습니다.

이종찬: 현실 정치에 있다 보니 폭이 훨씬 좁아지고 어려웠습니다. 제가 이스라엘 책을 많이 가져다 놓았는데 그 이유가 무엇이냐면 소위 시오니스트들의 이상을, 지금 생각하니 너무하다고 생각하지만 건국 당시 그들의 생각을 참 제가 많이 본받았습니다. 그것을 따르려고 굉장히 애를 썼습니다. 왜냐하면 건국과정이 그렇게 참담하고 어려웠는데 그것을 이뤄냈기 때문입니다. 그래서 이 사람들은 무언가 뛰어나다고 생각했는데 시오니스트들이 너무 이스라엘 우월주의로 나가서 제가 굉장히 실망을 하고 지금은 거부하고 있습니다. 하지만 건국과정의 이야기는 독립운동을 했던 분

들이 했던 건국과정이 저런 식의 과정을 거쳐야 되고, 합의제가 그리고 행동주의가 있어야 한다는 향수를 가지고 있었습니다. 그래서 제 생각에는 우리 독립운동 세력이 6·25동란 과정에서 다 씨가 멸했다는 것입니다.

전상숙: 뜻을 같이 하는 사람들을 모으는 것이 너무 힘드셨다는 뜻인가요?

이종찬: 인적 자원이 없었습니다.

전상숙: 막연히 생각해보면 젊은 사람들이라도 그 뜻에 동의할 만한 사람들은 있었을 것 같습니다. 그런데 현실에서는 그렇지 않았나요?

이종찬: 오히려 현실에서는 운동권에서 많이 찾았습니다. 그래서 자꾸 왜 이부영 씨를 도왔느냐는 비판을 많이 받았습니다. 김지하 씨도 도왔고 조영래 씨도 도왔는데 그 이유가 뭐냐고 저한테 많이 물었습니다.

전상숙: 민주를 이야기하면서 민족정기를 세운다는 것인지요?

이종찬: 네, 그런 동의를 받았습니다. 직업 정치인들은 말로는 애국 어쩌고 하지만 실제로는 아니었습니다.

전상숙: 선생님이 생각하시기에는 여야를 막론하고, 사회과학적으로 말하자면 정당정치에서 정당의 이념이라는 것이 여전히 유명무실했다는 것인가요?

이종찬: 그것뿐만 아니라, 우리나라에서 이념정당이 뿌리내리기 어렵고

그냥 현실정치에 맞춘다는 것입니다.

윤민재: 아까 창당과정에 대해서 설명하셨듯이 각계의 분들을 많이 만나시다보면 비용도 만만치 않았을 것 같습니다.

이종찬: 중앙정보부 예산을 쓴 것은 아닙니다.

윤민재: 그 예산을 전용한 것이 아닌가요?

이종찬: 밥 먹는 것 같은 것은 중앙정보부 예산에서 썼겠지요. 하지만 기본적으로 그렇게 돈이 들어갔던 것은 아닙니다. 말하자면 정치자금은 뭉텅이 돈이지 밥 먹는 데 쓴다거나 한 것은 아닙니다. 그 정도로 큰돈은 아니었으니까요. 하지만 창당 자금을 쓴다든지 하는 것은 중앙정보부 예산을 쓰지 않았습니다.

윤민재: 그럼 기업인들의 헌금인가요?

이종찬: 제가 생각할 때는 당시에 돕는 사람들이 있었던 것 같습니다. 소스는 모르겠지만 노태우 씨도 창당할 때 우리에게 돈을 주었고 권정달 씨도 받아오고 그랬던 것 같습니다. 하지만 국가예산, 정부예산을 쓴 것은 아닙니다.

윤민재: 그렇다면 전두환 대통령이나 노태우 대통령이 개인적으로 준 것인가요?

이종찬: 네, 들어온 돈을 준 것 같습니다.

윤민재: 창당하는 데 엄청난 돈이 들어간 것 같은데요.

이종찬: 네, 그렇지만 우리가 그렇게 흥청망청 돈을 쓰지는 않았습니다. 당사 마련에는 돈을 많이 썼습니다. 당시 대성그룹 에피소드가 있습니다. 그 땅이 좋은 땅이라고 해서 함경도의 어떤 사람이 먼저 그것을 사버렸습니다. 계약을 한 것입니다. 그런데 우리가 당장 필요하니 당시 보험회사가 가지고 있던 땅을 돌려달라고 그 사람을 찾아갔습니다. 사실 그 사람이 안 돌려줘도 되는 것인데 당시 서슬이 퍼럴 때니, 계약금만 도로 달라고 해서, 그 일을 없는 것으로 하고 그 땅을 샀습니다. 그런 일도 있었지만 제 생각에는 그 땅도 정보부 예산으로 산 것은 아니었습니다.

윤민재: 그럼 기업인들이 자진해서 창당작업을 도와준 것인가요?

이종찬: 좀 있었던 것 같습니다. 삼성 같은 곳과 가까웠고, 그런데서 돈이 많이 들어왔습니다.

윤민재: 그 다음 지구당을 만드셨는데 지구당 위원장을 결정할 때는 전두환 대통령이 다 결재를 한 것인가요? 그것이 최종이었고요?

이종찬: 후보자는 다 한명씩 점찍어서 결정했습니다. 비근한 예로 종로에는 할 사람이 없어서 오재도 씨가 제일 처음에 했습니다. 당시 그분이 당을 하나 만든다고 했었는데 안하고 당시 종로 중구 국회의원이었는데 그것을 달라고 해서 줬습니다. 그런데 하루는 허화평 씨가 그곳이 정치1번지라서 상징적인 자리인데 어떻게 오재도 씨한테 주느냐고, 안된다고 하더라고요. 오재도 씨가 인상이 나쁜 사람이다보니 어떻게 그 자리를 인상이 나쁜 사람에게 줄 수 있느냐 말했습니다. 그러면 우리 당의 이미지가

어떻게 되겠느냐고 해서 제가 그 말은 맞는다고 했더니, 저에게 출마하라고 했습니다. 그래서 아무런 준비도 없는 정치 초년생인 내가 어떻게 나가냐고 하니, 나가서 떨어지더라도 나가서 부딪히라고 하더라고요. 그런데 그 이야기를 전두환 씨한테 몰래 한 모양입니다. 그래서 제가 바깥에서 토론을 하고 있는데 부른다고 해서 들어갔습니다. 갔더니 전두환 씨가 본적지가 종로냐고 물었습니다. 그러더니 두말없이 나가라고 하는 겁니다. 당시에 창당 작업이 미진해서 참 바쁠 때였습니다. 그래서 할 수 없이 그날로 동원이 돼서 집에 와서 국회의원에 나가라고 한다고 집사람한테 말했더니 무슨 소리냐고 하더라고요.

윤민재: 선생님은 원래 정계에 진출하실 생각은 전혀 없으셨고 창당 작업만 하시려고 한건가요?

이종찬: 네, 창당 작업만 하고 그냥 잘하면 비례대표 한번 하고 만다고 생각했습니다. 당시에는 정보부는 이미 떠났으니 다시 돌아갈 수 없었고 정부에 참여하지 국회의원을 할 생각은 추호도 없었습니다. 그런데 나가라고 해서 결국 나갔습니다. 그렇게 되어서 오재도를 설득하려고 고생을 많이 했습니다. 주저앉히려고요.

윤민재: 그 대신 반대급부가 있었습니까?

이종찬: 전국구를 주었습니다. 그래서 이 사람이 12대 때 저하고 상대하려고 탈당했습니다.

윤민재: 당시 야당들이 많았습니다. 신정당도 있고 물론 그 후에 소멸된 정당도 있지만, 선생님께서 정당을 만들 때 야당구도가 어땠으면 하는 생

각이 있으셨나요?

이종찬: 그런 것은 없었습니다. 그 작업은 다른 데서 한 것은 같습니다. 고재청 씨는 입법위원이었는데 같이 하자고 했었고, 저는 자라난 뿌리가 다르다고 같이 못한다고 했습니다. 그러니 거기에 참여하려는 선이 있었던지 딱 거절하더라고요.

윤민재: 야당들에 대한 실무작업반이 따로 있었고 거기 책임자가 유학승 전 의원이었나요?

이종찬: 유학성 씨가 전 안기부장이었습니다. 그래서 거기서 접촉을 하면서 누구한테 위임을 하고 그랬습니다. 그런데 자기들이 나서면 정당이 되겠습니까? 그건 안 되는 겁니다. 그래서 예를 들면 신상우 씨나 유치송 씨가 이렇게 하라고 해서 창당 작업을 했겠지요. 유학성 씨가 한다고 그게 되겠습니까? 그건 그렇게까지 조작을 못합니다.

윤민재: 그러면 선생님께서 종로구 지부장을 맡으신 다음에 바로 11대 선거가 있었습니다. 그리고 11대 선거는 결과적으로 압도적으로 민정당이 이겼고요. 그 다음은 어떻게 되었나요?

이종찬: 규제를 많이 했으니 상대적으로 우리가 승세를 잡을 수는 있었습니다. 태생적 유리함도 있었고요. 두 번째는 솔직한 말로 5·18 직전의 혼란기, 서울의 봄이라는 그 혼란기에 중산층에서 상당한 반대가 있었습니다. 중산층은 이러다 경제가 깨지고 다 깨지면 어떻게 하느냐는 반대가 있었습니다. 그 해에 마이너스 5%인가 그렇지요. 중산층들은 굉장한 우려를 했고 그런 힘을 받아서 우리에게 좀 유리한 선거를 했습니다.

전상숙: 선생님께서는 당을 만드는 작업에서도 핵심적인 역할을 맡으셨고 어찌되었건 선생님의 본의가 아니더라고 정치 1번지인 종로구에서 민정당 후보로 당선이 되셨으니 당내에서 견제가 만만치 않았을 것 같습니다. 그리고 내부적으로 처음 집권했던 세력들과 집권 여당 내부에서도 선생님께서 당을 만드셨을 때 처음 지향했던 것에 반대하는 의견들이 많았을 것 같습니다. 거기에다 제3자가 보기에는 선생님께서 나름 드라이브를 거는 것을 갖춘 것으로 볼 수 있었을 것 같은데요?

이종찬: 기본적으로 서울 선거에 대해서는 모두 겁을 냈으니까요. 그러니 제가 종로에 나가는 것도 저 사람이 기수 역할을 하는구나하는 정도였지 그것에 대해서 견제하는 것은 없었습니다.

전상숙: 일단은 그렇지만 선생님이 당선이 되시고 난 후에는 보는 눈이 달라지지 않았을까요?

이종찬: 전두환 대통령께서는 그것에 대해서 굉장히 자부심이 있으셨습니다. 종로에서 이겼고 그 다음으로 이찬혁 씨가 영등포을에 나가도록 했습니다. 서울지역은 제가 공천에 많은 영향을 미쳤습니다. 봉두완 씨라든지 제가 내보는 것이 좋겠다고 했던 사람들이 승리한 것을 굉장히 높이 평가하셨습니다. 이세기라든지, 모두 제가 공천한 것입니다. 그런데 12대 선거는 부산에서는 떨어졌고 서울에서도 이태섭이 떨어졌습니다. 강남에서 야당 둘이 되었지요. 그런데 그 어려운 판에서 제가 일등을 한 겁니다. 제가 유리했던 것은 이민우와 정대철이 갈라섰기 때문입니다. 사실은 제가 일등하기 어려운 선거였는데 제가 유리하게 된 것입니다. 당시 정대철 씨가 나오지 않았으면 이민우 씨가 일등을 했을 겁니다. 그런데 제가 일등을 하니 전두한 대통령이 그것에 대해서 굉장히 자랑스럽게 생각했습니다.

전상숙: 전체 정권차원에서는 그렇겠지만 선생님과 비슷한 역할을 하시던 분들 중에서는 아무래도 계파라던지하는 견제가 있지 않았나요?

이종찬: 전두환 씨가 제가 원내총무 4년간을 아주 성공적으로 했다고 해서 시비를 걸 수 없었습니다. 아까도 말했듯이 그 양반이 굉장히 위임을 잘하는 장점이 있습니다. 그래서 감히 시비를 걸 수 없었습니다. 한 예로 제가 첫 번째 원내총무를 했을 때, 예산국회에서 야당이 참여를 하지 않겠다고 보이콧을 했습니다. 너희들 마음대로 하라고, 일방적으로 통과시키라고, 우리는 참여하지 않겠다고요. 그런데 첫 번째 국회에 야당이 참여를 안 하는 것은 큰 일이었습니다. 그래서 권정달 씨는 청와대 지시라고 해서 일방적으로 통과시키라고 했습니다. 그런데 이것을 일방적으로 통과시키면 이 정권의 정통성에 문제가 생겨서 끝까지 설득을 시키자고 권정달 씨한테 수차례 설득을 했습니다. 그래서 권정달 씨가 처음에는 3일간 여유를 주겠다, 다음에는 24시간 여유를 주겠다고 통과시키라고 했습니다. 그래서 제가 나중에는 할 수 없이 제가 급해져서 고재청 총무를 밤에 몰래 만났습니다. 국회도서관에서 몰래 만나서 어떻게 해야 참여를 하겠냐고 물었더니 새마을 예산을 네 배, 다섯 배 올려놓고 이것을 어떻게 통과시키라고 하느냐고 말하더라고요. 그래서 제가 이것을 깎으면 참여를 하겠냐고 물으니 참여해서 반대하겠다고 답을 했습니다. 그래서 제가 알았다고, 당시가 밤 9시 정도 되었을 땐데 허화평 정무수석에게 전화를 해서 지금 청와대로 갈 테니 대통령 면담을 시켜달라고 했습니다. 그래서 사저로 올라갔는데 당시 사저가 이층이었습니다. 비상시가 아니면 전화도 일체 받지 않고 하지도 말라고 했는데 뭐가 그렇게 급하냐고 해서 지금 이런 사정이 있고 야당을 참여시켜야 하는데 걸림돌이 새마을 예산이고 새마을 예산에 손을 안대면 야당이 퇴장하고 여당이 이것을 일방적으로 통과시키면 정치적 부담이 엄청 크기 때문에 수정을 해야 된다고 했습니다. 그러니 조금

기다리라고 하더라고요. 그래서 전화를 끊고 기다리고 있으니 한 시간 정도 지나서 전화가 왔습니다. 보고를 드렸더니 국회는 총무 맘대로 아니냐고 총무가 알아서 하라고 했습니다. 그래서 제가 고재청 야당총무와 예산결산 위원장이었던 정재철 씨에게 야당이 요구하는 데로 자르라고 해서 4분의 3을 잘라냈습니다. 그래서 새마을 담당이던 전경환이 펄펄뛰고 난리가 났습니다. 그래서 그 다음 날 만난다고 하고 굉장했습니다. 그래도 결국 잘라냈습니다. 그리고 야당이 참여해 반대하고 통과를 했습니다. 그 양반은 자기 동생 일인데도 총무에게 당신 권한이니 알아서 하라고 했지요.

전상숙: 신뢰를 한 번 하면 믿고 맡긴다는 것인가요? 믿을 만하다고 판단되면 그 시점부터 믿고 맡긴다는 것이지요?

이종찬: 그래서 전경환이 4년간 저하고 말을 안했습니다.

전상숙: 그 정도로 사이가 나빠진 건가요?

이종찬: 네, 화가 났습니다. 그래서 그 덕을 제가 좀 봤습니다. 나중에 이권을 가지고 전경환이 왔다갔다했을 때 저에게는 안왔으니까요.

전상숙: 그렇게 재량권을 주니 다른 부분들, 일단 한 부분에 대해서 누군가가 한다면 다른 사람들이 터치하지 않는 그런 영역이 있는 건가요?

이종찬: 그 영역이 충돌할 때만 자신이 조정을 했습니다. 전두환 씨는 리더의 힘이 있었기 때문에 당시 경제는 살렸다고 생각합니다. 경제를 살린 것은 확실합니다. 물가도 잡았고 경제도 살렸습니다. IT가 그때 시작한 것입니다. IT는 오명한테 줘버린 것입니다.

전상숙: 실리콘밸리 쪽하고 연동해서요?

이종찬: 그리고 소신이 있으면 하라고 했습니다. 대신에 돈을 받아먹거나 구질구질하면 여지없이 당했습니다. 하지만 자신이 정당하게 한 것에 대해서는 말하지 않았습니다. 그래서 제가 원내총무 5년을 하면서 저에게 별 다른 잔소리가 없었습니다. 제 소신대로 했습니다. 나중에 장세동과 허문도가 학원안정법 통과를 시켜야 한다고 했을 때 제가 거부를 할 수 있었던 것도 그런 것이었습니다. 제가 거부하는 것에 대해서 대통령이 그 뜻을 알게 되면 신뢰할 것이다, 믿을 것이다 하는 믿음이 있었습니다. 물론 판단 착오였지만, 결국 대통령이 갈아치웠지요.

윤민재: 학원안정법에 대해서는 나중에 자세하게 질문 드리겠습니다. 전경환 문제가 나왔는데, 정권 출범 초반부터 내용으로 보면 어쨌든 친인척들의 문제가 시작된 것인가요? 예산 문제도 그렇고요.

이종찬: 그렇지요. 그런 문제가 자연히 생겼습니다.

윤민재: 그 문제는 민정수석이 담당하고 관리해야 하는 것 아닌가요?

이종찬: 그러니까요. 예를 들면 새마을 예산을 증액한다는 것을 가서 이야기하는 것은 무슨 자기 이권의 문제가 아니었습니다. 내가 새마을 운동을 좀 하겠습니다 하니 예산이 많이 부풀려서 올려진 것입니다.

전상숙: 물론 사후적인 이야기들이지만 새마을 운동으로 상징되는 전경환 씨의 친인척 비리로 대변되는 부분들이 박정희 전 대통령 때는 없었던 친인척 비리가 5공 때는 있었다는 방식으로 말해집니다. 그러면 정권 초기

에 새마을운동을 이어받아서 대통령의 형, 동생이 한다는 것에 대해서 내부적으로 그래도 되는가 하는 문제제기는 없었습니까?

이종찬: 전두환 대통령이 그것에 대해서는 직접 말했습니다. 대통령은 '전경환이 한참 설친다는 말이 나오니 경환이 그 애는 내가 양복 입은 것도 못 봤다. 하여간 점퍼 차림으로 여기도 헐렁하게 들어오고 그랬는데, 그 애가 새마을운동을 한다고 하는데 나쁠 것이 있냐'고 했습니다. 봉사활동이라는 것이었지요. 거기에 붙어 다니는 사람들이 으레 많지 않습니까? 붙어서 호가호위 하는 사람들이 한둘이 아니었습니다.

윤민재: 그런데 공교롭게도 1982년도에 장영자 사건이 터지면서 친인척 문제가 불거지구요.

이종찬: 장영자 사건이 터지고 나니 이 양반이 당황했습니다. 사실은 잘 모르는 처지였고요. 옛날부터 차지철 밑에서 정보팀을 맡던 이규광이라는 사람이 장난을 친 겁니다. 그걸 이 사람이 알아서 나중에 안기부 정화운동을 하고 다 잘라 버렸습니다. 왜냐하면 자신이 차지철 밑에서 정보활동을 했는데 그것이 김재규와 불화하게 된 원인 아닙니까? 이규광 팀이 신민당을 공작하는 팀이었습니다. 그래서 정보부장을 한다고 하니 못하게 했습니다. 그런데 그 일이 터진 것입니다. 제가 솔직한 이야기로 한번은 대전에 식당에 갔는데 장세동이 전화를 했습니다. 국회수첩을 가지고 빨리 좀 오라고요. 그래서 제가 어떻게 빨리 가느냐고 하니 고속도로에 경찰차를 대기시켰으니 무조건 달려와라 이겁니다. 그래서 제가 고속도로로 가보니 진짜 경찰차가 대기하고 있는 겁니다. 그래서 호송을 받으면서 달려갔습니다. 한 시간 반 만에 대전에 갔나 그랬을 겁니다. 도착을 하니 대통령 전용차에 타고 있으라고 하더라고요. 기차였습니다. 기차에 있으니 서울로

오라고 첫 마디가 그것이었습니다. 이번 사건으로 권정달로부터 사표를 받으라고 하더라고요. 그래서 제가 가만히 있다 그랬습니다. "권정달이 거기에 관련되어 있는지 아닌지 자세한 사정은 잘 모르겠지만 만약에 권정달 사표를 받으면 그 사람이 유죄라고 점찍는 것이 되는데 사람 하나 못 쓰게 되는 것 아닙니까" 하고 대답했습니다. 그래서 저하고 당직자 일괄사표를 내겠다고 했더니 가만히 한참 생각을 하더라고요. '그러니 알았다고, 일괄사표를 받되 몇 사람만 솎아 내겠다고, 바꾸겠지만 지금은 국회가 시끄러우니 당신은 그냥 있으면서 수습하라'고 했습니다.

그러더니 거기에서 조각을 하는 겁니다. 누구는 어떻고, 누구는 어떠하냐. 그래서 사무총장은 어떻게 하느냐고했는데, 당시 권익현 씨에 대해서는 허씨들이 거부감이 있었습니다. 다들 선배여서 그랬습니다. 대통령하고 동기생이였으니 다들 11기생이었습니다. 당직 맡고 이러는 것에 대해서 허씨들이 버겁게 생각을 했습니다. 대화를 하기 어려웠습니다. 사무총장이 주로 대화를 했거든요. 원내총무는 원래 문제 아니면 이야기를 안 했고. 그런데 어떻게 합니까? 권익현 씨가 어떠냐고 저한테 물어보니 그냥 시키자고 해서 당직을 바꿨습니다. 몇 사람 바꿨지요. 그래서 그 뒤에 묻어서 사무총장도 바뀌게 됩니다. 당시에 제가 일괄사표를 내겠다고 했던 그 부분을 전두환 씨가 높이 산 것 같습니다. 이기적이지 않다고 말입니다. 당을 위해서 흔쾌히 그런 말을 하니 그때부터는 전혀 당직, 원내 문제에 대해서는 말이 없었습니다.

윤민재: 그 사건 이후에 청와대 내부에 있던 개혁적이었던 17기 허화평 씨를 비롯한 분들이 조금 밀려나게 된 계기가 되었나요?

이종찬: 밀려나게 된 계기가 그것인데 내부적으로는 김재익과 강경식이 실명제를 하려고 했습니다. 그런데 실명제에 대해서는 반대를 했습니다.

실명제 그 자체가 아니라 김재익의 말에 전두환 씨가 아주 쏙 빠져 있었습니다. 그런데 그게 싫은 것입니다. 술을 먹는데 허씨가 저한테 어느 정도로 악평을 하냐면 러시아 혁명 때 라스 푸틴 같은 놈이라고 비난했습니다. 저 놈이 대통령을 다 녹인다고 말입니다. 대통령이 제 말만 듣는다고 했는데, 장영자 사건도 동기는 되었겠지요. 그렇지만 실제로는 김재익한테 전권이 가는 것을 굉장히 싫어했습니다.

윤민재: 세 명의 허씨 중에서 두 분이 사표를 내고 1983년도에 미국에 가게 됩니다. 그것에 절대적인 영향을 미친 것이 김재익 경제수석과의 알력 때문 아닌가요?

이종찬: 그렇습니다.

윤민재: 그럼 김재익 선생님께서는 정치적인 것에 관심이 없었지만 결과적으로 정치권력과의 싸움에서 이긴 결과로 그렇게 된 것인가요?

이종찬: 경제에 대해서 김재익 씨에게 전권을 주었었습니다. 그러니 허씨들의 말이 안통하게 되어 있었습니다. 말하자면 전두환 씨에게 허씨들의 영향력이 떨어졌단 말입니다.

전상숙: 그래서 스스로 간 것인가요? 스스로 가신 것은 아니지 않나요?

이종찬: 미국으로 가라고 그랬습니다.

전상숙: 전두환 대통령이 가라고 그런 건가요?

이종찬: 네. 그렇지요.

윤민재: 지금 좀 혼란스러운데, 허화평 씨 등 그분들은 일반적으로 개혁적인 세력으로 분류되는데 어떻게 보면 경제수석이 정치적으로 보면 개혁적인 성격이 있지 않았나요?

이종찬: 제가 이런 이야기를 들은 적이 있습니다. 허화평이 안되겠다고요. 이 이야기를 들은 것이 언제였냐면, 당시에 이수화학의 김준성 씨가 경제부총리를 했습니다. 김준성 씨가 전두환 대통령과 면담을 하고나서는 꼭 허화평 씨 방에 들렀습니다. 결제를 받고는 꼭 그 방에 들렀습니다. 그러니까 전두환 씨가 "저 차지철 같은 놈" 하면서, 권력이 저렇게 차지철 식으로 되는 것 아니냐는 우려가 딱 생겼습니다. 그래서 일국의 부총리가 수석 방에 가는 걸 다 파악을 하고 있었습니다. 차지철이 그렇지 않았습니까. 당에서 무슨 보고를 하려고 하면 차지철 방에 먼저 보고하고 올라가고요. 보고하고 내려와서는 결과를 보고하고 그러지 않았습니까. 당시에도 전두환 씨가 그 밑에서 차장보를 하면서 다 알고 있었습니다. 그래서 이건 안된다고, 경제수석과 상의하면 몰라도 정무가 왜 그러냐고. 그 이야기를 제가 직접 들었습니다. 사실 그것에 대해서 변명을 해주려고 했습니다. 상당히 개혁적이고 충성스럽다고요. 그런데 딱 그 이야기를 했습니다.

윤민재: 권력이 쏠리는 것에 대해서 전두환 대통령이 경계하기보다는 비판적인 입장에서 사직서를 내게 하고 미국으로 가게 했다는 말씀이시지요?

이종찬: 그 후에 얼마 지나지 않아 딱 그랬습니다.

윤민재: 장세동 씨가 그때 경호실장이었나요?

이종찬: 네.

윤민재: 그렇다면 장세동 씨의 입장도 17기분들의 그런 모습에 대해서 견제하는 입장이었습니까?

이종찬: 그렇지는 않았던 것 같습니다. 불화가 있었던 것 같지는 않습니다.

윤민재: 아주 가까운 사이였군요. 그러면 17기 분들이 떠나고 그 자리에 어떤 분들이 오셨나요?

이종찬: 정순덕이 들어갔습니다. 16기가 들어가요. 들어가긴 들어갔는데 그것이 무슨 반대를 해서 들어간 것은 아니고 정순덕이라는 분은 워낙 충직했고 말도 없고 시키는 것은 꼬박꼬박하는 사람이었으니까요.

전상숙: 선생님 말씀을 들으니 민정당 내부에서 전두환 대통령의 리더십과 용인술, 한 번 신뢰하면 자기 재량권을 확실하게 부여하는 그런 면들 때문에 민정당, 5공화국 정권 내에서의 자체 파워게임이나 이런 부분들은 상대적으로 문제되지 않았던 것 같습니다.

이종찬: 그랬습니다. 대표에게 전권을 주고 행사하도록 했습니다.

전상숙: 남의 영역을 함부로 침입하지 않는, 침범할 수 없었던 불문율 같은 것들이 있었던 것이네요.

이종찬: 그렇습니다. 그런데 정권 말로 가면서 자꾸 다른 룰, 다른 이야기를 들었습니다. 정동성이니, 대구의 이치호니 다 가서 말하고 그래서 제가 그것은 아닌데 그랬습니다. 그것이 정권 말이고, 처음에는 아주 체계가 딱 잡혀있었습니다.

전상숙: 그런데 선생님께서 말씀하신 것처럼 정권의 중반 즈음 지나면서 자연스럽게 차기를 도모하고 그런 것들 때문 아닌가요?

이종찬: 제가 정무에서 물러나고 그 양반이 여러 사람의 이야기를 듣기 시작했습니다. 저에 대한 모략을 하는 사람들도 많았으니까요.

전상숙: 그런 부분들도 선생님께서 보시기에는 정권 누수차원으로 보인 것이 맞을까요? 아니면 전두환 대통령이 나름 정권의 기반이 안정화되었다는 생각을 해서 자연스럽게 본인도 모르게 약간 기강이 이완된 그런 부분들이 있었던 것일까요?

이종찬: 이완된 것이지요. 제가 현저하게 느끼는 것은 초기에는 진짜 덤비는 식으로 말을 해도 이 양반이 그 말이 일리가 있다 이런 식으로 받았습니다. 그런데 중반 이후로 가니 그 이야기를 하면 꼭 그렇게 생각할 필요는 없지, 이렇게 생각할 수도 있지, 이렇게 반신반의하다가 정권 말로 가면서 왜 자꾸 반대쪽으로 이야기만 하냐는 이야기를 했습니다. 결국 자신이 변하는 것입니다.

전상숙: 선생님이 보시기에 시점을 특정할 수는 없겠지만 그래도 7년여의 시간 동안 어느 시점에서 그런 변화가 시작되었다고 생각하시나요?

이종찬: 사실은 5년 정도 지나고 나서 노태우 씨를 후보로 내보내려고 했습니다. 12대 때 서울로 말입니다. 그래서 노태우 씨가 급해서 저한테 왔습니다. 저보고 이야기를 대신 해달라고요. 그래서 제가 전두환 씨에게 서울에서 내보내면 틀림없이 모든 공격이 집중될 테고 당선을 보장할 수 없다고 했습니다. 그때가 벌써 야당 바람이 막 불기 시작할 때였습니다. 12대 때니까요. 틀림없이 떨어졌습니다. 그렇게 되었으면 오늘날의 노태우 씨가 없었습니다. 그런데 그 양반이 제 건의를 받아서는 전국구로 바꿨습니다.

윤민재: 노태우 전 대통령은 처음에는 체육부장관으로 내각에 들어가고 다음으로 내무부장관이 그리고 올림픽 조직위원장이 되었습니다. 올림픽이 단지 큰 국가 행사인데 올림픽 조직위원장이라는 자리는 권력자의 입장에서 보면 위상이 떨어지는 것이지요?

이종찬: 그때는 아닙니다. 전 국력이 올림픽에 집중되었을 때니 올림픽 조직위원장의 이야기는 각 부처가 상당히 어렵게 들었을 때입니다.

윤민재: 오늘 소중한 말씀 감사했습니다.

⟫⟫⟫ 2차 구술

윤민재: 지난 시간에는 1980년대 초반을 전후로 창당과정과 관련된 내용, 국보위, 다음으로 1982년도 장영자 사건까지 잠깐 언급하셨습니다.

전상숙: 장영자 사건을 말씀하시면서 허화평, 허삼수 두 분이 미국으로 넘어가게 되었고 내각 조직은 육사 12, 13기분들이 대거 교체되고 많이 바뀝니다.

이종찬: 박준병 씨가 예편을 하고 당에 들어가게 됩니다.

윤민재: 12, 13기가 퇴각하고 16, 17기가 부상하는 것이 맞습니까? 일종의 세대교체이지요?

이종찬: 그렇게 기수로 교체되는 것으로는 보지 않았고 말하자면 핵심 골격을 담당하는 것은 육사 출신으로 두되, 주변은 전부 민간으로 넘깁니다. 그래서 육법당이라는 말이 나오는 것입니다. 육사와 법과대학 출신 말입니다. 권력의 민간화 이런 과정을 거친 것 같습니다. 그 과정에 핵심적인 정리는 무엇이냐면, 차츰차츰 야당의 공세가 강화되는 것입니다.

윤민재 : 공세가 강화된다는 것은 민한당을 중심으로 인가요?

이종찬: 민한당을 중심으로 해서입니다. 재야세력이 자꾸 민한당을 압박해서 당시 정치풍토쇄신법으로 인해 묶어진 것을 풀도록 했던 것입니다. 당시에 구속되어 있던 김대중 씨를 미국으로 보내고 미국에서 활동을 하도록 만들고 김영삼 자신도 단식을 하면서 차츰차츰 그 소리가 커지기 시작했습니다. 그러니 전두환 대통령도 거기에 맞추어서 조금씩 권력을 강화시키려고 한 것입니다. 그래서 노신영 씨도 제일 처음에 안기부장을 시켰다가 총리로 발탁을 하면서 장세동 씨도 넘겨주고 말입니다. 그것이 전부 일종의 권력 강화의 수단으로 바뀌어 가는 것입니다.

전상숙: 육법당이라는 호칭 자체가 육사와 법대 출신이 많이 등용되는 현실을 말하는 것인데, 지금 말씀하신 것에 따르면 중요한 정보 차원에서 요직은 육사 출신으로 충원, 강화하고 민간과 관련된 부분은 교수진으로 채웠던 것인가요?

이종찬: 아니요, 그것을 많이 끌어들인 것입니다.

전상숙: 그러면 야당이나 민간 사회에서의 요구나 저항에 대응하는 차원에서 이루어진 것인가요? 아니면 이 시점에서 무엇인가 변화를 주어야 겠다는 체계적인 인식 아래에서 이루어진 것인가요?

이종찬: 후자입니다. 후자를 바꾸는데 이것이 또 강화되니 핵심을 더 강화시키는 것입니다. 예를 들면 안기부를 더 강화시킨다던지 이런 조치를 취하는 것입니다.

전상숙: 그렇다면 민간, 주로 교수진을 중심으로 하고 이제 경제 전문관료 이런 식으로 혜택을 준건가요?

이종찬: 경제 전문가도 있고 예를 들면 이한동 같은 법을 많이 아는 사람들을 자꾸 주변에 포진시키는 것입니다.

전상숙: 체계적이고 전체적인 구상, 변화해야한다는 구상과 체계적인 인식하에서 이루어졌다는 말씀이신 것이지요?

이종찬: 그렇습니다. 바뀌는 것입니다.

전상숙: 그럼 그 시점이, 딱 잘라서 말할 수는 없겠지만 대충 언제 즈음인가요?

이종찬: 대충 12대 선거, 그 직후부터인 것 같습니다.

전상숙: 그럼 12대 총선이 가져온 충격이 컸겠군요.

이종찬: 컸지요. 그런데 그 이유가 무엇인가 하면 당시 저는 서울의 선거구였고 강남 같은 곳에서 두 사람이 다 떨어져 버렸습니다. 당시 1구 2인제인데요.

전상숙: 맞습니다.

이종찬: 이태섭이 그때 떨어진 겁니다. 그리고 서울 전체에서 다 2등에 당선됐고 1등 당선은 저만 했습니다. 그런데 운이 좋아서 1등인 것이지, 제가 잘나서 1등으로 당선된 것은 아니었습니다. 당시에 정대철과 이민우가 표를 거의 똑같이 갈라서 가져갔기 때문입니다.

전상숙: 그래서 그때 처음으로 군정정부라는 말이 나오기 시작했지 않나요?

이종찬: 그렇습니다. 그래서 충격을 많이 받았습니다. 당시에 이런 일도 있었습니다. 제가 권익현 씨하고 논쟁을 한 것이 무엇이냐면 선거가 끝나고 제가 돌아오니 1등을 했다고 해서 전두환 대통령이 상당한 실력을 인정해주었던 것 같습니다. 그래서 저를 불러서 올라갔습니다. 그러더니 선거구가 왜 이렇게 되었느냐고 물었습니다. 당에서 대대적으로 당시 득표

가 33.1%인가요, 11대 선거보다는 약 0.5%인가, 0.4%인가가 떨어진 것이지요. 나중에 보시면 알겠지만 당에서는 11대 선거나 12대 선거나 똑같이 받았다고 했습니다. 그런데 11대 선거는 상당히 많은 사람이 지지를 보냈는데, 그것은 정치풍토쇄신법에 의해서 풀려나왔던 선거란 말입니다. 그래서 말하자면 "우리는 평년작을 했다, 그러니 민정당에 의해서 국민의 지지는 여전하다"고 발표했습니다. 하지만 저는 속으로 '이건 아니다' 이런 생각을 했습니다. 그래서 올라가서 이야기를 했습니다. '지금 잘해야지, 자칫 잘못하면 위기를 맞게 된다. 그러니 지금부터 정신을 차리고 잘해야 한다'는 이야기를 드렸습니다. 그렇게 하고 내려오니 권익현 씨가 저를 보고는 어떻게 보고를 했냐고 물었습니다. 얘기를 듣고는 왜 그렇게 이야기를 하냐고, 우리가 지금 약간 저조하지만 영점 몇 프로인데 왜 그러냐고 했습니다. 그래서 저는 이것은 그렇게 생각하면 안 된다고, 서울, 부산, 대구 여기서 말하자면 우리가 2등으로 많이 당선되었으면 상당한 위기로 봐야 되고 만약 1구 1인제 같은 경우에 우리는 떨어진다고 하면서 그렇게 생각하지 말고 위기감을 가져야 한다고 말했습니다. 그랬더니 지금 무슨 소리냐고, 시골 표도 한 표이고, 도시 표도 한 표이지, 왜 표 값을 등가로 하지 않느냐고 공격을 해서는 제가 "그렇게 생각하지 마십시오, 4·19가 서울에서 일어났지 시골에서 일어나지 않았습니다."라고 했습니다. 그래서 이것을 외부에 말할 것은 아니지만 내부적으로는 무언가 위기의 사인으로 받아들여야 한다고 했지요. 그런 부분에 대해서 논쟁을 했습니다.

    이 논쟁에서 저는 조금 미운 오리 취급을 받았습니다. 하지만 저는 진실을 말해야 한다고 생각했고 진실은 외면한 채 말하자면 태평성대로 생각하면 안된다는 것이 저의 생각이었습니다. 그래서 이야기를 꺼낸 것인데, 아니나 다를까 그 후에 오는 이야기가 민한당이 깨지고 신민당이 들어서고 정국이 급격하게 경화되기 시작했습니다. 그래서 제가 그랬습니다. 지금 때가 다가오고 있다고요.

전상숙: 지금 생생히 기억이 납니다. 대학교 2학년 때인데요, 그 시점에 선생님 이외에 민정당 내에서 그런 분위기에 대해서 알고 싶지 않았던 것인가요 아니면 정말로 몰랐던 것인가요?

이종찬: 알고 싶지 않았던 것이겠지요. 모를 리 없었을 겁니다.

전상숙: 알고 싶지 않았어도 현실적으로 집권당의 입장이든 집권자의 입장이든, 이 자리를 지키기 위해서라도 그리고 정권 재창출을 위해서라도 전략적인 고려해야할 것 같은데 알고 싶어 하지 않는 것 때문에 실질적인 대처를 마련하고자 하는 시도가 없었던 것인가요?

이종찬: 알고 싶지 않다는 것이 가지는 의미는 말하자면 지금의 시도는 실패이고 그러니 지금 자리에 있는 사람이 책임을 져야 한다는 것인데 그것은 결국 그 자리에서 물러나야 한다는 말입니다. 그러니 알고 싶지 않다는 것은 그 자리에 그냥 있겠다는 것입니다. 이것을 교묘한 논리로 '실패는 아니고 평년작이다'라고 하는 것이지요. 이것을 계속 고집하는 이유는 이대로 이것을 확보하겠다는 것이고, 확보를 하겠다고 하면서 실제로는 이상한 곳을 강화시키는 것입니다. 제 말은 이것을 풀어야 할 텐데 풀지 못하고 오히려 권력 주변을 강화하는 것이 대안으로 나왔다는 것입니다. 그래서 학원안정법이 나오게 되는 것입니다.

전상숙: 역대 정권에서도 그렇게 되었던 것인가요?

이종찬: 네, 그렇습니다. 그래서 제가 '아차 이건 아니다, 이런 처방으로는 해결이 되지 않는다'라고 생각했었는데 학원안정법이 나온 것입니다. 그래서 제가 저항을 한 것입니다. 이건 이렇게 하면 안 된다고 계속 저항

을 하니 그 다음에 저를 비키라고 하고 그래서 그 다음부터 물러나게 된 것입니다.

윤민재: 권익현 의원도 자신의 입지 때문에 그런 평가를 내렸을 수도 있는 것이고요.

이종찬: 그렇습니다. 그 양반부터 이것을 그냥 '아니다, 우린 아직도 국민의 신임을 받고 있으니 강경하게 대책을 세우고 돌파하면 극복을 할 수 있다'고 본 것입니다.

윤민재: 그렇다면 당시에 장세동 안기부장도 당연히 그런 인식을 가지고 있었던 것이군요.

이종찬: 그렇습니다. 더 강경했습니다. 허문도 같은 사람들이 전두환 대통령에게 제 방식으로 탕평을 하면 안된다고, 더 강화해야 한다고 했습니다.

윤민재: 선생님의 주장에 동조하는 당내 분들이 계셨습니까?

이종찬: 그렇게 원내총무에서 물러나게 되었고 2선에 있게 되었습니다. 그래서 자연히 제가 무슨 이야기를 할 수 있는 입장이 아니지 않습니까? 한명의 일개 국회의원에 불과했으니까요.

전상숙: 그래도 선생님과 같은 인식을 하면서 같이 의견을 나누고 대책을 세우고자 했던 분들은 안 계셨나요?

이종찬: 있었습니다. 예를 들면 주로 서울에 계시던 분들, 당시 남재희

라든가 봉두완이라든가, 이찬혁 같은 이런 사람들은 서울에 있었기 때문에 말하자면 냄새를 좀 더 잘 맡았습니다. 그래서 '이건 위기다. 이제부터 모든 건 그야말로 민심을 사는 방향으로, 탕평하는 방향으로 가자'고 했습니다. 하지만 조치들은 이것과는 정반대로 자꾸 내려오고 있었다는 것입니다.

전상숙: 당 차원에서는 이러한 의견들이 반영될만한 구조가 아닌 걸로 자꾸 강화되고 있었다는 것이군요.

이종찬: 그렇습니다.

전상숙: 그래서 사실은 민주화라는 것이 계속 서로 강화되어 나갔지 않습니까?

이종찬: 서로 강화가 되어서 나중에 4·13 조치니 같이, 하나가 나오면 다른 하나가 나오고, 하나가 나오면 또 다른 하나가 나왔습니다. 그래서 나중에 거의 붕괴되기 직전에 6·29가 나온 것이 아니겠습니까? 그래서 내부에서는 홍성우 같은 이런 사람들이 직선제로 돌리자고 말을 했었습니다. 그러니까 아주 얼마나 밉보였겠습니까?

전상숙: 그것이 12대 총선 직후인가요, 아니면 조금 지나고 나서인가요?

이종찬: 좀 시간이 지나고 나서, 그러니까 4·13조치 무렵이었습니다.

전상숙: 그럼 내부에서도 소수였지만 위기의식에 대한 목소리가 커지긴 했었던 것이군요.

이종찬: 자꾸 제가 더 오해를 받았던 이유가 그 목소리가 주로 서울 출신 의원들이었다는 점입니다. 당시 그렇게 지역감정이 심하지 않을 시점에 시골에서의 일들은 대게 권력지향적이었습니다. 그러니 국회의원들은 무엇을 해도 다 1등이고 그랬습니다. 그러니 자꾸 왜 서울 출신만 이렇게 하느냐는 식으로 되었습니다. 그러니 이 민감한 것을 제가 조직한 것으로 오해를 했습니다. 제가 조직을 하고 선동을 해서 이분들이 모두 위기감을 평소보다 과하게 갖고 있었다는 오해를 받았습니다.

윤민재: 그 오해가 혹시 계파를 만든다는 것이었나요?

이종찬: 그것을 계파로 자꾸 취급을 했는데 사실 계파도 아니었습니다. 우리는 서울에서도 전부 2등을 하고 다음 선거가 어려우니 국회의원들이 왜 위기감을 안 느끼겠습니까? 그래서 상당한 위기감을 느꼈습니다.

윤민재: 아까 선생님께 질문 드린 것을 다시 드리고자 하는데, 노신영 안기부장이 총리가 되었습니다. 그런데 혹자는 그 후에 "어찌 보면 제2인자라고 할 수 있는 노태우 씨에 대한 견제가 아니냐" 혹은 아까 말씀하신 것처럼 "측근 정치의 강화로서 전두환 대통령이 자신의 의견을 잘 반영할 수 있는 인물로 선택한 것이다"라는 여러 가지 해석들이 있습니다.

이종찬: 노신영 씨를 상당히 잘 봤습니다. 그분이 굉장히 충실하게 보좌를 잘 했고 안기부장을 하면서도 당시에 학생들의 소요가 그 정도로 극렬화되지도 않았고 그것을 충분히 제약하면서도 외국과의 관계도 좋아지게 만들었습니다. 특히 당시가 레이건 대통령 시대인데도 아주 친하게 만들었습니다. 그래서 전두환 대통령도 그것에 대해서 굉장히 고맙게 생각을 했고 그곳에 포인트를 두었습니다. 그런 것 때문에 나중에 그 양반을 후계

자로 발탁하려는 움직임도 있었습니다.

윤민재: 그런데 노신영 국무총리 본인의 의지도 반영되어 있었나요?

이종찬: 그 양반은 조심성이 많으신 분이니 본인이 표출하지 않았지만 전두환 대통령의 의중에 있었던 건 노태우도 아니었습니다. 노태우도 선뜻 마음 내키지 않아했습니다.

윤민재: 저희는 당연히 그렇게 알고 있었습니다.

전상숙: 세간에서는 전두환 대통령의 후계는 이미 노태우 대통령이 되는 것으로 알고 있었는데요.

이종찬: 처음 12·12가 일어난 이후에는 모든 사람이 다음은 노태우라고 했습니다. 유학성 씨니 하는 분들이 다 그 얘기를 했습니다. 하지만 전두환 대통령은 꼭 그렇게 생각하지만은 않았습니다. 여러 사람을 생각하고 있었습니다.

전상숙: 그럼 확정되지 않은 가운데 보고 있는 중이었던가요?

이종찬: 그렇지요. 그것을 무엇을 보고서 아냐면, 그 양반을 예편시킬 때 하루아침에 시켜버렸습니다. 사전 통보도 없이 예편을 시키고 고통을 굉장히 많이 주었습니다.

윤민재: 고통이라면 무엇을 말하시는 건가요?

이종찬: 노태우 씨 보고 서울에 출마하라고 했습니다.

윤민재: 12대 총선을 말씀하시나요?

이종찬: 12대 총선이요. 그래서 노태우 씨가 급해져서 대구라면 모르겠지만 서울에서는 출마 못하겠다고 했습니다. 당시에 서울에서는 어려웠거든요. 그렇게 대통령에게 이야기를 하니 "왜 안되느냐 말이야, 이종찬한테 물어봐라, 다 되지 않았냐?" 그랬습니다. 예전에 말했는지 모르겠지만 저도 처음 종로에 11대에, 어느 날 갑자가 나가라 해서 나갔으니까요. 그런데 두 번째까지 제가 1등으로 당선을 하니 전두환 대통령은 무슨 상당한 기술이 있는 것이라고 착각을 했는데 사실 그런 것이 아니었지요. 저는 정대철, 이민우가 똑같이 갈라지는 바람에 제가 더 표를 얻은 것입니다. 그런데 이 양반은 그렇게 생각하지 않고 "봐라, 왜 안 되냐" 이렇게 생각했습니다. 그래서 노태우 씨가 찾아왔습니다. 저는 당시 당원들을 데리고 양주에 있는 스키장에 갔습니다. 거기 강당이 아주 좋았습니다. 그리고 제 친구가 운영하는 스키장이니 그 강당을 좀 빌려서 거기서 여름에 연수를 했습니다. 연수를 하고 있는데 노태우 씨가 밤에 만나자고 왔습니다. 만나더니 저를 보고 그랬습니다. "나 보고 서울에 나가라고 그러는데, 당신 생각은 어떠냐"고. 그래서 저는 "안 됩니다. 잘못하면 지금 쌓아놓은 모든 것이 다 무너집니다."라고 했습니다. 저 자신도 당시에 그 양반이 2인자라고 생각하고 있었습니다. 그래서 제가 무너진다고 하니 그러면 어떻게 하는 것이 좋은가 묻더라고요. 그래서 비례대표로 나가던가, 지역구로 나가면 대구라면 모르겠지만 서울에서는 어렵다고 하니, 한참을 보고 있더니 그러면 자기 대신에 말을 해주면 안 되겠냐고 해요. 그래서 그렇게 하겠다고 하고 행사가 다 끝나고 하니 어떻게 말을 꺼내야 하나 고민을 많이 했습니다. 말을 잘못하면 오히려 믿음을 강화시켜주어서 내가 어렵게 될 것 같고 해

서 한참을 생각했습니다. 그래서 권익현 씨와 어떻게 하면 좋을지 의논을 했습니다. 그러니까 이건 기정사실이니 그냥 밀고 나가자고 하더라고요.

전상숙: 선거에 나가는 것으로요?

이종찬: 네, 서울 서대문에 출마하는 것으로요. 밀고 나가자고 하는데 이건 아니다 싶었습니다. 그 양반이 무슨 때만 되면 나를 불러서 얘기를 했냐고 물어서, 아직 이야기를 못했다고 하는데, 그건 제가 정말 기회를 못 잡아서 못한 것이지 딴 마음이 있어서 그런 것이 아니었습니다. 그런데 하루는 당시 정순덕 씨가 제 동기이자 친구였는데 또 당시 정무수석이었 습니다. 그런데 연락이 왔어요.

전상숙: 어떤 분이셨나요.

이종찬: 동작에 윤보선 씨 비서실장을 하셨던 분이 계셨는데 그분이 조금 연세가 많아서 그 사람을 허청일로 바꾸고 여기는 윤길중 씨가 했었는데 그것을 노태우로 바꾸라는 말이 내려왔습니다. 그러니 지금 말하지 않으면 굳어져 버려서 대외적으로 밝혀버리면 그만 아닙니까? 그래서 제가 올라가서 정순덕에게 이야기를 했습니다. 대통령 면담 시켜달라고요. 그러니 뭐 하려고 그러냐고 해서, 얘기를 했더니 말하지 말라고, 이미 결정되었다고 했습니다. 그래서 "그래도 나한테 부탁을 했는데 말이라도 해봐야지 내가 말도 안하면 이것도 문제 아니냐"고 해서 기회만 좀 달라고 했습니다. 그래서 알았다고, 올라오라고 해서 들어갔습니다. 결국 제가 "말씀 좀 드리러 왔습니다." 했더니 이 양반이 벌써 눈치를 채고 "그만 얘기해 다 알아." 딱 그렇게 얘기를 했습니다. 그래서 이런 문제까지 생각을 하셨냐고, 한 번 확인을 해보려고 그런다고 하니, "무슨 생각을?" 그렇게 말을

하더라고요. 제가 우리가 야당에서 영입한 사람들 중에서 김정례는 놔두고 다른 사람들은 갈아치웠습니다. 딱 한 번만 기회를 주고 갈아 치웠는데 우연히도 전부 경북고등학교 출신, TK입니다. 그래서 세상 사람들이 야당을 불러다가 한번 써먹고는 전부 TK로 간다고 비난을 하면 선거판이 크게 혼란스럽게 되고 결국 서울 선거를 치루기 어렵게 된다고 했습니다. 그런데 이러한 문제까지 한번 고려를 하고 결심을 하셨는지 여쭤보려고 왔다고 했습니다. 결심을 하셨다면 할 수 없는 일이지만 제 생각을 말씀드린다고 하니 이 양반이 의외로 "내가 거기까지는 생각 안했다" 하더라고요. 그래서 "고려하십시오." 하니 "알았어, 그럼 허청일만 놔둬." 하고, 허청일 그것도 발표하지 말라고 빨리 가서 권익현한테 얘기하라고 했습니다. 그래서 제가 나오니 정순덕이 어떻게 되었냐고 바깥에서 기다리고 있었습니다. 그래서 말을 했더니 통과되었다고 그리고 이제 제가 내려와서 바로 그 수도방위사령부로 연락했습니다. 그래서 허청일 씨는 동작구에서 나가고 서대문에서는 윤길중 씨가 한 번 더 했습니다. 그런데 그런 걸로 봐서는 그 양반이 말하자면 계속 시련을 주는 것인지 아니면 골탕을 먹이는 것인지 그것은 잘 모르겠습니다. 그런데 제 마음은 이것은 아니다, 이렇게 갔다가는 상당기간 가지않겠냐는 것이었습니다. 그렇다고 다른 대안이 있었던 것은 아니고 찾아보자는 것이었습니다.

전상숙: 꼭 그런 것은 아니고 찾아보면 더 좋은 대안이 있다면 그렇게 하자는 것인가요?

이종찬: 그렇습니다.

윤민재: 그리고 당시 노태우 대통령이 출마할 수 있도록 대통령 혼자 판단했기보다는 후보자를 배치하는데 여러 가지 정보라든가 하는 부분에서

안기부의 힘이 조금 더 크지 않겠습니까?

전상숙: 대통령 혼자 노태우 후보를 넣는다, 이런 식으로 혼자 결정하지는 않았을 것 같은데요?

이종찬: 그것까지는 잘 모르겠습니다. 내부적으로 장세동 씨가 그것을 얘기했는지 잘 모르겠지만 제가 생각하기에는 당시 박철언이 장세동 밑에서 보좌관 역할을 했습니다. 그런데 박철언은 노태우를 대통령으로 만들기 위해서 뛰고 있을 때이고 감히 뒤집어서 이야기를 했을까 하는 점은 좀 의문입니다.

윤민재: 장세동 안기부장의 의사라기보다 그런 일이 있다는 것입니다. 당시 박철언 전 의원의 이야기가 나와서 말인데, 그분이 처음부터 노태우 대통령의 친인척이기 때문에 당연한 것이지만 처음부터 박철언 의원이 노태우 대통령을 후보로 만들기 위해 뛴다는 것이 당연시 되고, 인정이 되었던 것인가요?

이종찬: 네, 그 사람은 노태우를 만들려고 했던 사람이었으니까요.

전상숙: 드러나 보이게 했습니까?

이종찬: 노태우가 추천을 해서 보좌관을 했으니까요. 그 사람은 그렇게 보는 것이 좋을 것 같습니다.

전상숙: 그렇다면 노신영 총리 같은 경우에는 선생님이 보시기에 어느 정도 시점부터 후계자 중의 한 명으로 고려했을까요?

이종찬: 제가 생각하기에는 1985년 즈음이 아닌가 싶습니다. 그때 표시하지는 않았지만 총리를 시키면서 그런 고려가 있지 않았나 생각을 합니다.

전상숙: 그렇다면 윤민재 박사가 방금 질문을 드린 것처럼, 세간에서 후계자로 키우려고 한 것 아니냐는 것이 맞나요?

이종찬: 전혀 엉뚱한 것은 아니었습니다.

전상숙: 그렇다면 정보기관의 육사, 군 출신으로 강화하는 것과 함께 노신영 총리가 되면서 또 다른 민간 정치 관료가 등장하는 것이 전두환 전 대통령 생각 속에서는 두 맥으로 같이 강화해나가는 포석의 일환으로 볼 수 있는 건가요?

이종찬: 저는 그렇게 봅니다. 당시 노신영 씨가 조각을 했는데 상당히 합리적이었습니다. 그것을 제가 아는 이유가 대표적으로 김석휘 씨를 법무장관에 임명했기 때문인데, 참 잘한 것이지요. 김석휘 씨는 굉장히 이성적이고 제가 여러 명의 관료를 많이 만났지만 그 정도면 A급이라고 평가할 수 있는 대단한 분입니다.

전상숙: 어떤 면에서 제일 높이 평가 받으셨나요?

이종찬: 예를 들어 미 문화원 사건이 터졌습니다. 그건 잊어버리지도 않습니다. 제가 국회하고 싸우고 그랬으니 국회도 총리에게 협조 받을 사항이 있었습니다. 그래서 제가 총리실에 전화를 했더니 당장 오라고 했습니다. 그래서 바로 갔더니 안에 누가 있다고 조금 기다리라고 하더군요. 그렇게 바깥에서 기다리고 있는데 한 30분은 넘게 소식이 없습니다. 총리께

서 문을 딱 열더니 제가 있으니 왜 안 들어오고 거기 있느냐고 했습니다. 그래서 들어갔더니 의자가 있는데 머리만 보이고 누군지는 잘 몰랐습니다. 얘기 중이었고 이렇게 등을 대고 앉아있었습니다. 저쪽에 의자가 있어서 저보고 이리로 와서 앉으라고 해서 가니 김석휘 장관이었습니다. 그래서 어쩐 일이냐고 악수를 했습니다. 그리고는 노신영 씨가 내가 어쩔 줄 몰라서 결심을 못하고 있는데 국회 쪽 이야기를 듣고 싶다고 했습니다. 그래서 "말씀하십시오." 하니 함운경이라고 지금도 잊히지 않는데 그 학생이 주모자인데 청와대에서는 국가보안법으로 처리하라고 하는데 법무부장관이 지금 반대를 하고 있어서 그 문제로 지금 옥신각신하고 있다고 합니다. 지금 결심을 잘 못하겠다고 하면서 국회가 어떻게 생각하는지 이야기를 해보라고 했습니다. 그래서 제가 준비해 간 것도 아니고 즉흥적으로 얘기할 수밖에 없었습니다. 그래서 "사전에 아무런 준비없이 와서 즉흥적인 생각이지만 한번 들어 주십시오" 했습니다. 국가보안법은 일반 국민이 알기로는 간첩을 잡는, 간첩이나 정부를 전복하려는 사람들을 잡는 법인데 학생에게 이 법을 적용하면 국민이 조금 납득을 잘 하지 않을 것 같고 국가보안법은 일종의 칼이라서 칼집이 있어야 사람들이 저것이 권위가 있고 무섭다고 하지만 칼을 빼고 나면 나중에 헌 칼이 되지 않겠느냐고 했습니다. 그러니 칼집에서 칼을 뽑는 것은 아주 신중해야 하고 아무 때나 뽑는 것은 아닌 것 같다고 했습니다. 다만 일반적으로 들어달라고 했습니다.

그랬더니 김석휘란 사람이 눈으로 깜빡깜빡해요. 말이 되었다는 이야기로 저는 받아들였습니다. 그러더니 노총리가 조금 있다 "그렇게 생각하세요?" 하니 "제 인상은 그렇습니다." 하고 대답했습니다. 그리고는 "알았습니다. 제가 이건 안 된다고 말씀드리겠습니다." 그렇게 대꾸를 했습니다. 그래서 우리 둘은 다 나왔습니다. 나오니 김석휘 씨가 제 손을 붙잡고는 이야기를 잘 해주어 고맙다고 저에게 그랬지요. 다음 날, 아마 총리가 법무부장관은 이렇게 말을 하고 저도 국가보안법 적용은 무리가 있다고 얘기를 했다고 했나 봅니다. 그랬더니 청와대랑 청와대 측근들이 역으로 법무부장관이 물러터져서 하라고 하면 하지 말이 많다고 사표를 받아버렸습니다. 그때 그렇게 한 것을 보면 노총리가 재량권도 굉장히 있었던 것 같습니다. 하지만 그렇게 되고 나니 강경 일변도로 치달았습니다.

전상숙: 결국 재량권이 주어졌다 하더라도 결정적인 순간에는 아무래도 정보 차원의 목소리가 더 컸던 것인가요?

이종찬: 그런 것도 역시 김석휘 장관을 딱 날려버렸습니다. 김석휘 장관이 가고, 다음으로 이현재 서울대학교 총장이 가고 계속 강경으로 나갔습니다.

윤민재: 어떻게 보면 노신영 총리가 굉장히 합리적인 생각을 조금씩 갖고 계셨던 것이네요.

이종찬: 그렇게 되어서 결국 1986년을 넘어 가면서 대안이 노태우 밖에 없다는 걸로 결론지어진 것 같습니다.

전상숙: 선생님이 보시기에는 노신영 총리가 고려되었지만 군부 세력들의 반대가 있었던 것인가요?

이종찬: 네, 그것도 맞는 것 같습니다.

전상숙: 그게 더 클 것 같은 생각이 드네요.

이종찬: 그래도 옆에서 당신을 후계할 사람은 이 사람 밖에 없다는 이야

기를, 당신의 안전이나 이런 것들을 고려할 때 그렇게 말한 것 같습니다. 또 여러 가지 말을 했겠지요. 그리고 이 문제는 여러분들이 연구해 볼만한 과제인 것 같은 데 저도 머릿속에서 해결을 못했습니다. 정권 교체에는 두 가지가 있습니다. 먼저 수직적인 것, 여당에서 여당으로 가는 것입니다. 그리고 수평적인 것이 있습니다. 그런데 수직적인 교체의 첫 테이프를 끊은 사람이 전두환 대통령입니다. 누가 뭐라고 해도 그렇지 않습니까? 수직적으로 인계해준 것은 처음이지요.

전상숙: 처음이죠. 평화적으로 여당에서 여당으로 정권 교체를 한 것이지요.

이종찬: 설사 여당에서 여당으로 갔다 하더라도 정권교체는 된 것입니다. 우리에게 지금 과제로 남은 것은 정권을 교체한 후에 전임자가 어떤 입장에 있어야 하고 후임자는 전임자에 대한 대우를 어떻게 해야 하느냐는 것에 대해서 우리 제도상에 상당한 혼란이 있기 때문에 오늘날 정치적 혼란이 있습니다. 전임자는 임기가 끝나고 나서는 딱 끊어야 합니다. 미국식으로 이제 나는 정치계를 떠난다하고 그 다음부터는 쓰레기봉지를 들고 다닐 수 있는 것으로 바뀌어야 합니다. 지금도 에어포스 넘버원 타고 다닌다고 착각하면 안 됩니다. 끝난 순간에는 내가 어디를 가려고 하면 비행기 표를 끊어서 남하고 같이 타고 다닌다고 생각해야 한다는 것입니다. 부시가 이런 말을 하지 않았습니까? 그렇다면 우리는 무엇이냐? 전임자가 그만두어도 퇴임하고 나서 어떤 영향력을 발휘하고 싶은 생각이 있습니다. 그게 축재를 하게 된 동기 중의 하나입니다. 저는 그렇게 생각합니다.

전상숙: 젊은 연구자들이 생각하는 것은 전두환 대통령에서 노태우 대통령으로 평화적인 정권 교체를 했지만 광주라는 나름의 업보 때문에 자

신의 신변이 위태로워서 자신의 신변과 입장을 보호받기 위한 자구책이었다는 것입니다. 그래서 결과적으로 지금 말씀하신 그런 상황이 펼쳐진 것이라고 말을 합니다.

이종찬: 당시에는 광주 청문회가 있기도 전입니다.

전상숙: 전이기는 하지만 그런 부분들에 대한 반발심이 워낙 심하지 않았나요? 6·29가 나와야 할 정도로 민주화 운동 그리고 학생운동의 저항이 컸으니까요. 그것에 대한 보위책으로 하다 보니 더 안좋아진 것이라는 말을 합니다.

이종찬: 6·29선언을 하기 훨씬 전에 '일해재단'을 만들었습니다. 재단을 만든 것이 1986년인가 1985년인가 그렇습니다. 그렇게까지 심각하지는 않았습니다.

전상숙: 그렇다면 전두환 대통령을 비롯해서 민정당, 5공 정부의 핵심 세력들은 광주가 국민들에게 미친 정신, 정서적인 반감을 심각하게 느끼지 않았던 것인가요?

이종찬: 그렇게까지 심각하게 느끼지 않았습니다.

전상숙: 사후에 벌어지니까 그런 것인가요?

이종찬: 사후에 벌어지니 지금은 심각했다고 생각하지만 당시에는 우리가 당연히 해야 할 것을 했다, 그리고 어떤 정권은 그런 지방 소요가 있었을 때 그것을 진압하지 않았냐 하는 그렇다면 그것을 그대로 두었을 수 있

었겠냐 하는 논리가 더 지배적이었습니다.

전상숙: 너무 강했다는 생각은 안했군요.

이종찬: 솔직히 안한 것 같아요. 저도 그렇게 심각하게 논의한 걸 보지 못했습니다.

전상숙: 할 것 한 것인데 상황이 안 좋다 보니, 좀 그랬을 뿐이라는 말인가요?

이종찬: 말하자면 죄의식 이런 것은 그 후 청문회가 생기고 해서 나온 것이지 당시에는 그렇지 않았다는 것입니다.

전상숙: 굉장한 괴리군요. 일반 국민들의 생각은 물론, 그 시점에서 정보가 별로 없어서 일반국민들이 잘 모르고는 있었지만 당시 학생 운동권이나 직접 본 사람들, 광주의 시민들이 감지하고 있었던 것과는 굉장한 차이군요. 정서적으로도요.

이종찬: 괴리가 있었을 것입니다. 괴리가 있었지만 일반인의 감정도 지금처럼 고조되어 있지는 않았고, 이렇게 낮추어져 있던 것이 말하자면 부각이 된 것입니다. 그러니 1985년, 1986년, 정권을 넘기면서 이 양반이 오히려 걱정한 것은 올림픽이었지 사후의 걱정은 하지 않았던 것으로 저는 압니다. 오히려 어떻게 보면 나란 존재가 어떻게 좀더 영향력을 가질까하는 것에 관심이 있었던 것입니다. 그렇기 때문에 일해재단을 만들고 돈을 만들지 않습니까? 그것이 일종의 영향력을 주겠다는 것입니다. 지금의 푸틴과 마찬가지이지요.

전상숙: 네, 그런 것이군요.

이종찬: 그리고 기자회견에 보면 노태우도 축재를 했던 모양입니다. "나도 좀 더 좋은 일을 하기 위해 돈을 모았다" 라고요. 그럼 좋은 것이라는 것이 무엇이냐? 그 일입니다. 김영삼도 똑같지요? 현재까지도 마찬가지입니다. 노무현도 저렇게 비극적으로 끝난 이유가 봉화마을을 만들고 자꾸 사람을 불러서 무엇을 하다 보니 반발이 생기고 조사하고 그것이 더 커지지 않습니까? 모든 것이 그것의 연속입니다. 그러니 제도적으로 이것을 완화할 수 있는 무엇인가를 여러분이 이번에 연구하는데 하나의 화두, 포인트가 되어야 한다고 생각합니다. 그것에 대한 준비가 아무 것도 되어있지 않습니다. 이제 이 정권이 끝나지 않습니까? 그러면 "나 툭툭 털고 일어난다. 내일부터 쓰레기봉투 들고 초야에 묻히겠다. 누가 와서 말해도 일절 코멘트를 하지 않는다."라고 해야 합니다. 지금 부시가 오바마에 대해서 코멘트를 합니까? 한 마디도 하지 않습니다. 또 오바마도 너 때문에 이라크 전쟁하고 너 때문에 아프카니스탄 전쟁을 하고 있다고 말 하지 않습니다. 이것은 내가 해결해야 하는 전쟁이라고 생각하지 너 때문에 했다는 말을 하지 않습니다.

우리가 민주주의 제도를 하려면 전임자도 그런 마음을 가져야 하고 후임자도 그런 마음을 가져야 합니다. 부시의 대북정책이 무엇입니까? ABC입니다. ABC 아시지요? Anything But Clinton입니다. 클린턴 정부의 정책을 다 뒤집었습니다. 그래도 클린턴이 말하지 않습니다. 그러니 민주주의 제도가 그대로 있고 지금도 일이 있으면 대통령들을 다 초대해서 의논하고 사진 찍고 아름답지 않습니까? 지금도 카터부터 해서 다 가지 않습니까? 제러드 포드도 마찬가지입니다. 그런데 우리는 지금 김대중이 노무현에 대해 굉장히 섭섭하게 생각하고 있었단 말입니다. 그래서 가끔 불러서 툭툭 쏘고 말하지 않았습니까? 노무현 대통령에 대해서도 그래도 나는 너하고 같은 과다라고 말하는 것은 노무현 끝나기 2~3개월 전부터입니다. 그 전에 굉장한 일이 있지 않았습니까? 다 잡아 넣지 않았습니까? 대북 송금 했다 어쨌다 해서요. 그러니 지금까지 정권교체에 따르는 여러 가지 제도적 장치, 제도적 장치라고 할까요?

전상숙: 제도적 장치보다는 정치 문화의 일부인 것 같습니다.

이종찬: 이것을 빨리 다르게 정립하지 않으면 계속 비극이 옵니다.

전상숙: 12대 총선의 결과는 당시 분위기 상으로 대학가나 서울 시내에서의 민심이라고 하는 것이 사실 광주에 대한 분노나 정권 초기, 집권 초기의 그런 부분을 건드린 것은 아니었지만 학생 운동 혹은 이런 차원에서 그런 것들도 굉장히 크게 퍼져나갔던 것도 같이 있었습니다. 그랬기 때문에 12대 총선이 가져온 결과가 젊은 층들 사이에서는 그 결과로 초래하는 것으로 인식되어지고 더불어서 집권당, 집권 정치 세력이 탄압을 강화하고 또 상호 강화되어 가면서 광주에 대한 부분도 같이 더불어 격화되어 갔습니다.

이종찬: 증폭되어 갔다는 것이지요? 저도 이해를 하겠습니다. 왜냐하면 미문화원 사건 자체가 왜 너희들, 미군은 군인이 갔는데도 말리지 않았느냐는 것에서부터 증폭이 된 것이니까요. 그것은 이해하겠지만 지금과 같은 상황은 아니었습니다.

전상숙: 하지만 그 시점에서 이러한 부분에 대해서 12대 총선에서 서울에서 1등을 못하고, 1등한 것도 종로 외에는 없었던 것에 대해서 상대적으로 집권당 내부에서의 위기의식이 강하지 않았다고 말씀하셨습니다. 그런

데 선생님이나 서울의 당시 진보적이고, 합리적인 여당 의원라고 생각되어지는 분들, 즉 위기라고 생각하셨던 분들조차 광주나 이런 부분을 연결하지는 못 하시는 건가요?

이종찬: 물론 광주나 다른 여러 가지 것들도 있고 정치를 억압한 것도 있고 여러 가지 원인 중 하나였을 것입니다. 그러나 이것이 상당히 지배적 주류였다고는 생각하지 않았습니다.

전상숙: 주류로 갈 것이다 혹은 주류였다는 식으로 생각하지 못하셨던 말씀이시지요. 저희는 거기까지 생각은 못했습니다.

이종찬: 그렇습니다. 그리고 지금도 예를 들면 군 일부나, 퇴직한 당시의 주요 간부였던 분들은 최근에도 우리가 그때 무슨 잘못을 했는가? 이렇게 소요사태가 일어났는데 그렇게 방치할 수 있었는가? 하는 논리가 굉장히 강합니다.

전상숙: 국방 안보 차원에서, 치안 질서유지라는 차원에서 할 것을 한 것이다, 그것이 너무 강한 것은 아니었다는 의미이지요?

이종찬: 네, 맞습니다. 제가 요즘 재향군인회에서 나온 책을 샀습니다. 그 책을 보니 이런 논리를 피면서 광고를 하더라고요. 그래서 어떤 내용인가 궁금하고 황석영 책도 제가 가지고 있기 때문에 저도 너무 한쪽 이야기만 듣고 있는 것 같아서 이쪽 얘기를 들어보자고 해서 샀습니다. 아니나 다를까 거기에는 그런 사태가 벌어졌을 때 지금 정부는 그런 사태가 올 때 방치하겠느냐는 논리였습니다.

전상숙: 과잉 진압했다는 생각은 별로 없단 말씀이시죠.

이종찬: 과잉 진압을 했다는 말은 좀 있었습니다. 말하자면 과잉 진압했던 것은 수단이 잘못된 것이지, 목적까지 잘못되지는 않았다는 말입니다. 예를 들어 공수부대를 보낼 것이 아니고 다른 병력을 보냈어야 했다는 말은 있습니다. 그러나 근본 자체는 잘못된 것이 없다는 말입니다.

윤민재: 그럼 당시 12대 총선에 대해 다시 여쭤보겠습니다. 12대 총선의 결과가 그렇게 나온 것에 대해서는 집권당 내부의 문제도 있었겠지만 다른 한편으로는 기존 야당들이 제 역할을 하지 못했기 때문에 그것에 대한 중산층 이상 시민들의 반발의 결과로써 표의 결과가 나온 것으로 볼 수 있을 것 같습니다.

이종찬: 그럴 수 있을 것입니다.

윤민재: 12대 직전에 민한당이 주요한 야당의 파트너였는데 당시 원내총무가 누구였습니까?

이종찬: 임종기 씨입니다.

윤민재: 임종기 씨가 목포 출신이지요?

이종찬: 예. 목포 맞습니다.

윤민재: 12대 총선이 끝나고 신민당이 제1야당이 됩니다. 거기에 민한당이 합쳐지고요. 민한당의 소수만 남게 되는데, 당시 김동영 의원이 원내총

무가 되나요?

이종찬: 네, 원내총무 맞습니다.

윤민재: 네, 원내총무 파트너가 바뀌게 된 것이군요. 당시 임종기 민한당 원내총무와 신민당 김동영 총무를 비교했을 때 협상의 여러 가지 방법에 대해서 설명 부탁드립니다.

이종찬: 처음에 김동영 씨가 총무가 되었는데 저는 11대부터 총무를 했고 민한당은 고재청 씨가 총무를 했고 임종기 씨가 총무를 했습니다. 예전에 얘기를 했지만 대화가 되었습니다. 예산 깎아달라고 하면 깎아주고. 대화가 되었는데 12대 총선거가 끝나니 전두환 대통령이 저를 보고 총무를 계속하라고 말을 했습니다. 그래서 총무를 계속해야 되겠다고 하고 있는 중에 얼마 지나지 않아 신민당 총무에 김동영이 되었다는 발표가 나왔습니다. 그런데 마침 당시에 김병오 의원이 통일 관련 책을 냈습니다. 그래서 출판 기념회를 한다고 했습니다. 김병오는 저와 11대를 국회를 같이 해서 축하해주러 갔습니다. 갔더니 기자들이 죄다 모여서 저를 유도해서 어디로 갔는데 거기가 김동영 의원 자리였습니다. 그렇게 만나도록 한 것입니다. 자기들은 뉴스거리, 사진이라고 한 커트 찍으려고요. 그런데 제가 악수를 청하니 거부를 했습니다.

윤민재: 김동영 의원이요?

이종찬: 네, "정식으로 국회가 개원된 후에 만납시다."라고 말했습니다. 그렇게 강경했습니다. 그래서 제가 좋다고 그렇게 하자고 했습니다. 김동영 씨는 사실 우리와 같은 연배였습니다. 그리고 그 친구는 동국대학을 나

왔는데 동대 학생위원장 할 때 서울시 학생위원장이 전부 제 친구였습니다. 그러니까 말하자면 친구의 친구였습니다. 그러니 제가 모르는 처지가 아니었습니다. 시간이 좀 지나고 신민당이 개원은 했는데 안들어오겠다고 해서 개원협상을 한두 달 끌었습니다.

전상숙: 막후협상 자체가 아예 불가능한 상황이 된 것인가요?

이종찬: 초기에는 불가능했습니다. 그래서 제가 이건 안되겠다 싶어서 김동영 씨를 개인적으로 만나기 시작했습니다.

윤민재: 공개적으로 만나신 것인가요? 아니면 비공개적으로 만나신 것인가요?

이종찬: 비공개였습니다. 비공개적으로 만났는데 좌우지간 제가 정성을 꽤 들였습니다. 처음에는 사적으로 만나고 나중에는 점차 신뢰가 형성되었습니다. 나중에 한 몇 달 지나고 나니 심지어 우리 당 고민은 자신이 해결해주고, 자기 당 문제는 제가 해결해주었습니다. 예를 들어 무슨 문제가 합의가 되고 나중에 김동영 씨가 "야 내가 이것 가지고 들어가면 상도동은 설득할 자신이 있지만 동교동은 통과 못시킨다. 내가 얻어맞아서 안된다." 그랬습니다. 그럼 어떻게 해결하느냐 "이건 네가 뛰어라." 그랬습니다. 그럼 누구한테 가냐면 김녹영 부의장이 있으니 거기로 가라고 해서 제가 쪽지 들고 김녹영 씨한테 갔습니다. 가서는 '이 문제를 원만하게 해결해야하는데 도와주십시오' 하면 "괜찮구먼, 이것 김동영에게 얘기 잘 하시오" 했지요. 그래서 이것은 제가 열심히 하겠지만 우선 부의장님께서 코멘트를 한번 해달라고 하면 뭐, 그냥 하라고 하고는 했습니다. 다시 제가 가서 김동영한테 말을 하면 김동영이 당내에 가서 확 통과시키고는 했습니다.

윤민재: 그러면 초기에는 어려웠지만 두 분 간의 사적인 신뢰관계가 형성되면서 협상이 원활히 진행된 것인가요?

이종찬: 네. 맞습니다.

윤민재: 그 후에 본격적으로 여러 가지 정치적으로 중요한 상황이 등장하게 됩니다. 개헌 문제라든지 등등 말입니다. 당시 협상 과정은 어떠했습니까?

이종찬: 매사 매 건마다 가장 중요한 건 서로 간의 신뢰입니다. 그 사람은 제가 무슨 야당 골탕을 먹이기 위해 여당의 강경한 사람 앞에 나가서 떠드는 것이 아니라 자기 나름대로 가치를 생각하고 있다고 생각하고, 또 자신도 그 사람의 입장에서 그 사람에게 해결하려고 하고 하는 것이 무슨 파당적인 것이 아니라고 상호 간의 신뢰가 생기니 말하기가 아무래도 조금 수월했습니다.

윤민재: 그런 점에서 야당에서는 김동영 의원이 전권을 쥐고 협상에 임하는 것이었나요?

이종찬: 네, 김동영 의원은 김영삼 대통령으로부터 전권을 위임받았습니다. 그런데 동교동 문제가 있습니다. 거긴 집안에 그런 어려움이 있었습니다. 그런 어려움은 자신이 어렵고 까다로우면 제가 대신 개별 협상을 하기도 했습니다.

전상숙: 선생님께서 여러 가지 작업들을 하시고 다른 한편으로는 당시 민심, 특히 서울을 중심으로 한 민심에 대해서도 인지하셨는데 제3자가 보

기에 그러시다면, 무언가 다른 집권당이나 정권 재창출은 당연히 지향하는 것이고, 좀더 바른 정치를 해서, 바른 방향으로 정권 재창출을 해야겠다는 생각을 선생님도 하셨을 것 같습니다. 그동안 활동하셨던 바나, 입장, 위치나 그리고 초기부터 남들이 보기에 당내에서도 선생님이 2인자처럼 보였을 것이고요. 역할도 그렇게 하셨고요. 충분히 선생님께서 후계자가 되어서 정권 재창출의 기수로서 나서실만했을 것 같은데 그런 생각은 없으셨나요?

이종찬: 당시에는 미처 하지 못했고 오해를 받은 것은 사실입니다. 제가 후임으로 이세기가 되지만 그 사람은 서울시 의원들이 전두환 대통령이 시키는 대로만 너무 한다고 해서 거부를 한 인연이 있었습니다. 그러니 자연히 저하고 대화를 많이 하게 되니 제가 딴 생각을 하고 있다는 오해를 많이 받았습니다.

전상숙: 오해더라도 선생님 자신도 올바르다고 생각하신 것과 한국사회의 정치 상황이 맞지 않는다는 것을 알고 계셨던 것 아닌가요?

이종찬: 그렇습니다.

전상숙: 그렇다면 그것이 오해라 하더라도 선생님 스스로 나서서 정권을 재창출을 하는데 입후보자가 되고 민정당이 한국 정치 상황에 맞는 정책을 펴도록 내가 좀 해봐야겠다는 생각을 하셨을 것 같은데요?

이종찬: 그 시점까지는 아직은 안했습니다.

전상숙: 그렇다면 좀 더 늦게 생각을 하신 건가요?

이종찬: 시간이 좀 더 지나면 나도 경쟁을 해야겠다는 생각을 했지만 전두환 대통령 시대에 그런 생각을 하지 못한 것은 우선 당시는 간선제였다는 이유였습니다. 간선제하에서는 국민으로부터 인정받는 것도 중요하지만 역시 전두환 대통령이나 지금 현 권력의 상황에서는 불가능하다는 것을 이미 알고 있었습니다.

전상숙: 그럼 제도적인 문제가 제일 큰 거였나요?

이종찬: 그리고 제가 나중에 김영삼 대통령과 경쟁한 이유는 후에 말하겠지만 당시에 말하자면 일종의 결속된 사람들이 그 후까지 저를 상당히 옹호해주었습니다.

전상숙: 그리고 시간이 지나면서 대통령이 되었지만 노태우 대통령이 그 시점에서는 아직 대통령이 아니었지 않습니까? 노태우 후보가 당내에서는 객관적으로 경쟁력이 있다고 생각할 수 있지만 당시 한국의 전체적인 정치 상황으로서는 경쟁력이 있을까하는 의문이 들었을 것 같습니다.

이종찬: 네, 의문은 조금 있었을 것입니다. 어떻게 육사 출신끼리 하느냐, 동기생끼리 하느냐하는 이야기를 있었습니다. 하지만 그것에 어떻게 비집고 들어가서 제가 무엇을 한다는 생각을 하지는 않았습니다. 그런 모략은 많이 받았습니다. 제가 파당을 많이 만들고 나중에 전두환 대통령이 다시 측근그룹을 만든다는 것입니다. 정동성, 이치호 이런 사람들을 계속 불러서 밥 먹이고 하면서 제 편으로 만든다는 것입니다. 그래서 오해를 해서 나중에 노태우 때 사무총장을 그만 둘 수밖에 없었습니다.

전상숙: 그렇다면 5공시기 전두환 대통령의 리더십은 끝까지 갔다고 봐

도 되겠습니까?

이종찬: 맞습니다만, 이런 것도 있었습니다. 처음에는 굉장히 오픈 마인드로 제가 이런 얘기를 해도 다 받고 했는데 위기 상황이 오면서 본인 스스로가 자꾸 경화되었습니다. 그리고 나중에는 말하자면 권력에 대한 집착이 너무 강해졌습니다. 그렇게 12대 총선까지가 제가 보기에는 그 당시에 가장 어려웠습니다. 예산안을 동결시키는 것이 굉장히 어려웠던 일이었습니다. 근데 그걸 딱딱 했습니다. 말하자면 개혁적이었습니다. 그러니 경제를 잡은 것입니다. 그런데 12대 총선 이후부터 그런 것에 대한 생각의 폭이 점점 좁아졌습니다. 오로지 대증 치료, 대증 요법, 증상이 나오면 그랬습니다.

전상숙: 그럼에도 당 내부, 집권 당 내부에서는 그것에 대한 도전이나 혹은 그것을 어떻게 바꾸어 보려는 것이 대세 속에는 있을 수 없었나요?

이종찬: 없었습니다. 나중에 4·13조치 이후부터는 당내에서 조금씩 반발이 나오기 시작했습니다. 왜냐하면 이래서는 안된다는 것이 강해졌습니다. 나중에는 결국에 홍성우 같은 이야기를 막 하는 사람이 직선제 안하고 무엇하느냐고 그래서 노태우 대통령의 미움도 사기도 했습니다.

윤민재: 선생님께서 원내총무를 그만두게 되신 계기가 학원안정법 파동 때문인가요?

이종찬: 예.

윤민재: 제가 그 질문을 드리려고 하는데 학원안정법 파동은 안기부에

서 전체적인 구상을 한건가요?

이종찬: 학원안정법은 장세동이 생각한 것이 아니라 허문도가 생각한 것입니다. 그래서 둘이 잘 맞았습니다. 전두환 대통령을 설득했고 OK를 받았습니다. 그래서 내려온 것입니다.

윤민재: 허문도 씨는 어떤 직책에 있으셨나요?

이종찬: 민정수석이었습니다.

윤민재: 어디서 그런 발상을 했습니까? 모델이 있었습니까?

이종찬: 어디서 아이디어를 받았는지는 제가 잘 모르겠습니다. 저는 안 된다고 했고 그 사람은 아니어서 정면으로 논쟁이 붙었습니다. 반대하는 사람이 저와 현홍주 씨였고 당시 정책실장이었습니다. 그리고 이한동까지 세 명이 나갔습니다.

윤민재: 공개적인 토론을 했나요?

이종찬: 네, 안가에서 토론이 붙었습니다. 그래서 저하고 현홍주는 하지 말라 했고 나중에 그 사람들은 해야 한다고 논리를 펴서 정면으로 붙었습니다. 지금 기억이 났는데 나중에 이한동이 반대하는 쪽에서 대안을 내겠다고 해서 그것이 무엇이냐 하니 판정을 검사나 정부 쪽에서 하지 않고 사법부에서 학생들을 캠프에 집어넣어 재교육하는 것을, 즉 판정관을 사법부판사에게 맡기면 동의해주겠다고 말을 했습니다. 그래서 제가 화를 냈습니다. "아니 말이야, 이 의장은 검사도 아니고 판사도 안된다고, 검사나

판사가 판결문을 가지고 공소장을 가지고 이것이 가부를 말하는 것이지 인생 전체를 판정하는 그런 권한을 판사에게 주나?"라고 제가 그래서 우리끼리 또 논쟁을 했습니다.

윤민재: 법안통과가 무산되지 않나요?

이종찬: 예. 그랬는데, 그렇게 되어서 제가 내가 원내총무로 있는 한 정부에서 내라는 법안을 내지 못하겠다고 했습니다. 그러니 저를 그만두라고 하고 이세기를 가져다 놓고 그것을 추진했습니다. 상정이 되지 않았나요? 이제 격돌이 벌어졌습니다. 청와대 여야 영수회담을 해서 이민우 씨가 하지 말라고 해서 중단되었습니다.

윤민재: 결국에는 이것이 결과적으로 사임하게 된 결정적인 계기가 된 것입니까?

이종찬: 그렇습니다. 결국 말하자면 원내총무가 지시에 불응했다는 것입니다.

윤민재: 불복종이라는 것이군요.

이종찬: 그런데 전두환 대통령이 그렇게 하고 굉장히 미안하게 생각을 했습니다. 말을 하지는 않았지만 미안해했던 것을 무엇을 보고 알 수 있냐면 당시에는 매년 UN총회의 표를 얻으러 다니느라 특사가 있었습니다. 선물 보따리를 가지고 주로 아프리카, 중남미 이런 곳을 돌아다니면서 이번 UN총회에서 우리를 지지해달라는 운동을 많이 했습니다. 그런데 저를 특사로 보냈습니다. 나가라고 하면서 미안해했습니다. 특사야 보통 지정되

지만 특히 미안하게 생각했다는 것을 알 수 있는 것이, 절 불러서 나가라고 하는 것을 KBS 기자에게 말해서 촬영사하고 연합통신기자하고 동아일보 기자 세 명을 저한테 붙여주었습니다. 경비를 정부에서 부담했던 것을 보아서 상당한 것이었습니다.

전상숙: 힘을 실어 주신 거네요.

이종찬: 네, 힘을 실어준 것입니다. 그러니 당시에 이 양반이 나를 잘라 놓았지만 상당히 미안한 감정을 갖고 있구나하는 것을 알아서 고맙게 생각하고 특사 활동을 하고 왔습니다.

윤민재: 아까 학원안정법 말씀을 하면서 이민우 대표하고 협상 과정에서 무산이 되었잖아요?

이종찬: 네.

윤민재: 그러면 이제 이민우 씨가 그 당시 총재였나요?

이종찬: 총재였습니다.

윤민재: 총재였던 분이 어떻게 보면 상도동계와 동교동계, 전권을 위임받아가지고 1980년의 중요한 시기에 활동하게 됩니다. 그리고 결정적 부상이 지난번에 말씀하셨지만, 이민우 구상이 이제 벽에 부딪히게 됩니다. 지난번에 이민우 구상의 내막에 대해서 잠깐 언급하셨지만 그것이 집권당 내부에서도 그 구상을 받아들일만한 것으로 판단하고, 협상의 여지가 있다는 생각을 하셨나요?

이종찬: 저는 이민우 구상이 직접 만든 것이 아니라고 봅니다. 나중에 얘기를 들었지만 그것이 홍사덕 씨 구상이었거든요. 그런데 당시에 직선제는 말하자면 움직일 수 없는 하나의 벽이었습니다. 그러니 직선제로 바꾸려면 헌법개정 과정이 있어야 하는데, 야당도 카드가 있어야 했습니다. 이제 내각제를 포함해서 모든 것을 협의하자는 카드를 내놓은 것은 제가 보기에는 당시 철벽과 같은 여당을 상대할 때는 현명한 안이라고 생각했습니다. 그리고 저는 당시 원내총무를 떠났기 때문에 제가 현직에 있지는 않았지만 저것은 묘수로 말하는 것이라고 생각했습니다. 당시는 헌법이라는 말조차 하지 말라고 하던 시절이었습니다. 그러니 이민우 구상을 자꾸 여당에 주어서, 매수해서 주었다고 뒤집어 씌웠는데 그건 잘못된 것이라고 봅니다. 이민우 씨가 정치 장난꾼은 아니었습니다.

윤민재: 그래서 이민우 구상이 곤란하게 되면서 대화의 통로가 완전히 막히게 된 것인가요?

이종찬: 대화는 되었습니다. 하지만 과거의 그러한 신뢰관계는 상당히 떨어진 상황이었습니다. 사실은 학원안정법이 보류된 것도 원내총무 단계에서 보류시켜야 하는 것이었는데, 영수회담까지 올라가서 보류가 된 것입니다.

윤민재: 전두환 대통령이나 내부에서도 호헌이 어쨌든 가장 중요한 키워드였겠지만 여러 가지 상황이 변화면서 내각제나 혹은 절충제라고 하나요, 그런 식의 안을 대안을 생각하지 않으셨습니까?

이종찬: 4·13조치가 있었습니다. 내각제로 하려는 것이 있었는데 노태우 대통령이 아주 반대했습니다.

전상숙: 노 대통령이 반대하는 이유는 무엇이었나요?

이종찬: 왜냐하면 이제 자기한테 다 굴러왔는데 왜 내각제로 바꾸자고 해서 만들 필요가 있느냐고 완강히 반대했습니다.

전상숙: 대통령의 권한이 축소되는 것이 싫었던 것인가요?

이종찬: 정치 환경이 완전 바뀌는 것입니다. 자신이 권력을 장악한다는 보장이 없지 않습니까?

전상숙: 권력을 잃을지도 모른다는 것 때문에요.

윤민재: 4·13 호헌조치로 내각제 논의가 완전히 들어가고 이민우 구상도 들어가고 했을 때, 4·13 호헌조치를 노태우 대통령이 당연히 반기고 수용을 하는 입장이었겠네요?

이종찬: 그렇습니다. 그러니까 호헌 입장이었습니다. 그러나 이제 그것을 표출하면 국민으로부터 일종의 비난을 받을까봐 침묵을 지켰지만 마음속으로는 호헌 조치를 끝까지 주장했습니다.

전상숙: 그렇다면 내각제 자체에 대해서 반발했었다는 것은 상황이 바뀔 경우 본인이 대통령제하에서의 대통령 권한보다 의원 내각제하에서의 총리가 가지는 있는 권한이 작기 때문이 아니라 상황이 바뀌어서 본인이 총수로서의 자리를 갖지 못할지도 모른다는 생각에서 반발을 한 건가요?

이종찬: 그렇지요. 당연히 있습니다. 총리라는 것은 내각제하에서는 국

회에서 결정하는 것 아니겠습니까?

전상숙: 그렇다면 상황이 바뀌었을 때 본인이 상대적으로 정치적인 협상력이나 정치적인 대표로서 가질 수 있는 입지가 상대적으로 전두환 대통령만큼 약하다는 것을 인지했다는 것을 생각해도 되겠습니까?

이종찬: 그렇죠. 당연합니다.

전상숙: 당연하다고 여길 정도로, 선생님께서 지금 말씀하실 정도로 당시에서도 노태우 후보를 지지하는 층이 아닌 다른 사람들 속에서 그런 것들이 인지되고 있던 상황이라고 볼 수 있나요?

이종찬: 여하튼 언젠가 상춘제에서, 그것이 몇 월 몇 일인지는 정확하지는 않지만 우리가 모였을 때 전두환 대통령이 마지막으로 여러 가지 생각을 한 끝에 나는 노태우한테 자기 후보를 하도록 한다고 얘기를 한 행사가 있었습니다. 청와대 내부에서요. 그러니 꽤 많이 모였습니다.

전상숙: 최종 결심을 밝히신 것이지요?

이종찬: 상춘 행사에서 노태우 대통령이 말하자면 자신은 "감동했다" 이렇게 말해서 그런 쇼하는 것이 있지 않았어요? 그때가 절정이었습니다.

전상숙: 그때 불변의 것으로 확정이 되었단 말씀이지요.

윤민재: 어쨌든 그런 과정이 있었지만 내부에서는 장세동 안기부장이 그래도 반발을, 혹은 반대를 끝까지 했을 것 같습니다. 상황적으로 봐서는요.

이종찬: 저도 나중에 들었지만 장세동도 자신이 후계자가 될 수 있지 않았느냐는 생각을 했다는 것입니다. 그런데 제가 보기에 당시 분위기에는 장세동한테 간다는 것은 조금 그랬습니다. 왜냐하면 당시에는 안기부장 권한이 매우 강했으니까요. 그러니 그런 것을 언감생심 생각했을지는 몰라도 구조적으로 그렇게 되기는 어려웠습니다.

전상숙: 그렇다면 여러 가지 다른 변수들도 관망을 하며 가늠을 하다 최종적으로 원점으로 돌아와서 노태우 후보로 지정을 하게 된 결정적인 것 혹은 대안이 없다고 생각하게 된 것인가요? 아니면 결정적인 이유가 무엇이라고 생각하시나요?

이종찬: 아마 주변에 유학성, 정호용, 황영시 이런 사람들, 말하자면 가장 가까운 동지라고 봐야하니 그 사람들이 자꾸 방황하지 말고 이제 결단을 내리시라고 해서 결정된 것으로 봅니다. 그렇게 된 것으로 보는데, 왜 그건 아니냐면 그날 난 이것을 결정했습니다. 노태우로 했다고 해서 다음날인가 모레인가 유학성 씨가 어제 그 얘기를 듣기 위해서 무려 7년을 기다렸다는 얘기를 했습니다. 그래서 제가 '이분들이 다 만들었구나' 이렇게 생각을 했습니다.

전상숙: 그렇다면 박정희 대통령 서거 이후 집권하는 과정 속에서 자신들이 적자라고 생각하는 그룹이 있었다는 건가요?

이종찬: 그 구도를 그 당시에 이미 생각을 했었단 말입니다.

전상숙: 그 주변 사람들이 공유하고 그렇게 만들어갔단 말씀이신가요?

이종찬: 그런 것 같습니다. 유학성 씨가 말한 것으로 미루어 보아 '이것을 공유했었구나' 이렇게 생각을 했습니다.

윤민재: 그 육사분들 기수를 보면, 10기, 11기나, 그 이전 때 분들이요.

이종찬: 유학성 씨는 정훈 1기인데, 8기하고 같습니다.

윤민재: 8기하고 같나요? 그분들의 대세는 노태우 대통령이었고, 그 후에 장세동 안기부장은 16기이니까요. 그 후에 조금 반발이 있었고, 구도가 그렇게 나뉘어졌던가요?

이종찬: 장세동 씨는 전두환 대통령의 생각과 똑같이 하는 사람이니 전두환 대통령이 '아, 노태우가지고 될까' 할 때 그런 흔들림인 것이지 반발까지는 아닙니다.

전상숙: 그렇다면 최종적으로 6·29선언을 하게 되는 상황으로 치닫게 된 것인가요?

이종찬: 그렇습니다. 제가 지금 느끼는 것이 무엇이냐면 전당대회를 하는데 저는 당시에 아무런 당직도 없었을 때인데도 불구하고 김동영이 한 번 만나자고 했습니다. 그래서 갔더니 김영삼 대통령과 전두환 대통령 면담을 저보고 주선하라고 합니다. 그래서 그 목적이 뭐냐고 물으니 "전당대회를 중지하라, 전당대회를 해서 노태우로 결정이 되면 그때는 이미 일종의 절차만 남은 것이니 전당대회에서 표결이라고 해도 그것은 다 통과 절차니까 이렇게 되면 난리가 난다"고 합니다. 그러니 사전에 주선해달라는 것이었습니다. 그런데 우연히 박용만 씨가 있었습니다. 그분도 성동구 국

회의원을 했습니다. 그날 만나자고 했습니다. 행정위원회인가? 아무튼 같은 위원회에서 있었습니다. 만나자고 해서 "이건 안 됩니다, 면담을 주선하세요"라고 그랬습니다. 그래서 제가 김동영한테 들은 얘기와 똑같은 것을 들었다고 해서 '아 내가 저쪽과 공통된 의견이구나' 하니 김영삼이 어떻게 하던 전두환 대통령을 만나서 열변을 토할 태세였습니다.

전상숙: 열변을 토해서 뭘 원하는 것인가요?

이종찬: 면담입니다.

전상숙: 면담하는 자리를 원하는 것인가요?

이종찬: 네, 주선을 하도록이요.

전상숙: 면담을 해서 김영삼이 원하는 게 무엇이었나요?

이종찬: '전당대회를 중지하고, 헌법 개정을 해라.' 이걸 요구하기 위해서였습니다.

전상숙: 그렇다면 야당 측에서는 직선제 개헌을 한다면 승산이 있다고 생각한 것인가요?

이종찬: 우선 전두환, 노태우 이 순서로 계속 가버리는 것보다 그것이 상대적으로 낫지 않나 그런 생각을 했는지는 모르겠습니다.

전상숙: 조금 과장하면 5공 신군부 세력의 연장선상에 집권하는 것을 막

고자 했다고 해석을 해도 될까요?

이종찬: 신군부의 집권을 막는다는 것은 아니었습니다. 어쨌든 지금의 대통령 간선제로 들어선 또 하나의 정권이 7년간 계속되는 것을 우리는 받아들일 수 없다는 표시였을 것입니다. 아마 신군부, 그런 것까지는 생각하지 못했을 것입니다.

윤민재: 선생님께서 원내총무로 활동하실 때 김영삼 대통령이나 김대중 대통령을 만나보신 적은 있습니까? 당시 집권당에 자금이 많았기 때문에 정치적인 술수가 아니라 일종의 신뢰관계 속에서 용돈 같은 것을 건네준 적이 있습니까?

이종찬: 누구한테요?

윤민재: 야당총무 아니면 정책기획위장에게요?

이종찬: 제가 했던 것은 없고 또 그래서 받을 수도 없었고요. 간접적으로 누가 누구를 좀 도와줘라 이런 것은 있었습니다.

윤민재: 이세기 총무가 등장하고, 그렇게 되는데 서울시 의원들 얘기가 나왔습니다. 당시 서울시 의원들 대부분을 보면 온건파들이 많았잖아요?

이종찬: 많았습니다.

윤민재: 1987년까지 질문을 드려야 하지만 그 후에 보면 노태우 정부가

들어서면서 그분들이 공천에서 많이 탈락하지 않았습니까?

이종찬: 네.

윤민재: 왜 그렇게 되었을까요?

이종찬: 이제 저를 오해한 겁니다. 그래서 다 당한 것이지요. 봉두완, 이찬혁, 정남, 윤길중, 모두 공천에서 탈락했습니다.

윤민재: 지구당 활동의 성과와 관계없이요?

이종찬: 그렇습니다. 그 사람들 다 당선될 사람들인데요.

윤민재: 그런데 그쪽의 반발은 없었습니까? 공천이 그렇게 편파적으로 되었는데요?

이종찬: 당시에는 그런 상황이 아니었으니 반발 같은 것은 안했지만 입은 이렇게들 나왔습니다.

윤민재: 거의 물갈이가 되는 수준 아니었나요?

이종찬: 물갈이가 되었습니다. 더군다나 우습게 된 것은 1구 2인제였을 때라 하나씩 했는데 이것을 1구 1인제로 만들면서 숫자는 늘어났는데 다 쳐버렸습니다. 저도 치려고 그랬습니다.

윤민재: 선생님도요?

이종찬: 네. 저를 내치려고했습니다 그래서 저는 당시에 그 회의를 했습니다. 윤길중 선생 방에서 일대일로 했죠.

전상숙: 서울시에 뜻이 맞는 의원들끼리요?

이종찬: 그때 제가 "나는 무소속으로 나간다, 그러니 너희들은 생각이 있으면 무소속으로 나와라, 이제 우리가 당에 더 의존하지 않아야 하지 않나, 그러니 나가자."고 이야기를 했습니다. 그런데 그 사람들이 결심을 못 했습니다. 그래서 저는 무소속으로 나가겠다고 했습니다. 그리고 당시에 무소속으로 나가면 당선될 자신도 있었습니다. 그랬더니 공천을 주었습니다. 그것이 13대인데, 그러더니 하루는 당선된 후에 정무장관으로 임명을 하고 독대를 한 번 했습니다. 노태우 대통령이 오해하지 말라고 했습니다. 그러니까 공천을 자르려고 했던 자신의 생각, 그런 마음이 있었던 것입니다. 당시에는 소문만 들었는데 확인은 그 당시 처음 한 것입니다. 나중에 직접 본인에게 들은 것입니다. 그때 날 보고 오해하지 말라고 해서 무슨 말씀입니까 하니 사실 군 쪽에서 저에 대한 거부가 많았다는 이야기를 했습니다. 그런데 구체적으로 군이라면, 그것이 군이라면 60만 대군도 아니고 막연한 면도 있고 누가 구체적으로 그런 생각을 했겠습니까? 그러니 이건 나중에 이야기를 하도록 하자는 말이 있었습니다. 그러니 캠프 내에서 좌우지간 참혹했습니다. 이찬혁 씨 같은 사람은 여의도 광장에 백만 관중을 동원할 때 공로자였습니다.

윤민재: 대통령 선거 유세할 때요?

이종찬: 그렇지요. 특히 봉두완은 제가 미국에 레이건 대통령을 한번 만나러 갔는데 그 공로가 지대했습니다. 그것은 제 회고록에 쓰려고 하는데

정말 지대했습니다.

윤민재: 그런데 선생님은 어떻게 살아남았다고 생각하시나요? 사실 선생님이 제일 먼저 자르고 싶었을 사람일 텐데요.

이종찬: 만약 당선이 되면 정말 적을 하나 키운 것이 된다는 계산이 있었습니다. 그래서 정무장관을 시킨 것입니다.

윤민재: 누가 그렇게 공천에 반대를 했습니까?

이종찬: 제가 생각하기에 군이라고 하니 60만 대군이 투표한 것도 아니고 어떻게 군인라고 합니까? 측근들이 했을 겁니다. 박철언 무슨 이런 사람들이 다 그랬겠지요. 당시에 노태우 측근은 박철언, 최병렬, 유학성, 바깥으론 정호영 이런 사람들이 측근들입니다.

윤민재: 최병렬 의원은 합리적인 분이 아닙니까?

이종찬: 아주 정치공학이 발달한 사람입니다. 정무장관은 시키기 싫은데 시킨 것입니다. 정무장관은 알다시피 야당을 찾아다니면서 정부가 하는 일 좀 도와달라고 사정하는 것이 정무부장관 아닙니까? 그러니 야당총재 만나러 가고, 총무 만나러 가고, 총무야 총무들 원내총무끼리 하니 그것도 했습니다.

윤민재: 선생님께서 서울시 의원들이 대거 교체되면서 13대 이후부터 원내에서 활동하실 때, 어떻게 보면 계파가 없을지라도, 의견을 함께하는 사람들이 있었나요?

이종찬: 같이 그러고는 우리끼리 이래서는 안된다 해서 당시에 뭉치기 시작한 것이 오유방, 김현욱, 김중일 이런 사람들이 저를 중심으로 모였습니다. 그리고 이것이 나중에 김영삼 대통령에게 반대하게 된 그룹입니다.

윤민재: 거기에 장경우 의원도 있습니까?

이종찬: 그렇습니다. 장경우 이런 사람도 다 같이 그룹을 만들어서 스터디그룹을 만들었습니다.

윤민재: 일종의 그때부터 이제 본격적으로 그 계파를 안 만든 방식으로 된 건가요?

이종찬: 말하자면 계파적인, 뭐 계파적이라고 봐야 되겠지요.

윤민재: 그런데 그때 선생님은 본인도 이제 본격적으로 원내 활동이 아닌 대국민 활동을 해야 겠다 생각을 하셨나요?

이종찬: 그런 걸 했습니다. 주도적으로 해야 된다는 생각을 했습니다. 근데 제일 어려운 것이 감시가 있으니 돈을 만드는 것이 제일 어려웠습니다.

윤민재: 아, 자금이요?

이종찬: 돈 만드는 게 어렵지 않습니까.

전상숙: 특히 그때는 더 했을 것 같습니다.

이종찬: 감시가 들어오고, 시작되니 만약 제가 누구 이권이나 나누고 뭐 어쩌고저쩌고 돈이나 얻어 쓰면 대번에 저를 잡아넣으려고 하지 않겠습니까? 그러니 말하자면 하나도 그런 것을 안하는 맑은 돈이 누가 있습니까? 그것이 참 어려웠습니다. 사실 김우중 돈을 좀 받았습니다. 내가 친구니까 아무런 그런 조건 없이요.

윤민재: 그런 문제 때문에 혹시 김영삼 대통령이 된 이후에 혹시 어려움 같은 건 없으셨나요?

이종찬: 많았습니다. 샅샅이 뒤지고 제가 그 당시 약점을 좀 잡혔으면 박철언처럼 들어갔을 겁니다. 나중에 제가 국정원장이 되고 보니 누가 저한테 그 당시 저를 감시했던 파일을 주었습니다. 제가 보고나니 뭐 하여튼 제 처갓집까지 다 뒤졌습니다.

윤민재: 당시에는 모르셨습니까?

이종찬: 눈치는 챘습니다. 감도 있었습니다. 그래도 우리 처남이 김영삼 대통령 집권기간 중에 미국에서 공부해서 미국에 가서 안 나왔습니다. 5년 간 안 들어왔지요.

윤민재: 그 정도로 어려우셨어요?

이종찬: 네, 그 이후에 들어왔습니다.

윤민재: 마지막으로 하시고 싶으신 말씀이 있으십니까?

이종찬: 아무튼 제가 말하고 싶은 것은 전두환 대통령의 리더십에 대해서는 첫째, 자신이 그렇게 공부를 잘한 사람이 아니라는 것을 인정하는 것이 매우 중요했다는 점입니다. 그러니 유능한 사람을 쓰게 되었다는 것입니다. 내가 공부를 못했던 사람이며 그렇게 많이 알지는 못하지만, 내가 그 사람들을 포용할 수는 있다는 것이 출발이었습니다. 그것이 대단히 중요합니다. 제가 원내에 발언한 것이 있습니다. 김영삼 때 전두환 대통령이 그랬다 그럴 수는 없으니 제가 국회에서 그랬습니다. 유방이 권력을 잡고 나서 육가라는 사람이 있었습니다. 육가라는 사람이 유방에게 "이제 말에서 내려오십시오, 그래서 나라를 다스리십시오. 그러기위해서 말에서 내려와서 배우십시오."라고 말을 했습니다. 이것이 의미하는 것은 항상 사람은 말 위에 타고 옛날 정치하듯 하지마라. 다 끊어서 다시 시작해라 이런 것인데 김영삼 대통령은 그것을 하지 않았던 것입니다. 당신 혼자 잘난 척하고 지금 하는 것은 아니다, 안 된다 그 말이었습니다. 그런데 전두환 대통령은 그런 것은 있었습니다.

그 두 가지가 중요합니다. 솔직한 말로 노무현도 그렇고, 김영삼도 그렇고 이제 이명박이 처음 정신을 차렸을 것입니다. 처음에는 고소영이다, 강부자다 이건 말도 안 되는 것입니다. 노무현의 코드인사라는 것이 말이 되는 것입니까? 졸장부들입니다. 대통령까지 되어서 졸장부들이지요. 김영삼도 자기 신경제라고 그래서는 나라 망친 근원이 신경제인데 신경제는 박재윤이라는 경남 고등학교후배를 데려다가 그런 식으로 해서 그런 겁니다. 오바마 보십시오. 힐러리를 데려다가 쓰지 않습니까? 국가 경영을 하려면 모든 것을 동원할 줄 알아야 합니다. 예전에 말했지만 이승만은 조봉암을 데려다 쓰고 박정희는 이후락을 데려다 쓰고요. 이후락은 자기 사람이 아닙니다. 전두환은 김재익을 데려다 쓰고, 김대중은 강인덕을 데려다 쓰고 통일원장관은 강인덕, 박재규였습니다. 박재규가 누구냐면 박종규 동생 아닙니까? 가장 자신이 취약한 것이 무엇이었습니까? 레드 콤플렉스입니다. 그러니 우파를 데려다 쓴 것입니다.

윤민재: 그만큼 어느 정도는 5공 때는 인재 등용이란 게 조금 더 원만하게 잘 되었다는 말씀이시지요?

이종찬: 그것이 우리 지도자들이 가져야 되는 제1의 품성입니다.

윤민재: 오랜 시간 소중한 말씀 감사했습니다.

김만제

(전) 부총리 겸 경제기획원장

1. 개요

　전두환 대통령 시기에 부총리 겸 경제기획원장을 지낸 김만제 부총리를 모시고 진행된 인터뷰는 2010년 8월 27일 금요일 오후 2시, 서울시 강남구 도곡동 개인사무실에서 진행되었다. 1회로 1시간여 남짓 진행되었다.

　김만제 (전) 부총리 겸 경제기획원장은 1965년부터 서강대학교 경제학과 교수로 지내다가 1971년부터 1982년까지 한국개발연구원장, 1975년부터 1980년까지 금융통화위원회 위원, 1982년에서 1983년에는 한미은행장, 1983년에서 1985년에는 전두환 정권에서 재무부장관, 1986~1987년에는 부총리 겸 경제기획원장관을 지낸다. 노태우 정권에서는 정부에서 나와 1989~1991년 고려증권 경제연구소 회장, 1991~1992년 삼성생명(주) 회장, 1993년 고려대학교 국제대학원 석좌교수, 1994~1998년 포항제철(POSCO) 회장, 1996~1997년 세계철강협회장으로 민간에서도 활발한 역할을 하신다. 2000~2004년 제16대 국회의원(한나라당 대구시 수성구), 2000~2001년 한나라당 정책위원회 의장을 지내는 등 국회에서도 역할을 하시다가, 2004~2010년 현재까지 낙동경제포럼 이사장직을 맡고 있다.

　인터뷰 내용 중 주요한 부분을 간략하게 소개하면 다음과 같다.

　첫째, 전두환 대통령의 가장 큰 업적은 물가안정화 정책이라고 평가하였다. 박정희 대통령 시절 전두환 보안사령관은 박봉으로 군인들의 생활이 그리 넉넉하지 않았기 때문에, 당시 대다수의 군인들이 그때부터 물가안정화에 관심이 많았던 것으로 드러났다. 5공화국이 시작되기 전, 박정희 대통령 때 김만제 한국개발연구원장(KDI)이 육군대학에서 경제안정화에 대한 특강을 한 적이 있었는데 그때부터 군인들 사이에서 경제통으로 입소문이 났고, 이것이 후에 전두환 대통령 집권 시 부총리 겸 경제기획원장관으로 발탁되어 5공화국 경제안정화 정책에 투입되는 계기가 되었다.

5공화국 때, 국제 경상수지 적자가 역대 처음으로 흑자로 전환되는 성과를 거두었다. 김만제 (전) 부총리 겸 경제기획원장관으로 있을 1986년부터 경상수지가 흑자로 돌아섰다는 것을 매우 자랑스럽게 여겼다.

둘째, 5공화국 경제정책을 주도한 인물의 계보가 김재익, 김만제, 사공일로 이어진다. 이 세 인물의 경제정책의 방향은 크게 다르지 않았고, 경제안정화 정책으로 일관되게 추진되었다고 평가하였다.

셋째, 5공화국은 제도적인 경제개혁을 단행하였다. 김만제 (전) 부총리 겸 경제기획원장관 때 도입한 제도로는 미국의 사회보장(social security)에 해당하는 우리나라의 국민연금제도가 있다. 그 외에도 소비자보호원, 대한법률구조공단, KOICA(한국국제협력단)을 설립했다.

넷째, 전두환 대통령과 관련한 일화가 소개되었다. 전두환 대통령께 정주영 현대그룹 회장이 당시 30억 원을 들고 와 '새마음 봉사단'에 자선봉사 활동에 쓰라며 건넸다. 당시 '새마음 봉사단'은 대통령이 직접 관계하는 조직으로 많은 기업총수들이 어쩔 수 없이 정부에 돈을 낼 수밖에 없는 상황이었다. 전 대통령은 돈을 가지고 온 정 회장에게 영수증을 끊어준 것으로 밝혀졌고, 전 대통령이 그 돈을 전혀 뇌물로 생각하지 않았다고 전했다. 이는 당시 정경유착이 얼마나 극심하였는지를 보여주는 한 단면이기도 하다.

다섯째, 미국이 본 한국의 대통령감에 대한 이야기이다. 당시 글라이스턴 미국대사가 김만제 부총리에게 전한 말에 따르면, 미국은 10·26 이후, 사회주의 색채를 띤 김대중 씨가 대통령이 되는 것만은 절대 반대하는 입장이라고 강조했다고 한다. 당시 미국은 베트남 전쟁에서 사실상 패하면서 월남을 빼앗겨 버린 상태고 세계정세가 냉전체제에 있는 상황에서 한반도에서 친북적 대통령이 나오는 것이 상당히 곤란한 상황이었다. 5·17 때 미국은 한국이 혼란한 틈을 타서 북한이 침략을 할까봐 걱정이 되어 미군 7함대를 서해에 파견할 정도였다. 김만제 (전) 부총리 겸 경제기획원장관이 1998년 미국에 갔을 때, 그레그 미 대사가 소련이 붕괴되고 냉전이 종식이 되지 않았더라면 미국은 김대중 대통령이 집권하는 것을 용납하지 않았을 것이라고 말했다고 한다.

   김만제 (전) 부총리 겸 경제기획원장은 박정희 정권부터 전두환 정권에 걸쳐 우리나라 경제정책을 주도한 주역이며, 노태우 정부 이후에도 민간 실무영역에서 활발하게 경제활동을 하신 인물이다. 본 구술은 장황한 설명이 아닌 압축된 구술로 5공화국의 경제부문을 전달하고 있지만, 구체적인 설명이 미흡하다는 아쉬움을 갖는다. 그러나 전두환 대통령의 경제안정화 정책의 성과가 강조된 점은 본 구술채록이 갖는 의의라고 할 수 있다. 전두환 대통령은 박정희 대통령 시절부터 경제안정화 정책에 대한 관심을 보이셨고, 또 대통령 임기 시 이 부문에 가장 역점을 두고 성공시켰다. 드디어 국제경상수지가 적자에서 흑자로 돌아선 전환점을 찍게 되었다. 국민연금 도입, 소비자보호원, 대한법률구조공단, KOICA(한국국제협력단) 설립도 5공화국의 성과였다. 5공화국 경제정책을 주도한 김재익, 김만제, 사공일로 이어지는 경제전문가 관료들의 역할이 그 이면에 있었음을 알게 된다. 본 구술은 특별히 5공화국의 경제부문에 초점을 맞추어 기록된 것임을 일러둔다.

2. 구술

권자경: 연세대학교 국가관리연구원은 '대통령 리더십과 국가관리'라는 연구과제를 진행 중에 있습니다. 2010년, 연구 2차년도에는 전두환 대통령 시기와 관련된 구술 채록입니다. 오늘은 그 시기의 구술을 위해 현재 낙동강경제포럼 이사장이시며, 전두환 정부에서 당시 부총리 겸 경제기획원장을 지내신 김만제 부총리를 모시고 인터뷰를 진행하겠습니다. 면담자는 연세대학교 행정학과 이종수 교수와 연세대학교 국가관리연구원 권자경 연구교수입니다. 일시는 2010년 8월 27일 금요일 오후 2시입니다. 장소는 서울시 강남구 도곡동 개인사무실입니다. 이사장님, 안녕하십니까?

이종수: 이사장님께서 재무부장관, 부총리 겸 경제기획원장관, 한미은행장, 한국개발연구원장, 포항제철 회장, 국회의원 등 다양한 역할을 하셨는데, 그중에서 어떤 일이 가장 보람있으셨습니까?

김만제: 글쎄요...뭐 보람이라기보다도 각각의 일들이 전문적이니까, 다 보람있었다고 봐야지요. 경제학을 공부한 사람으로서 지내온 일들이 다 전문직이다보니 어느 게 더 낫다라고 말할 수는 없는 것 같습니다.

이종수: 그렇다면, 어떤 일이 제일 어려우셨습니까? 또 어떤 일이 제일 쉬우셨어요?

김만제: 굳이 말하자면, 제일 쉬운 일은 기업일인 것 같아요. 은행, 포항제철(현 POSCO), 삼성생명 등 기업은 성과가 가시적으로 정확하게 나타납니다. 예를 들어 기업에서는 손실이나 규모가 바로 잡히거든요. 실제 기업

은 어떤 면에서는 자기의 창의성을 발휘하여 노력한 만큼 돈을 벌게 되니까 바로바로 결과가 잡힙니다. 빌 게이츠는 그의 아이디어가 자산이 되었고, 이병철 씨는 사업에 투자를 한 것입니다. 노력하고 애쓴 만큼 성과가 바로 보이지요. 기업에서는 실패와 성공의 명암이 확실히 드러납니다. 그런데, 정부의 일은 그렇지가 않아요. 대통령, 장관 등 정책을 다루는 사람들은 성과를 잣대로 재 볼 수 없는 거죠. 전부 주관적으로 해석을 한단 말이에요. 정부 사람들이 하는 일을 잘 했다, 못했다고 평가하기가 어렵고, 정부 정책이 실패했을 경우 얼마나 잘못되었는지 알 수가 없어요. 돈으로 직접 계산을 할 수가 없으니까요. 거기에 더해서 대개 경제학에는 양쪽 논리가 다 있는데, 한쪽 논리가 있으면 그에 대한 반론도 얼마든지 있어요. 그러니깐 정부 정책이 얼마나 어렵겠습니까? 정부정책에 대해서 찬성하는 사람과 반대하는 사람의 논리가 첨예합니다.

이종수: 여러 가지 업무 중에 국회의원직은 어떠셨어요?

김만제: 국회의원은 제가 딱 한 번밖에 안했어요. 한나라당 정책위원회 의장을 2년 동안 맡았었지요. 우리나라 국회의원은 전국구 의원이 300명 되는데, 유럽의 정당이나 국회의원처럼 개개인이 하나의 입법 기관으로서의 자질과 역할을 갖추지 못했고, 또 일을 할 수 있는 환경이 조성되어 있지 않습니다. 우리나라 국회의 입법능력은 매우 쳐집니다. 약 70~80%는 행정부에서 만든 법안을 정리하거나 거수하는 수준이지요. 미국의 국회의원들처럼 직접 법안을 만드는 경우는 거의 없습니다. 그러다보니 우리나라 국회는 재기가 별로 없어요. 제가 정부에 있을 때 국회의원들을 많이 상대했지만, 하는 역할이 별로 보이지 않았는데 지금 국민소득 2만 불이 넘은 이 시대에도 별로 변한 것이 없는 것 같아요. 저는 헌법 개정을 찬성합니다. 지금까지의 헌법이 남북대치 상황과 독재적인 대통령 권한이 행사되

는 상황에서 효율적인 헌법이었다고 보는데, 이제는 그런 단계가 지난 것 같아요. 지금 남미 같은 곳을 가보면, 예전의 우리 모습 같아요. 대통령제를 실시하고 국회의원들이 있지만 완전히 장식품에 불과합니다. 유능한 정치인을 뽑으려면 사회의 정치제도가 잘 정립되어야 한다고 생각합니다.

이종수: 전두환 대통령 시절, 재무부장관과 부총리 겸 경제기획원장관을 하셨는데요, 그 당시 경제정책 결정은 어떻게 이루어졌습니까? 당시 대통령의 권력은 어땠고, 장관님의 역할은 무엇이었습니까? 정책결정에 발휘된 영향력의 세기를 비교해 주시면 어떨까요?

김만제: 앞서 포항제철 등 기업을 얘기했지만, 민간기업은 성과측정이 명백합니다. 국가는 분야별로 분업도 돼있고, 전문성도 세분화되어 있어 조직이 방대하고 매우 얽혀있어요. 정책에 따라서는 대통령이 각료들 소스(source)도 있지만, 정부 밖에 있는 측근들도 많습니다. 어느 대통령이나 다 그렇습니다. 측근들도 다 한 마디씩 합니다. 예를 들어, 재무부에서 하는 정책에 대해 대통령이 만약 신뢰하는 사람이 어떤 말을 하게 되면 한번 검토를 하게 됩니다. 언론이나 학자들이 제안을 하면 또 검토합니다. 대통령과 정부에서는 정책을 결정하는데 제시되는 소스는 아주 다양합니다. 그렇다면, 그 많은 정책의 재료들을 어떻게 걸러서 결정하는가가 중요하죠. 당시 재무부, 지금의 재정경제부죠. 먼저, 연간 경제계획을 세웁니다. 경제정책의 우선순위를 만들지요. 둘째, 다른 부처와 일관성(consistence) 있는 운영계획이 되기 위해 다른 부처와 계획을 맞춥니다. 그 시대에 엉뚱한 정책이 나오면 곤란하니까요. 셋째, 주요 정책수립(main initiative)을 하려면 재무부가 직접 나서지 않고 청와대가 일을 하도록 유도하기 위해 언론에 흘리고, 사회에 이슈가 부각되어 공론화되게 만듭니다. 넷째, 청와대와 대통령께서 최종 정책결정을 하게 되면, 그 사안이 이해관계가 아주 첨

예하게 대립되고 위험(risk)이 큰 사안이라면 결국 책임은 청와대가 지게 됩니다. 의사결정에는 국회의원, 장관, 비서, 청와대 등 여러 벌집들이 다 있습니다. 이러한 상황에서 대통령이 결정한 정책이라면 장관으로서는 책임여부에 대해 기교를 부릴 수가 있습니다.

이종수: 장관직을 보실 때, 대통령을 얼마나 자주 접하시게 됩니까? 여럿이 만나거나 독대하실 때도요?

김만제: 대통령에 따라서 다릅니다만, 저 같은 경우는 대통령을 상당히 자주 만났습니다.

이종수: 한 달로 치면 몇 번 정도 만나셨나요?

김만제: 우리가 일이 있으면 항상 가서 만났습니다. 잘 안 만난 대통령도 꽤 있습니다. 김영삼 대통령은 자주 만나지 못했고, 김대중 대통령도 그렇게 자주 만난 것 같지는 않습니다. 청와대 비서관을 통해 장관한테 전달하는 대통령도 많았습니다. 직접 장관하고 대화를 하고 결정하는 대통령도 있었습니다. 박 대통령, 전두환 대통령이 그러하신 것 같아요. 우리나라가 60년대 이후 근대화되었다고 보는데, 제일 먼저 근대화 필요성에 의해 단행된 조직이 군대입니다. 6·25전쟁, 남북분단 이후 이승만 대통령과 미국이 우리나라에서 가장 먼저 키운 것이 군인이었습니다. 그 사람들이 유학을 제일 먼저 갔고, 가장 체계적인 공부를 했어요. 한참 뒤에 공무원들이 현대 교육을 받았죠. 일제 시대에 공직에 있었었던 분도 있는데, 신현학 씨 등이 대표적이고, 공무원 시스템도 일제로부터 교육을 받았어요. 당시 군인들이 국정 시스템에 대해 가장 관리를 잘 했어요. 반면, 제일 신통치 않은 사람들이 정치인입니다. 군이 사회전반에 미치는 힘이 막강

했습니다.

이종수: 5공화국 초기에는 군인들이 득세하여 영향을 미치다가, 이철희, 장영자 어음사기사건을 계기로 군부들이 물러나고, 경제전문가들이 대거 등장하는 전환이 이루어진다고 하는데, 장관님께서도 그러한 상황에서 전두환 정부에 들어가시게 됩니까?

김만제: 이철희, 장영자 사건은 그야말로 스캔들이었습니다. 남덕우 장관이 재무부장관할 때 그 사건이 일어났을 거에요. 아까 말씀드린 군인 얘기로 돌아가면, 정권 초기에는 군인들이 딱 두 가지 사람과 일을 같이 합니다. 하나는 자기가 잘 아는 군인을 대거 활용합니다. 왜냐하면 군대 생활밖에 안했으니까요. 다른 하나는 이전 정권에서 일했던 공무원은 절대 현 정권에서 쓰지 않습니다. 불신도 크고, 무사안일주의도 크다는 거죠. 정치인들은 말할 것도 없고요. 군인은 보통사람들이 생각하는 것보다 매우 체계적이고 이론적입니다. 군대전략은 절대 주먹구구식이 아닙니다. 전두환 대통령은 초기에 육군사관학교 출신들을 대거 등용시켜요. 전두환 대통령에 대한 한 가지 일화가 있습니다. 매우 축구를 좋아하셨는데, 어느 날 축구를 하는데 전 대통령이 그날 골키퍼를 했습니다. 우리 같은 사람들은 축구하면 공만 차고, 골만 넣으면 된다고 생각하지만, 전 대통령의 경우 축구에도 이론이 있다고 말씀하십니다. 그 정도로 굉장히 과학적인 사람들이 군인이었어요. 또, 군인들이 공부와 독서를 많이 합니다. 우리가 생각하는 것보다 훨씬 지식이 풍부합니다. 그런데, 그분들이 경제에는 스스로 지식이 없다고 인정하고 경제관료나 이코노미스트를 등용합니다. 김재익, 사공일, 김만제 등이 거기에 연결되어 있습니다.

이종수: 정권 초반이 후반으로 넘어가면서 일반적으로는 정권에 대한

지지율이 하락하고, 친인척 비리도 발생하고, 관료들의 충성심도 떨어지는 등, 정권 초기와 말기 현상이 여러 가지로 구분되어 나타나는데요, 장관님께서 경험하실 때 5공화국 내부적으로 초기와 말기에는 어떠한 특징이 나타났습니까?

김만제: 5공화국 초기에는 정당성(legitimacy)이 강조되면서 국민들이 편하게 경제를 잘 살게 해줘야겠다고 굉장히 집중을 했습니다. 박정희 대통령의 경우 정치 얘기만 나오면 이마를 찌푸렸어요. 국정 업무에 방해만 되고 도움이 일절 안 된다고 본거죠. 전두환 대통령이 거기서 착안한 것이 물가안정이었습니다. 박 대통령 시절 약 20년 동안 경제가 고도성장을 하지만 물가가 매년 평균 15% 내외 상승하는 등 물가상승 때문에 매우 시달렸어요. 우리나라와 비슷하게 고도성장을 한 나라가 일본과 대만입니다. 두 나라는 경제성장을 하면서 물가가 다 안정이 됐어요. 그러나 박 대통령은 슘페터(Schumpeter)식의 경제정책을 폈습니다. 화폐를 발행해서 투자하니, 물가는 불가피하게 상승하죠. 고도성장과 물가는 병행할 수 없다고 생각한 것입니다. 물가를 안정시키기 위한 대책의 아이디어가 어디서 나왔냐면, 당시 박봉에 시달리는 군인들이 월급의 가치가 자꾸 떨어지고 있었어요. 10·26, 박 대통령이 시해되기 한두 해 전, 제가 KDI(한국개발연구원) 원장할 때 박 대통령 앞에서 '물가안정화 정책'에 대해 브리핑도 하고 언론에도 나오고 그랬어요. 강화도 가는 쪽에 육군대학이 있습니다. 제가 KDI 원장 때 경제 안정화를 한창 할 땐데, 육군대학 학생들이 전부 장성들을 대상으로 특별 교육을 했습니다. 저는 나중에 알게 되었는데, 전두환 대통령이 저더러 "군인이었을 때 교육을 받았는데, 김만제가 와서 경제를 안정화시켜야 한다. 이대로 가면 도저히 안 된다"고 얘기했다는 거에요. 전두환 대통령하고 생각이 100% 일치한 거죠. 평소 군인들도 물가상승 때문에 불평이 심했는데 물가안정화 정책을 마침 필요로 하고 있었다는 거에요. 전두

환 대통령은 박정희 대통령 시절 보안사령관을 하셨는데, 그때부터 물가 안정화에 관심이 많으셨어요. 5공화국이 시작되기도 전에 저 김만제는 괜찮은 사람으로 인식이 되어 있었습니다. 또 같은 대구 사람이니까 언젠가는 김만제를 써야겠다는 생각을 항상 가지고 계셨다고 해요. 그게 제가 발탁이 된 배경입니다. 박 대통령 때부터 저는 KDI 원장을 지냈고, 경제학자로서 계속 물가안정화에 역점을 두었는데, 5공화국에 들어가면서 결국 안정화에 성공을 했습니다. 안 그랬으면 지금 한국 경제가 계속 어려웠을 겁니다. 전두환 대통령의 가장 큰 성과는 물가안정화 정책이라고 봅니다.

권자경: 1983년 10월부터 1986년 1월까지 재무부장관을 지내셨는데, 5공화국에 들어오시기 이전에는 어떠한 일을 보셨습니까?

김만제: 5공화국에 들어오기 전에 KDI 원장을 지내고, 그 다음 한미은행장을 하다가, 아웅산 사건이 나는 바람에 김재익 경제수석이 사망하고 제가 재무부장관으로 발탁되었지요.

권자경: 장관님의 가장 대표적인 업적을 소개해 주십시오.

김만제: 저의 가장 대표적인 업적은 국제수지의 경상수지 적자를 역대 처음으로 흑자로 전환시켰다는 것입니다. 제가 부총리 겸 경제기획원장관을 할 때였는데, 1986년부터 경상수지가 흑자로 돌아섰죠. 그때야 말로 우리나라 경제가 고도성장을 하면서 흑자를 냈어요. 전두환 대통령 임기 마지막 두해는 경제에 대한 평가가 정말 좋았습니다. 제가 경제기획원장관으로 있을 때 제도적으로 경제개혁을 단행한 것이 많이 있습니다. 예를 들어서 미국의 사회보장(social security)에 해당하는 우리나라 국민연금을 제가 KDI에서 계속 연구해 왔기 때문에 부총리가 되면서 시작을 했지요. 국

민연금도 도입했습니다. 소비자보호원, 대한법률구조공단, KOICA(한국국제협력단)를 설립했습니다.

권자경: 해운산업통폐합 조치는 어떻게 하시게 되셨습니까?

김만제: 우리나라 해운업이 요즘은 아주 좋아졌습니다만, 제가 장관하기 전부터 해운업은 일종의 투기적인 산업이었어요. 돈이 좀 있는 사람들은 배를 몇 척 빌리거나 헌 배를 외국에서 사와 점점 공급이 많아졌는데, 선임이 떨어지니까 해운사업자들이 망하는 사례가 늘어났습니다. 완전히 투기장 비슷했습니다. 제가 장관으로 오기 전부터 해운업 구조조정이 요구되었던 것이기 때문에, 저는 그렇게 심각하게 생각하지 않았어요. 논의해서 부실한 기업은 퇴출시키고 그랬어요. 그런데, 건설업은 좀 달랐어요. 우리나라 건설업이 주로 해외 건설에 많이 참여를 하고 있었는데, 당시 중동상황이 안 좋아서 중동에 나가있는 많은 건설업체가 문을 닫았습니다. 현대건설 같은 회사는 거의 예외고요. 주로 해외, 사우디아라비아에 돈이 물리거나, 부실공사로 사건이 터지는 그러한 유형의 사고였어요. 부실기업 정리는 업적이라기보다 어쩔 수 없이 한 것이죠.

권자경: 부실기업 정리를 하실 때 상부에서 어떤 지시가 있었습니까?

김만제: 그렇진 않았어요. 대통령 측근에 있는 사람들이 아무개 기업은 건설업 하는 사람이 많이 개입되어 있는데 이것이 국가경제에 부담을 준다고 대통령께 보고를 하니까, 대통령이 왜 그런 기업을 정리하지 않느냐고 말씀이 있으시곤 했죠.

권자경: 박정희 정권 때 군인, 공무원연금이 도입되었고, 전두환 정권 때

국민연금이 도입되는데, 국민연금을 도입하시게 된 배경이나 취지는 무엇이었습니까?

김만제: 박 대통령께서도 국민연금 도입을 몇 번 건의하셨어요. 그래서 제가 KDI 연구원에 있을 때 국민연금 도입에 대해 연구를 했죠. 그러나 시기적으로 좀 빠른 것 같다고 판단했고, 제가 장관이 되면서 바로 시작하게 됐습니다.

권자경: 5공화국 설립에 대한 미국의 입장은 어떠했습니까?

김만제: 미국 입장은 곤란했던 것 같습니다. 박 대통령이 시해를 당하니 국민들이 서울역 앞에서 데모도 하고, 그때 이른바 3김이 등장합니다. 김종필 씨가 직선제하자고 연일 데모도 하고 그랬어요. 그런 상황에서 미 글라이스턴 대사가 저보고 "한국이 선거를 치러야 하는데"라고요. 박 대통령 사망 후, 정승화 참모총장이 계엄사령관으로 들어가고, 사회주의 색채를 띤 김대중 씨가 시위를 주도하는 겁니다. 군부들이 좋아하지 않은 상황이 벌어진 것이죠. 글라이스턴도 미국 입장에서 월남도 빼앗긴 상태고 한반도에서 친북적인 대통령이 나오는 것이 곤란하다고 말했어요. 그 혼란기에 남한에 북한이 침략해 올까봐 미국도 걱정이 돼서 7함대를 서해에 보냈습니다. 당시 미국과 소련, 중국은 냉전 대립이 굉장히 심했거든요. 제가 1998년 김영삼 대통령 특사로 뉴욕에 갔을 때, 그레그(Donald Gregg)라고 공화당 출신으로, CIA를 거쳐 부시 대통령 때 대사였는데, 1998년에 "한국에서 절대로 대통령이 되어서는 안 될 사람이 되었다"고 했어요. 2년 동안은 한국 내 IMF 경제 위기도 있으니까 북한과는 제발 접촉하지 말아달라고 했어요. 냉전이 종식되지 않은 상태라면 미국은 김대중 씨가 대통령이 되는 것을 절대 용납하지 않았을 것입니다.

권자경: 그렇지만, 전두환 정권 때 김대중 씨는 사형선고를 받았지만 오히려 미국 측이 김대중 사형을 정지하라고 요청해서 집행이 이루어지지 못했다고 들었습니다.

김만제: 미국 입장에서는 미국서 김대중 씨 팔로워(follower)가 그렇게 많은데 김대중 씨를 죽여서 문제를 크게 만들 필요가 없었던 것이지요. 제가 말씀드리고자 하는 사항은, 10·26과 12·12를 거치면서 왜 미국이 개입하지 않고 가만히 보고만 있었느냐는 것이지요. 제가 대통령리더십 연구 차원에서 말씀드리려고 합니다. 김대중 씨가 대통령이 된 것은 동서냉전이 종식되어 가능했다는 것을 강조하고자 합니다. 노무현 대통령 시절, 국민들이 반미 외치면서 촛불시위를 하는 등의 행위는 젊은 사람들이 냉전이 종식이 되어 전쟁위험이 없으니까 일종의 미국에 대한 감정을 드러낸 것이지요. 12·12사건 때 전두환 등 군부의 생각은 김대중 씨가 대통령이 되는 것은 절대 용납을 못한다는 부분에서 출발을 했던 것입니다.

권자경: 전두환 정권 7년 동안 한·미 간 관계는 어떠했습니까?

김만제: 괜찮았죠. 레이건은 공화당 출신으로 한·미관계는 가까웠습니다.

권자경: 5·18 이후, 미국 문화원 방화 사건이 있었는데요. 그 사건에 대해서 미국의 입장은 어떠했습니까?

김만제: 그것은 잘 모릅니다. 아까 얘기한 대로 5·18에 대해서 미국은 말하자면은 묵인을 한 겁니다. 분명한 것은 김대중 씨에 대해서 미국이 결코 우호적이 아니었다는 것입니다.

권자경: 5공화국 경제정책의 계보가 김재익, 김만제, 사공일로 이어집니다. 세 분의 경제정책 방향이 비슷하셨는지 아니면 차이가 나는지요? 제가 조사한 바에 의하면, 김재익 수석은 경제안정화 정책 위주로 했었고, 후반부에 갈수록 사공일 수석은 경제부양책을 썼다고 하던데요.

김만제: 아닙니다. 5공화국의 경제정책은 일관되게 계속 안정화 정책으로 갔다는 것이 맞습니다. 제가 오히려 마지막에 "물가 안정이 됐으니까 이제 경기를 부양하자"고 말했지요. 그렇지만, 그건 부양이라고 할 수도 없습니다. 일관되게 안정화정책을 추진했다고 보면 됩니다.

권자경: 경제안정화 정책이 이루어졌지만, 결국 부동산 투기, 주택 건설, 강남권 개발 등으로 우리나라가 부동산 투기의 시발이 된 것이 5공화국부터라는 평가에 대해서는 어떻게 보십니까?

김만제: 강남개발은 88올림픽을 개최하였기 때문에 우연히 시작된 것입니다. 부동산 정책은 전두환 정권 때는 아직 나타나지 못했고, 노태우 대통령 때 아파트가 부족해서 분당신도시개발 등이 이루어지면서 주택정책이 나왔지요.

권자경: 그렇다면, 5공화국에서 경제안정화 정책으로 어떠한 시책이 집행되었습니까?

김만제: 경기의 좋고 나쁨은 순전히 대외관계에 달려 있습니다. 박정희 대통령 말기, 전두환 대통령 초기에 3저(저환율, 저유가, 저금리) 현상이 심했는데, 이 3저 현상을 안정화시킨 겁니다. 전두환 대통령 후반기에는 세계적으로 경기가 좋아져서, 우리나라에 환율도 좋고, 기름 값도 내려가

고, 세계 금리도 내려갔어요. 세계경제와 대외관계가 좋아지니까 우리나라 경제가 절로 좋아진 겁니다.

권자경: 5공화국은 중화학공업 투자에 대해 조정을 했다고 합니다. 예를 들어, 현대는 발전설비, 대우는 자동차 등으로 말입니다.

김만제: 예. 5공화국 초기 김재익 경제수석이 그 조치를 단행했다가 나중엔 하지 않았습니다.

권자경: 5공화국 초기, 국보위(국가보위비상대책위원회)에서 금융기관을 무더기로 숙정하였고, 5공화국 재무부장관은 금융 은행장의 임명권까지 가지고 있었다지요?

김만제: 박 대통령 때부터 우리나라 은행은 국영은행이었습니다. 제가 전두환 정권 때 재무부장관할 때도 은행장을 제가 임명했지요. 은행이 국영화되어 있는 시대였어요.

권자경: 재무부장관이 되시기 전, 1980년 5월 7일에 공정거래위원회가 발족이 되고, 또 독점 규제 및 공정거래에 관한 법률이 처음으로 만들어지는데요?

김만제: 그렇습니다. 제 생각에는 별로 신통치 않았지만 상호출자를 금지하고 그랬죠.

권자경: 부총리 겸 경제기획원장관으로 계실 때 소비자보호원, 대한법률구조공단을 설립하셨는데, 당시 국회의원이나 일부 공무원들 중에 반대하

는 분들은 없었나요?

김만제: 그때는 지금보다 훨씬 수월하게 법이 통과되고 조직설립이 수월했습니다. 대통령이 막강한 권한을 쥐고 있었을 때라, 국회를 통과하는 데 크게 무리가 없었습니다. 그리고 대통령은 군인 출신으로서 정치에 대해 별로 신경을 쓰지 않았습니다. 여론의 질타도 별로 신경을 쓰지 않았던 것 같아요.

권자경: 당시 부처 간 힘겨루기는 어느 정도였습니까? 당시 경제기획원과 농수산부가 충돌이 있었다고 하고, 재무부와 경제기획원도 파워게임이 상당했다고 하고요. 경제기획원과 상공부도 수입개방정책을 놓고 갈등을 빚은 것으로 압니다.

김만제: 부처갈등은 항상 있습니다. 새로운 것이 아닙니다. 재경부로 합쳐 놓은 것을 저는 반대합니다. 서로 간 견제도 필요하다고 봅니다. 두 조직이 합하면 권력이 집중되어 안 좋습니다.

권자경: 당시 재무부와 경제기획원이 이원화되어 일이 지연되고 진행이 원만하지 않았다는 부정적 시각에 대해서는 어떻게 생각하세요?

김만제: 그때만 해도 비민주적인 정부였기 때문에 요즘으로 치면 그 당시 정책결정의 속도는 엄청 빨랐습니다. 요즘은 정책결정에 얼마나 많은 시간이 소요됩니까.

권자경: 당시 정경유착에 대해서 여쭙겠습니다. 5공화국은 경제인들로부터 정치자금의 명목으로 비자금을 거두었습니다. 정부가 먼저 나서서

정치자금을 거둔 것이 오늘날까지 관례로 이어지고 있는 것인가요?

김만제: 제가 보기에는 기업도 잘못이고, 정부도 잘못이 있습니다. 그러한 관행이 계속되어 왔으니까요. 하루는 제가 재무부장관 할 때 전두환 대통령께 보고할 일이 있어서 갔더니, 대통령께서 방금 정주영 회장이 돈 30억 원을 가져왔다라고 얘기했습니다. 대통령 말씀은 정주영 회장이 "제가 돈을 하도 많이 벌어서 안 가져올 수 없어서 가져 왔습니다"고 말했다는 겁니다. 그때 당시 30억 원은 엄청 큰 돈입니다. 당시 대통령이 '새마음 봉사단'이라는 봉사조직을 운영하고 있었어요. 그 자선봉사 활동에 가져다주라며 가지고 왔다는 겁니다. 대통령이 영수증도 끊어줬다고 자랑을 했습니다. 그걸 뇌물로 전혀 생각하지 않으셨어요.

권자경: 5화국 측근과 친인척 비리에 대해 어떻게 생각하십니까? 이철희, 장영자 사건에서도 전두환 대통령의 처삼촌 이규광 씨가 개입되어 있었고, 우리나라에 필요한 소를 수입하는데 청와대와 새마을운동본부 정경환 회장이 소를 비싼 가격에 필요 이상으로 구입하고, 돈을 다른 곳으로 돌리는 비리도 있었습니다. 이순자 여사 장인도 노인회회장으로 활동하시면서 국정에 관여를 하셨구요.

김만제: 과거 우리나라는 많은 정권들이 그러한 비리를 저질렀습니다. 김영삼 대통령 아들, 김대중 대통령 아들 모두 감옥에 수감되었어요. 우리나라가 후진적인 것이지요. 전 대통령만 그러한 것이 아니라 대통령 친인척 비리는 비일비재합니다.

권자경: 김영삼 정부는 '역사 바로 세우기' 시책으로 5공화국의 12·12사태와 5·18, 비자금조성에 대해 재판하여 관련자들 일부는 사형선고까지

받지만 대통령 특별사면으로 풀려납니다. 5공화국의 비자금조성 과정에 대해 어떻게 보십니까?

김만제: 우리는 전문관료니까 잘 모릅니다.

권자경: 김재익 수석이 금융 실명제를 제안하셨는데 좌초됩니다. 실질적으로 금융실명제는 김영삼 대통령 때 도입되는데요?

김만제: 일단 금융실명제가 김영삼 대통령 때 실시되었는데 제 생각에는 시기적으로 그 당시도 빨리 도입된 것이라고 봅니다.

권자경: 전두환 대통령 개인에 대해 어떻게 보십니까?

김만제: 제가 전 대통령을 모시고 있어 봤지만은, 참 훌륭한 분이에요. 참 호인이에요. 통도 크고, 굉장히 대범한 분이셔요. 그야말로 리더로서 자격이 충분히 있는 사람이에요. 예를 들면, 장관이 논쟁을 붙이거나 대들면 대통령이 기분이 나쁠 수도 있는데, 내색하지 않으시고 수용하셨어요. 종종 그렇게 하셨어요. 다만 선거를 안 했다는 것뿐인데, 제가 봤을 때는 당시 상황이 선거를 할 환경이 되지 못했습니다. 왜냐하면, 갑자기 10·26 사건이 터졌기 때문이에요. 전두환 대통령, 군인들은 늘 규율이 있습니다. 인품도 있어요. 정치하는 사람보다 훨씬 낫다고 봅니다.

권자경: 선거인단에 의한 간접선거로 체육관에서 치러집니다.

김만제: 그것은 요식행위였지요.

권자경: 정부 관료의 직무를 다하시고 포항제철 회장으로 가십니다. 제2제철소 지정에 있어서, 아산지역이 후보로 유망했는데 광양으로 결정이 납니다.

김만제: 박태준 씨가 전두환 대통령께 건의해서 광양으로 결정했었습니다. 1982년에 착공되고, 1987년에 일부가 준공되었지요.

권자경: 재벌기업들의 상호출자가 당시에 공정거래에 위반되어 재무부가 규제하려고 했지만, 재무부가 재벌기업들의 상호출자를 규제할 경우 재무부의 영향력이 감소될 것이라는 정치적인 계산으로 철회하였다고 하는데 사실입니까?

김만제: 네. 아마도 상호출자 규제가 크게 영향을 미치지 못해서 철회했을 거에요.

권자경: 재무부장관과 부총리 겸 경제기획원장관으로 계실 때 관료인사는 어떻게 단행하셨습니까?

김만제: 장관의 권한이 그리 많지 않습니다. 차관, 국장 몇 사람 정도 임명합니다. 대통령에게 보고는 하지 않습니다. 저는 인사에는 별로 관심이 없었습니다. 제가 주로 하고자 하는 일에만 관심이 있었습니다. 장관이 되면 이 일을 해야겠다는 비전에 주목했죠. 과제에 집착하지, 조직을 어떻게 운영할 것인가에는 관심이 없었어요.

권자경: 전두환 정권이 우리 한국사회에 미친 영향에 대해 종합적으로 평가해 주십시오.

김만제: 제 생각에는 전두환 정권이 가장 확실하게 잘 한 것이 물가안정화정책이라고 봅니다. 박정희 대통령의 오랜 장기 집권과 노태우 대통령의 직선제를 통한 민주화까지 그 중간 역할을 전 대통령이 아주 잘 하셨다고 생각합니다. 왜냐하면, 그 시절은 10·26 이후 굉장한 격동기였기 때문입니다. 매우 긴박하게 돌아가는 상황에서 민주화를 하겠다고 혼란을 초래해서는 상당히 문제가 있었을 것으로 예상합니다. 전두환 대통령의 집권에 대해 왜 미국이 용납하고 묵인했겠습니까? 미국은 질서를 흔드는 것을 원치 않았거든요. 두 김씨(김영삼, 김대중)가 갈라져서 노태우가 대통령에 당선됐다는 말도 있을 수 있습니다만, 결국 국민의 선택은 5공화국의 연속에 있다고 봅니다. 좀 더 연장하여 안정을 찾아가자는 쪽으로 기울었던 것이지요. 당시에 보통 대통령 선거를 했다면 김영삼, 김대중 둘 중 하나가 당선이 되었겠지만, 제가 보기에는 그렇게 될 가능성은 희박합니다. 즉, 과도기에 전두환 대통령은 나름대로 역할을 잘했다고 평가하고 싶습니다.

권자경: 우리나라는 전두환 정권 이후에 IMF 외환위기, 2008년 미국발 금융위기를 겪는 등 경제안정화가 무너지고 경기가 어려워지고 있다는 전망이 계속 나옵니다. 우리나라 경제정책을 주도해 오신 분으로서 향후 우리나라 경제발전을 위해 한국인들에게 당부하고 싶은 말씀이 있으시면 마지막으로 부탁드리겠습니다.

김만제: 외부 세계의 움직임을 들여다 볼 수 있는 안목을 가진 리더가 되어야 합니다. 바로 거기에 한국의 미래 경제에 대한 해답이 나올 것 같아요. 무능하고 포퓰리즘을 쫓아서는 강대국이 될 수 없습니다. 실제 우리가 국민소득 2만 불로 벌써 10년 이상 머무르고 있잖아요? 발전이 없다는 것은 암담합니다. 언제 4만 불에 도달하겠느냐 말입니다. G20에 속했지만

선진국은 아니잖아요. 매일 우리는 정치, 선거 등 인기 영합적인 논쟁만 하고 있습니다. 우리 주변에 세계 경제 2, 3위를 하는 일본과 중국이 있다는 위기의식을 느껴야 합니다. 이렇게 더딘 경제활동으로 10년 이상 지속되면 국민들도 반성하리라고 봅니다.

권자경: 소중한 말씀에 감사드립니다.

남재희

(전) 민정당 국회의원

1. 개요

　남재희 전 의원과의 인터뷰는 2010년 6월 3일 오후 관훈클럽 신영연구기금 건물에서 진행되었다. 남재희 전 의원은 서울신문, 조선일보에 근무했던 언론인이자 4선을 지낸 국회의원 출신이기도 하다. 김영삼 정부 때는 노동부장관을 역임하기도 하였다. 남재희 전 의원은 오랜 기간 동안 언론계에 종사하였기 때문에 과거 군사정부의 등장과 몰락 과정을 상세히 지켜볼 수 있었다. 유신정권 말기인 10대국회 시기에 공화당의 공천을 받아 정계에 진출했으며 이후 11대, 12대, 13대 국회의원을 역임하였다. 1980년대를 전후 한국현대사의 격동과 혼란기에 국회의원으로서 당시 주요 정치사건을 직접 경험하고 목격한 내용들을 본 인터뷰를 통해 소상하게 소개하고 있다. 남재희 전 의원은 전두환 정권이 등장한 과정을 전 집권당인 공화당의원으로서 직접 목격하였고 새로운 집권당인 민정당이 조직될 때 직접 창당과정에 참여하여 주요 인물들을 추천하고 정당의 골격을 세우는 데 큰 기여를 하였다. 또한 인터뷰를 통해 6·10항쟁 이후 노태우 정부가 출범하는 과정에서의 여러 가지 비화 내지 갈등을 자세히 언급하였다.

　인터뷰의 주요 내용과 눈여겨 볼만한 내용을 정리하면 다음과 같다.

　첫째, 민정당 창당과정에 관한 내용이다. 남재희 전 의원은 민정당 창당의 주역은 이종찬, 권정달이었고 이종찬이 직접 연락을 해와 접촉하게 되었다고 설명하였다. 이종찬 전 의원은 당노선과 인적구성 문제에 대해 큰 고민을 하고 있었고 남재희 전 의원은 독립운동세력뿐만 아니라 진보세력도 망라할 것을 주장하였다. 남재희 전 의원은 한국노총 인사 수명과 과거 혁신계 활동을 하던 인물들을 추천하였다. 당시 남재희 전 의원은 민정당보다 위에 있는 상위조직체인 범국민 협의체를 만들어 전국민적인 지지를 받고 공화당에서 탈피하고자 했지만 실현되지는 못하였다고 구술하였다.

당강령을 만들 때 독립운동세력을 전면에 내세워 민족을 제1원리로 삼고 제2원리는 민주로 하고 그 다음에 복지, 통일의 이슈를 내걸기로 하였는데 군부세력이 정의를 추가할 것을 요구해 정의가 강령 속에 들어가게 되었다고 한다. 복지개념을 앞세운 것은 이종찬 전 의원이 페이비언 복지사회에 관심이 많았고 그러한 관심이 반영된 결과결국 복지개념이 추가되었다고 한다. 다양한 세력들을 남재희 전 의원은 추천하였고 이분들이 그 후 서울지역 공천이나 전국구의원 후보로 대부분 임명되었다고 한다.

둘째, 공화당과 김종필 전 의원과의 문제이다. 박정희 사망 후 남재희 전 의원은 공화당 의원총회에서 시대변화, 지역갈등해소, 민족주의시대 등을 이유로 김종필을 추대하는 발언을 하였다. 총회에서는 김종필이 통일주체국민회의를 통한 대통령 선거에 출마해 일단 권력을 확보하는 것이 중요하다고 보았지만 당시 정승화 등 군부가 반대해 추진되지 않았다고 한다. 이 내용은 그동안 언론이나 기타 자료에서 언급되지 않은 새로운 부분이다. 그 후 공화당과 김종필은 직선제 선거를 준비하게 되었다. 이 당시 공화당 내에서는 정풍운동이 벌어지게 되고 정풍운동 세력 내에서는 김종필까지도 청산대상으로 본 세력과 그렇지 않은 세력으로 나뉘어지게 되었다. 정풍운동에 앞장섰던 인물 대부분은 민정당 창당세력으로 들어가게 되었다고 남재희 전 의원은 구술하였다.

셋째, 신군부에 대한 평가이다. 남재희 전 의원은 하나회는 전반적으로 뚜렷한 정신이 없었고 지향하는 비전도 없었다고 낮게 평가하였다.

넷째, 광주항쟁에 관한 이야기이다. 당시 남재희 전 의원은 주변에서 광주항쟁에 대한 이야기는 자세히 들을 수 없었고 정래혁 씨에게 김수환 추기경을 통해 문제를 해결할 것을 제안하였다고 한다. 일단 핵심주모자들을 해외로 보내고 사태를 진정시키는 일이 먼저 필요하다고 했지만 군부에게 그러한 말들은 전혀 통하지 않았다고 한다.

다섯째, 입법회의에 관한 내용이다. 구 여당에서는 김윤환, 남재희 두

명이 입법회의에 참여했고 신군부는 특별히 방을 배정하는 등 좋은 대우를 했다고 한다.

여섯째, 전두환 정권 후반기 대표적 사건이었던 학원안정법 파동에 대한 비화이다. 전두환 전 대통령의 친위대가 학원안정법을 지지했고 남재희 전 의원은 모든 일을 사법부에 맡기면 된다고 주장했지만 친위대가 오히려 남의원을 맹공격했다고 한다. 당시 당회의에서 노태우 전 대통령이 사회를 보았고 현홍주 정책실장이 해외에는 이러한 사례가 없다고 보고하자 결국 법안 추진은 유야무야되었고 노태우 씨도 찬성했다고 한다. 학원안정법의 아이디어는 허문도 비서가 제공했고 전두환 대통령이 지지하면서 추진된 일이었다고 한다. 당시 정보부에서는 이종찬과 친밀하게 지내지 말 것을 권유하였고 전두환과 독대하는 자리에서 오히려 이종찬 전 의원을 문교부장관으로 추천했다고 한다.

일곱째, 노태우가 후보지명을 받고 도당위원들을 음식점으로 초대했고 이 자리에서 곽정출 전 의원이 노태우 후보에게 싫은 소리를 하자 노태우가 술잔을 던진 일화도 있었다고 한다. 당시 직선제를 해야 한다는 목소리가 서울 등 수도권 의원 내에서 이야기가 많았다고 한다.

여덟째, 3당합당에 관한 내용이다. 당시 당내의 박준규 대표가 3당합당을 하면 민정당의 깃발은 내린다고 이야기하고 다닌다는 소문이 있자 당내의 반발이 거셌다고 한다. 노태우 씨는 순하고 무능한 타입이었다고 남재희 전 의원은 평가하였다.

남재희 전 의원의 구술은 한국현대사의 격동기인 1980년대를 전후한 주요 정치사건과 쟁점들을 중심으로 진행되었다는 점에서 중요한 의미를 갖는다. 박정희 정권의 공화당에서 의원생활을 시작하였고 그 후 군부정권인 5공화국의 여당에서 의원을 지냈기 때문에 남재희 의원의 구술은 1970년대와 1980년대의 권위주의 정권의 연속성과 단절성, 유사점과 차이점을 이해하는데 도움을 주고 있다. 언론인 출신인 남재희 전 의원은 구술과정에서 언론인의 시각에서 매우 객관적으로 당시 상황을 진술하고자 했고 다양한 일화, 해박한 지식, 뛰어난 기억력을 동원하여 당시의 일들을 생생하게 들려주었기 때문에 독자들이 구술내용을 쉽게 이해하고 몰입할 수 있는 구성을 갖도록 해주었다. 남재희 전 의원의 구술과 이 구술집에 같이 나오는 이종찬 전 의원의 구술내용을 비교해서 읽으면 당시의 상황을 보다 입체적으로 이해할 수 있을 것이다.

2. 구술

전상숙: 남재희 선생님 안녕하십니까. 오늘 선생님을 어렵게 모셨습니다. 선생님께서 말씀하신 것처럼 회고록에 많은 내용들이 있지만 직접 선생님의 육성을 통해 여쭤보고 싶은 것이 있어 오늘 선생님을 만나게 되었습니다. 말씀드린 것처럼 이전에 이종찬 전 국정원장 인터뷰를 했지만 인터뷰에서 남선생님께서 민정당 창당에서부터 민주정의당이라는 새로운 당을 어떻게 만들 것인가에 대해서 해주실 말씀과 제3의 구상을 가지고 계셨다는 이야기를 들었습니다. 그래서 오늘은 구체적으로 민정당을 어떠한 모습으로 만들고자 하셨는지, 그리고 실제 당원들을 규합하여 만들기 위해서 접촉하신 분들이 어떤 분들이었는지 설명을 듣고 싶습니다.

남재희: 그 아이디어라는 것은 이종찬 씨가 다 알고 있는 것이고, 저는 그것에 대한 의견만 말했습니다.

전상숙: 그 의견에 대해 여쭤보고 싶습니다.

남재희: 제가 처음에 민정당 창당에 관여하기 전, 처음에는 군사 주체들이 만나자고 연락이 왔습니다.

전상숙: 이종찬 전 의원이 연락을 해왔습니까?

남재희: 만나자고 연락이 와서 제가 어디로 나가냐고 물었습니다. 저야 만나면 좋으니까요. 그래서 서린 호텔로 나오라고 했습니다. 지금은 없어졌지만 동아일보 앞에 있던 서린 호텔 앞에 있는 당으로 말입니다. 그래서

나갔더니 이종찬 씨가 나타났습니다. 이종찬 씨는 군 출신이더라도 민간인하고 비슷했습니다. 계급도 있고요. 또 경기고등학교를 졸업하기도 하고 독립투사 집안 출신이고 또 영국에 가서 오래 있다보니 군인 냄새가 안 납니다. 그래서 이야기를 하다보니 정당을 만들자는 것입니다. 옛날 공화당에서 저를 지목한 것 같았습니다. 저 하나만 찍은 것 같았어요. 나중에 봐도 다른 사람들은 별로 없었고 또 상의할 대상들에 대해 나중에 포용을 많이 했지만 협의대상은 저 하나만 생각한 것 같았습니다.

전상숙: 선생님께 많은 공을 들인 것 같습니다. 이종찬 원장께서도 선생님께 많은 공을 들였던 것처럼 말씀하셨고요.

남재희: 그러게요. 그런데 이제 거꾸로 나중 이야기를 하자면 후에 이종찬 씨가 대통령에 출마하겠다고 했을 때 제가 안된다고 했습니다. 노태우 정권 이후에 구민정계를 규합해서 김영삼 씨와 대결해서 대통령 경선에 나간다는, 제가 보기에는 되지도 않을 말을 해서 사이가 멀어지긴 했습니다. 결국 제 말이 맞았지요. 물론 나중에 여러 가지 사연들이 있어 결국 김대중 정권 때 국정원장을 하긴 했습니다. 제가 봤을 때 대통령이 된다는 것은 말도 안 되는 일이었습니다. 역사에는 흐름이 있지 않습니까? 제가 보았을 때는 양김 중 한 명이 대통령이 되는 것이 순리였습니다. 저는 김영삼 씨를 지지했습니다만, 그 이유는 제가 원해서 했다기보다는 당시에 민자당과 합당한 곳에는 김영삼 씨 밖에는 없었습니다. 제가 이종찬 씨와 친하다 하더라도 지지할 수는 없는 것입니다. 제가 옳지 않습니까?

전상숙: 그런데 이종찬 전원장과 인터뷰를 하다보니 이원장께서는 아마 구민정당을 처음 만들려고 했을 때부터 나름의 생각을 가지고 계신 것 같았습니다.

남재희: 시대의 흐름이 있는데 나중에 그렇게 서먹해졌습니다. 다시 당시로 돌아가보면 이종찬 씨와 자주 만난 다음에 그 위로 만난 사람, 조금 높은 사람이 권정달 씨입니다.

전상숙: 네.

남재희: 그리고 나중에 보니 그 위로 허화평 씨, 그 위에는 전두환 씨가 있었지요. 전두환 정권 때는 허화평 씨가 힘이 있었습니다. 허화평, 권정달, 이종찬 이런 순서로 접촉했습니다. 아마 전두환 씨는 보안사령관이었고 허화평은 참모장이었던 것으로 기억합니다. 아무튼 허화평 씨가 주변의 제1참모 아닙니까? 권정달은 보안사령부 정보처장으로 대령이었구요. 이렇게 서열이 나뉩니다. 이종찬, 권정달, 허화평, 전두환 이런 식으로 올라갑니다. 그리고 당시 창당 작업의 주요한 인물이 이종찬과 권정달이었습니다. 권정달 씨는 주로 조직 쪽에 관여한 것 같고 이종찬 씨는 조직뿐 아니라 전반적으로 비중이 있었습니다. 당시에 이종찬 씨가 저에게 기대한 것은 당명은 민정당이라고 했지만 앞으로 당의 노선을 어떻게 할지, 인적 구성은 어떻게 하면 좋을 것인가, 이런 것들에 대한 답을 원한 것입니다. 그래서 제가 한 것을 예를 들자면 군부세력이 집권했다는 인상을 희석시키기 위해서는 전반적인 세력을 망라해야 한다는 의견을 낸 것입니다. 구체적으로 4·19세력, 노동세력, 소위 말하는 진보세력 등등 광범위하게 세력을 망라해야 한다는 말을 했습니다. 특히 박정희는 만주군이었지만 역시 일본군을 한 것이라 독립운동 계 쪽에 손을 못 내민 약점이 있지만 전두환은 친일 경력이 없기 때문에 독립운동세력을 광범위하게 포섭을 해서 등장해야 한다고 했습니다. 그렇게 해서 상징적으로 독립운동세력을 당의 간판으로 내걸라는 것이 저의 주문이었습니다. 당시 독립운동세력으로는 지금은 돌아가셨지만 유석현 씨가 유명했습니다. 후에 광복회 회장

도 하셨습니다. 유석현 씨가 민정당 발기 준비위원장을 했습니다. 제 의견을 이종찬 씨가 받아준 것입니다. 독립운동을 한 분을 데려다가 민정당 창당 발기위원장으로 만든 것은 완전히 제 의견이었습니다. 그렇게 독립운동세력을 흡수하라는 것이 제 의견이었고, 만약에 그런 사람이 없다면 면암 최익현 선생의 현손인 최창규 같은 사람도 독립운동 라인으로 볼 수 있지 않겠냐고 했습니다. 또 조일문 교수 같은 분도 광복군 활동을 했습니다. 그래서 제가 그런 사람도 집어넣고 해서 독립운동세력을 집어넣으라고 했습니다. 그리고 가급적으로 상징적인 차원에서 독립운동세력을 우두머리에 넣으라고 해서 그건 그대로 됐습니다.

전상숙: 그런 부분은 선생님께서 먼저 아이디어를 내신 것이군요? 그렇다면 선생님께서 그런 생각을 하시게 된 것은 원래 공화당 때부터 인가요?

남재희: 아니요. 박정희 씨가 그런 것을 못했지요. 박정희 씨는 친일장교였기 때문에 그걸 못했습니다. 전두환은 그런 핸디캡이 없으니 그 부분을 보완하라고 한 것입니다. 명분을 그렇게 세우라는 것입니다. 12·12 쿠데타세력으로 만든다는 인상을 조금이라도 희석시키기 위해서입니다. 예를 들면 노동세력은 김말룡과 교섭을 했습니다. 그 사람이 안받아 들이기는 했지만요. 그 다음에는 제 덕분에 출세한 이헌기가 있습니다. 이헌기가 노총사무총장을 했습니다. 이헌기는 제 대학동기의 동생입니다. 지금 그는 모르겠지만 이헌기 같은 사람을 넣으라고 했습니다. 그리고 이종찬이 창당관리로 집어넣은 조철권은 국회의원하고 노동부장관도 하지 않았습니까? 벼락출세를 했습니다. 그런 식으로 김말룡은 제가 포섭을 했습니다. 만났는데 제 얘기를 듣지는 않았습니다. 그리고 제가 교섭은 안했지만 한국 노총의 이찬혁과 몇 사람 더 있습니다. 그리고 혁신계는 윤길중 같은 사람은 받으라고 했습니다. 윤길중의 경우는 제가 똑바른 제안을 했습니

다. 집어넣으라고요. 또 혁신계는 아니지만 그에 준하는 여성계의 김정례 같은 사람도 집어넣으라고 했습니다. 또 4·19세대에 이세기 같은 사람도 집어넣고요. 그러니까 이런 방식으로 범국민적으로 조직을 구성해야 한다고 말한 것입니다. 나중에 서울 조직을 저보고 맡으라고 해서 맡았습니다. 왜냐하면 윤길중은 서울에서 공천이 되었고 김정례도 공천이 되었고 김말룡이 거부하여 이찬혁이 공천이 되었고 또 이세기가 공천이 되었습니다. 서울의 척도가 된 것입니다. 아까 말한 원칙처럼 우리나라의 전체적인 축도를 만들었습니다. 인적 구성에서 이렇게 해보자하고 해서 된 것입니다. 그리고 정당조직에서 그렇게 하다보니 이원 조직을 하라고 제가 처음에 말을 했습니다. 앞서 말한 것처럼 독립운동세력을 선도로 범국민적인 협의체를 조직하고 정당은 그 밑의 산하 조직으로 하는 이중 구조로 운영하면 된다는 것이 저의 제안이었습니다. 하지만 그것이 채택되지는 않았습니다. 제 생각은 민정당은 범국민 협의체의 산하 조직이고, 당 위에 범국민 협의체를 만들자는 것이었습니다.

전상숙: 그 구상과 이유는 당시의 전반적인 상황과 연결된 것인가요?

남재희: 아닙니다. 공화당에서 탈피를 하려고 그런 것입니다. 다 포용하면서 공화당에서 탈피하려고하니 정당만을 가지고는 안되겠다는 생각을 한 것입니다. 제가 독립운동세력, 노동세력, 혁신세력 전부, 여성세력을 모으려고 하니 정당만으로는 이 세력들이 묶어지지 않는 것이었습니다. 정당 위에 위치시키려고 했던 것입니다. 아까 이야기한 것처럼 그런 인적 구성으로 범국민적인 협의체를 정당 위에 두고 중앙당은 그 밑의 조직으로 한 것입니다.

전상숙: 일종의 자문 내지는 고문기관을 생각하신 것입니까?

남재희: 조직들 하기 나름입니다. 중국을 보면 공산당 말고 정치협의회, 정치협상회의가 있지 않습니까? 그것이 힘이 없는 듯해도 명분상으로 대단한 것입니다. 지금도 있지 않습니까?

전상숙: 그러한 명분이셨군요. 선생님께서는 신군부세력에 대한 개인적인 생각은 어떠하셨나요?

남재희: 조직구성은 협의체 밑에 정당을 두는 방식으로, 다음으로는 민족문제에 있어 앞서 말한 독립운동세력을 상징화하여 민족을 제1원리로 내세우자고 했습니다. 쿠데타를 한 사람들이 민주주의 문제를 내세운다면 핸디캡이 있으니 조직원리상 독립운동세력을 상징으로 내세우는 것과 맞추어서 민족을 제일원리로 내세우자고 한 것입니다. 다음 제2원리로 민주를 내세우자는 것이었습니다. 그래서 민족, 민주였습니다. 그 다음이 복지, 통일이었고 군부세력이었으니 정의를 넣었습니다. 군인들이 정의라는 개념에 대한 집착이 있습니다. 정의는 제가 말한 것이 아니라 군부가 집어넣은 것입니다. 그래서 민족, 민주, 정의, 복지, 통일 이렇게 5대 원리를 내세웠습니다.

전상숙: 이종찬 원장은 인터뷰에서 페이비언 소사이어티 같은 정책을 염두에 두고 있었다고 했습니다.

남재희: 맞습니다.

전상숙: 그래서 복지와 통일과 같은 진보적인 가치를 내세우게 되신 건가요?

남재희: 맞습니다. 이종찬 씨가 영국에서 오래 있었기 때문에 잘 알고 있었습니다. 그런데 복지문제는 민족을 제1원리로 하느냐, 민주를 제1원리로 하느냐는 상당한 논쟁이 있었습니다. 나중에 창당과정에서 일부 세력이 민주가 제일이지 왜 민족을 앞세우느냐는 반대세력이 있었습니다. 인용을 해도 괜찮을지 모르겠지만 서울대학교 교수를 한 배성동이 팔짝팔짝 뛰면서 반대를 했습니다. 민족을 앞에 내세운다면서요. 그런데 이종찬 씨는 독립운동 집안입니다. 할아버지가 이회영 씨인데 온 가족이 가장 많은 재산을 투입한 집안사람 아닙니까? 독립운동에 돈을 많이 썼고 형제들도 다 갔습니다. 이종찬은 민족을 앞세우는 것에 대해 좋다고 했습니다. 저도 민족을 앞세우는 것이 좋았습니다. 하지만 민주를 앞세우면 낯간지럽지요. 쿠데타 세력이 말입니다. 그리고 독립운동세력을 상징으로 하자고 했으니 민주보다는 민족을 앞세웠고 박정희 시절에 못한 남북통일 문제도 보완하는 것이었습니다. 여러모로 당시 시대정신으로 민족을 앞세워야 했습니다. 그렇게 계획을 했습니다. 거기에다 정의는 군부들이 집어넣은 것이고 복지는 이종찬 씨가 영국에서 오래 있었기 때문에 영국 노동당, 페이비언 같은 상당한 복지사회의 구상을 넣자고 했습니다. 정당정치에 굉장히 심혈을 기울였습니다. 정당정치의 예를 보자면 경영참여 문제도 들어갔습니다. 그리고 토지소유 제한 문제도, 택지소유 제한도 아마 들어있었을 것입니다. 그리고 택지소유 제한 문제의 철학은 토지공개념이었습니다. 노동자의 경영참여 문제하면 벌써 상당히 들어간 것이고요. 나중에 개정된 것 말고 오리지널 텍스트를 보십시오. 이종찬 씨가 영국에 오래 있었기 때문이지요. 영국에 안 있었으면 모르지요. 미국에 오래 있었던 사람은 모릅니다. 영국에 오래 있었기 때문에 그런 감각이 충분히 있었단 말입니다.

전상숙: 군부에 대한 생각은 어떠셨는지요.

남재희: 그것에 대해서는 제가 크리스찬사이언스모니터하고 인터뷰를 한 것이 있습니다. 지금도 제가 가지고 있고 책에도 게재했는데, 크리스찬사이언스모니터가 인터뷰를 아주 잘 했습니다. 크게 냈지요. 제가 거기에 군부-시민 연합으로 나갈 수밖에 없다고 했습니다. 연합이라고요. 그런데 처음에는 군부-시민 연합으로 갔다 나중에는 시민-군부 연합으로 되어야 하고 나중에 민주화가 진행되어야 한다고 말했습니다. 그것 그대로 나왔습니다. 즉 군부-시민 연합은 적당한 시기에 시민-군부 연합이 되어야지 인수된다는 것입니다. 그것이 제일 바람직하고 결국 그렇게 된 것입니다. 김영삼이 그렇게 대통령이 된 것 아닙니까?

전상숙: 결국에는 그렇게 되었습니다. 그런데 선생님께서는 이미 공화당 시기에 한번 경험을 하시지 않았습니까?

남재희: 그 다음에는 LA타임즈가 인터뷰를 하자고 했습니다. 그래서 LA타임즈에 비슷한 것이 또 실렸습니다. 그런데 내용은 양쪽이 비슷하지만 짜임새는 크리스찬사이언스모니터가 더 좋았습니다. LA타임즈보다 두 가지가요. 저는 쿠데타 세력에 대해서 이러한 감각을 가졌던 것입니다. 그러므로 저는 김영삼으로 가야한다는 입장이었습니다. 그렇게 해서 부드럽게 민주화로 이행되어야 한다는 것입니다. 그렇다면 군부-시민 연합에서 시민-군부 연합으로 어떻게 가야하고 이후에 민주화가 되어야 한다는 증거는 크리스찬사이언스모니터와 LA타임즈라는 막강한 증거가 있는 것입니다. 그것에 대한 제 철학은 그러한 것이었고 다만 제가 없는 상황에서 민족, 민주 문제를 둘러싸고 상당한 갈등이 있었던 것 같습니다. 그래서 민족을 제1원리로 하는 것에 대해 반박이 들어오고 논쟁이 들어왔습니다. 이재형 씨가 있습니다. 이재형 씨는 민족을 앞세워야 된다는 것에 대한 지지를 했다는 것입니다. 그렇게 이야기를 해서 살아났다는 것입니다. 그래서

정당의 이중구조 말고 제 주장이 많이 반영되었습니다. 여러 세력을 망라하는 것도 그렇고 또 서울 공천에 그것이 반영되었고 비례대표에도 많이 반영되었습니다. 이종찬 씨가 또 노력을 했고 공감을 했습니다.

윤민재: 그리고 선생님께서 10대 국회에 처음으로 진출하셨습니다. 그런데 공화당 분들이 대부분 정치규제에 막히게 되지 않습니까? 김종필 대표가 대표적인데 당시 공화당 분들 중에서 정치규제에 묶이지 않은 분들이 대부분 민주정의당으로 많이 옮겨가게 됩니다.

남재희: 전두환 쿠데타 다음이요?

윤민재: 네, 그렇습니다. 그렇다면 당시 정치 규제에 묶이지 않는 분들의 기준은 무엇이었습니까?

남재희: 잘 모르겠습니다.

윤민재: 그럼 반대로 김종필 씨 같은 경우는요?

남재희: 나중에 많이 풀렸습니다. 마지막까지 안 풀린 사람은 얼마 되지 않습니다.

윤민재: 11대 국회에 참여한 분들을 보자면 정치 규제에 묶이지 않은 분들이 참여한 것이 아닌가요?

남재희: 규제에 참여한 사람 중에 규제에 안 묶였다 묶였다보다는, 공천을 받았느냐 받지 않았느냐는 또 다른 별도의 문제였습니다.

전상숙: 별도의 문제였나요?

남재희: 별도의 문제입니다. 공화당에 있다 11대에 진출 안했다고 규제되고 그런 것은 아니었습니다.

윤민재: 그럼 당시에 어쨌든 정치 규제에 묶이지 않았던 분들이 자연스럽게 민주정의당으로 옮긴 것인가요?

남재희: 그렇습니다. 공화당에 있던 사람이 당시 김대중, 김영삼 정당에 가기는 어렵지요.

전상숙: 그렇다면 현실의 논리이네요.

남재희: 가기 어렵지요. 그리고 제가 결단의 순간에 결단을 하지 못한 것은 제 비망록에도 썼지만 김정례 씨가 저랑 친했습니다. 여걸입니다. 그런데 그분이 저녁을 먹자고 했습니다. 멤버가 참 좋았는데 김정례, 이기택, 이종찬, 김상현 그리고 저까지 함께 저녁을 먹자고 했습니다. 김정례 씨는 저녁을 먹자고 한 것이지만 우리는 술을 먹자는 것입니다. 그런데 하필이면 그날 삼당통합이 발표되었습니다.

전상숙: 알고 계셨나요?

남재희: 아니요, 모르고 있었습니다.

전상숙: 거기에 왔던 분들 모두 전혀 몰랐던 것인가요?

남재희: 우리는 전혀 몰랐습니다. 모여있는 도중에 삼당통합이 발표된 것입니다. 그러니 김상현은 김대중 쪽이었고 이기택은 김대중 정당 아니었습니까? 김정례, 이종찬 전부가 안된다는 것입니다. 그것이 호남 고립론이었는데 이것 가지고는 안 된다는 말입니다. 전부가 비분강개 했습니다. 호남고립은 솔직히 말해 나라꼴이 어떻게 되려고 하나, 호남을 고립시켜 모두 연합한 것 아닙니까? 그러니 이것은 안 된다고 전부 한탄을 했습니다. 김정례가 간 뒤에 2차를 가자고 했습니다. 이기택은 또 그런 상황이 되니 4·19세력들하고 모임이 있어서 간다고 중간에 빠지고 이종찬, 김상현, 저는 또 마음이 복잡해서 2차 가서 또 반복했습니다. 호남을 고립시키는 이런 3당합당은 가지않는다고 한 것입니다. 또 그렇다고 김대중에게 바로 갈 수도 없었고요. 그래서 일단 안 간다, 이렇게 스탠스를 취했으면 정치적 결단으로서는 근사하지 않습니까? 그렇지 않나요? 전 그것이 후회가 됩니다. 그때 결단을 내렸어야 했습니다. 그러면 이종찬, 김정례만 해도 소그룹은 되었겠지요. 하필이면 그렇게 못했고 거기에 의기투합하구요. 그런데 그때 이기택은 3당합당에 안 따라가겠다는 것입니다. 그런 다음에 김대중에게 갔습니다. 이종찬과 저는 안 갔습니다. 김정례까지도 일단 가지않기로 했습니다. 3당합당에 우리는 안된다, 그렇다고 김대중 당은 아니지만 우리는 독립부대로 남았어야 했습니다. 그런 결단을 할 수 있는 기회였습니다. 그런데 그것을 못했습니다. 그래서 비망록에 정치인으로서 한번 결단을 해야 하는 순간인데 그때 결단하지 못했다고 썼습니다. 당시에 어떻게 해야 좋은가하는 고민도 계속 했지만 서로 결단을 내리지 못했습니다. 이종찬이 당시에 결단을 내렸으면 살았을 겁니다. 저도 살고요.

전상숙: 선별해서 모인 것이었나요?

남재희: 좋은 사람들끼리 모여서 한번 얘기해보자 이렇게 된 것입니다.

그래서 삼당통합이 발표된 날 우리는 '이것 하지 맙시다' 이렇게 결심했으면 합의가 되었을 것입니다. 우리가 발의를 해서 독립협회로 남았다면 그 다음에 큰 역할을 하지 않았겠어요? 명분, 국민적 명분도 있고 그렇지요? 해야 할 것을 놓쳤습니다.

윤민재: 공화당 정치규제에 대해 여쭤보다 마친 것 같은데, 정치규제에 안묶인 사람들은 민주정의당으로 가지 않았습니까?

남재희: 다 안갔습니다.

윤민재: 그런데 사십 분 정도가 민주정의당 의원으로 가지 않았나요?

남재희: 공천을 준 것은 다른 문제이지요.

윤민재: 공천을 다 하지 않았습니까?

남재희: 그 문제는 제가 계산을 하지 않아서 모르겠습니다.

윤민재: 그렇다면 당시에 어쨌든 선생님께서 10대 의원을 하셨을 때 김종필 씨 나름대로는 정치 규제에 묶이기 전에 창당문제를 새롭게 생각했을 것 같습니다. 5월에 정치규제에 묶이지 전에는요. 선생님께서는 그런 생각이 없으셨습니까? 말하자면 공화당 내부에서 실세가 바뀌었으니 당을 새롭게 만들어서, 공화당을 기반으로 새로운 당을 만들자는 구상 같은 것은 없으셨나요?

남재희: 당시 박 대통령이 죽었을 때 남산도서관 아래 공화당사가 있었

습니다. 거기에서 박 대통령이 죽은 다음에 바로 의원총회가 열렸습니다. 협의를 해서 우선 급하니 김종필 씨를 총재로 추대하자고 말이 된 것입니다. 공화당에 가서요. 그 모임 과정에 대해서는 저는 모르고, 첫 의원총회였기 때문에요. 그런데 그 추대 연설을 저보고 하라고 한 것입니다. 초선의원한테요. 그래서 내가 5, 6선 의원도 아니고 초선의원인데 어떻게 내가 추대연설을 하냐고, 안한다고 했습니다. 그러니까 여러 의원들이 와서 하라고 합니다. 마지막에는 민관식 씨, 그분이 같은 서울이라서 친한데, 저한테 와서 "남의원, 남의원이 해야겠습니다." 그렇게 말을 했습니다. 참 날벼락 같은 말이었죠. 그러다가 즉흥적으로 제가 추대 연설을 하게 된 것입니다.

대통령의 유고라는 긴급한 상황에서 김종필 씨를 총재로 추대하자고 하면서 이유를 세 가지 말했습니다. 몇 분 사이에 논리를 세운 것입니다. 첫째, 승계하고 계승하는 가운데서 변화해야 한다. 즉 연속선상에서 변화되는 과정이야 한다는 것입니다. 그리고 두 번째, 지금 우리가 서로 말을 안 하고 있지만 뒷구멍에 가서는 영호남 대립이라는 것입니다. 영호남 대립으로 우리나라에 문제가 많으니 김종필 씨 같은 충청도 사람이 하는 것이 타협이 된다. 지금 영호남 갈등이 심한데 마침 잘 된 것이다. 그러니 김종필 같은 사람이 좋다는 것이었습니다. 마지막 세 번째로 앞으로 시대는 내셔널리즘의 시대다. 내셔널리즘의 시대인데 김종필 씨는 제가 보기에 우리나라에서 내셔널리스트라고 하면서 제가 세리그 해리슨의 책을 인용했습니다. 세리그 해리슨이 당시에 와이드닝 갈프인가 하는 아시아에 있어서의 내셔날리제이션이라는 부제가 붙은 책을 제가 마침 읽었습니다. 그 사람 책에 김종필이 내셔널리스트라고 합니다. 그래서 세리그 해리슨의 책 어떤 부분을 보면 김종필이 내셔널리스트라고 나온다고, 제가 보기에도 내셔널리스트이고 했습니다. 그 세 가지입니다. 이러한 맥락에서 볼 때 김종필 씨가 되어야 한다는 것입니다.

윤민재: 그렇다면 결과적으로 김종필 총재가 규제를 안당하고 공화당이 재건되었겠지요.

남재희: 아니요. 그 다음에 대통령이 죽었으니 통대에서 후임자를 선출하게 되어 있었습니다. 그래서 연설에서는 그렇게 얘기하지 않았지만 사석에서는 김종필이 대통령에 나가야 한다고 했습니다. 일단 대권을 잡으면 민심을 수습할 수 있는 모든 조치를 취할 수 있습니다. 칼자루를 쥐면 전향적으로 민주화도 할 수 있고 모든 것을 할 수 있었습니다. 하지만 칼자루를 쥐지못하면 못하는 것입니다. 대통령이 되어 칼자루를 쥐면 민주화조치든 무엇이든 말입니다. 다할 수 있지요. 굉장히 좋은 대통령을 할 수 있습니다. 그래서 무슨 오기로 대통령을 하지 않느냐, 나가야 한다는 것입니다. 그리고 제가 김종필 씨를 공화당 의원총회의 총의로서 대통령후보로 지명할 것을 제안한다고 했습니다. 다만 이것이 하도 복잡하고 어려운 문제이기 때문에 지명하는 것을 우리 공화당의원의 총의고 수락 여부는 총재의 현명한 판단에 맡기는 것이 어떻겠느냐고 연설을 했습니다. 나갈 수 있었을 때 나갔으면 김종필이 성공하는 것이었습니다. 그런데 저는 몰랐지만 당시 정승화나 군부가 반대했다는 것 아닙니까?

전상숙: 정승화 씨도 반대했습니까?

남재희: 군부가 김종필 씨가 통대에 나가는 것을 반대했습니다. 김종필 씨가 나가려했다 안 나가려했다 그 이야기는 나오지 않고 먼저 나오는 것이 소위 계엄당국이 반대했다는 것입니다. 그러면서 그 논리가 김종필 씨가 대통령에 나왔을 경우 데모가 일어나면 계엄군이 진압할 명분이 없다는 것입니다. 그것도 일리는 있지요. 계엄당국이 노했다는 것에 더해서 생각하면 경상도 세력이 반대를 한 것 같습니다. 더한다는 것은 경상도 정권

이 충청도에게는 권력을 못 넘겨준다는 것입니다. 당시 경상도세력이 아직 없지 않습니까? 그런데 김종필이 당시에 어떤 생각을 했는지는 모르겠습니다. 계엄당국이 반대했다는 것이 먼저 나오니까요. 그런데 김종필은 즉각 직선체제로 또 들어가는 것입니다. 그래서 통대 출마 이야기는 일체 하지 않고 직선 준비를 했던 것입니다. 그래서 헌법 개정안도 직선체제로 바꾼 것입니다. 그런데 직선 준비를 하는 와중에 전두환 쿠테타가 일어난 것입니다.

또 재밌는 일이 있었습니다. 당시 노동쟁의가 있었기 때문에 제가 노동문제에 관심을 갖고 있었습니다. 그런데 대한극장 앞에 대림정이라는 큰 한식집이 있었는데 그 큰 홀에 한 200명 정도 들어가는 곳이 있습니다. 불고기 집이고요. 거기서 충청도 출신, 충남부 출신 노동 지도자들을 모아놓고 회식이 있었습니다. 김종필 단합대회라고요. 거기에 갔더니 충청도 사람들이 완전히 모였는데 노조 지도자들이 아주 공공연하게 "우리 충청도는 김종필 씨를 밉시다" 이런 연설만 계속 나옵니다. 제가 노조지도자들을 많이 아니까 술을 권하고 해서 취했습니다. 제 나름대로 운동을 해주는 것이었습니다. 듣다보니 화가 나 죽을 것 같았습니다. 계속 "우리 충청도는 충청도 출신인 김종필 씨를 밉시다"라고 연설을 하는데 제가 화가 나서 거기서 마이크를 잡았습니다. 말을 하려면 우리 노동계층을 위한 것은 김종필 씨 밖에 없다고 말을 해야지 자꾸 말을 그 따위로 하느냐고, 이 말이 밖에 안 새어나갈 것 같냐고 하면서 도대체 "충청도는 김종필 씨를 밉시다가 뭐냐?"고 막 욕을 했습니다. 김종필 씨가 거기 있었는데 '저 놈이 말이야 가만히 좀 있지' 속으로 그러면서 화가 많이 났을 겁니다. 제 말이 맞지 않나요? 여하간 그때도 김종필 씨는 노선을 또 미니멈으로 충청도 표라도 단합시켜야 하겠다는 이야기였을 것입니다. 그때도 충청도 당의 권위는 다른 데서 표가 안 나온다, 충청도당이라도 해서 살아남아야 되지 않겠냐고 계산을 했던 것 같습니다. 저는 그것도 모르고 막 야단을 친 것이지요.

아니 제가 그래도 키노트 스피치를 했으니까, 대통령 출마 지명까지 하자고 했으니까요. 당시에는 드문 일이었습니다. 그렇게 초선의원에게 모두들 하라고 하고요.

윤민재: 어떤 형식적으로나마 기여를 하신 것이군요. 추대 연설까지 하시고요.

남재희: 그래서 그때 김종필과 상관없이 박찬종과 오유방이 정풍운동을 한다고 했습니다.

윤민재: 공화당 정풍운동이요?

남재희: 오유방은 제 7년 후배입니다. 청주중학교, 법대 후배였습니다. 아주 가까운 후배인데 이 사람이 "남선배, 공화당의 썩은 분자들을 몰아내야 하지 않겠습니까?"라고 물었습니다. 그래서 부패분자들을 몰아내야 된다고 했습니다. 그랬더니 "그럼 정풍에 서명해주십시오"라고 했습니다. 그래서 좋다고 해주었습니다. 박찬종하고 몇 명이 해서 정풍 연루자들이 열 대여섯 명 정도 되었을 것입니다. 우선 오유방이 대단한 후배였기 때문에 서명을 해주었습니다. 서명을 먼저 해주고 그 다음에 오유방과 술집에 갔습니다. 정풍운동의 본질에 대해 얘기해보자고 했습니다. 당시 일본에 신지유 구락부라는 것이 있었습니다. 신지유 구락부라는 것은 자민당에서 고노 유헤이라는 사람이 주축이 되어서 소장파들이 신지유 구락부라는 것을 만든 것입니다. 탈퇴해서는 자민당을 가지고는 안 된다, 젊은파들이 정품을 해야 한다는 것입니다. 그래서 제가 너희들은 신지유 구락부를 모델로 한 것이냐고 오유방에게 묻고 재차 질문을 했습니다. 제가 질문을 다 한 것입니다. 그것을 모델로 해서 너희들도 그 패턴으로 공화당에서 이탈

해서 신공화당이라는 것을, 신지유 구락부처럼 하나 만들려고 하는 것이냐, 저의가 그것이냐고 했습니다. 그랬더니 "남선배 그건 아닙니다."라고 하면서 술에 취해서는 내가 아니라는 것을 확인하기 위해서 "확인합니다" 하더니 맥주병을 콘크리트 바닥에다 병 채로 확 깼습니다. 거친 사람이었지요. 맥주병을 콘크리트 바닥에다 깨더니 맹세한다고 했습니다. 그래서 너만 병을 깨냐고 나도 깬다고 맥주병은 깨지는 않았지만 잔을 던져서 깼습니다. 내가 확인한다고 하면서요. 다음에 두 번째로 너희들이 결국은 김종필까지도 몰아내려는 것이 아니냐, 그것이 목적이라면 백기 투항밖에는 되지 않는다, 누구를 가지고 싸우려고 하느냐고 했습니다. 제가 너희들 부패분자들을 몰아낸다는 기치를 들었는데 김진만이니 뭐니 하는 그런 부패분자들이 많았으니까요. 그래서 그건 좋은데 그렇게 하다가 나중에 결국 김종필까지 몰아내자고 하면서 나오는 것 아니냐고 추궁하니 김종필은 좋은 지도자인데 왜 김종필까지 몰아내려고 하겠냐고, 아니라고 하면서 또 병을 하나 깼습니다. 맥주집이 요란했습니다. 그러면 제가 다시 세 번째로 하나 더 물었습니다. 이번 12·12쿠데타세력과 너희들이 관련이 있느냐 없느냐, 항간에는 연관이 있다는 설이 있다고 물었습니다. 그러더니 "연관이 없습니다, 전혀 관계가 없다"고 합니다. 그리고는 또 깼습니다.

오유방은 당시에 진심이었습니다. 5·17쿠데타 직전에 박찬종이 김종필도 물러나야 한다고 그랬는데 박찬종은 제 말이 맞다고 했습니다. 제 의심이 맞은 것입니다. 박찬종은 오유방이 생각했던 것과는 달랐습니다. 박찬종은 김종필까지 몰아내려고 했던 것입니다. 오유방은 그렇지 않았고요. 박찬종의 생각과 오유방의 생각이 다른 것이었습니다. 그런데 오유방은 저한테 맥주병을 깨면서 과격한 때에도 그런 생각을 하지 않았고 그러니 5·17쿠데타 하루 전일 것입니다. 신문에 보면 박찬종이 김종필까지 몰러나야 된다는 말을 했습니다. 이것을 한 것입니다. 그런데 처음에 서명을 했고 나중에 김종필을 위해서 정권세력들에게 많은 비판을 했습니다. 김종필을 몰아낸다는 쪽으로 가지 않기 위해 역할을 했습니다. 김종필은 오해하겠지만 저는 박찬종이 그런 생각을 하고 있었으니 어쩔 수 없지만 저는 김종필에게 화살이 가지 않도록 노력을 했습니다. 그렇지만 5·17쿠데타가 일어났으니 별 다른 수가 없었습니다.

윤민재: 정풍운동을 했던 분들이 결국에는 모두 다 민주정의당으로 간 것인가요?

남재희: 민주정의당 사람들이 정풍파들에게 욕심을 냈습니다. 나중에 쓰려고요. 그들이 대개 초선, 재선의 젊은 의원들이었습니다. 국민들이 보니 괜찮고 때가 안 묻은 친구들이었고요.

윤민재: 그런데 더 과격한 발언을 했던 박찬종 의원은 가지 않았나요?

남재희: 박찬종 의원은 오유방을 포섭하려고 했지만 오유방은 거절했습니다. 민정당에 가는 걸 오유방이 거절했습니다. 제가 오유방에게 큰 역할을 맡기려고 들어오라고 했던 것입니다. 아까 말한 것처럼 오유방은 중학교 선후배 사이이고 민정당에서 너한테 중요한 역할을 맡기려고 하는 것 같다고 했습니다. 난 하기로 했다고 하니까 오유방 '내가 박 대통령 죽기 직전까지 공화당의 대변인이었는데, 대변인으로서 박 대통령 나발을 불고 난 다음에 박 대통령 죽었다고 어떻게 민정당에 가냐고, 최소한 한 텀은 쉬어야 한다'고 했습니다. 오유방 이야기도 맞습니다. 그래서 제가 중요하려고 했는데 한 텀 쉬고, 두 텀을 쉬고 들어갔습니다. 그런데 오유방이 말한 그 자세는 맞는 것이지요. 박 대통령 나팔수를 하다가 그냥 바로 뛰어들어서는 이상하지 않습니까? 제 집요한 권유에도 불구하고 본인이 거절하고 한 텀을 쉬었습니다.

전상숙: 아까 선생님께서 저희가 당시에 생각했던 것과는 달리 전두환 신군부의 집권이 박정희 전 대통령과의 연장선상에서 이루어진 것으로 당시 받아들여지고 있었다고 말씀하시지 않았습니까?

남재희: 광주를 띄어 놓고 생각해보시지요. 전두환이 총아로서 계승한 것입니다. 따라서 김재규 세력을 제거하는 것이었습니다. 그렇게 된 것인데 제 혼자 생각에는 기본적으로 군부-시민 연합으로 우리가 갔다가 시민-군부 연합으로 갔다 시민정부로 가는 것을 말했지만 구군부보다는 신군부 사람들이 낫지 않았습니까? 왜냐하면 구군부라는 것은 일군, 만군이 섞인 줏대없는 사람들 아니었나요? 친일세력도 있었고요. 그렇지 않습니까? 한국전쟁 세대까지 안가도 말입니다. 대한민국이 길러낸 정계, 육사 출신들인 것입니다. 그러니까 한국 정부가 길러낸 정기 육사 출신들, '이 사람들이 나으면 나았지 못하지는 않겠지 않는가, 한 단계 진일보한 세력이 아닌가' 하고 확신을 했습니다. 만군, 일군 하는 부패세력들보다는 대한민국이 길러낸 정규 4년제 육사 사람들이 저하고 같은 세대입니다. 제 동기들도 육사 11기로 들어갔습니다. 그래서 나은 줄 알았습니다. 그런데 지내고보니 그렇지 못했던 것입니다. 저는 나을 것이라고 생각했는데 낫지를 못했습니다.

전상숙: 집권세력이나 통치엘리트들 사이에서는, 정치가들 사이에서 선생님께서 말씀하신 것처럼 박정희 전 대통령하고 전두환 전 대통령이 당시 시점에서는 서로 연계가 되어서 계승되는 측면으로 볼 수 있을 것 같습니다.

남재희: 그런데 왜 낫지 못했냐면 박 대통령 세대의 군인들이 좋다는 것이 아니라 그것을 잡은 박 대통령이 엄청난 유교세력이었습니다. 훈육, 유

교적인 성격이 있었고, 학교 선생을 했고, 또 일본 사관학교 같은 곳이 원래 문무를 겸한 곳입니다. 칼찬 남명이란 사람이 있지 않습니까? 칼찬 선비 조식, 남명이 무도를 겸비했습니다. 남명은 칼찬 선비입니다. 그런데 그 같은 유교에서 무쪽이 완전히 죽어버린 것이 한국이고 그런 것이 무쪽으로만 발전한 것이 일본입니다. 일본의 사무라이 정신에는 상당한 훈육이 있습니다. 박정희 대통령은 그것이 체화가 되어있었습니다. 국민학교 선생, 사범학교를 나오고 또 일본 육사까지 나오니 컨피시한 셀프, 아직 아무도 박 대통령 종교를 모르잖아요. 유교적입니다. 유교가 종교라고 할 수는 없지만 소위 유교적인, 그 사람이 그들을 전부 컨트롤 한 것입니다. 컨트롤하니 그 온갖 부패세력들이 박 대통령에게 맥을 추지 못했습니다. 박 대통령 하나의 퍼스낼러티로 지배가 되었습니다. 그런데 육사 12기 후의 하나회는 아무래도 혼이 들어가지 않은 것 같습니다. 훈육이 안들어간 것입니다.

전상숙: 전두환 대통령의 집권은 1979년에서 1980년, 1989년 시점에서 이미 박정희 대통령 당시부터 왕성하던 반정부, 민주화에 대한 요구의 연장에서 일어난 광주민주항쟁을 그냥 넘기고 지나가서 떼려야 뗄 수 없는 관계 속에서 집권하게 된 것 아닙니까? 그리고 이것이 민간 시민사회 속에서 저항과 반정부가 민주화 운동으로 결과적으로 연결되는 이유이기도 하고요. 그렇다면 현실의 정치가로서, 정치인으로서 그런 부분들도 고려가 되지 않을 수 없을 것이라고 생각합니다. 아까 윤민재 박사가 말한 것처럼 공화당에 계시던 분들이 민정당으로 가는 것에 어떠한 상황이 있었는지 여쭤보는 것입니다.

남재희: 저는 모릅니다. 국회의원을 하다가 5·17쿠데타를 만난거지요. 그런데 광주사태를 풍문으로만 들었지 알 수가 없었습니다. 신문사 사람

들만 좀 알지요. 신문사를 매일 갈 수도 없고요.

전상숙: 일반 사람들하고 다 똑같았던 거네요.

남재희: 탱크를 가져다 놓고 국회를 폐쇄해서 정보들을 접할 기회가 없었습니다. 신문사에 가서 밤낮으로 쫓아다니면서 들을 수도 없고요. 그래도 광주에서 유혈사태가 일어났다는 것은 알지요. 구체적으로 얼마가 죽었다 이런 것을 몰랐습니다. 당시 어마어마한, 폭동이던 반란이던 여러 가지가 일어나고 군이 투입이 되어서 사람이 많이 죽었다, 아직도 대치중이다, 이런 것 정도입니다. 그래서 정래혁 씨가 당시 서울시당 위원장이었습니다. 사람이 나중에 국방부장관도 했습니다. 당시 정래혁 씨 아들이 당시에 육사를 나와서 대변인이 되고 그랬습니다. 나중에 장군으로 예편했지만, 아들도요. 그리고 서울시당위원장이고 저는 서울시 의원이니 제일 가까웠습니다. 그래서 5·17이 일어난 다음에 하얏트 호텔 밑의 정래혁 씨 집을 제가 여러 번 갔습니다. 그 사람은 국방부장관도 하고 군 출신이기도 하니 어떻게 손이 닿아가지고 광주사태를 해결해야 한다고 했습니다. 저는 광주사태는 잘 모르고, 대치중인 것 같은데 이러다 어마어마한 희생자가 발생한다고, 군이 포위하고 있다고 하는데 천상 생각난 방법이 좁은 소견에 김수환 추기경 밖에는 해결한 사람이 없다는 것이었습니다. 제 좁은 소견에는 김수환 추기경이 들어가서 광주의 주모자들을 해외로 내보내야 한다는 것, 핵심 주모자들만 해외로 일단 내보내야지 1차로 가라앉을 수 있다는 것이었습니다. 그럼 누구를 믿느냐? 지금 대한민국에는 아무도 믿을 사람이 없다. 그럼 양자 회담이 될 수 있는 사람이 김수환 추기경 하나였습니다. 언제 오는가하는 문제는 둘째였습니다. 내보내고 끝내는 방법 밖에 없었습니다. 그래야 사람이 안죽지 않겠냐는 것입니다. 그러니 국방부장관도 하셨고 육군중장으로 예편을 한, 그 사람이 통할 수 있으니 노력

을 해서 희생자를 덜 내도록 하는 것이 어떠한가 하고 몇 번을 갔습니다.

나중에 세월이 흘러서 이야기를 들었는데 당시 박동진이 외무부장관하고 광주문제에 대해 슬쩍 이야기를 해봤다고 합니다. 그 사람도 전라남도 출신이고 광주를 어떻게 해결할까 그런 얘기도 했다고 하는데 군부한테 전혀 말이 먹히지 않는다고 했습니다. 자신이 말을 하나마나 이야기가 먹히지 않는다고 했답니다. 그러다 다음에 민정당이 창당된 후 제가 서울시당 위원장이 되고 거꾸로 정래혁 씨가 전라남도 위원장이 되었습니다. 그래서 전라남도 창당을 하러 갔습니다. 광주에 있는 어느 극장에서 창당대회를 하는데 민정당 전당대회에서 도당 위원장님이 몇 마디 말씀을 하다 울기 시작했습니다. 싸늘한 시선, 사람을 몇백 명 죽여 놓은 다음에 민정당을 만든다고 하니 거기에 온 사람들 마음이 좋았겠습니까? 냉랭했지요. 거기 출신이고 자신이 이제 민정당을 말하니 공허했지요. 자신이 이야기를 해도 공허한 것입니다. 반응은 쌀쌀했고요. 그러니 눈물이 날 수밖에 없었습니다. 그래서 순수하게 눈물을 떨구는데 거기서 그것을 지켜봤습니다. 당시 제가 서울시당 위원장이었으니까요.

전상숙: 그 지역에 있던 분들을 제외하고 의원분들이나 정당 내외에서도 당시 객관적인 정황이나 그런 것은 잘 모르고 계셨던 것인가요?

남재희: 광주요? 몰랐습니다. 신문사에 부지런히 들어가서 외신 들어오던 것을 본 사람 아니면 몰랐습니다. 루머라는 것입니다. 루머라는 것이 "광주를 포위하고 저항하는 사람들 많이 죽였다더라." 이 정도입니다. 당시에는 생각할 수가 없었습니다. 그러니 당시에 포위가 장기화되지 않았습니까? 그래서 포위가 되었다는 말만 듣고 저는 정래혁 씨한테 가서 그 사람이 군 출신에다 국방부장관도 했고 그 아들도 고급장교이니 어떤 맥이 닿지 않겠냐고 했습니다. 또 말이 안 되는 것이기는 한데 만약에 해결

하려면 그 방법 밖에 없었습니다. 김수환 추기경을 중간에 세워서 안전 통행을 해서 내보내는 방법, 그것도 하나의 방법이었습니다. 그러면 사람은 죽지 않잖아요.

전상숙: 그 상황에서 쉽지는 않았을 것 같습니다.

남재희: 그래도 당시에 사람을 죽이지 않으려면 그것 밖에 없지요.

전상숙: 시도를 해볼만 하지요.

남재희: 그런데 외국에서는 그랬습니다. 외국 같으면 그런 방법을 썼을 겁니다. 세월이 흐르고 흘러서 정래혁 씨한테 그 얘기를 했습니다. 그랬더니 그 사람 답변이 나왔습니다. 그래서 저는 그 사람이 광주 극장에서 우는 것을 봤으니 그 사람에게서 인간을 느낀 것입니다. 그 사람이 참 괜찮은 인격자구나 하는 것이요. 그 사람이 나온 광주일고라는 것이 제일 좋은 곳 아닙니까? 거기 출신으로 일본육군사관학교를 나왔습니다. 일본육군사관학교를 다녔는데 사람이 얼마나 우수했는지 일본 천황이 표창을 했습니다. 표창받은 기념품이 광주에 있다고 합니다. 일본 천황한테 표창을 받을 정도로 우수한 일본사관학교 출신이라 정래혁 씨가 박정희 대통령하고 막상막하의 사람이었습니다.

윤민재: 그 사건 이후 5월 말인가, 국보위가 뜨지 않습니까? 선생님도 국보위에 참여하셨나요?

남재희: 네, 국가비상대책위 말고, 이제 입법회의지요?

윤민재: 예.

남재희: 국보위는 입법회의와 좀 달랐습니다.

윤민재: 입법회의에는 참여하셨죠?

남재희: 입법 회의에 구여당권에서는 김윤환과 공화당에서는 저하고 둘을 픽업했습니다. 그래서 공화당 대표는 저고, 유정회 대표는 말하자면 김윤환을 핵심으로 그 다음에 몇 사람 더 있었지만 그 둘을 핵심으로 국회 본관에다 김윤환과 저에게 방을 주었습니다. 다른 사람에게는 주지 않고요.

윤민재: 개인 방을요?

남재희: 개인 방을 받았습니다. 신군부 측에서 엄청 중요시 여긴 것입니다. 그래서 제가 방 하나를 차지하고 있었습니다. 별로 쓰지는 않았지만요. 아무튼 김윤환은 유정회 대표, 저는 공화당 대표로 있었습니다. 그런데 그렇게 상황이 된 것 같습니다. 박 대통령이 죽기 한 달도 안되었을 것입니다. 일본의 나카소네 총리가 당시 평의원이었습니다. 평의원이었지만 총리가 곧 된다고 누구나 알고 있을 정도로 거물입니다. 당시 신문기록에 보면 나카소네가 방한을 했다고, 일본의 중요한 의원이 방한했다고 나올 것입니다. 그런데 총리가 되기 직전이니 형식상 평의원이었습니다. 그래서 정부 여당에서 안내역을 맡을 사람이 필요했습니다. 그래서 하루는 공화당의 남재희가 안내위원을 하고 하루는 유정회에서 안내위원을 맡게 되었습니다. 하루는 제가 나카소네 옆에 타서 하루종일 같이 다녔습니다. 그런데 당시 김재규가 한 달도 채 안되었을 것입니다. 그 전에 옆에서 들어갔습니다. 남산 예방, 중앙정보부를 간 것입니다. 저는 안내위원으로 갔으

니 옆에서 따라다니고 나카소네는 저와 김재규와 앉고 저쪽에 해외 담당 윤일균이었습니다. 그래서 이야기를 하는데 김재규가 제정신이 아니었습니다. 그때 아마 고민을 하고 있었던 것 같습니다. 그런데 이야기를 맥락을 잘못 집고 계속 헛소리를 했습니다. 일본어를 잘하던 세대였는데요. 그래서 윤일균도 일본인 세대이니 정정해주었습니다. 저도 일본어를 하기는 했지만요. 그래서 지나고 보니 당시에 박 대통령을 죽인다는 것까지는 아니지만 무언가 마음에 '중앙정보부장으로서 마음이 가라앉아 있는 것이 아니고 마음이 들떠있다'는 느낌을 받았습니다. 제가 이 이야기를 하는 이유는 당시 공화당을 대표하던 것이 초선의원인 저였고 유정회는 김윤환이 대표였던 것이고 입법회의에서도 이렇게 대표였던 것입니다. 그렇게 다른 사람을 방을 주지않고 방 하나씩을 받았던 것입니다.

윤민재: 선수로 따지면 초선임에도 불구하고 굉장히 엄청난 대우를 받으신 것이네요.

남재희: 하나회와 친합니다. 아주 친한 사람이 있어서 그 얘기를 듣고 가면 친구들 사이의 소문으로는 예편한 다음에 당신이 전두환 대통령과 보통 가까운 사이가 아니라고 한다고. 왜 그러냐니까 국방 조직사건에 하나회하고 뒤에 붙어도 하나회 사람은 그 다음날 예편시키고 또 딸이 둘씩이나 데모를 한다고 해도 당신은 아무렇지도 않다고 했지요. 그러니 전두환 대통령과 특수 관계가 아니면 그렇게 되겠냐고 하나회에서 소문이 확 났다고 합니다. 자기들도 모르니까요. 알 수 있는 방법이 없었습니다. 그런데 하나회에서 있으니 저 사람 입법회의에도 들어가고 초대 정치회 의장도 하고 이상하다는 것입니다. 우려먹을 일이 있는지, 전두환 대통령하고 특수 관계인 것 같다고 그렇게 판단할 수 있는 것입니다. 저는 전혀 없었지만요. 아까 말한 것처럼 전혀 관계가 없고 가만히 있고 이종찬이 아무

렇게나 말을 했는데 당시의 정치 상황은 이러했습니다. 일본 총선이 있었지요. 그런데 저는 그때 총선을 꼭 가봤습니다. 일본정치 연구하는데 총선 기간이 제일 연구하기 좋지 않겠습니까? 정당이 제일 활발하게 움직이는 기간이고 유세도 직접 가서보고 텔레비전으로 토론도 계속 보고 현장에도 갔었습니다. 그런데 선거 때는 싸움을 했습니다. 국회 해산이 되고 아주 살벌한데 어떻게 하냐고 해서 이번에 한번 출국 신청을 해보겠다고 했습니다. 안되면 할 수 없지만 일단 한번 해보았던 것입니다. 그래서 그 살벌한 판에 동경을 가게 되었습니다.

특파원들이 5·17 이후 국회의원 출국 첫 케이스라고 저보고 그랬지요. 국회의원 중에 처음으로 나온 사람이니 특수 사명을 띠고 온 것이라고도 했습니다. 저는 전혀 그렇지 않았는데요. 그러니 계엄당국에 의해 국회는 해산되었지만 저 사람은 포섭대상인데 저 사람이 일본에 간다고 하는데 안내줄 일이 없지 않겠어요? 다른 사람들은 지레 겁을 먹고 내지 않았던 것입니다. 다른 사람들은 가고 싶어도 겁을 먹고, 겁이 나니 살벌하고 그러니 안낸 것입니다. 저는 총선 구경을 간다는 말은 않고 일본 여행을 간다고 한 것이었습니다. 아무튼 5·17 쿠데타 이후 국회의원으로는 처음으로 외국에 간 케이스입니다. 그래서 특파원하고 저녁을 먹는데 김영선 당시 중앙정보부 차장을 만났습니다. 그 사람이 자리에 왔는데 자기도 모르는 것이지요. 저 사람은 국회의원이 되어서는 어떻게 오고 자기는 중앙정보부 차장으로 와서 폼을 내며 일본에 와있는지요. 서로가 몰랐습니다. 그 사람도 제가 무슨 사람인지 몰랐고요. 그래서 구경을 하는데 서로 어색했습니다. 참 우스웠습니다.

윤민재: 그렇다면 선생님께서 이제 시간이 좀 지나고 민자당 창당 과정에서 시도당 문제를 맞게 되면서 사람을 뽑았겠지요?

남재희: 아까 말한 것처럼 전체적인 하나의 정당, 민정당 전체를 그렇게 구성해야겠지만 특히 서울은 하나의 척도로써 이루어져야 한다는 것입니다. 아까 말한 원칙으로 서울이 모든 것을 커버해야 한다는 것이지요. 여성도, 혁신계도, 사회주의도, 노동도 모두 그리고 구여당, 구야당도 모두 커버가 되어야한다는 것입니다. 그래서 구여당, 구야당까지도 압축해서 다 넣어줬던 것입니다.

윤민재: 사람도 많이 만나셨고요?

남재희: 많이 만나지는 않았습니다. 제가 서울시 조직체계를 들고 정상천이라는 서울시를 했던 그 사람이 부산시 조직책이 되었습니다. 그런데 정상천 씨는 사무실을 냈습니다. 그러니 조직책 사무실이 인산인해였습니다. 정상천이 부산 조직책이라고 하니 이제 사람이 불이 나게 드나들 것 아니겠습니까? 저는 어디를 가나 행방불명이고 그리고 그 일이 사람 만날 기회가 어디 있겠습니까? 제가 조직책이다 하면 저를 얼마나 많이 찾아올까요? 돈도 가져오겠지요. 찾아오기도 많이 찾아오고 이권운동도 하고 노인산업 청탁도 하고 별 것 다 할 것 아니겠습니까? 사업하는 사람이 청탁을 합니다. 저는 나타나지 않았습니다. 정상천은 사무실 차리고 잡음이 생겨서 교체가 되었습니다. 교체가 되고 본인은 공천도 받지 못했습니다. 그래서 나중에 자민련이 되었습니다. 공천을 못 받았습니다. 자민련으로 가서 김종필을 잡고서 나중에 해양부장관도 하기는 했지만 여하튼 저는 사무실 전체를 일체 잠복해서 구상했으니 아무도 알 수 없었습니다. 그리고 사무실 차리고 할 필요가 있을까요? 뻔할 뻔자인데요. 머릿속에 다 있는 것인데 굳이 사무실을 차릴 필요는 없었습니다.

윤민재: 그러면 뭐 경비 같은 것도 안 드셨겠네요?

남재희: 한 푼도 안 들었습니다.

윤민재: 지원 같은 건 없으셨어요? 지원 같은 건 못 받으셨어요?

남재희: 돈을 주지 않았습니다.

윤민재: 안 줬나요? 그래도 돈이 많이 필요했을 것 같습니다. 지구당 창당하고 그 과정에서요.

남재희: 전두환 대통령을 처음 만나는데 조직책들을 중심으로 만났습니다. 서울시부터 전국의 조직책을 두지 않습니까? 시도당 조직책들까지 안 가에서 전두환 대통령을 처음 만났습니다. 술을 먹게 되었는데 제가 상석에 있었습니다. 서울시 조직책이었으니까요. 전두환과 제가 딱 둘이 앉고 다른 사람은 다 밑에 앉았습니다. 둘이 마주 앉아있어서 이야기를 제일 많이 했습니다. 자꾸 이야기도 시켰고요. 전두환은 리더십이 있고 활달합니다. 활달하고 솔직하고, 겁나는 것이 없으니 솔직했습니다. 재미도 있습니다. 제가 무모했던 것은 그렇게 하고서 다음에 중앙당에 전두환이 한번 왔습니다. 그런데 서울시 조직책에서 정책위원장인데 권정달이 사무총장, 이종찬이 원내총무로 있었던 것 아닙니까? 이제 중앙당에 와서 잡담을 하는데 제가 주책이었습니다. 가서 제2청와대를 옛날에 진해에다가 만들어 두었는데 무등산 산록에다가 제2청와대를 지어놓고 자주 광주를 가서 광주가 정치 발언의 진원지로 해서 광주의 민심을 풀어주는 것이 어떻겠냐고 주책없이 말을 했습니다. 되지도 않을 이야기를 한 것입니다. 그래도 그것도 방법 아닙니까? 제2청와대를 광주에, 무등산 산록에다 지어놓고 중대 발표는 거기에 가서 그렇게 해서 그쪽에다가 기를 북돋아준다는 것입니다. 그런 식으로 하는 것도 민심 수습에 하나의 도움이 될 테니 그렇게

이야기를 한 것입니다.

윤민재: 언론계에 계실 때 정계와의 인연은 어떠하셨습니까?

남재희: 서울신문에 있을 때, 제가 센다이를 갔다 왔더니 편집국장이 공석이었습니다. 그분이 저한테 "남군 편집국장을 좀 맡아줘." 라고 했습니다. 내가 신문 산업을 잘 모르고 논설위원을 옛날에 좀 했지만 당신 밖에 믿을 사람이 없으니까 좀 해달라고 했습니다. 그래서 난 안한다고 했습니다. 조선일보 논설위원도 좋고 조선일보에서 일년 동안 월급을 공짜로 받아놓고는 어떻게 바로 그만두냐고, 30년도 안됐는데 뜨냐고 하면서 안간다고 했습니다. 다른 사람을 찾아보라고 하고는 들어왔습니다. 그렇게 들어왔는데 이 사람이 문공부장관을 하다가 서울신문사장이 된 것 아니에요. 그러니 서울신문사장들을 다 알고 있었습니다. 그래서 조선일보 방일영, 우영한테 전부 전화를 한 것입니다. SOS를 한 것입니다. 점심을 먹고 돌아오니 벌써 연락을 취해서는 형제가 회장실로 저를 불렀습니다. 당시 회장이 방일영이고 방우영이 사장이었습니다. 그래서 갔더니 신범식 씨한테 도와달라고 전화가 왔다고 우리가 빌려줄 테니 가서 열심히 도와주라고 했습니다. 조금 있다가는 바쁘고 그 사람 불안해하는데 좀 도와줬다가 다시 오면되지 뭐 그러냐고 했습니다. 그 회사 사장으로서는 그렇지요. 자신은 인력이 있으니 사장하고 회장하고 번갈아가면서 도와주라고 해서 '그러면 한 1년 정도 있다 오겠습니다' 하고 갔습니다. 그래서 1년 있다가 조선일보에 간다고 하니 한사코 저를 붙들고, 그러는 것은 좋은데 신범식이 잘렸습니다. 신범식과 김종필이 내외한다는 이유였습니다. 김종필은 총리였고 신범식은 박 대통령 직계였습니다. 김종필을 후계자로 하지 않는다는 것을 눈치챘으니 김종필한테 충성할 필요가 없고 박 대통령도 김종필을 견제하니 신범식과 김종필은 그랬습니다. 그런데 서울신문 인사의 경우에는

총리 산하니 대통령이 취급을 하지 않았습니다. 그러니 자리에서 쫓겨났습니다. 그러다가 편집국장을 5년을 했습니다. 참 지긋지긋했습니다. 5년을 하고 나서, 딱 5년 되었을 때 난 더 이상 못한다고 했습니다. 두 분은 모르겠지만 편집국장, 그것도 권력이라고 150여 명의 기자들 인사권에서부터 해서 일종의 권력입니다. 그런데 그것도 거기에 빠져버리면 안됩니다. 얼마나 칠칠맞습니까? 그래서 주필이 되었는데 편집국장보다 힘은 없지만 편했습니다.

그 와중에 강서가 영등포에서 분구가 되었습니다. 그러니 소위 기득권이 없는 것입니다. 강서구가 신설구였던 것입니다. 당시에 이태섭이라고 약은 사람이 있는데 거기 가서 농담을 했습니다. 강서가 신설되었으니 내가 가서 차지하겠다고요. 그래서 이태섭인 한달 쯤 운동을 막은 것입니다. 운동을 하고 있는데 이건개가 나타났습니다. 이건개가 서울시 경호국장도 하고 말하자면 박 대통령의 아들 격입니다. 그래서 시경국장에 임명시켰다가 실패했는데 이건개가 나타나니 이태섭이 이건개한테는 진다고 해서 이태섭이 강남으로 내려갔습니다. 강서구에서 운동을 하다 한 달쯤 지나서요. 그런데 이건개가 버티고 있는 것입니다. 그러니 당시 공화당에서는 이효상이 당의장이고 길전식이 사무총장인데 이건개가 하고 있다면 대통령의 아들 격인데 이건개가 청와대로 옮겼습니다. 옮기니까 박 대통령이 매우 아끼는 자기 선배의 아들이고 자신이 아들처럼 아끼는 사람인데 서울 시경국장을 하다가 실패를 한 것입니다. 그러니까 미워서가 아니고 또 실패를 할 수 있으니 안된다고 했습니다. 안된다고 해놓고는 다른 사람을 좀 찾아보라고 했더니 글쎄요 하다가 서울시는 남재희가 또 신문을 하니 박 대통령이 알고 있었습니다. 그래서 남재희? 하고 묻더니 한다고 하면 발표하라고, 남재희한테 물어봐서 한다면 하라고 했습니다. 그래서 저는 멀리 돌아다니는데 점심 때 알게 된 모양입니다. 저는 논설회의가 두시에 있었습니다. 그래서 두시가 거의 다 되어서 돌아왔더니 논설실에서 야단이 났습니다. 길전식에게 전화가 빗발치게 들어와서는 제가 어디갔냐고 난리가 났습니다. 그래서 제가 길전식에게 전화를 했더니 당신은 늘 자리를 비운다고 지금 야단이 났다고 했습니다. 그래서 난 논설위원 회의가 두시라서 두시에 돌아왔는데 왜 그러냐고 했습니다. 아니 각하가 강서에 가라고 얘기를 했는데 어떻게 할 것이냐고 해서 "그럼 각하가 나가라고 합니까?" 물었더니 "각하가 당신이 나가라고 한다"고 했습니다. 그래서 "글쎄요, 각하가 나가라고 하면 나가겠습니다"고 했습니다. 그러니까 조금 있다 연락이 왔습니다. 지금 종로는 민관식인데 그 사람이 일본에 가서 연락이 안 된다고, 만약에 민관식이 수락하면 다행이지만 거절하면 당신이 종로라고 했습니다. 종로에 갔으면 큰일 날 뻔 했습니다.

전상숙: 그렇게 안 되셔서 더 잘 된 것 아닌가요?

남재희: 자기 고등학교 후배가 갔는데 제가 종로에 갈 뻔했습니다. 그래서 민관식을 추적한 끝에 연락이 되어서 각하가 민관식에게 종로에 나가라고 한다 그래서 수락을 했습니다. 민관식이 종로를 수락했으니 당신은 강서다 이렇게 해서 된 것입니다. 그렇게 된 것인데, 제가 비망록에도 썼지만 서울신문에 가게된 것은 아까 말한 것처럼 간 것입니다. 서울신문에서 국장만 5년하고 주필 1년 반을 하고, 그렇게 되면 갈 곳이 마땅치 않습니다. 일단 정부 기관지는 그렇지요? 다른 언론인과는 달랐습니다. 정부기관지는 자유로운 입장이 아닙니다. 그러다 보니 이것이 막힌 골목입니다. 다른 민간 기업의 주필과 정부 기관지의 주필은 다릅니다. 그러니 이왕 막힌 골목, 그걸 더한다고 해도 1, 2년 밖에 못하는 것입니다.

전상숙: 좋은 기회셨네요.

남재희: 그래서 가만히 생각하니 앞날이 막힌 골목인데 한 번 모험을 해 보는 것도 아주 흔쾌한 것은 아니지만 모험을 해보는 것도 좋겠다고 한 것입니다.

윤민재: 그리고 11대에서 같은 지역구를 맡게 되신 것이지요?

남재희: 그 얘기가 좀 있습니다. 김종필 추대연설, 정풍운동 스토리부터 후에 들으면 3당합당 시절, 그때 이종찬하고 저하고 둘이 튀는 것입니다. 튀었으면 참 지금도 빛나는 건데요. 이종찬도 빛나고요. 아니 이종찬도 그런 생각이 있었습니다.

윤민재: 민정당에서 정책위 위원장을 맡으셨습니다. 그런데 민정당도 어쩔 수 없이 나중에 하나회가 된 세력들이 많지 않나요? 민정당 내부에도 군 출신이 많았고 그랬으니 힘, 헤게모니는 군 출신이 가졌을 것 같습니다.

남재희: 전두환 대통령이 직계 부대, 소위 친위 부대를 만들었습니다. 친위 부대에는 정동성, 김정남 이런 사람들이 있고 이들이 나타난 시점인 학원안정법이 나오는 시기에 친위대들이 적극 찬성을 했습니다. 그런데 제가 그 전에 김정례 씨하고 만났더니 김정례 씨가 전두환 대통령이 학원 안정법에 반대하는 사람들은 민정당을 떠나라고 했다고 했습니다. 그래서 제가 민정당 중앙 집행 위원회에서, 당시에 제가 최장수 중앙 집행 위원장이었습니다. 그런데 발언을 대개 한 네 번째, 다섯 번째에 합니다. 이십 여 명이 있는데 학원안정법을 상정하겠다는 발언을 처음이나 두 번째나 하지 않습니다. 네 번째나 다섯 번째에 하는 것이 제일 점잖은 것입니다. 그러면 친위대들이 열렬히 찬성을 했습니다. 그래서 제가 유일하게 그랬습니

다. "판사도 있는 위원회입니다, 판사 아닌 행정부 사람과 사법부의 판사가 있는 위원회이지만 이것은 사법부가 아닙니다, 아무리 판사가 있다 하더라도 그런 권한은 있을 수가 없는 것입니다, 따라서 불가한 것입니다"라고 했습니다. 그리고 아예 사법부에 맡겨서 재판으로써 결정을 하면 된다고 했습니다.

그런 식으로 말했더니 친위대가 총동원되어서 몰상식한 법 이론을 전개하는 저런 사람이 있냐고 하는 것입니다. 그리고 정동성이 숙청이 되어서 죽었습니다. 그리고 전북 부지사로 있었던 전병우라고 있습니다. 전 대통령이 전 씨라고 국회의원 시켜줬다는 사람인데, 아무튼 줄줄이 사탕으로 저한테 인식공격을 마구 합니다. 마지막에는 변호사 출신, 판사 출신인 이치호가 있는데 어떤 사람은 저런 소신없는 중앙 집권 위원과 한 자리를 같이 하는 것은 창피하다고 했습니다. 이럴 정도로 인신공격을 했었습니다. 그들이 모두 친위대들입니다. 전두환 대통령이 또 친위대를 했습니다. 그때 발언한 사람은 모두 친위대들입니다. 그래서 저만 몰리는 것입니다. 발언 한번 했는데 불이 나도록 저를 공격합니다. 그래서 마지막으로 노태우가 당 회장으로 사회를 보았습니다. 마지막에 현홍주가 당시 정책실장일 것인데, 그 사람도 법대에서 공부하고 똑똑했습니다. 그래서 제가 "현 의원, 당신이 육사이니 하나 묻겠다. 세계의 소위 중진국 이상에서 이렇게 법제를 만든 곳이 있느냐? 중진국 이상에서 이렇게 사법부가 아닌 곳에서 인신을 강제하는 이런 나라가 있냐?"고 물었습니다. 그러니까 현홍주가 한 마디로 "없습니다."라고 말해 버린 것입니다. 그러자 노태우가 "이것으로 산회합니다"라고 말하면서 결론 안 내리고 끝내버렸습니다.

현홍주가 회의 끝나고 나오는데, "남 선배 내가 제안자도 아닌데 나한테 왜 그런 것을 묻냐?"고 했습니다. 그래서 "현 의원이 무슨 답변을 할지 내가 알고 던졌지."라고 했습니다. 현홍주가 그러니까 끝난 것입니다. 중진국 이상에서 그런 법을 만든 나라가 없다고 하면 끝난 것이지요. 그래서 무산된 것입니다. 노태우도 옳다, 잘됐다고 했습니다. 왜냐하면 전 대통령 이야기를 거역할 수는 없는데 자기도 대통령에 나갈 판인데 그 역풍을 어떻게 하나는 고민을 했으니 누군가 반대해주기를 바랬는데 늙은이가 산회한다고 하니 의견을 못 내놓고 산회한 것입니다. 그러자 김수환 추기경이 반대한다고 성명을 내버렸습니다. 그리고는 죽어 버렸습니다. 친위대들이 다 잘못한 것입니다. 저는 친위대들을 좋아하지 않았습니다. 친위대 하는 사람들은 말하자면 허문도 패거리였습니다. 청와대에서는 허문도가 주도한 것입니다.

윤민재: 허문도 의원이 그 정도로, 그 당시에 아이디어를 제공한 것뿐만 아니라 권력자로서도 그렇게 실세였나요?

남재희: 3허라고 그랬잖아요? 허문도가 쓰리허라고 그랬습니다. 허삼수, 허화평이 이렇게 삼허가 죽이 잘 맞았습니다. 나중에는 몰락했지만요. 언제 몰락을 했냐면 이순자 사건이 있지 않습니까? 이순자 사건으로 허화평이 떨어져 나가고 다 떨어져 나갔습니다.

윤민재: 장영자 사건이요?

남재희: 장영자 사건 맞습니다. 그 전에는 3허가 죽이 잘 맞았고 전두환이 안기부장을 겸했을 시절에 허문도가 비서실장을 했습니다. 주일 대사관에 있다 전두환 심복이 된 것입니다. 그냥 중앙정보부장에 해서요. 그러니까 힘이 강했습니다. 그리고 허문도가 일본에서 오래 있으면서 동경대학을 다녔습니다. 박사학위는 못 받았지만 조선일보 기자를 하다가 동경대학에서 공부를 했는데 거기서 소위 일본의 극우 사상에 빠졌습니다. 사무라이적인 일본의 극우 사상입니다. 그래서 그걸로 전 대통령에게 명명

백백하게 딱딱 밀고 나가니까 전 대통령의 마음에 쏙 들었지요. 합리적으로 자유주의적으로 말하는 것과 극단의 논리, 극우 논리로 탁탁 이야기하는 것과 다르지 않습니까? 그러면 전두환 대통령도 '이놈 근사하다, 소신 있다' 이렇게 된 것입니다. 그러니까 영리하게 컸지요. 그래서 그 사람이 학원안정법을 만든 것입니다.

허문도가 만들었지 않습니까. 그러니까 전두환 대통령은 그걸 모르고 이거 근사하다고 한 것입니다. 아마 이종찬은 알 것입니다. 가만히 생각해 보면 노태우는 자신이 대통령에 출마할 사람인데 전 대통령이 저렇게 철저하게 나가는 데, 자신이 반대하면 역린을 거스른다고 하지 않습니까? 비위는 거스르면 절대 안되는 것입니다. 그리고 자신이 찬성했으면 대통령에 출마하면서 이것을 다 끌어안아야 했습니다. 그렇지요? 역풍을 다 끌어안아야 하니 자기 마음속으로는 반대였습니다. 그렇지만 전혀 이야기할 수가 없는 것입니다. 마침 잘됐지요. 제가 반대하는 통에 그냥 의견을 아무렇게나 내버렸습니다.

윤민재: 그 후에 이종찬 의원은 어쨌든 원내총무에서 물러나게 된 것인가요?

남재희: 바로 물러난 사람이 정책연구실장을 하던 처장, 아마도 현홍주가 물러났을 것입니다. 교체된 것입니다. 그래서 현홍주가 교체된 다음에 제가 그랬습니다. 괜히 나 때문에 훈장 하나 달았다고요. 그러니까 현홍주가 학원안정법에 반대한 사람 거기에 이렇게 나옵니다. 훈장 하나 단 것입니다. 저는 그 얘기가 안 나옵니다. 그런데 현홍주는 법제처장도 하고 주미대사도 했습니다. 프로필의 맨 끝에는 의례히 학원안정법이 나옵니다. 저 때문에 훈장단 것이지요.

윤민재: 현홍주 의원은 그때부터 노태우 씨를 지지한 것인가요?

남재희: 노태우 참모지요.

윤민재: 그때부터 지지했었나요?

남재희: 참모는 우리가 모르지요. 현홍주 경기 나오고 대단한 사람입니다. 변호사도 하고요.

윤민재: 당시 중반기로 넘어가면서 대선이 있기 전에 민정당에 계파 같은 것은 없었습니까?

남재희: 계파요? 전 대통령 밑에서 계파를 만들었다가 큰일 나게요? 은연중에는 있었지만 노골적으로는 없었습니다. 은연중에 이종찬이 그런 오해를 받았습니다.

윤민재: 이종찬 의원은 실제로 시도한 건 아니고, 오해만 받은 것인가요?

남재희: 아니, 계파라기보다는 자주 만나는 사람이 있었습니다. 예를 들면 며칠 후에 조세형 씨 1주기가 있는데 거기 책이 세 권이 나옵니다. 그런데 저보고도 글을 하나 써달라고 했습니다. 저하고 조세형이 특별히 가까운 사이였으니까요. 그래서 글을 썼는데, 조세형이 죽기 전에 단편적인 글을 써서 자서전이 반 이상 되어 있습니다. 그래서 읽어봤더니 그런 말이 나옵니다. 김대중이 대통령이 된 다음에 조세형과 이야기를 하던 가운데 권한대행을 누구를 시키면 좋겠냐는 얘기가 나왔다고 합니다. 그래서 이

종찬이 어떠냐고 했답니다. 이종찬이 그때 붙었잖아요? 그렇게 이야기를 했더니 김대중이 그 사람은 파벌을 만들어서 불가하다고 했답니다. 그래서 조세형이 됐다고 합니다. 그럼 거꾸로 말하자면 조세형은 파벌도 못만들 사람이라고 썼습니다. 말하자면 정치인으로서 무능하다는 것입니다. 왜냐하면 당시에 노골적으로 파벌이라고 할 것은 없고, 그루핑은 많았습니다. 군 출신은 군 출신대로, 지역적으로는 경상도는 경상도 사람, 호남 사람은 호남 사람들, 서울 사람은 서울 사람들끼리 선거구, 그루핑은 많았지만 분파까지는 못할 겁니다. 그것이 애매합니다. 그런데 이종찬은 전두환, 장세동에게는 분파로 오해를 받았습니다.

그래서 경계 조치가 내려진 것이고요. 왜냐하면 저 같은 사람 불러서 그 얘기를 합니다. 아예 장세동이 저를 불러서는 남산에 갔더니 이종찬과 국민학교 동기다, 친하다는 이야기는 하지만 이종찬은 안된다고 했습니다. 이종찬은 빛을 발하는 발광체가 아니고 전 대통령의 빛을 반사하는 정도의 인물이라는 것입니다. 자신의 빛을 내는 인물이 못되고, 지도자감이 아니라는 말입니다. 그러면서 저한테 이종찬을 폄하하는 이야기를 했습니다. 이종찬과 가까이 지내지 말라는 말이지요. 그러니까 제가 이종찬 패인 줄 알고 그 핵심을 깨려고 했고 다음에는 전 대통령이 독대를 하자고 불러서 청와대에 가서 단 둘이 만났습니다. 잘못된 일은 전부 내 책임으로, 잘된 일은 자기가 하고 그런 사람이 어디 있냐고 이종찬를 그렇게 까더라고요. 그래서 또 제가 걸작이었지요. "각하, 부탁이 하나 있습니다"라고 하니 뭐냐고, 그래서 제가 "이종찬 씨를 문교부장관에 임명해주십시오"라고 했습니다. 그렇게 했더니 그것이 무슨 말이냐고 지금 막 깐 다음인데 말입니다. 그래서 지금 우리 정부에 학원가에 가서 대화를 할 사람이 없다고, 학원가가 저렇게 뻬딱한 데 가서 이야기를 해야 할 것 아니냐고, 되든 안 되든 간에 그럴만한 인물이 어디 있냐고 했습니다.

그런데 이종찬이 문교부장관이 되면 학원가에 가서 대화를 할 수 있다고 했습니다. 거꾸로 이종찬에 대한 옹호발언을 했습니다. 이종찬한테는 고마운 이야기이지요. 그렇지요? 아니 이종찬을 전 대통령이 문교부장관을 시키라고 했으니까요. 하지만 그것도 맞는 이야기입니다. 이종찬만한 역량을 가진 사람이 없었습니다. 이종찬이 문교부장관이 됐으면 고려대학이든 연세대학이든 가서 학생들에게 얻어터지는 한이 있어도 대화를 할 만한 역량이 있는 사람이었습니다. 또 이종찬은 독립 운동의 혈통이고 경기 고등학교 나오고 영국에 경험이 있었습니다.

윤민재: 어쨌든 이종찬 의원은 그 사건 이후로 힘을 잃게 되지요.

남재희: 힘을 잃게 되었습니다.

윤민재: 제거되는 건가요? 그 와중에서 어쨌든 전 대통령이 그렇게 판단하는 것도 있었겠지만 장세동이라든지 허문도 그런 사람들이 이종찬 씨를 싫어했지요?

남재희: 집권세력의 공통의견은 잘된 것은 다 자기가 잘 한 것이고 못한 것은 다 전두환이 한 것입니다. 말을 해도 싸가지가 없게 한다는 것입니다. 그건 안된다, 불충이다, 군대 논리로 하자면 그런 것입니다. 군대 출신들이 보면 잘못된 것은 각하는 그렇지 않았는데 우리가 잘못했다든지 그렇게 해야 하는 것 아닙니까? 그렇지요? 그런데 우리는 그렇게 생각하지 않는데 위에서 이렇게 한 것이라는 것이지요. 이래서는 안되는 것 아닙니까. 전두환이 그렇게 몰았습니다. 아니 전두환은 제가 욕을 안 합니다. 왜냐하면 저 개인에게는 하나회 사람들이 특수 관계인 것으로 오해할 정도로 잘해줬기 때문입니다. 그렇다고 저한테 돈 준 것은 아니고, 데모꾼들 딸 문제도 다 그렇고요. 둘째 딸이 예춘호 며느리가 되었습니다. 예춘호가

김대중하고 가깝잖아요. 그래서 둘이 데모를 하고 그랬었는데 둘째 딸이 또 예춘호 며느리가 되어서 말이지요, 전두환이 오해하기 딱 좋습니다.

그런데 같은 재무 위원회에서 있어서 정순덕하고 김종인이 친합니다. 재무위원회에서 김종인이 아주 머리가 좋았습니다. 재무, 경제 통화 위원회 정순덕이 김종인한테 배운 것입니다. 아주 둘이 친해진 것입니다. 그러다가 정무수석이 됐습니다. 각하한테 후회없이 이야기를 해달라고 했죠. 김종인 의원이 말하기를 '정순덕 씨가 나를 만나고 하니 상당히 고민하고 있다'고 하더라구요. 젊은 남녀들끼리 좋아했는데 저는 모르고 자기들끼리 좋아서 예춘호 며느리가 되는 것 같다고 전했다고 했습니다. 그리고 정순덕은 김종인을 통해서 결혼하는데 정치가 무슨 관계가 있냐고 축하한다고 해달라고 했습니다. 대신에 결혼할 때는 꼭 알려달라고 다시 전언이 왔습니다. 일단 해명이 된 것입니다.

그렇게 하고 한달이 지났는데, 최창윤이라고 장관을 했던 사람이 청와대 정무비서실에 있었습니다. 최창윤이 전화를 했습니다. 각하가 혼사가 가까이 왔을 텐데, 왜 연락을 하지 않느냐고 물으셨다고요. 이것이 혼사에 대해 오해를 푸는 정도이지 제가 결혼식 하는 것을 이야기할 정도는 아니잖습니까? 각하는 이제 정순덕한테 결혼식 날짜를 이야기하라고 지시를 한 것입니다. 최창윤이 이야기를 하니 '어떻게 그렇게 합니까, 실은 그렇고 그래서 언제라고 이야기를 안했다'고 했더니 최창윤이 돈을 가지고 왔습니다. 각하께서 축의금이라고, 한 백만 원 정도 됐을 겁니다. 축의금이라고 보내주었습니다. 그래서 축의금만 받았습니다. 그러니 묘한 사람입니다. 정치적으로 말고 개인적으로 하나회 사람들이 오해하게 생겼습니다. 아까 말한 하나회가 전 대통령하고 남군은 특별한 관계라고요, 전혀 아닌데 말입니다.

윤민재: 12대 국회 때 신민당이 돌풍을 일으켰을 때 힘드시지 않으셨어요?

남재희: 힘들었습니다. 제가 요즘 후회하는 일이 있는데 김대중 씨가 저한테 좋은 자리 하나를 제안했습니다. 국회의장 하셨던 김원기 씨 있지 않습니까? 김원기 씨가 점심이나 먹자고 했습니다. 좋다고 해서 롯데 호텔에서 점심을 먹었습니다. 자기가 노사정 위원장인데 그만두게 되었다는 것입니다. 그래서 "남형, 우리끼리는 친하니 같이 놀러오게 되었으니 노사정 위원장하는 것이 어때?"라고 했습니다. 그래서 왜 그러냐고 물었더니 내가 그만두게 되었으니 각하에게 이야기할 때 후임을 말해야 하는 것 아니냐고, 그래서 후임에 당신을 천거했으면 좋겠는데 어떻겠냐고 했습니다. 그것은 지시가 있었단 이야기입니다. 그렇지요? 그런데 제가 거절을 했습니다. 그것을 할 걸 그랬습니다.

윤민재: 왜 거절하셨어요?

남재희: 왜 거절했느냐, 소견 때문입니다. 그것까지 했으면 저 사람은 박 대통령 때 해처먹고, 전두환 때도 해먹고, 노태우 때도 해 처먹어, 김영삼 때도 해먹어, 드디어 김대중 때까지도 해 처먹는다는 소리를 들을까봐 거절했습니다.

윤민재: 아마 그렇게 생각하는 사람은 없었을 것 같은데요.

남재희: 김대중이 저를 또 알아주었습니다. 문주 사십 년에도 썼는데 제가 제2공화국 시절 김대중 씨가 민주당 원외로서 장면 정권의 민주당 대변인이었습니다. 국회의원도 아니었는데요. 원외가 집권당에서 대변인을 한 것입니다. 그 사람도 대단한 사람입니다. 그래서 이제 저하고 취재하면서 만났었는데 저한테 돈을 주더라고요. 저녁을 먹으면서 취재를 하는데 돈 봉투를 주어서 제가 "아, 김 대변인 그러지 마십시오, 여유 좀 있습니다"라

고 했습니다. 사실 여유가 있지는 않았지만 여하튼 안받고 거절했습니다. 그랬더니 안색이 바뀌더니 무시당했다고 그러는 것입니다. 원내 대변인이 아니고 원외 대변인인데 돈 봉투를 내밀었는데 기자가 거절했다고요. 저는 점잖게 여유가 있으니 그러지 말라고 했습니다. 그랬더니 이 사람 안색이 하얘졌습니다. 그래서 할 수 없이 받았습니다. 그리고는 세월이 30년쯤 흘러서 서울대학교 병원에 문상갈 일이 있었는데, 당시에는 국회의원도 몇 명 안왔습니다. 그런데 서울대학교 병원에 김대중 씨가 왔습니다. 김대중 씨도 왔으니 이삼십 분 있어야 할 것 아닙니까? 자기 직속 부하의 부친상이니 멀찌감치 앉아서 잡담을 하다가 술, 소주는 안하고, 우리는 마시고 있었습니다. 그러더니 김대중 씨가 "하여튼 남의원, 저 사람 대단한 사람이야, 내가 비용을 좀 쓰라고 봉투를 하나 주었는데 받지를 않아, 그걸 끝내 안 받는 사람이 저 사람이야" 그랬습니다. 그래서 "아니, 선생님이 하도 받으라고 하시기에 마지막에 받았습니다, 안 받은 게 어디 있습니까? 제가 받았습니다"라고 했습니다.

윤민재: 기억하시던가요?

남재희: 당시 국회 출입 기자들이 백여 명은 되었을 것입니다. 웬만한 회사만 해도 백여 명이 넘었습니다. 그런데 30년이 넘은 이야기를, 촌지를 안받았던 이야기를 여러 사람들 앞에서 한 것입니다. 정말 머리 좋은 사람입니다. 기억력이 비상한, 머리 좋은 사람이었습니다. 컴퓨터지요. 마지막에 제가 받았지만 그 사람은 안받은 것으로 생각한 것입니다. 왜냐하면 그런 사람이 없었으니까요. 그러니 그런 이야기가 없으니 그 사람에게는 엄청난 사건이었던 것입니다. 엄청난 사건이니 기억에 남아서 저에게 한 자리를 주려고 했던 것입니다. 지금 생각하면 그때 받았을 걸 말입니다. 김대중 씨를 존경하고 저는 그분이 잘했다고 생각합니다. 요즘 우익에서는

욕하지만 저는 잘했다고 생각하고 우리나라의 훌륭한 대통령이라고 생각합니다.

윤민재: 민정당이 말기에 중요한 사건들이 있었습니다. 직선제 개헌도 있었고, 다음에 호헌도 있었습니다. 그렇다면 그 과정에서 말기에 노태우 후보가 부상하는 되지 않습니까? 민정당 내부에서도 그 사건 이전부터 노태우 후보가 가장 훌륭하고 민정당을 대표하는 인물이라고 많은 사람들이 생각을 했습니까?

남재희: 아니요, 그렇게 생각하는 사람은 없었습니다. 노태우가 좋다고 생각하는 사람은 없었어요. 저한테 누구를 지지하냐고 물었다면 저는 솔직히 이종찬이 낫다고 그랬을 것입니다. 노태우보다는 이종찬이 낫지요. 하지만 그것이 아니고 당시 분위기는 전두환이 시키는 대로 하는 분위기였습니다. 전두환이 노신영 시켰으면 그대로 되었을 것입니다. 만약 장세동을 시켰으면 그대로 되었겠지요. 그리고 이종찬을 시켰으면 그대로 되었을 것입니다.

그런데 부산의 곽정출이 저한테 술 한번 사야하는데 안사요. 곽정출이 그것 때문에 영웅이 되었습니다. 제가 썼기 때문에요. 왜냐하면 노태우가 전두환한테 지명을 받은 다음에 공식 지명이 아니라 말로 후임은 너다 이렇게 지명을 받으니 기분이 좋았습니다. 기분이 좋아서 시도당 위원들을, 장원이라고 지금은 없어졌지만 종로구청 앞에 있는 밥집으로 불러서는 술을 샀습니다. 자기는 기분이 좋았던 것입니다. 대통령한테 지금 대통령 후보로 지명을 받았기 때문에 아주 기분이 좋아서 술 한 잔을 시도당 위원장에게 우선 내는데, 서울 법대 나오고 이병철의 수행비서였던 부산위원장 곽정출이 간이 부었어요. 이병철이 특별히 귀여워하는 수행비서였기도 하고 삼성에 있는 미디어 관계사였던 세한 미디어인가에도 갔었는데, 아무튼 담이 셌습니다. 그런데 이 친구가 투덜투덜했습니다. 서울시당에 각 시구당 위원장이 모였는데 핵심은 무엇이냐면 왜 또 군인이냐는 것이었습니다. 두 가지가 잘못이라고 하면서 '군인을 또 시키는 것도 잘못이고, 후배로 안 내려가고 장세동이 후배 개념이다' 그랬습니다. 그러니 투덜투덜하면서 노태우 오기 전에 대기하고 있는데, 참 대단했습니다. 그래서 노태우가 술잔을 돌리기 시작했는데 멀리 있으면 술잔을 받고 거기서 반배를 또 하고 그렇지 않습니까? 앞에 있는 사람이 일어서서 반배를 했고 곽정출이 오만불손하게 했습니다. 노태우 앞에서 그 사람은 듣지는 못했지만 투덜투덜했고 우리는 다 듣고 술잔이 왔다갔다 할 때 오만불손한 것은 바로 보이잖아요. 그런데 당시에 노태우도 성질이 대단해서 술잔이 정종잔이라서 작았는데 술잔이 술이 들어있는 체로 곽정출한테 던졌습니다.

윤민재: 술도 안 취했는데요?

남재희: 술은 안 취했습니다. 곽정출한테 술잔을 던졌는데 곽정출한테 맞지를 않고 옆에 있던 고건이 맞았습니다. 그래서 나중에 곽정출은 고건이 술잔을 맞아서 서울시장이 되었다고 했습니다. 노태우가 자기가 던진 술잔에 맞아서 미안해서 서울시장을 시켜줬답니다. 그리고 곽정출이 공천을 사하구인가에 했는데 거기가 쪼개졌습니다. 쪼개질 것이라고 예상을 해서 자기가 중점적으로 거기에 운동을 했습니다. 그런데 공천을 여기다 줘버렸습니다. 그 이야기를 제가 썼습니다. 참 용감한 사람이라고요. 노태우 문제에서 왜 또 군인에게 주었느냐, 줄려면 밑에 기수로 내려가야지, 동기생한테 주었느냐고 투덜투덜하다가 노태우한테 술잔 맞은 놈. 그것이 영웅 아닙니까?

전상숙: 그러면 곽정출 의원이 그런 발언을 했을 때 많은 사람들이 공감

을 다 했나요?

남재희: 아니, 속으로는 그럴 듯하게 생각했습니다. 노태우가 훌륭하다는 것이 아니지 않습니까? 아까도 이야기했지만 동기생끼리 받느냐, 밑으로 갔으면 같은 군인이라고 설득력이 있지요? 동기생끼리 출장 왔다갔다 하는 것처럼 동기생끼리 받는 것이 발전이 없지 않습니까? 민간으로 갔으면 더 발전이 있었던 것이고요. 아까 말한 것처럼 군부－시민에서 시민－군부로 갔으면 더 발전이 있는 것입니다. 한 단계 더 점프한 것입니다. 김영삼이 있을 때는 밑에 기라도 내려갔었어야 합니다. 그런 것이 있습니다. 그렇게 노태우로 가는 것에 대해서 당원들이나 의원들이 지지했다는 것이 아닙니다. 수동적, 피동적인 것입니다. 홍성우 그 사람이 대단했습니다. 역시 유식, 무식이 관계가 없습니다. 그 문제를 가지고 시도당끼리 별도로 분임 토의를 하는데 서울시장이 별도로 할 것 아닙니까? 홍성우는 그것이 무슨 소리냐, 직선제를 해야되는 것이지, 무슨 귀신 씨나락 까먹는 소리라고 하면서 내일 아침이면 소용없는데 국민이 원하면 직선제를 해야지 무슨 소리냐고 그렇게 나왔습니다. 역시 홍성우가 탤런트 출신이라 정책도 안 해보고 했지만 직관력이나 민심을 파악하는 것은 배운 애들보다 더 근사하다는 생각이 들었습니다.

당시에 군 출신에서 민간으로 넘어오는 과정에서는 내각책임제도 편리한 방법입니다. 그것이 군인 지탄을 못한다고 내각책임제는 그렇지 않습니까? 조만간 넘어온다고 생각을 했고 직선제를 생각하다가도 군인이 정권을 내놓겠냐는 의심이 들고, 그렇다면 내각책임제도 하나의 부드러운 전환방법이라고 민정당의 분위기 중에서 그런 것이 있었습니다. 그리고 중간 평가 이야기를 하는데 제가 제동을 걸었습니다. 제가 주 발언을 했습니다. "그건 안 된다, 왜 사서 고생을 하려고 중간 평가를 하려고 하는가, 민란이 일어날 것인데 왜 민란을 사서 일으키려고 하는가"라고 하면서 뭐라고 했습니다. 중간평가를 하면 어이구 좋다하면서 전국의 각 세력이 다 일어난다는 것이었습니다. 결국에는 하지 않기로 타협을 했습니다. 여야가 막후에서 타협을 했습니다. 중간평가를 했으면 온갖 세력이 전부다 민란이 일어났을 것입니다.

윤민재: 그런데 민정당 이후에 들어선 김영삼 대통령에 대해서는 민간정권이라는 점에서 긍정적으로 평가는 기간이라고 생각되어지는데요. 민정당이 등정하게 된 것이 필연적인, 그 당시 흐름으로 보았을 때 필연적인 하나의 사건인데 선생님께서 직접 참여를 하셨고 기여를 하셨는데 한국의 현대 정치사에서 민정당이 정당으로서 가지고 있는 중요한 공헌점이 있다면 선생님께서는 무엇이라고 생각하십니까? 아까 말하신 것처럼 민주, 정의, 민족이라는 구호를 외쳤다는 형식적인 것을 빼고 되돌아보셨을 때 민주정의당이 한국 정당 정치사에서 정말 중요한 것을 했다고 생각되어지는 것이 있으신가요?

남재희: 민주정의당은 제가 포지티브하게 참여한 것이 아닙니다. 그런데 불가피하게 참여하면서 그 한계 내에서 개선을 하려고 노력했던 것 뿐입니다. 제가 자진해서 포지티브하게 한 것은 아니니까요. 그리고 민정당이 사라질 무렵 박준규 씨가 당대표이고 제가 중앙회의장이었습니다. 서열이 높았고 이춘구 씨가 사무총장이었습니다. 그런데 제가 선거구가 서울에 있었기 때문에 그 시간에 선거구에 가있었습니다. 그런데 중앙당에서 난리가 난 것입니다. 3당합당 소문이 돈 것입니다. 소문이 민정당 깃발을 내린다고 났습니다. 박준규 대표가 그렇게 이야기를 했다는 것이었습니다. 3당합당은 깃발을 내리는 것이 당연한 일입니다. 그런데 3당합당을 한다고 소문이 난 것이 아니라 민정당 깃발을 내린다고 소문이 난 것입니다. 이야기가 다르지요? 과정은 다르고 결론은 같은데 받아들이는 충격은

3당합당을 한다는 것과 민정당 깃발을 내린다는 메시지하고는 다른 것이 었습니다. 그러니까 난리가 난 것입니다. 제가 그런 압력을 주었습니다. 이춘구가 조금 단순했습니다. 거기에 이춘구가 반기를 들어서 선동을 했 습니다. 선동을 해서 박준규를 쫓아낸 것입니다. 결과적으로 박준규를 리 볼트를 한 것입니다. 한번 해석해보면 3당합당 소리인데 깃발을 내린다고 하니 그것을 가지고 리볼트가 되잖아요. 그런데 벌써 신문에 다 보도가 되 었습니다. 각 매체에 이춘구가 리볼트를 하니 나머지 사람들은 간단했습 니다. "뭐야, 민정당 깃발을 내린다고? 박준규 때려잡아라"고 말을 하는 것 입니다. 한두 시간 사이에 사태가 지났습니다.

그리고 제 방에 기자들이 왔습니다. 이 정국을 수습할 수 있는 사람은 박준규 씨 밖에 없는데 안타깝다고 했습니다. 제가 서열은 사무총장보다 위였습니다. 그래서 신문에 리볼트 된 것이 다 나오고 신문 가십에는 남재 희 중앙회 의장이 이 정국을 수습할 수 있는 사람은 박준규 씨 밖에 없는 데 안타깝게 되었다고 했다는 이야기가 나왔습니다. 그래서 박준규 씨한 테 갔습니다. 당시에 박준규 씨는 당사에도 못 나왔습니다. 리볼트를 했으 니까요. 그래서 호텔방에 있었습니다. 제가 가서 중앙회 의장은 당사에 없 다고 했습니다. 제가 선거구를 좀 내려갔다 왔더니 일이 벌어진 것입니다. 하긴 당신이 한 이야기도 신문에 나긴 났다고 했습니다. 그렇게 같은 이야 기를 받아들이는 것이 달랐습니다. 그렇지요? 거두절미하고 민정당 깃발 을 내린다고 하니 그 순간에 아까 말한 것처럼 민정당이 없어지는 순간이 었습니다. 박준규에 대한 리볼트라고요. 그런데 이제 여소야대를 타개하 려고 3당합당을 하려는 것은 노태우 씨로서는 어떻게 할 수 없었던 것이 고, 다만 아까 말한 것처럼 호남만을 배제한 3당합당이었으니 저로서는 아 까 이야기한 것처럼 이종찬이나 저는 그때 안갔어야 했습니다. 그때가 정 치인으로서는 결단을 내릴 절호의 기회였고 순간이었는데 놓쳤다는 말입 니다. 그렇지요? 그리고 전반적으로 보면 노태우 시대는 무능이 기여를 한 것입니다. 부드러운 전환, 군에서 민으로의 권력 이양은 노태우가 오히려 좋았다는 것입니다. 노태우가 악바리가 아니었으니까요. 노태우가 비교적 순합니다. 아까 술잔을 던져서 그렇지요. 그리고 노태우는 모든 것을 밑에 써준 사람이 한데로 합니다. 절대로 자기가 말을 안 합니다. 그러니 실수가 없었습니다. 설화 사건이 없었지요.

재미있는 일은 스피치 라이팅을 하는 사람이 그만둘 시간이 되었습니다. 그래서 그만두는 사람을 앞에다 놓고 인사말씀을 썼습니다. 그리고 자기도 앞에 섰습니다. 노태우가 읽는 겁니다. '아, 여러분들은 그동안 오랜 시간 참', 이렇게 자기가 써준 것을 그대로 읽었습니다. 실화입니다. 그 정도였습니다. 그 정도인데도 오히려 다행이다 싶은 것입니다. 군 정권에서 민주정권으로 이양하는, 그리고 김영삼도 시대가 그렇게 간단하게 넘어온 것은 아닙니다. 저는 김영삼을 지지했기 때문에 김영삼 캠프 모임에 갔습니다. 그런데 김영삼 캠프의 의제가 노태우한테 말하자면, 쉽게 이야기하면 잘 보여서 정권을 도모하느냐, 노태우로부터 쟁취를 하느냐는 것이었습니다. 이것이 전략의 기본입니다. 그렇잖아요? 김영삼 캠프에서 볼 때 노태우한테 이렇게 해가지고 모든 것을 옳소, 옳소 해서는 어떻게 정권이 오느냐 아니면 딱 버티고서는 너 안하면 탈당한다고, 나 탈당하면 너 탄핵도 당한다고 협박도 하면서 하는 것이 무엇이냐는 것입니다. 쟁취하느냐 아부하느냐 그런 전략토의도 했습니다. 천하 대권인데 쟁취이지요.

그러니까 김영삼 쪽에서는 그랬습니다. 김영삼이 사실 쟁취한 것입니다. 김영삼이 노태우도 협박을 하고 그런 것입니다. 그랬는데 다만 노태우가 악랄한 사람이면 안줄 수도 있는 것입니다. 노태우가 비교적 무능하고 순하니까 준 것입니다. 악랄하면 안줄 수도 있었습니다. 박태준이도 하려고 야단이었지 않습니까? 박태준이 주었으면 김대중이 되었을지도 모르지요. 그건 알 수가 없는 것입니다. 박태준도 포철에서는 신화가 있지 않습니까? 정주영은 정주영의 신화가 있지만 박태준은 포철의 신화가 있으니까요. 그러니 저는 가능하지 못했기 때문에 전환으로서는 오히려 부드럽게 된 것 아니냐고 보는 것입니다. 그러면 전두환이 남았지요? 전두환은 아까도 말했지만 박 대통령의 보안사령관이라는 것이 대단한 자리입니다. 그러니까 말하자면 적자라는 것입니다. 군의 입장에서 보면 승계를 한 것입니다. 정치가 아니라 군에요. 그러니 다른 의미가 없습니다. 반쯤 박 정권을 유지한 것입니다. 전적으로 유지를 못하고 반쯤 유지를 한 것이고 그걸 그대로 유지하니 경제는 괜찮았고 민주화는 전혀 안 된 것입니다. 경제는 괜찮았습니다. 전 대통령은 또 리더십이 있었습니다. 광주를 빼놓고는 거의 박 대통령이 해놓은 프레임에서 그대로 유지한 것입니다. 경제 정책은요.

전상숙: 크게 어긋나지 않았죠.

남재희: 네, 그것을 유지한 것입니다. 전환기에는 전 대통령 같은 분보다는 노 대통령이 하는 것이 좋을 수도 있지요. 전 대통령은 아주 강했잖아요. 전 대통령은 축구입니다. 요즘 월드컵 유행하잖아요. 축구의 돌파력과 노 대통령은 테니스 밖에 하지 않았습니다. 테니스의 돌파력하고는 다릅니다. 테니스는 개인플레이입니다. 지도력이 아닙니다. 제가 그렇게 비유를 하고는 합니다. 박 대통령은 검도, 진검 승부, 새파란 칼을 든 진검승부였고 전 대통령은 축구주장이고, 노 대통령은 테니스였습니다. 그렇게 비교하면 될 것 같습니다.

윤민재: 그러면 김영삼 대통령은 등산만 하시는데 뭡니까?

남재희: 김영삼 대통령이 그 얘기를 했더니 기자들이 좋다고 하는데 김 대통령은 생래적으로 다수파 보수입니다. 다수파 보수니까 아등바등하지

않고 느긋하고 넉넉합니다. 영남의 귀공자이고 영남의 적자입니다. 보수가 크고 영남이니 뭐, 아등바등할 필요가 없었습니다. 느긋했습니다. 김대중 씨는 처음부터 마이너리티였습니다. 마이너리티의 호남은 가난한 지대입니다. 소위 소작인들이 많고 그래서 호남이 본래 동학도 그렇지만 원래 저항세력이 있습니다. 왜 그럴까요? 지주가 많지요? 반면에 소작인도 많습니다. 거기가 진보성, 좋게 말하면 진보성이고 나쁘게 말하면 저항성이라는 것이 있습니다. 거기의 소수파였습니다. 그렇게 느긋한 곳이 없습니다. 그냥 다수파가 온데 간줄 알고하다 보니 나중에 충청도하고 해서 겨우 집권을 한 겁니다. 김종필이 아니었다면 집권을 못하지 않았겠습니까? 김영삼은 느긋하게 했습니다. 영남에다 보수에다 느긋했지요. 소수파 보수면 악랄했을 텐데 다수파 보수니 악랄하지도 않고 느긋했습니다. 며칠 후에 김영삼이 거제에서 김영삼 민주 기념관을 만든다고 오라고 하는데 저는 못 간다고 했습니다. 거제까지 갔다가는 병납니다. 그래서 건강 때문에 못 간다고 했습니다.

김영삼은 그런대로, 김대중은 노련했고 노무현 대통령은 자살해서 그렇지, 아마추어였습니다. 그리고 노무현 대통령이 처음 되었을 때 저 13대일 때는, 제가 4선이었는데 노무현 대통령은 초선이었고 저랑 같은 노동위원회에 있었습니다. 그래서 그 행태를 압니다. 아주 성깔이 못 됐고 급하고 팍팍했습니다. 서류뭉치 막 내던지고 말입니다. 그 이야기를 어디에 썼습니다. 노무현 대통령이 자살한 다음에 글을 써달라고 해서 13대 국회 노동위원회에서 자기 비위에 맞지 않는다고 서류 뭉치를 전부 팽개치고 나가고 그 성격과 부엉이 바위에서 떨어진 성격하고 같다는 이야기였습니다. 그 대신 참 진실하고 인간적이고 근사한 사람이었습니다. 아마추어였기 때문에 그렇지, 인간 자체는 진실하고 근사한 사람이라고 칭찬을 했습니다. 그러니까 민정당을 평가하기보다는 전 대통령, 노 대통령 이야기로 끝내야지요. 둘이 중요한 것이고 나머지는 중요한 것이 없습니다. 민우회라는 것이 있습니다. 민우회는 민정당에 있던 의원끼리 친목회를 만든 것입니다. 요즘은 하도 모임이 많아서 안 나가고, 정우회라는 곳에 나갑니다. 정우회는 13대 국회를 중심으로 하는 것이 있어 13대 국회 중에 된 사람, 안된 사람 섞여서 나옵니다. 그런데 만든 것은, 지금은 죽었지만 이종윤이라는 사람이 했습니다. 그 사람이 열심히 하고 또 돈이 있으니 만들었는데 여러 군데 나가기는 뭐해서 정우회만 나가고 민우회는 몇 번 나가다 안 나갑니다. 그런데 민우회는 민정당사를 쓴다고 합니다. 배성동이 있잖아요? 배성동이 집필을 한다고 하는데 그것은 제가 제일 많이 알고 있습니다. 그래서 저보고 민정당사 쓴다고 같이 가자고 했는데 쓰긴 뭘 쓰냐고 해서 안 한다고 했습니다.

윤민재: 오랜 시간 소중한 말씀 감사했습니다.

이정빈

(전) 대통령 정무비서관

1. 개요

이정빈 장관 인터뷰는 2011년 9월 11일 외교안보센터 소회의실에서 이루어졌다. 이정빈 장관은 전두환 정부 시기 시카고 총영사, 네팔 대사를 역임하다가 1984년 청와대 외교비서관으로 발탁되어 1986년까지 재직했으며, 그 이후 스웨덴, 인도, 러시아 대사 등을 맡았으며, 김대중 정부 시기 외교부장관을 역임했다. 그는 전두환 정부의 핵심인물은 아니지만, 외교비서관으로서 대통령에게 외교관련 사안에 대한 의견을 직접 피력하고, 이에 대한 전두환 대통령의 반응을 직접 확인할 수 있었다. 그리고 그가 김대중 정부시기 외교부장관을 역임했던 만큼 인터뷰에는 외교부장관을 역임했던 김대중 정부 시기 내용이 포함되어 있다. 면담자는 연세대학교 국가관리연구원의 장훈각, 박용수 박사였다.

전반적으로 이정빈 장관의 구술내용에는 자신의 외교관 경험에 기초한 외교에 대한 자신의 소신이 반영되어 있다. 예를 들어 권위주의 국가가 지니는 외교활동의 한계에 대해 분명한 입장을 밝혔다. 그는 서유럽 국가들이 정통성있는 정부, 민주주의 국가로서 동질성을 지니며 상호 협조했다면, 권위주의 시기 외교관으로서 그는 외교관계에서 상대적으로 소외되었던 좌절감을 설명했다. 실무적으로 그는 인권침해 의혹에 대한 지속적인 항의와 이에 대한 대응 등으로 일상적인 업무를 보기 힘든 상황과 이러한 문제들을 외교관으로서 정부에 보고하기도 힘든 상황을 구술했다. 그리고 이러한 문제는 자신이 외교부장관을 역임했던 김대중 정부 시기에 해소되었고, 외환위기 이후 한국에 대한 서유럽 국가들의 지원도 이러한 관점에서 이루어졌다고 설명했다.

전두환 대통령과 관련하여 그는 청와대 외교비서관으로서 자유롭게 대통령에게 자신의 의견을 개진했고, 전두환 대통령은 찬성과 반대를 떠나

비서관의 이러한 발언을 허용했다고 구술했다. 이것은 권위주의 정권의 위계적 이미지의 대통령과 다른 것이었다. 물론 자신의 의견을 대통령이 모두 수용한 것은 아니고, 대통령이 강하게 반대했고 질책 받은 경험도 소개했다. 예를 들어 그는 전두환 대통령에게 남북관계 진전을 위해 86아시안게임을 북한 주최로 개최하는 안을 제시했다는 것이다.

그는 전두환 대통령이 외교에 참조할 만한 외교사료수집을 지시하여, 자신이 이를 준비했다는 증언을 남겼다. 후임자를 위한 기록이라는 의미에서 그는 이것을 대통령 단임제에 대한 전두환 대통령의 일관된 입장을 반영하는 것으로 해석했다.

또한 이정빈 장관의 구술내용에서 한국의 주요 외교정책인 대북정책에 대한 사전 혹은 사후적인 미국과의 협조 방식을 알 수 있다. 그는 김대중 대통령의 베를린선언이 준비되는 과정에서 자신이 개입되는 상황을 상세히 설명했으며, 그 직후 미국과의 조율을 위한 외교부장관으로서 판단과 행보에 대해 설명했다.

마지막으로 그는 한일관계와 같은 인접국 간의 갈등사례가 세계적으로 예외적이라기보다 보편적인 현상에 가깝다고 보고, 이에 대한 연구 필요성을 강조하면서 민족감정을 넘어 우호관계 증진의 필요성을 강조했다.

2. 구술

박용수: 오늘은 이정빈 전 외교통상부장관님을 모시고 전두환 정부와 김대중 정부 시기의 대외관계에 대한 이야기들을 듣도록 하겠습니다. 장관님 인터뷰에 응해주셔서 감사합니다.

이정빈: 예, 반갑습니다.

장훈각: 장관님께서는 김대중 정부 외교부장관직을 맡으셨지만, 전두환 정부 시기 외교에 대한 구술을 중심으로 말씀해 주시면 감사하겠습니다. 우선 전두환 대통령 시기 정무비서관으로 청와대에 들어간 과정부터 말씀 부탁드립니다.

이정빈: 내가 1983년 시카고 총 영사직을 마치고 네팔 대사로 근무한지 1년 정도가 되던 1984년 12월에 청와대 외교비서관으로부터 내정되었다는 뜻밖의 연락을 받았습니다. 그 당시 나는 전두환 대통령을 잘 몰랐고, 그때까지 공·사 간에 면대한 일도 없었습니다. 게다가 재외공관장으로 부임하면 보통 2~3년의 임기를 마치도록 되어 있는데, 네팔 대사로 부임한지 겨우 1년 정도밖에 되지 않는 시점에 청와대 비서관으로 파견 근무를 하게 된 데 대하여 나 자신도 어떻게 된 사연인지 알 수 없었지요. 나중에 알게 되었지만 외무 본부에서 나를 포함하여 국장직을 역임한 3인을 외교비서관 후보로 천거했는데, 청와대에서 나를 선정했다는 후문입니다. 본부 국장직을 역임한 후보 3인 가운데 총 영사직과 작은 나라지만 대사직을 역임한 경력 소지자가 나뿐이었다는 배경에서 내가 선택된 것이 아닌가 생각됩니다. 청와대에는 대통령을 보필하는 몇 분의 수석비서관이 있고, 수석

비서관 밑에 각 부처에서 파견되거나 별도로 임명된 몇 사람의 비서관이 근무하고 있는데, 비서관의 직급은 대부분 이사관 또는 부이사관 급입니다. 그 당시 나의 직급은 외무관(1급)이었고 나는 서너 명의 1급 비서관 가운데 한 사람이었어요. 내가 소속되어 있던 정무수석 비서관 실은 정무1, 정무2 로 나누어져 있었는데, 정무2수석은 행정부의 각 부서 업무를 관장하고, 정무1수석은 국내정치, 외교안보, 국정홍보를 관장하는 3인의 비서관을 두고 있었습니다. 내 관장 업무는 외교안보 분야로서 통칭 외교담당 비서관이었습니다.

사실 최규하 대통령은요, 그분이 장관 할 때 내가 과장을 했고, 그 양반이 총리하실 때 내가 국장을 해서, 최규하 대통령은 내가 잘 알아요. 그리고 김영삼 대통령 때는 내가 주로 해외에 있었기 때문에 본부 관계는 내가 잘 모르고. 김대중 대통령 때는 내가 장관 했으니까 비교적 여러 가지 일들을 많이 알죠. 그걸 바탕으로 해서 물어봐 주세요. 그런데 그걸 또 알아도 자료가 없으니까 이제 기억력이 다 없어지고 그러잖아요. 그만 둔지도 10년이 넘었는데.

박용수: 그럼 우선 전두환 정부 시기 외교관 경험부터 설명을 부탁드립니다.

이정빈: 우리는 뭐 국내 정치는 잘 모르지만, 전두환 대통령은 출발 당시부터 광주사태, 12·12 등 떳떳치 못한 약점을 가지고 출발한 것 아닙니까? 공개적으로 선거에서 대통령이 됐다고 그러면 '무슨 소리냐, 이천만 표 중에 내가 천 몇 백만 표를 얻어서 대통령이 된 사람인데' 큰 소리 치지만, 그렇지 못하기 때문에 약점을 가지고 태어난 정권이었다는 말이죠. 어떠한 국가든지 대통령의 집권 기반이 정당성을 갖추지 못할 경우 국내적으로뿐만 아니라 국제적으로도 지지기반이 취약하기 마련입니다. 전두환 대

통령의 경우에도 예외는 아니라고 봅니다. 전 대통령이 국민의 선거를 통하여 압도적인 다수로 대통령으로 당선되었더라면 국내적으로는 말할 것도 없고, 국제적으로도 확실한 지지기반을 갖고 출범할 수 있었으리라고 생각됩니다. 12·12사건과 광주사태 등의 수습과정에서 이루어진 전 대통령의 집권은 대외적으로 강한 입장을 견지 할 수 없는 생태적인 취약점을 지녔습니다. 외국에서 비난을 받을 수 있는 요소를 가지고 있는 정부, 쿠데타로 성립된 정부는 국제적으로 강한 입장을 내세울 국내적 기반이 약합니다. 그래서 전 대통령이 취임 후 최우선적인 과제는 동맹국인 미국의 지지를 확보하는 것이 아니었던가 사료됩니다. 전 대통령이 취임하자마자 미국의 레이건 대통령을 방문하고 한·미 간 우호 협력체제를 강화하려는 것도 이러한 맥락에서 연유되지 않았나 봅니다. 그때 아마 레이건이 취임하자마자 제일 처음 방미한 외국 정상이 전두환 대통령이었을 겁니다. 그만큼 미국의 오해랄까, 그걸 벗어나고 미국의 도움을 받아야 되겠다는 것이 제일 컸겠죠. 그런 상황에서 떳떳하게 주고받을 수 있는 것은 아무래도 여건이 자체가 힘들지 않았겠나, 난 그렇게 보고요. 전 대통령은 비민주적인 정권 창출에 대한 국내·외적인 비난에도 불구하고 재임기간 중 대통령 단임제를 지켰고, 민선 대통령의 제도적 장치를 만들고, 괄목할 만한 경제발전을 이루고, 86아세안게임과 88올림픽게임을 유치하는 등 우리나라 근대화에 큰 기여를 하였습니다. 또한 북한의 아웅 산 테러와 KAL기 폭파 등의 무력도발에 대해 강력한 대응조치를 자제하고 남북관계를 소강상태로 유지하는 점에서 거버넌스는 훌륭했다고 봅니다.

　전 대통령의 단임제 실천 의지를 보여주는 비화 한 가지를 말씀드리겠습니다. 1984년 내가 대통령 외교담당 비서관으로 근무할 때의 일입니다. 국내 정치관련 문제는 외교담당 비서관의 소관업무가 아니고, 더욱이 이 때는 대통령의 단임제 문제가 논란의 대상도 되지 않았던 때였습니다. 어느 날 전 대통령의 호출이 있어 집무실에 갔더니, 자신이 대통령에 취임하고 보니 가장 아쉬운 문제의 하나가 전임 대통령의 외교사료가 없어 어떠한 외교사안이 생길 때마다 상의해 볼 전임 대통령도 안 계시고 참고할 사료도 없어 어려움이 많다는 것이었습니다. 후임 대통령들은 자신이 겪은 어려움을 다시는 겪지 않도록 자신의 재임기간 중 외교사료는 철저히 준비하여 남겨 놓겠다고 하면서, 정부 수립 이후 외교사료를 전부 수집하는 것은 불가능하겠지만 가능한 사료들을 수집하여 외교사료집을 만들어보라는 지시를 하였습니다. 이를 위해 외교 실무에 밝은 외무차관을 단장으로 하는 실무팀을 구성하여 추진하고, 완성된 사료집은 계속 보완해 나가고, 몇 부를 만들어 어떻게 보관하라는 지시와 함께 필요한 특별예산까지 조치해 주었습니다. 저는 이러한 지시를 받고 외교사료집의 중요성에 대한 전 대통령의 뜻을 파악할 수 있었을 뿐만 아니라, 전 대통령의 평소 단임제에 대한 의지와 후임대통령에 대한 배려를 엿볼 수 있었습니다.

장기 집권을 통하여 우리나라의 근대화를 이룩한 박정희 대통령이 정당하지 못했던 집권 탓에 대외관계에서는 많은 어려움을 겪어야했던 것도 예외는 아닙니다. 국제사회의 지지하에 적극적인 외교활동을 추진할 수 있었던 생태적인 여건을 갖춘 대통령은 DJ가 처음이 아니었나 하는 생각이 듭니다. DJ는 상황적으로 미국이나 우방국의 협조를 받게끔 되어있었어요. 워낙 국내적으로 탄압을 받고 망명생활도 하고 그러니까, 민주화 운동을 하면서 상황적으로 미국의 전폭적인 지지를 받으며 출발했어요. 그러니까 같은 한·미관계를 본다 하더라고 이런 태생적인 차이가 있기 때문에 우리 학계에서 그 점을 인정해야 하지 않겠나, 난 그렇게 봐요.

장훈각: 대외관계에서도 국가권력의 정당성이 큰 영향을 미치는군요.

이정빈: 국가권력의 정당성이 대외관계에 영향을 미치지 않는다고 할 수는 없습니다. 국제사회에서 다른 나라의 내정 불간섭이란 불문율이 있

지만, 인류의 보편 가치가 존중되지 않은 국가에 대한 국제사회의 시선이 곱지만은 않습니다. 지난 날 영국, 불란서 등 서구 국가의 역사에서 볼 수 있는 바와 같이 자유, 평등, 인권 등을 절대시하는 민주주의는 일인 소수 독재권력과의 투쟁의 산물로 이루어진 것 아닙니까? 북한이 국제사회로부터 고립된 것도 세습된 지도자가 독재권력을 누리고 국민의 인권을 탄압하고 있기 때문이 아니겠습니까? 우리나라도 과거 독재정권 때 대외적으로 힘을 못 내세웠던 게 그래서 그런 것 아닙니까? 이런 상황이 완화된 것도 DJ 이후입니다.

그러니까 박 대통령이 서독 광부들 파견하고 할 때 독일 가보고, 그 다음 케네디 정부 때 미국 가보고, 외국 방문이 없었습니다. 박 대통령도 쿠데타를 해서 정권을 잡았기 때문에 외국에서 굉장히 껄끄러웠죠. 특히 서방 사회에서는 지금도 박 대통령의 평가가 양분되어 있는데, 아무리 사람이 독재를 했다 하더라도, 경제발전을 이룩한 것 아니냐. 한쪽에서는 그럼에도 불구하고 인정 못하겠다, 그런 것 아닙니까? 그런 과정에서 우리가 볼 수 있는 것처럼 권력 기반이 이렇게 약하면 대외적으로도 압박을 받아요.

지난 날 해외공관 근무 시 국제 엠네스티(INTERNATIONAL AMNESTY)와 같은 인권단체로부터 인권탄압을 중지하라, 구속 중인 아무개를 석방시켜라, 고문을 중지하라는 등 본국 정부의 반인권, 반민주 처사를 탄원하는 서한과 질의를 받은 경우가 한두 번이 아니었습니다. 이럴 때마다 잘못된 상황 인식에 따른 우리 국내문제 관여라고 대응은 하면서도, 왜 대외적으로 이러한 외교적인 괴롭힘을 받아야 하는지, 지난 날의 쓰라린 기억이 새롭습니다.

우리 정치인들은 외교사안에 대해서 비판만 하는데 그건 국제 실상을 모르고 하는 소리입니다. 외국에서 누구 석방시켜라, 한국에서 누구 고문한 것 해결해라 뭘 해라, 그런 상황 때문에 나는 기분이 안 좋았어요. 어찌 내가 이런 공관장을 해야 하나? 우리 정부의 정당성 때문에 이런 경험을 국내에서는 못 읽게 해요.

이러한 대외적인 반인권 탄원 등은 아마 김대중 정부 출범 이후 사라진 것으로 생각됩니다. 그러니까 우리가 과거에 대외적으로 어려운 상황이 완화된 것도 DJ 이후 아닙니까?

박용수: 그런 내용을 정부에 보고를 하셨나요?

이정빈: 그러한 일이 한두 번이 아닌데 어떻게 다 보고를 하겠습니까? 지난날 해외공관 근무 시 인권문제 등으로 지탄을 받은 일이 한 두 번이 아니었지만, 우리 대통령이 인권, 민주 지도자로 칭송을 받고, 우리나라의 국제적인 지위와 품격에 금석지감을 느끼게 하는 사례 하나를 소개 하고자 합니다.

내가 장관 재직 중 DJ 독일방문 시 수행하면서 독일 대통령으로부터 들은 이야기입니다. 한·독 정상회담 시 독일 대통령은 한국이 얼마 전 외환위기를 맞고 국제적인 지원을 호소했을 때 독일도 지원에 앞장섰는데, 이러한 독일의 지원은 민주투사인 DJ가 한국의 대통령으로 취임한 데 대한 배려였음을 강조했습니다. '한국이 좋아서 한 것이 아니라 민주투사인 당신이 대통령이기 때문에 지원했다.' 그걸 공개적으로 정상들한테 얘기를 하더라고요. 내가 옆에서 들었는데, "now, we accept you a member of democrat society." 민주사회의 일원으로서 당신을 우리가 받아들인다, 이 얘깁니다. 그래서 내가 그때 '국가 간에 지원을 할 때에도 대통령, 국가 리더에 대한 개인적인 신뢰도가 중요하다'는 것을 절실히 느꼈습니다.

과거에 독일이나 영국에서 한국에 대한 반감이 심했어요. 미국은 한국에 군대를 놔두고 동맹관계에 있기 때문에 노골적이지는 않았지만, 유럽국가들은 비판을 완화할 필요가 없었다고요. 이때 유럽에서 우리가 굉장히 불리한 입장이었어요. 자기들은 직접적인 관계가 없으니 사실 자체로

만 따져야죠.

나는 민주정치 이념과 체제에 대한 서구사회의 내재적 결속력이 얼마나 강력한 것인지 재인식하게 되었고, 깊은 감명을 받아 귀국 후 모 일간지에 민주주의 클럽이라는 제목 아래에 서구사회에서의 정치이념과 체제문제에 대한 소고를 게재한 일이 있습니다. 서방사회는 민주주의 클럽이죠.

장훈각: 선진국 이전에 민주국가로군요.

이정빈: 민주주의 국가. 정치, 자유 민주주의 클럽 멤버에 대해서는 자기들끼리 높은 점수를 주고 그러는데. 그래서 전두환 대통령하고 김대중 대통령하고 그런 태생적인 차이가 있었습니다.

박용수: 서방국과의 관계뿐 아니라 동북아 지역에서도 외교관계가 쉽지 않은 듯 합니다.

이정빈: 국가는 국제사회로부터 고립되어 지낼 수가 없는 것 아닙니까? 우리의 경우 한반도의 지정학적인 여건으로 주변 국가들과의 관계를 잘 조율해 나가지 않으면 안되는 운명을 가지고 있습니다. 중국과의 관계는 물론이지만 특히 일본과의 관계에 있어서는 역사적으로나 현실적으로 어려움이 많습니다. 짧은 기간이었지만 지난 날 지배-피지배의 관계에서 파생된 민족적인 감정도 분출되고 있고요. 한편으로는 경상도부터 강원도 쪽에 피가 반 이상이 일본 사람이랑 섞였다는 말도 있어요. 그만큼 인접국 관계는 적대와 친선으로 나누기 어려울 만큼 복잡해요. 나는 외교관 생활을 해 오면서 인접국인 일본과의 복잡한 관계가 오로지 한·일 두 나라 간에만 있는 것은 아니라는 생각을 갖게 되었습니다. 지구상에는 인접국과 때로는 전쟁을, 때로는 지배-피지배 관계를 겪어오면서도 인접국 관계를

잘 유지하고 있는 나라도 있고, 그렇지 못하고 있는 나라도 있습니다. 그 나라들도 나름의 복잡한 문제를 안고 있지 않겠어요?

장훈각: 지리적으로 인접한 국가들이 친한 것만은 아니라는 것이죠?

이정빈 : 그렇습니다. 반드시 친한 것만은 아니지요. 구라파의 인접국인 프랑스와 독일, 스칸디나비아의 스웨덴과 핀란드, 미국과 멕시코 등 많은 인접국들은 역사적인 배경으로나 지정학적인 사연 등으로 많은 문제점을 갖고 있습니다. 한·일 두 나라만이 어려움을 갖고 있는 것은 아닙니다. 인접국들은 서로 다투면서도 우호·협력관계를 잘 유지하고 있습니다.

내가 스웨덴 대사를 해서 핀란드하고 스웨덴 관계를 알아요. 스웨덴과 핀란드 간의 관계에 대한 이야기를 드리겠습니다. 본인이 스웨덴대사로 근무하면서 스웨덴과 핀란드 간의 관계가 한국과 일본 간의 관계와 어쩌면 그렇게 비슷한 것인지 놀라움을 금치 못했습니다. 스웨덴이 일본, 핀란드가 한국이라는 위치에서 비유가 될 것 같습니다. 두 나라에 축구 시합이 있으면 핀란드 국민들은 다른 나라와의 시합에서는 져도 괜찮지만 스웨덴과의 시합에서는 져서는 안된다는 강한 국민의식을 갖고 있고, 스웨덴 사람들이 핀란드 사람들을 부를 때 피니시(Finish)라고 하면 마치 일본 사람들이 한국 사람을 '조센징'으로 비하하는 듯한 뜻으로 받아들이는 경우가 많습니다. 스웨덴은 우리나라를 포함하여 여러 나라로부터 입양 고아를 많이 받아들이고 있습니다. 입양 고아 문제를 주관하는 보건복지부장관과 만나 이야기를 나누면서 들은 일화 하나를 소개하고자 합니다.

내가 스웨덴에서 대사 할 때, 스웨덴 보건복지부장관이 스웨덴 정부가 외국의 입양 고아를 스웨덴 국민화시키는 고아 입양정책을 얼마나 성공적으로 잘 추진하고 있는지 사례 하나를 든다고 하면서 한국 출신 고아가 주인공이 된 스웨덴 초등학교 4학년 교과서에 실린 이야기 하나를 들려 주었습니다. 한국 출신 고아가 학교에서 핀란드 출신 학생과 싸운 일이 있었는데, 이때 한국 출신 고아가 핀란드 학생에게 '피니시'라고 하면서 싸웠다고 합니다. 이때 한국 출신 고아는 자신이 한국 출신임을 의식하지 못하고 스웨덴 사람인 양 핀란드 학생을 비하하는 말을 사용하였는데, 이는 입양 고아를 스웨덴 국민화시키는 정책이 얼마나 성공적으로 추진되고 있는가를 여실히 보여 주는 하나의 사례라고 하였습니다. 그래서 이 일화가 스웨덴 초등학교 교과서에 '스웨덴 국민화의 성공적 사례'로 실렸다고 합니다.

코리아 파운데이션 교류재단 이사장을 맡고 있을 때 내가 제일 먼저 한 게 이거였어요. 지구상의 많은 인접국들이 역사적으로나 현실적으로 어떠한 문제점을 가지고 있으며, 이러한 문제점을 어떻게 관리하면서 선린·우호관계를 유지하고 있는지를 관련 전문학자들에게 조사 연구 용역을 주어 결과물이 나오면 이를 국민들의 한·일관계 검토에 참고, 활용하도록 해 보겠다는 것이었습니다. 그런데 담당 교수가 세계사 정리만 했지 내가 요구한 내용이 하나도 없었어요. 그래서 결국이 사업이 성사되지 못한 것이 안타깝습니다.

내가 외무장관 재직 시 일본의 대학이나 모임에서 연설을 한 경우가 몇 번 있었습니다. 나는 일본 청중에게 역사에 대한 안목을 넓혀 줄 것을 호소하였습니다. 과거의 동북 아세아 문명은 대륙에서 해양으로 이동하였고, 근세에는 해양에서 대륙으로 전해졌다. 과거의 중국 대륙의 문명은 한반도를 통하여 일본으로 건너왔고, 근세에는 서양 문명이 일본을 통하여 한반도와 중국으로 이동되었다. 이러한 문명의 이동과 관련된 엄연한 역사의 흐름은 아무도 부인할 수 없다. 20세기에 일본이 아세아 인접국들에 대한 식민정책 추진과정에서, 인접국 국민들에게 입힌 피해와 고통에 대한 깊은 성찰이 있어야 한다. 일본 사람들의 이러한 역사 인식이 바탕이 되지 않고는 아세아 인접국가들과 선린·우호관계 발전은 기대할 수 없다고 강조했었습니다. 한·일 간에는 지난 날 일본의 한반도 식민정책이 불러일으킨 민족감정 문제 이외에도 독도의 영토권 문제라던지 과거사 정리 같은 현실적인 문제들이 아직도 현안으로 남아있어, 양국 간의 선린·우호관계를 저해하는 요인으로 작용하고 있습니다. 독도 문제는 1800년도 말부터 보면 일본도 할 말은 있겠지요. 사실 영토 문제를 어느 시점을 기준으로 하느냐 이건 굉장히 복잡한 문제에요. 그러나 이런 말을 공개적으로 하면 애국자 아니라고 욕을 먹습니다. 세계사를 봐요. 땅이 어느 나라 영토냐에 대해서 통일된 기준이 없어요. 국가 간의 영토권 문제는 참으로 복잡한 문제를 야기시키고 있습니다. 팔레스타인과 이스라엘 간에 수천 년 계속되어온 영토권 문제는 각자의 존립과 생존에 관한 문제로 되어 있지 않습니까?

또 일본에 대한 우리 민족감정도 없어지지 않아요. 마찬가지로 일본에서도 조선족에 대한 차별대우 문제는 계속 됩니다. 그래서 한번은 일본 고노 외상이 나에게 그러더라고요. 자기가 일본정부 입장에서는 독도문제를 책임지고 거론하지 않을 테니까, 한국정부에서도 자기와 같이 입장을 해주면 한·일관계에 더 좋지 않겠느냐고. 나도 그러자고 했습니다. 그래서 내 재임 중에 독도문제가 정부차원에서 나온 일이 없어요. 일단 우리가 실효적으로 지배하고 있잖아요. 그런 상태에서 계속 지내면 될 것이지 문제화 시킨다고 해서 해결될 일도 아니고, 우리가 일본의 여론까지 잠재울 수는 없는 거 아니에요? 역사적으로나 현실적으로 우리의 영토이기 때문에 일본의 논란에 우리가 휘말릴 필요는 없다고 봅니다.

그리고 내가 병아리 사무관 때 1965년에 찍은 사진이 있어요. 역사적 사진인데 한·일관계정상화 사진을 해가지고 일본 총리, 일본 외상, 우리나라 외무장관, 그리고 쥘 대사하고 서 가지고 협정 서명한 사진. 그거 보면 내가 나오죠. 내가 당시 조약관 사무관이었는데. 나도 몰랐는데 우리 아들이 옛날에 초등학교 다닐 때 교과서에 그 사진이 실려있다고 하더군요.

박용수: 한·일관계의 진전은 외교부장관으로 재임하셨던 김대중 정부 때 이루어졌던 것 같습니다. 일본의 대중문화도 개방되었고.

이정빈: 김대중 대통령 재임시기에 한·일관계는 여러 분야에서 아주 좋았습니다. 납치사건 등으로 인해서 일본에 김대중 지지자들이 굉장히 많죠. 김 대통령은 한·일 양국 간의 문화교류를 강화시켰을 뿐 아니라 양국 간의 관계를 미래지향적으로 관리하는 노력을 했습니다. 대북정책도 한·미·일 3국 간의 긴밀한 공조체제하에서 추진하였습니다. 일본의 정치 지도자들 가운데 김 대통령을 존경하는 사람들이 많았습니다. 아세아 지역의 다자 외교무대에서 주도적인 외교력은 일본이 아닌 김 대통령의 몫이 되었습니다. 국제정세와 국제관계에 대한 김 대통령의 탁월한 인식과 외교 감각은 훌륭했다고 봅니다. 김 대통령의 외교력에 감탄한 나머지 내가 외교부장관으로 있을 때 김 대통령님께 대통령 되기 전에 외무장관을 하였더라면 한국의 비스마르크 외상이라는 말을 들을 수 있었겠다는 농담을 나눈 일도 있었습니다.

김 대통령 시절에 학자 출신 한 분이 주일대사로 있었습니다. 어느 날 대통령께서 외무장관인 나에게 주일대사를 교체해야 되겠다고 하셨습니다. 일본 정부의 역사 교과서 대처 문제를 놓고 정부차원에서 많은 노력을 한 결과 공이 네트를 넘게 되었는데, 네트에 걸려 있는 공을 못 넘기는 현지 공관장은 무능하다면서 교체를 지시했습니다. 그 당시 주일대사 직을 갑자기 그만두게 된 분은 아마 아직도 자신이 왜 대사직을 그만두게 되었는지 사연을 모르고 있지 않을까 생각됩니다.

그리고 남북 외무장관회담을 제일 처음 한 게 나입니다. 이천에서 정식으로 남북 외무장관회담을 했단 말이죠.

장훈각: 남북정상회담 이후에 처음 하게 된 건가요?

이정빈: 그렇습니다. 1994년 ARF(Asian Regional Forum)가 출범한 이후 북한은 ARF 가입희망을 표명해 오다가, 2000년 4월 제 7차 ARF 의장국인 태국 외무장관 앞 백남순 외무상의 서신을 통하여 ARF 가입을 공식적으로 신청하였습니다.

2000년 5월~6월 사이에 우리나라를 포함한 22개 ARF 회원국들은 북한의 가입을 지지하는 서한을 의장국인 태국 측에 송부하였고, 이에 따라 태국 외무장관은 제7차 ARF 외무장관회의에 북한의 외무상을 초청하는 서한을 발송하였습니다.

6·15 남북정상회담 합의사항 이행을 위한 후속 각료급 회담의 일환으로 남북 외무장관회담 개최 필요성을 생각하고 있던 차에 ARF 외무장관회의가 7월 하순에 방콕에서 개최토록 되어있었고, 또 이 회의에 북한 외상이 참석할 예정이어서, ARF 외상회의가 개최되는 방콕에서 남북 외무장관회담을 갖고 여러 가지 현안에 대한 의견교환을 해 보는 것이 좋겠다는 생각이 들었습니다. 저는 7월 초 남북 간 별도의 핫 라인을 통해 ARF 외무장관 회의기간 중에 남북 외무장관회담을 개최할 것을 제의했고, 북측이 이에 호응해 와 남북 외무장관회담을 ARF 외무장관 회의 하루 전인 7월 26일 방콕 쉐라톤 호텔에서 개최하기로 합의하였습니다. 이렇게 하여 저와 북한의 백남순 외무상은 남북분단 이후 최초로 남북 외무장관회담을 갖게 되었습니다.

북한에서 2000년 7월에 정식으로 '대한민국 외무부장관 이정빈 귀하' 이렇게 팩스를 보내오고, 내가 '조선민주주의인민공화국 백남순 외무상 귀하' 이렇게 답장을 보냈어요. 저는 당시 북한이 경제적으로 어려움을 당하고 있는데 이걸 해결하기 위해서는 두 가지 방법이 있다고 말했어요. 하나는 외국에서 돈을 빌려야 한다. 국제금융기관이나 국제자본시장에서 돈을 빌리려 하면 아무리 비싼 이자를 준다고 해도 북한에 돈 꿔줄 나라가 없습니다. 우리가 옛날에 국제런던금융시장에서 신용이 없어서 비싼 이자를 줘

봤기 때문에 알아요. 북한은 국제테러리스트로 낙인이 찍혀 있기 때문에 IMF라든지 IBRD에서는 국제테러집단에 대해서 절대 돈을 안 꿔줘요. 미국과 일본이 동의해주지 않으면 이 규정이 풀리지 않는단 말이에요. 그러면 당신들 경제 발전을 무슨 돈으로 하겠느냐? 중국이 당신들 경제 발전에 몇 십억 불 갖다 대 줄 나라인가? 아니란 말이죠. 그래서 당신들 대외관계를 바꿔야 돼. 노선을 바꿔야 경제 발전하지. 그렇지 않으면 절대 발전 못한다. 그러기 위해서는 남북관계도 중요하지만 미국, 일본과의 관계를 개선해라. 개선하려면 먼저 테러명단에서 빠져야 하고 당신들이 테러집단이 아니라는 것을 증명해야 하니까 결국 대외노선을 바꿔야 된다. 또 비료 등을 바로 지원해줄 수 있는 나라는 한국밖에 없다는 얘기도 했어요. 북한에서 외무장관은 힘도 없는데 무슨 얘기를 하겠어요. 가만 듣고만 있지.

이렇게 저는 백남순 외무상에게 남북관계의 발전과 북한의 국제협력 증진을 위해서도 북한의 핵과 미사일 문제에 대한 의혹 해소가 필요하다고 누차 강조했습니다. 그리고 지난 날 우리의 경제 발전 과정에서 우리가 겪었던 대내·외적인 경험담을 바탕으로 북한의 국제적인 신용이 전무한 상황하에서 경제 인프라 개선과 경제 발전에 필요한 자금과 기술 조달에 일본과 미국이 대주주로 되어있는 아시아개발은행(ADB)과 국제부흥개발은행(IBRD)과 같은 국제금융기구의 지원이 절대적임을 설명했고요. 북한의 대미, 대일 관계개선에 걸림돌이 되고 있는 핵과 미사일 문제 해결의 현실적인 필요성을 인식시키고, 남북한 간의 외교협력의 일환으로 유엔 총회에서 한반도의 평화 안정과 통일에 관한 국제적인 지지를 촉구하는 결의안을 남북 공동으로 추진해 볼 것을 제의하였습니다.

사실 중국관계도 그렇습니다. 1990년쯤 처음으로 우리 연간 수출하고 중국 전체 수출하고 똑같았습니다. 그때 인도에 있는 중국대사가 나 찾아와서 '우리가 바야흐로 한국의 수출과 똑같이 됐다.' 그러면서 샴페인을 터뜨리자고 하더라고요. 요즘은 세계경제가 중국 물건 없으면 굴러가지 않잖아요. 중국 물건이 아니면 미국 시장도 성립이 안 되죠. 우리 신문에서 중국산 물건의 품질이 안 좋다는 보도를 종종 하는데, 사실 중국은 물량이라는 게 어마어마하거든요. 내가 장관 할 때 마늘파동이라는 게 생겼어요. 기억나세요? 생마늘이 아니고 초산마늘을 수입해 오니까. 우리나라 마늘 집산지인 남해안 쪽과 전라남도 일부에서 중국마늘 들어온다고 난리였어요. 그때 당시에 중국에서 들어온 마늘이 5000만 불 미만이에요. 그런데 당시 우리 전자업계는 중국에 수출했던 전자제품 5억 불이 넘었다면서 마늘 수입에 대한 손실보상액을 자기들이 보상해줄 테니까 그거 막아달라 그랬어요. 그런 상황에서 교섭이 되겠어요? 우리나라 무역구조가 이렇게 되어있는데 5000만 불을 살리기 위해서 몇억 불을 희생하는 것이 현명한 방법은 아니잖아요. 그러니까 마늘 하나만 가지고 따지지 말고, 한·중 간에 있는 모든 물건들을 갖다가 사고팔고 할 때 종합적으로 고려를 하자고 제안했어요. 아니나 다를까, 한국에서 정 그렇다면 5억 불 중 1억 불 수입하겠다고 해서 중국이 손을 들었어요. 나중에는 중국산 조기에 납덩어리가 들어있다고 문제가 되었는데, 중국 외무장관이 '이 이상 얘기하지 맙시다. 더 얘기하면 비난 받을 사람은 중국이 아니라 당신네들이요.' 이러더라고요. 그러니까 한국 업체들이 그런 유언비어를 퍼뜨린 것이지 중국 사람은 전혀 관계가 없으니 이 정도 선에서 이걸 매듭짓자는 거였어요. 그런 상황에서 달라이 라마의 방한 문제가 중국한테 대항할 수 있는 하나의 카드가 될 것 같더라고요. 그래서 내가 기자회견에서 그 문제를 터뜨렸어요. '우리나라 전체인구가 4천만인데 불교 신도가 1200만이다. 그럼 1200만 불교 국민들이 달라이라마를 종교적인 차원에서 초청해가지고 얘기를 들어보고 그 양반 강의도 들어보겠다는데 정부가 1200만 국민이 원하는 걸 어떻게 외면하겠느냐. 우리는 대안이 없다.' 그랬더니 중국에 난리가 났어. 사실 그때 김대중 대통령한테도 왜 쓸데없는 소리를 해서 골치 아프게 만드냐는 얘기를 들었는데, 나도 생각이 있다고 말씀 드렸죠. 그때 중국 수상이 방문을 했는데 외무부장관이 따라왔어요. 달라이 라마를 받더라도 자기 수상이 귀국한 후에 6개월이 지날 때까지 기다려달라고 약속해 줄 수 있냐고 묻길래, 그렇게 약속을 했어요. 이렇게 대중관계에서도 중국의 약점을 우리 카드로 활용한 것입니다.

백남순 외무상은 유엔 총회 결의안 문제에 대하여 원칙적인 동의는 표명하면서도, 이 문제는 외무성 혼자 결정할 수 없으므로 북측 통일 사업부서와 협의 후에 추후 알려주겠다고 하고 귀국 후 8월 3일자로 남북 적십자 간의 전화 통지문을 통해 저의 제의에 동의한다는 서신을 보내 왔습니다. 이 서신은 북한 당국이 나의 공식직함(대한민국 외교통상부장관 이정빈)과 자신의 공식직함(조선민주주의인민공화국 외무상 백남순)을 명시하여 보내온 최초의 서신이 아닌가 싶습니다. 그해 유엔 총회에서 내가 제의했던 결의안이 189개 회원국 전원의 만장일치로 채택되었습니다.

박용수: 예 그렇군요. 이제 전두환 정부 시기 대미관계에 대해 여쭙고 싶은데요. 1983년에 KAL기 폭파사건이나 아웅산 폭파사건이 있었습니다. 이러한 상황에서 미국과의 조율이 있었나요?

이정빈: 그 당시 초미의 관심사는 올림픽 유치였는데… 전두환 대통령이 보복해야 된다고 하긴 했지만 그때만 하더라도 범인 확정이 안 난 상태였어요. 랑군에서 버마에서 재판 과정을 거쳐가지고, 이제 증거도 제시해 가지고 확인을 했지. 처음에는 사실 굉장히 모호했어요. 만약 그때 한 사람만 잡혔더라면 사건은 영원히 미궁으로 빠졌을 거에요. 범인 중에 한 명은 죽고 한 명은 붙잡혀서 다행이었지.

박용수: 그 질문과 관련해서 1968년 1·21사태 발생 이후 국민여론이나 대통령이 격앙된 반응을 보였는데, 1983년 10월 아웅산 사태와 그 전 달 소

련 전투기에 의한 KAL기 폭파사건에 대한 대응은 달랐던 것 같습니다. 그것이 한·미관계와 관련 있는지 궁금합니다. 우리가 참는 대신에 지원을 더 많이 받는다든지 하는 외교적인 거래가 있었던 건가요?

이정빈: 글쎄. 그 관계는 내가 직접적으로는 잘 모르겠네. 한 가지는 틀림없어요. 박 대통령 집권 말기에 카터 미국 대통령이 한국에 대해서 좀 못마땅하게 생각했어요. 인권문제 때문에 박 대통령이 개인적으로도 굉장히 시달렸다고 합니다. 요즘은 미국에서 퇴직대통령 중 제일 존경받는 사람이 카터래요. 그런데 현직에서는 가장 무능한 대통령이라고 소문났었거든. 정치적인 기반도 그렇고 배경도 그렇고, 어쨌든 카터 자신이 박정희 대통령의 인권문제에 대해서 불만을 많이 가지고 있는 입장이었기 때문에 박 대통령이 설득을 시키겠다고 그래서 정상회담 때도 카터가 그랬어요. 정상회담 끝나고 뛰쳐나간 일도 있고 그래요. 나중에는 복잡한 문제가 더 많았어요. 푸에블로호 사건이 언제 일어났죠?

박용수: 1968년도입니다.

이정빈: 1968년도 김신조. 맞아. 1970년대 박동선 사건이구나. 박동선 선생, 마지막에 70년대 중반 그 운동 하면서 불 지르고 그랬는데. 내가 직접 들은 얘기는 아니고 최규하 대통령 의전수석을 통해서 들은 얘기인데, 박 대통령이 사석에서 그런 얘길 했다고 그래요. 다른 분야에서는 내가 다 한 번 해보고 싶은 대로 했는데, 대외관계만큼은 안되고 마음대로 못하겠다. 그래서 최규하 외무장관이 총리가 됩니다. 당시 박동진 외무장관이 5년 얼만가 최장수 외무장관에 있었어. 그때 박 대통령이 차기 총리한테 '내가 국내경제 문제라든지 뭐든지 다 한 번 해보겠는데 대외관계만큼은 마음대로 못하니까 외무장관 출신인 총리 당신이 외무장관하고 해서 대외관계를

도맡아 좀 해주시오.' 그랬다는 거야. 그 이후 공관장 인사에 대해서 박 대통령이 관여 안하겠다고 손을 뗐어요.

그러니까 1970년대 후반 이후에 박 대통령은 대외관계에 대해서는 이선으로 물러섰어요. 알 만한 사람들은 다 알지. 그래서 최규하 당시 총리가 그걸 수습하고. 오죽 골치 아프면 그랬겠어요? 특히 미국관계 마음대로 되지 않으니까 어떻게 보면 박 대통령이 쿠데타로 인해 본인도 짓눌리고 있었다는 얘기가 되겠지요. 박정희 대통령 때만 하더라도 10년 동안 대통령의 외국 방문이 없었습니다. 서독 방문하고 처음으로 1979년 중동방문 계획했다가 10·26사건 때문에 중단됐어요. 그 다음에 1980년대 최규하 대통령이 방문을 했고, 그 다음에 노태우 대통령 때는 내가 차관보를 했고, 전두환 대통령 때는 내가 비서관을 했어요. 그때도 그렇게 뭐 대외적으로 큰 행사가 별로 기억이 안 나고.

장훈각: 저희들이 좀더 듣고 싶은 부분은 전두환 정부시기에 청와대의 대외정책이나 대북정책에 대한 정책결정과정, 그 당시나 실제 그 기획 등입니다.

이정빈: 응. 그러니까 사실 그 당시에 대북정책이라는 건 별로 있을 수가 없었잖아요. 대북정책이 뭐가 얼마나 있겠어요. 내가 지금 기억이 많이 남는 것은 84년 한·미관계가 전두환 대통령 때 좀 껄끄러웠고. 그 다음에는 올림픽을 활용해서 대외관계 잘 했고. 그때 당시만 하더라도 특별한 대북관계가 없었어요.

박용수: 당시 미국과의 관계가 좀 안 좋았던 이유는 무엇이었습니까?

이정빈: 전두환 대통령은 집권의 정당성 때문에 처음부터 동맹국인 미

국으로부터 절대적인 우호·협력·지지를 기대하기가 어려웠으리라 봅니다. 한·미관계의 복원을 위해서 전 대통령은 집권하자마자(1980년 9월로 기억됨) 미국을 방문하고 레이건 대통령과 정상회담을 갖고, 한·미관계를 조율하는 노력한 결과 한·미관계는 어느 정도 정리가 되고 정상화되었습니다.

그 후 1985년으로 기억됩니다마는, 전 대통령의 최초 방미 일정이 당시 미국에 체류 중이었던 DJ의 귀국문제와 연계되어 복잡한 상황이 전개되기도 하였습니다. 한국 정부의 입장에서는 DJ가 해외에 조금 더 체류했으면 좋겠다는 입장이었고, DJ 측은 귀국을 원하는 입장이었는데, 귀국시기를 놓고 양측의 이견 때문에 전 대통령의 방미 일정을 확정 지을 수 없었던 상황이 벌어진 것이었습니다. DJ 입장에서는 '나는 죽으나 사나 한국에 돌아가야 되겠다' 그러니까 그때 전두환 대통령의 방미가 계획에 있었는데 미국 측에서 그 두 사안을 연결 시켜가지고 한국에서 무조건 DJ를 받겠다 이런 조건을 걸었고, 그래서 마지막까지 방미 발표를 유보하고 있었죠. DJ 귀국은 결국 본인이 바라는 시기에 이루어지게 되었고, 귀국 시에 미국 국회의원 2인이 김포 공항까지 동행하면서 DJ의 안전을 챙겨주는 해프닝까지 생겼습니다.

장훈각: 그때 대통령이 미국에 가는 것 그 자체가 대단히 중요한 정치적인 사안이었군요.

이정빈: DJ가 돌아오기 전날인가 며칠 전까지 전두환 대통령 입장에서는 참 괴로운 시간이었어요. 결국 우리가 김대중 선생님을 받겠다고 해서 성사되는 그런 복잡한 일이 있었어요. 그건 아주 정치적인 문제하고 직결되어 있었기 때문에 외교적인 차원에서 어떻게 개입할 수 있는 상황도 안 되잖아요. 정치 망명이고 정치적인 문제가 직접 연계가 되어있기 때문에

외교적으로 어떻게 할 수 있는 게 없잖아요. 그러고 나서 이제 그 뒤에 상황을 확인은 했지만.

박용수: 아시안게임도 그 시기에 열렸습니다.

이정빈: 아시안게임과 올림픽게임에 2년 간격이 있었잖아요. 그 당시에도 지금의 유치조직위원회 비슷한 것이 있었는데 올림픽 같은 국제경기에서는 IOC 위원회 규정상 정부 차원에서 직접 접촉을 못하게 되어있어요. 평창에 동계올림픽 할 때 정부 차원에 있는 사람은 직접 접촉을 못하게 돼 있어요. 체육하고 정치를 분리시킨다. 그게 IOC 방침이고, 유치위원회도 외무부장관은 들어 갈 수가 없어요. 그리고 만일에 해외에 있는 대사들이 IOC 위원들을 초청한다든지 해서 그것이 알려지게 되면 문제가 복잡해져요. 그러니까 절대 일선에 나서서 할 수가 없습니다. 그래서 재계라든지 체육계 인사들이 주축이 되어가지고 뒤에서 외무부가 보이지 않게 서포트하고 지원을 해주지 직접적으로 못 하게 돼있어요. 강원도 현직 지사는 못하고 전 지사가 나가서 그러지.

박용수: 1984년도 남한에서 수해가 나 가지고 쌀이 부족한 그런 상황이 발생했는데 북한에서 전략적으로 과시하기 위해서…

이정빈: 그런 일이 있었지. 얘기를 하니까 생각이 나네. 북측이 과시 선전용으로 제의했는데, 북측의 예상과는 달리 우리 측이 북측의 제의를 공개적으로 수락하고 보니 북측으로서는 식량 사정이 어려운데도 불구하고 지원을 하지 않을 수밖에 없어서 아마 비상 비축량까지 다 동원해 지원하느라고 혼이 났을 거예요. 그 후로는 북측에서 '수해 시 식량지원'이라는 말은 꺼내지 못했습니다.

장훈각: 물론 대통령의 결단이었겠지만 청와대 안에서 결정할 수 있었던 과정이나 계기를 말씀해주실 수 있을까요?

이정빈: 그때 내부적으로 찬반론이 많이 있었어요. 우리가 그때 수해가 컸지. 전무후무한 큰 이슈였을 정도로. 어쨌든 북한에서 쌀을 지원한다고 하니까. 논란도 있었지만 결국 통 크게 수락을 했단 말이야.

박용수: 장관님은 그때 어떤 입장이셨나요?

이정빈: 받자고 했습니다. 우리 측으로서는 아무리 수해가 발생하였다고 하더라도 북측의 식량지원을 받는 것이 체면 문제도 있었지만, 북측이 말바꾸기 할 수 없도록 쐐기를 박는다는 역공이었던 셈입니다. 우리로서는 손해 볼 것이 없었으니까요. 다른 얘기지만, 2000년 봄에 김대중 대통령이 독일 방문 시 베를린 대학 연설에서 대북 지원 문제를 거론한 바가 있었습니다.

장훈각: 제1차 남북정상회담 이전 말씀이시죠?

이정빈: 그렇습니다. 우리가 북쪽에 지원하는 문제가 거기서부터 유래했다고 말이 많잖아요. 그건 내가 직접 관여를 했기 때문에 자신 있게 말할 수가 있습니다. 대통령 모시고 구주 순방하는 비행기 속에서 있었던 일입니다. 그때 남북 간의 식량원조문제가 나오는데 당시 김대중 대통령하고 유럽, 그러니까 그게 2000년, 아마 5월이나 4월 됐겠죠. 유럽까지 비행기가 한 8시간이 걸리잖아요. 쉬느라 좀 자고 있는데 대통령 수행비서가 나에게 대통령께서 직접 쓰신 원고를 주면서 잘 검토해보고 한 시간 후에 대통령께 의견을 제시하라는 말을 전달했습니다. 원고를 읽어보니 베를린

자유대학에서 행할 연설 내용이었습니다.

  외국 순방기간 중에 행할 대통령의 연설문은 출국 전에 확정되어 인쇄해가는 것이 일반적인 관례인데, 순방길에 오를 때까지도 직접 손으로 쓴 초안으로 되어있는 것을 보고 청와대 관계 보좌관들의 준비가 미흡하지 않았나 하는 생각이 들기도 했습니다.

박용수: 대통령이 직접 쓰신 건가요?

이정빈: 대통령께서 직접 작성한 것인지 관련 보좌관이 쓴 내용을 수정한 것인지는 알 수 없었습니다.

박용수: 혹시 필체는?

이정빈 : 필체는 DJ의 필체이었습니다. 연설문안 내용과 관련해서 나의 관심사항은 대북 관련부분이었습니다. 그 당시 북한은 김일성 사망과 소련 체제의 붕괴 후유증으로 대내·외적으로 몹시 불안정한 상황에 처해있었고, 극심한 식량난, 빈약한 사회간접자본과 산업 인프라 등으로 경제적으로는 붕괴 직전 상태에 처하게 되어 제3국의 도움 없이는 자활이 어려웠지만 국제사회에서 북한을 도와줄 국가는 없었습니다. 중국도 최소한의 식량지원은 제공했지만 북한의 사회간접자본의 확충과 농업 구조개혁에 필요한 지원은 외면하는 상황이었습니다.

  우리의 경우에는 정경분리 원칙에 따른 소규모의 대북 민간 경협과 인도주의 원칙에 입각한 지원 이외의 다른 대북 지원은 없었습니다. 한국에서는 정주영 회장이 소떼 가지고 간다 하고, 적십자에서도 지원하겠다고 하고. 또 소위 커머셜 베이스라는 경제 거래가 싹트기 시작했을 때란 말이에요. 어떠한 한반도 정세하에서도 우리는 한반도의 통일이 이루어질 때까지는 남북 분단 이후 지속되고 있는 냉전구조를 해체하고 항구적인 평화와 안정을 유지해야 하는데, 이를 위해서는 우선 남북 간의 화해와 협력의 기틀을 마련할 필요가 있다는 것이 나의 생각이었습니다. 그래서 나는 정부의 대북개입론을 주장했고, 그 생각은 지금도 마찬가지입니다.

북한이 처하고 있는 대내·외적인 상황을 활용하는 특단의 조치로 예정된 대통령의 베를린대학 연설을 통하여 대북 제의를 공개적으로 제기하는 것이 좋겠다고 생각되어, 이를 대통령께 건의 드렸고 대통령은 나의 건의를 수락하였습니다.

그래서 내가 연설문에다가 그걸 밝혔어요. 인도주의 차원에서 민간이 지원하는 것은 정부 지원과 별도의 문제다. 그리고 비즈니스맨의 목적이라는 것은 이윤을 추구하는 거 아닙니까? 자신에게 이윤이 생기기 때문에 이북을 상대로 장사를 하겠다는 것은 비즈니스 맨 몫이란 말이야. 그러나 남한에서 이제 북한에 얼마를 지원한다 하는 것은 정부 대 정부 차원이다. 그래서 이렇게 북한에서 비공식적으로 지원을 요청할 게 아니라 한국 정부에 공개적으로 요청을 해라. 예를 들면 자원 문제, 식량 문제, 농업 개조, 구조 개선에 있어서 지원이 필요할 텐데 여러 가지 채널을 통해서 할 게 아니라, 국가 대 국가로 정식요청을 하면 우리 측에서는 검토를 해서 합당하다고 생각한다면 공개적으로 지원하겠다 그겁니다. 사실상 전 세계 국가 중에서 북한을 바로 지원할 수 있는 국가는 하나도 없잖아요.

장훈각: 중국도 북한에 대한 태도가 예전과 달라졌죠?

이정빈: 그렇지. 북한 입장에서는 농업 인프라가 망가져 아무리 날씨가 좋더라도 쌀 생산을 할 수 없게 돼있어요. 물 부족, 비료 부족, 관개 부족, 도로는 망가지고 산에는 수목들이 전부 다 없어지고. 그러니까 조금만 비오면 수해가 생기고 이런 상황에서 어떻게 해 볼 기회가 없었다고요. 그래

서 내가 북한 기를 좀 살려서 북한을 국제사회로 이끌어 나와야 되겠다, 그렇게 해야지 남북관계가 발전을 하지, 비밀 접촉으로는 발전할 수 없는 판단이었습니다.

대북 제의 내용은 연설 시 밝힌 4개항의 대북선언이었습니다. 연설에 앞서 김 대통령은 북측이 어떠한 반응을 보일 것 같느냐고 묻기에 나는 짧은 시간 내에 틀림없이 긍정적인 반응을 보여 줄 것이라고 말씀 드렸습니다. 북측은 나의 예상대로 베를린선언이 있은 지 1주일도 안된 시점에서 호의적인 반응을 보여 주었습니다.

이러한 일이 있은 후 6·15 남북 정상회담이 개최되었는데, 이 회담이 어떻게 이루어졌는지 외무장관인 나도 몰랐습니다. 회담 발표 수일 전에 미국과 일본 정부에 대한 사전 통보가 필요한 시점에서야 비로소 알게 되었습니다.

대통령의 베를린선언과 관련해 미국 측의 오해를 불러일으킨 일이 있었어요. 이건 공개되지 않은 일화인데 내가 말씀드리겠습니다. 김 대통령 정부가 들어선 후 우리 정부의 대북정책은 한·미 간의 빈틈없는 철저한 공조체제하에서 추진되어 왔는데, 김 대통령의 베를린 대북선언은 미국 모르게 남북 간의 물밑 작업으로 이루어진 것이 아닌가 하는 오해를 미측이 가졌던 것 같아요.

사연은 이렇습니다. 베를린선언이 있기 전 몇 일전에 뉴욕에서 북한의 미사일 관련 북·미 실무급협의가 있었고, 이때 북측은 미측에 전력지원 문제를 제기한 바 있었는데 그 다음날 회담 시에 전 날의 전력지원 문제를 취소했다고 합니다. 이런 일이 있은 지 며칠 후에 김 대통령의 베를린선언이 나왔고 이 선언에서 대북 지원문제가 제기된 것을 본 미국 정부로서는 한국 측이 미국 모르게 북한과 이면 합의하에 이루어진 것 아닌가 하는 오해를 가졌다고 합니다. 이러한 사실은 나와 친분이 깊었던 국무성 차관이었던 피커링 씨의 제보로 알게 되었습니다.

그 당시는 미 국무부 내 2인자 피커링이라는 사람과 올브라이트가 국무장관 자리를 놓고 서로 경합했던 시기에요. 결국 올브라이트가 장관, 피커링이 차관이 되었는데, 피커링 씨는 내가 인도대사와 러시아대사로 있을 때 공교롭게도 두 번이나 같이 대사생활을 하면서 깊은 교분을 갖고 있었고 올브라이트와 국무장관 경합을 하다가 차관으로 픽업된 인사였습니다. 김 대통령의 베를린선언 문안은 독일 방문길의 비행기 속에서 확정되었기 때문에 미 측에 사전에 알려 줄 시간적 여유가 없었습니다. 나는 미측에 사후에라도 관련 내용을 설명해 주는 것이 좋겠다 생각되어 베를린 대학 연설이 있은 후 대통령의 귀국 시 수행하도록 되어있던 일정까지 취소하고, 독일에서 미국으로 건너가 올브라이트 장관에게 베를린선언의 배경과 목적, 내용 등 관련 사실을 설명해 주었습니다. 사실 이때 일부에서는 '대통령 여행 중에 어떻게 외무장관이 수행을 않고 이탈해서 미국을 가느냐'는 비판도 있었는데, 내 판단에는 미국에 가서 자초지종을 설명하는 것이 중요하다고 여겨졌습니다. 미국에 가서 설명을 하니, 공감을 표하고 훌륭한 대북 제의로 받아드린다는 반응을 보여 주더군요.

그런데 그 다음날 나는 피커링 차관으로부터 예정에 없던 오찬을 같이 하자는 전화연락을 받았습니다. 그가 나보고 내일 점심 때 특별한 약속이 없으면 자기랑 비공식적으로 점심을 같이 하자고 그래서 워싱턴에 있는 조그만 유명한 이태리 레스토랑에서 만나기로 했는데, 수행원을 데리고 오지 말라 그러기에 직감적으로 무슨 일이 있다고 느꼈습니다. 피커링 차관은 오찬석상에서 전날 국무성 간부회의에서 들은 바라고 하면서 김 대통령의 베를린 대북선언과 관련 한국 외무장관의 설명이 있었지만, 어쩐지 남북한 당국이 미국 모르게 모종의 밀약을 하지 않았나 하는 의구심을 떨칠 수 없다는 이야기가 있었는데 어떠한 내용인지 알려주면 좋겠다고 하였습니다. 나는 김 대통령의 연설문안이 구라파 순방길의 비행기 안에서 마무리 되었다는 사실, 대북 선언 문안은 나의 건의를 반영하여 이루어졌다는 사실, 이러한 상황하에서 미측과의 사전 협의가 불가능하였다는 사실, 남북한 간의 사전 밀약이 있지 않았나 하는 미측의 오해는 이러한 사실을 모르기 때문에 나오지 않았나 하는 점 등을 상세히 설명해 주었습니다. 그랬더니 피커링 차관은 잘 알겠다고 하면서 미측의 오해는 자신이 책임지고 해소시킬 터이니 이 문제에 대해서는 유념해 달라고 했습니다. 개인적인 친분관계를 갖고 있던 피커링 씨가 아니었더라면 김 대통령의 베를린선언에 대한 미측의 오해는 해소되지 않았을 것이고, 이로 인해 한·미 간의 대북 공조체제에도 적지 않은 금이 생기지 않았을까 하는 생각이 듭니다. 이런 것은 공식기록에 남길 수도 없는 거 아니에요? 그래서 비하인드 스토리를 내가 얘기한 겁니다.

박용수: 예. 감사합니다.

이정빈: 국가 관계가 그런 것 아닙니까? 어떤 때는 아무리 협의를 잘 한다 해도 오해를 가질 수도 있는 것이고, 특히 북한 문제는 더 그렇습니다. 아무튼 나는 그런 목적으로 베를린연설을 작성했는데, 이후에 남북정상회담 문제는 정치적인 이해관계에 맞물렸어요. 그런데 그 일은 내 업무 밖의 일이니 나도 잘 모릅니다.

장훈각: 그럼 미국에서 의심한다는 것을 이쪽에서는 어떻게 파악할 수 있나요? 장관님이 바로 베를린에서 워싱턴까지…

이정빈: 김 대통령은 우리의 대북정책은 긴밀한 한·미 간의 공조체제를 바탕으로 추진해야만 실효를 걷을 수 있다는 입장이었기 때문에 한·미 간에는 항상 긴밀한 협의 통로가 열려 있었습니다. 이후에 노무현 정부 때는 한·미관계가 안 좋았는데, 내가 있을 때까지는 그런 식으로 했기 때문에

한·미 간에 공조체제가 참 잘 됐습니다. 사실 전두환 대통령 때 한·미관계에는 내가 그렇게 깊이 관여하지 않았고요.

박용수: 김대중 정부와 클린턴 정부 관계가 아주 조화가 잘 되었죠.

이정빈: 대북 문제를 놓고 한·미 간에는 공조체제가 잘 이루어지고 있었습니다. 초기 때 최상의 관계였을 것입니다. 서로 협의해 가면서 얘기 같이하고. 미국 측에서 북한에 접촉하려고 해도 우리하고 사전에 협의하는 등 공조체제가 잘 됐는데…

박용수: 부시 대통령으로 바뀌고…

이정빈: 부시 정부가 집권하자마자 미국의 대북정책은 큰 변화를 겪게 되고, 이로 인해 집권 초반기에는 대북정책을 놓고 한·미 간에 다소의 불협화음이 발생되기도 하였습니다. 부쉬 정부가 들어서는 순간 소위 ABC(Anything but Clinton; 클린턴 정부에서 추진된 정책은 전부 안된다)라는 말이 있었듯이 대북정책을 조율하는데 어려움이 있었습니다. 그렇지만 부시 정부가 한반도의 정확한 현실을 인식하게 되자 미국의 대북 문제를 놓고 한·미 간의 긴밀한 협조관계는 다시 복원되었습니다.

부시 정부가 출범할 당시 국무장관은 파월 장군이었고, 대통령의 외교안보 담당 보좌관은 라이스 교수였습니다. 2001년 3월 김대중 대통령과 부시 대통령과 정상회담이 있기 전에 나는 파월 장관과 라이스 교수를 맞나 클린턴 정부하에서 한·미 간에 견지되었던 대북정책을 발전시켜 나가는 문제에 대한 협의를 했고, 특히 파월장관은 정상회담 전에 김 대통령과 가졌던 조찬석상에서 부시 정부는 클린턴 정부하에서 유지하여 왔던 대북정책을 한·미 공조체제하에서 유지하겠다고 다짐하고, 언론에 밝히기도 하였습니다. 이러한 국무성의 입장은 부시 대통령의 지시로 다음 날 정상회담 도중 파월 장관이 기자회견을 통하여 전날 밝힌 입장을 뒤바꾸는 해프닝이 발생한 일도 있었습니다.

장훈각: 예 알겠습니다. 그럼 다시 전두환 대통령 때는 한·미관계 관련해서 깊이 관여하지 않으셨다고 했는데, 그 당시 북한과는 평화의 댐도 있었던 걸로 기억합니다. 전두환 대통령 시기 대북관계 관련해서 기억나시는 것 있으면 말씀 부탁드립니다.

이정빈: 평화의 댐이야 수재문제 해결하려고 국민 성금 얻어서 만든 것 아닙니까? 말이 많긴 했는데 아마 정치적 목적이 있었을 겁니다. 기억나는 게 북한의 경우 물이 쌓이면 나갈 데가 없어 방비를 해야 되는 상황인데 그 문제가 정치적으로 논의된 것 같아요.

박용수: 청와대 안에서는 어떤 식으로 논의가 되었나요?

이정빈: 당시 내가 전두환 대통령한테 이 문제를 한번 얘기했다가 혼이 난 적이 있습니다. 나는 "우리가 아시안 게임도 유치하게 됐고 올림픽도 유치했으니까 남북관계의 기본 틀을 바꾸기 위해서 우리가 유치, 확보한 아시안 게임을 북쪽 명의로 한 번 개최토록 하게 합시다." 이랬어요. 우리가 돈을 다 대주고 하더라도 그보다 큰 올림픽 치르면 되니까, 나쁘게 말하면 평화적으로 정복이지요.

장훈각: 공동주최도 아니고 말인가요?

이정빈: 아니고 북한 주최로 하자는 겁니다. 북한이 자기 돈으론 못 할

테니까, 그렇게 해 놓으면 대북관계에서 우위를 점할 수 있지 않겠습니까? 그런데 이런 제의를 했다가 '어떻게 유치한 건데 그런 쓸데없는 소리한다'고 전두환 대통령에게 혼이 났습니다. 지금 생각해봐도 그때 그런 제안을 한 번 통 크게 했더라면 좋았을 것이라는 생각이 들어요. 안 되는 일이겠지요. 서울에서 개최하라고 서울에 개최권을 준 것이지 남북 같이 공동으로 하라고 준 것은 아니니까요. 안 되는 것은 알지만 그런 제스쳐라도 보이는 게 어떻냐고 했다가, 전두환 대통령께 크게 혼이 났습니다.

박용수: 그때 전두환 대통령에게 직접 그런 제안을 할 수 있었나요?

이정빈: 왜냐하면 내가 외교담당 비서관이었으니까, 그런 것은 비교적 자유롭습니다. 내가 정치인도 아니고.

장훈각: 전두환 대통령도 그런 것을 자유롭게 허용하는 편이셨나요?

이정빈: 그런 제안도 못하면 뭐 비서관이겠어요? 김대중 대통령 때는 내가 여러 제안을 많이 했습니다. 대통령이 똑똑하고 안 똑똑하고 간에 melting spot입니다. 미국의 경우 보좌관들이 막 대통령과 농담 하는 것 같지만 어림도 없어요. 대통령 앞에서 꼼짝도 못하죠. 그건 우리나라도 마찬가지고. 그런데 이런 문제에 있어서 우리나라는 비교적 자유롭습니다. 나는 내 주장도 많이 하고 그 대신 많이 얻어맞기도 했습니다.

박용수: 주로 어떤 말씀을⋯

이정빈: 난 거의 난 모든 분야에 있어서 다 그랬는데, 한·미관계든지 뭐든, 내가 잘나서 그런 것이 아니라 김대중 대통령이 그걸 잘 받아들이더라

고요. 대통령이 생각하신 게 잘못 되신 것 같다고 이렇게까지 얘기하기도 했습니다.

장훈각: 어떤 자리에서 그런 말씀을 하실 수 있었는지요?

이정빈: 김대중 정부 시기에는 외무장관이 일주일에 한두 번 대통령을 독대했어요. 또 무슨 일이 있을 경우에 행사들이 많으니까, 대통령 접촉 기회가 제일 많은 사람이 외무장관이었을 것입니다.

박용수: 그러면 어떻게 청와대에서 부르는 건가요? 호출을 하는 방식인가요? 아니면 정해져 있는 요일 몇 시에 정기적으로 보고를 한다 이런 건가요?

이정빈: 그것도 있고. 무슨 행사 끝나고서 앉아서 또 자유롭게 얘기할 시간도 있고.

장훈각: 또 청와대에서 계셨지만 장관하고 수석 사이에 알력이 있기도 하잖아요. 장관 재임 시절에 그런 일들은 없었나요?

이정빈: 아무래도 대통령 비서관을 하면 대통령의 의중을 잘 알잖아요. 그런데 부처에서는 그런 내용을 모르기 때문에 잡음이 없도록 잘 조절하는 것이 비서관들 임무죠.

박용수: 그때는 임동원 장관이셨나요?

이정빈: 내가 장관할 때요? 네. 외교안보수석으로.

박용수: 두 분 간의 관계는…

이정빈: 내가 차관보할 때 자기가 원장을 했고. 사실 내가 외무장관에 임명 받고 들어가 보니까 안보관계 장관은 전부 임동원 씨가 전부 다 가까운 사람을 자리에 앉혔는데 유일한 예외가 나요. 난 사실 그 양반하고는 관계가 없습니다. 통일장관은 박재규라는 것은 뭐 다 아는 사실이고, 국방부장관도 자기 육사 후배가 하고 있더라고요. 그러니까 나만 외톨이였습니다. 나는 대통령이 장관 하라고 해서 한거니까 그 쪽이랑 전혀 관계는 없어서, 협의를 할 때도 내가 아마 제일 반대 많이 했을 걸.

장훈각: 주로 어떤 측면에서 다른 의견들이 있으셨던 건가요. 임동원 외교안보수석하고.

이정빈: 예를 들면 6·15정상회담을 한다 할 때, 회담을 성사시키는 것이 그네들의 최고 목표였는데, 나는 정상회담도 한·미 간의 사전 협조를 기반으로 해야 한다는 입장이었어요. 그런데 급한 경우에는 대미관계는 완전히 생각하지도 않는다고요. 내가 그럴 때 브레이크를 잡아야지 누가 잡겠어요? 그래서 발표 같은 것 할 때도 예를 들면 미국이랑 사전 협의하기 전에는 못한다는 식의 주장을 했습니다.

박용수: 그럼 장관님이 말씀하시면 그쪽에서 수용을 하나요?

이정빈: 아니 뭐 내 말이 옳으니까. 외무장관 일이라는 게 그러는 거지요. 그래가지고 미국하고 사전에 다 알려준 후에 발표 시점을 정하자. 이런 반대는 나쁠 것 없잖아요?

박용수: 그럼 미국에 알려주는 내용이 통보수준인가요 아니면 수정제의나 이런 것까지…

이정빈: 정상회담을? 정상회담이라는 것에 대해서는 수정제의란 게 있을 수 없지요. 결정하게 된 과정과 입장을 미국에 전달하는 것이지. 김대중 대통령의 정치 이념은 내가 알 바가 아니지만, 역시 우리나라 힘이라는 게 한계가 있기 때문에 미국의 협조 없이는 대외관계를 풀어나가기 어렵다는 입장이에요. 아마 역대 우리나라 국가 원수 중에서 그렇게까지 한·미관계를 고려한 대통령은 김대중 대통령이 유일할 겁니다.

장훈각: 그렇죠. 이승만 대통령 이후에 최고로…

이정빈: 이승만 대통령이야 미국을 잘 알고 미국서 오래 있고 이랬으니까 잘 했지만, 그 다음에는 아마 대외관계에서 정치적 이념을 떠나 외교적 협력 기반을 잘 다진 대통령은 김대중이 유일할 것입니다. 그 양반이 대통령이 되기 전에 그런 것을 많이 연구하고 망명 생활도 해보면서 강대국의 힘을 잘 알고 책도 많이 읽고 그랬었던 것 같아요.

박용수: 결론적으로 전두환 정부와 김대중 정부의 한미관계를 비교를 해 본다면 어떤 생각이 드시나요?

이정빈: 글쎄요, 전두환 대통령 때는 기억에 남는 것이 별로 없어요. 외교관 생활을 하다 보니까 공식적으로 표현 안 되는 것이 사실 많이 있어요. 교섭 배후에 있던 일을 죽기 전에 한번 정리를 해가지고, 연구원이든지 어디다가 놔두고 죽어야되겠다 그런 생각이 들더라고. 언제인가 내가 알레르기가 생긴 게. 여러분 영화 봤죠? 미국 병사가 역내에서 화장실에다

가 독극물을 풀어 한강에 퍼졌다고 그래서 난리가 나지 않았습니까? 그런데 한 번은 미국대사가 내한테 찾아왔어요. 와서 뭐라고 하냐면 한국이 해도 너무한다 이 말이야. 이거는 독극물이 아니라 미국 일반 가정에서 세척할 때 쓰고 다 쓴 후에는 화장실에다 부어버린다는 것입니다. 자동적으로 물과 합쳐지면 다 중화가 되는데…

장훈각: 독극물이 아니라 세제였나요?

이정빈: 소독약 비슷한가 봐요. 그게 물 타면 다 중화가 된대요. 그런데 미군이 화장실에 그 독극물을 버려서 한강에 사람들 죽인다고 데모를 하고 난리가 났었잖아. 이 억울한 걸 어떻게 했으면 좋겠느냐, 사실도 아닌 것을 가지고 반미 감정을 일으키다니 자기는 참 억울하다고 나한테 하소연을 해요. 그래서 내가 방송 대담에서 이런 사실을 공개해서 국민들의 불필요한 반감은 없애주는 게 좋겠다 싶었어요. 그래서 방송 대담 중에 조금 언급을 했는데 촬영이 끝난 후에 피디가 와서 그 부분은 방영 못한다 이거야. 만일 이걸 방영하면 방송국이 난리난다 이거야. 그 다음에 보니까 영화까지 만들었더라고. 얘기를 들어보니까 일간지 논설위원 중에 한 사람이요, 워낙 환경 문제에 조예가 깊은 사람이 있었대요. 논설에다 '독극물이 아니다.' 했더니, 막 데모를 해서 큰일 날 뻔 했다 이거야. 내가 외무장관 하면서 제일 괴로운 것이 어떻게 대외관계와 관련된 진실을 국민들에게 알려줘야 하느냐, 이 문제였어요. 한계가 있더라고요. 언론은 협조 안 해요. 그런 현상들이 많습니다. 특히 대외관계에 대해서 잘못 알고 있는 것은 한두 가지가 아니에요. 극복할 수가 없어요. 요새는 또 아이티 산업도 발달되고 그래서…

장훈각: 선생님 말씀하셨던 것 중에 한번 관심을 가져야겠다고 생각한

게 인접국 간의 갈등…

이정빈: 지구상에는 많은 국가들이 인접하고 있습니다. 역사적으로나 문화적으로나 현실적으로도 이 인접국들은 부단한 교류를 맺어 왔고, 때로는 전쟁도 하여 왔습니다. 빙하시대가 다시 도래해서 인접국이 사라지지 않는 한 인접국 관계는 계속 유지 됩니다. 한·일관계도 예외는 아닙니다. 한·일 양국 간에는 지난 날 지배-피지배 관계로 인한 민족감정이 강하고 일본 측이 계속 제기하고 있는 영토문제도 있어, 친한 인방관계를 확대 발전시켜 나가는데 어려움도 있습니다마는, 한·일 양국은 지정학적으로 자유민주주의와 시장경제체제를 공유하고 있어 서로 협력하고 우호관계를 발전시켜 나가야하는 운명공동체이기도 합니다.

양국관계 발전에는 정부의 노력 이외에도 민간분야에서의 노력도 필요하다고 봅니다. 정부 주도로 해결될 문제가 아니거든. 학계나 민간 연구단체에서 다른 인접국 관계의 여러 가지 문제들을 조사하고 분석해서 우리 국민들의 인접국 관리에 참고 할 수 있도록 하는 작업도 해 주면 좋겠다는 생각입니다. 지금이라도 늦지 않아요. 요새도 연구하면 펀드 같은 것 얻어 쓸 수도 있잖아요. 그래서 집중적으로 연구 해가지고. 이런 문제의 역사적 배경이 뭐냐, 문화적 배후가 어떻게 된 거냐, 정부는 어떤 식으로 대처하느냐, 민간 측에서는 어떻게 하고 있느냐, 이런 것을 세세하게 조사를 해서 한·일관계에 도움이 될 수 있는 것들을 추리면 되잖아요. 관심 있는 몇 사람이 연구해 줬으면 좋겠다는 생각이 들더라고요. 하루 이틀에 될 것은 아니고, 아마 대단한 공헌을 할 것 같아요.

내가 이 문제를 심각하게 고민한 게 참 오래됐다고요. 나 개인적으로는 한계가 있고, 또 내가 아카데믹한 것도 그러니까. 현장에 가서 여러 사람들 얘기 들어보고 그래야 하니까 돈이 굉장히 많이 들어갈 것이라고. 정부가 발표하는 그런 얘기 가지고는 해결이 안되요. 나도 스웨덴 현장에 있어

보니까 '피니시', 조센징, 이런 것도 직접 들어보고. 재외동포 문제는 감상적으로 대처할 문제가 아닙니다. 첫째, 각국마다 상황이 다 달라요. 일본 말고도 중국과 러시아에도 우리 민족들이 많이 살고 있습니다. 러시아를 대사를 해보니까 고려인 같은 경우에 4세까지 나왔습니다. 4세 같으면 한 세대가 30년이라고 해도 120년 전 아닙니까? 이조 말기에 고종황제 때 기근 생기고 할 때 간도에 넘어간 사람들이 중앙아시아로 옮겼어요. 그 사람들에게 우리라는 개념은 한민족의 의미가 아니라 러시아 사람이라는 정체성이에요.

말은 같은 한국의 말을 사용하지만 그들이 말하는 "우리 대통령, 우리 나라"는 "한국의 대통령, 한국"이 아니고 그들이 살고 있는 "중국이나 러시아의 대통령"을 뜻 합니다. 이민 3, 4세대가 지나고 보면, 민족개념과 국가 구성원으로서의 국민 개념이 별개로 나타나게 됩니다. 이러한 현상이 오늘 날 지구촌에서 널리 발생하고 있음을 우리는 인식해야 된다고 봅니다. 이런 걸 갖다가 우리가 정부 당국자들이 잘 대처를 해야지. 앞으로 해결할 문제가 많아요.

그게 정부 주도로 해결될 문제가 아니거든. 그러니까 지구상에 한반도가 일본하고 완전히 떨어져 버린다든지 그러지 않는 한 언제나 함께 살아야 될 것 아닙니까. 하루 이틀 살고 말 것도 아니고 앞으로도 계속 지내야 할 텐데. 지혜를 터득해서 살아야지, 안 그렇습니까? 그럼 다른 나라들은 어떻게 하느냐, 여기에 관심이 있어요. 지구상에 우리만 있는 건 아니잖아요. 전 세계 국가들 모두 인접국 간의 갈등을 겪거든요. 그런 갈등을 감정에 호소해가지고 하루 이틀 해먹고 말 일도 아니잖아요.

박용수: 예. 선생님. 장시간 소중한 말씀 감사합니다.

배양일

(전) 대통령 공군연락관

1. 개요

배양일 전 공군연락관의 구술은 2010년 9월 27일과 10월 19일 이틀에 걸쳐 경북대학교 사회과학연구원 원장실에서 이루어졌다. 배양일 장군은 전두환 대통령 재임 당시 청와대 대통령경호실 공군연락관으로서 1982년 11월 10일부터 1987년 12월 10일까지 약 4년 1개월 동안 대통령의 모든 공중 이동을 관장하고 공중경호의 임무를 수행하였다. 그는 청와대 근무 이후 공군참모차장을 역임하고 중장으로 예편 후 1외교부의 교황청(바티칸) 대사로 3년을 재직하였다. 공직에서 퇴임 후에는 부경대학교 초빙교수로 안보관련 강의를 하면서 연세대학교 대학원 정치학과에 박사과정으로 정규 입학하여, 2006년도 8월에 박사학위를 받았으며, 2010년 경북대학교 사회과학연구원장 겸 초빙교수로 현재까지 재직하고 있다.

공군연락관은 모든 비행 경로선정에서부터 비행 안전을 통제하고, 대통령전용기 조종사들의 비행통제를 직접 관장한다. 대통령의 해외순방 시에는 민항공기 조종사 통제는 물론 출국, 입국에 관련된 공로 일정이라든가 공중경호를 담당하는 임무까지를 전담하여 수행한다. 따라서 공군연락관은 대통령의 공중 이동시 안전을 확보함과 동시에 대통령의 일정과 동선을 가장 정확하게 파악해야 하기 때문에 지근거리에서 보좌하면서 대통령 업무의 성격은 물론 대통령의 의중까지 신중히 고려해야 하는 임무를 수행한다. 배양일 장군은 4년 1개월에 걸쳐 전두환 대통령을 보좌하였으며, 아웅산사태 시 대통령을 수행하여 비행의 전 과정을 계획·통제하였고 참사 이후 대통령이 무사히 귀국하기까지의 과정을 그 누구보다 잘 알고 있는 인물이다. 본 연구진은 배양일 장군의 구술을 통해 당시의 남북관계와 전두환 대통령의 구상, 아웅산사태 전 과정, 하나회 문제, 대통령경호실, 한미관계, 민주화와 전두환 대통령의 인식의 문제들을 구술하여 기록으로 남기고자 하였다.

　본 구술집에서는 구술자의 부분 비공개 의사에 따라 아웅산 폭탄 테러에 국한하여 구술내용을 공개하는 것에 그쳤다. 전두환 대통령의 버마(현 미얀마) 방문은 약 1개월 전에 급하게 추가된 일정이었다. 당초 대통령의 해외순방은 인도, 부르나이, 호주, 뉴질랜드, 스리랑카에 국한되어 있었고, 일정과 경호계획이 확정된 상태에서 자원외교와 사회주의국가 최초 방문, 세계외교에서의 대북 전략의 측면을 고려한다는 이범석 외무부장관의 제안에 따라 출발 약 1개월 전에 서둘러 추가되었다. 배양일 장군은 이 결정과정에 대한 북한의 공작 개입 등과 같은 의문점들에 대해서는 그 가능성을 부인했다. 버마 방문 시 한미 간의 공중 협력, 버마 정부의 경호와 보안 상태, 아웅산 묘소에서의 폭발 직후 이륙준비에 이르기까지 처참하고 긴박했던 상황에 관한 구술이 있었다. 폭발 직후의 참상에 관해서는 여러 보도와 기록을 통해 알 수 있었던 내용이다. 그러나 이륙준비와 그 과정에 관한 내용은 잘 알려져 있지 않다. 이에 대해 상세한 구술이 이루어졌다. 특히 이륙방향과 비행항로, 한미 간의 협조, 성남공항에서 김포공항으로 착륙 장소 변경, 착륙 시의 조종석에서의 긴박했던 상황, 하드랜딩의 경위 등에 대한 자세한 구술이 이루어졌다.

　이번 구술집에 기록한 내용 이외의 구술은 본 개요에서 간략하게 소개하는 것으로 대신하고자 한다. 아웅산 테러 이후 대북보복을 선택하는 대신 유화적인 입장을 취한 이유에 관한 구술이 있었다. 전두환 대통령은 귀국하는 비행기 안에서는 강한 대북제재의 의지를 보였다. 그러나 이후 실제로 조치를 취하지 않은 이유에 대해 미국과의 관계를 염두에 둔 결정이라고 설명했다. 당시 한국방위는 미국과의 협력에 기초한다는 인식이 있었고, 미국이 원하지 않는 남북 간 긴장상태를 고조시키는 선택을 하지 않았다고 설명하였다. 또한 전두환 대통령은 당시의 남북관계의 긴장상태를 고려하여 급격한 남북관계 개선을 꾀하기보다는 북한의 구호품 인수와 이산

가족 문제 등에 관한 수용책을 통해 북한의 대남전략과 능력의 정도를 파악하고 이를 토대로 하는 점진적인 관계의 개선 내지는 안보의 확립을 목적으로 하였다. 특히 남북 간의 극한 군사적 긴장상태는 옳지 않다고 생각하였으며, 이에 박성철*의 비밀방문을 수용하는 등 언젠가 올 통일의 밑거름은 만들어 놓아야 한다는 생각을 하고 있었다. 또한 아웅산 사태는 이후의 대통령 경호에 많은 변화를 가져오게 하였다. 일본 방문과 유럽 순방과 같은 해외순방은 물론, 교황과 레이건 미 대통령과 같은 중요 국빈들의 방한 시 경호방식에 상당한 변화가 있었다. 그 한 예로 일본 방문 시 하네다 공항의 광활한 갈대숲의 갈대들을 제거하기에 이르는 과정에 관한 구술이 있었다.

6·29선언이 노태우 대통령의 결심이었다고 일반적으로 알려져 있는 것에 대해서는 그 상황이 전두환 대통령과의 협의 없이 노태우 대통령 단독으로 가능하지 않았다고 하는 구술이 있었다. 5·18사건에 관하여도 전두환 대통령이 발포명령을 내렸을 것으로 생각하지 않는다는 구술이 있었다. 발포명령은 그 지역, 그 순간의 흥분상태에서 그리고 또 단호하게 대처해야 되겠다는 지역 담당 사령관의 지시라던가 중간 지휘관의 지시였을 가능성이 높다고 생각한다고 증언하였다. 1987년 민주화운동 과정에서, 특히 6·29 전후 전두환 대통령은 굉장히 고심이 많았다고 구술하였다. 당시 학생들의 시위와 정국의 혼란 속에서 최루탄 냄새가 청와대에 들어오는 상황에서 대통령이 6·29를 통해 직선제 민주화 노선을 결정했다고 구술했다.

---

* 구술자는 박성철을 언급하였으나, 이는 허담 노동당 대남비서를 혼동하는 것으로 보인다.

2. 구술

장훈각: 선생님, 저희 기록을 위해서 아웅산 폭파 사건에 관한 말씀을 부탁드립니다. 선생님께서는 당시 공군연락관으로서 전두환 대통령의 항공 이동경로를 책임지고 계셨기 때문에 지금까지 알려진 것과는 시각을 달리하여 사건의 내용을 기록하는 기회가 될 수 있으리라 생각합니다.

배양일: 나는 지금부터 30년 전인 1983년 10월 8, 9, 10일 내 인생에서 가장 어렵고 중대한 환경 속에서 엄청난 경험을 했습니다. 그것은 바로 '버마 아웅산 폭파 사건'의 중심에 내가 있었다는 것이죠. 그동안 언젠가는 그 엄청난 상황을 글로 기록할 것을 계획하고 있었으나 계속적인 군 장성, 외교 공무원 및 교수라는 직업의 연속과 의식화되어 있는 나의 보안 유지라는 습관 속에서 주저해 왔습니다. 그러나 지난 30년 동안 아웅산 폭파 사건과 관련된 자료, 신문기사, 서적 등 여러 가지 자료를 수집해 왔었고 주변의 가까운 동료에게 그 당시의 상황을 여러 번 설명하는 과정 중에 어느덧 그 사건의 줄거리에 대하여 체계적인 정리를 해 왔기에 사건의 진행 상황을 표현하고 전개하는 데는 어려움을 줄여 줄 수 있을 것으로 보입니다. 나의 아웅산 사건 경험 수기를 쓰기에 앞서 연세대에서 대담형식의 인터뷰로 사건의 줄거리를 발표하게 된 것을 오히려 다행이라고 생각합니다.
나의 소개는 글의 내용에서 밝혀지겠지만 사건의 줄거리에 앞서 나의 군 대경력 및 만 4년 1개월간의 청와대 대통령경호실생활의 경험 일부를 삽입한 것은 아웅산 사건의 과정을 이해하는데 도움이 될 것으로 보입니다.

장훈각: 버마 방문은 당초 서남아 및 대양주 순방 계획, 일명 '국화작전'

이었죠. '국화작전'에 포함된 국가는 아니었습니다. 순방계획에 예정에 없던 버마가 포함되는 과정부터 말씀해 주십시오.

배양일: 1983년도 10월의 서남아 및 대양주 순방 계획은 비동맹 국가들을 주로 방문하는 것으로 인도를 중심으로 호주, 뉴질랜드, 스리랑카, 부르나이를 방문할 예정이었습니다. 당초에는 버마(지금의 미얀마)는 포함되지 않았으나 추후에 추가되었습니다. 특히 버마는 사회주의 국가이기 때문에 원래 계획에는 포함되지 않았던 것인데, 왜 버마가 순방 국가로 포함되었나 하는 원초적인 문제를 우선 말씀드리겠습니다. 당시 10월 8일 출발일을 약 한 달 앞둔 시기에는 저는 1982년 11월 청와대에 파견된 후 처음으로 해외순방 행사를 준비하는 사람으로서 모든 것을 미리 준비하여 차질이 없도록 정성을 들이고 있었습니다. 첫 순방 계획이고 나의 전임자 시절의 관행에 따라 역시 버마를 제외한 다른 순방국가로 비행할 특별기의 비행계획과 안전 점검을 국내에서 하고 있었습니다. 당시 대통령의 해외순방이 있으면 관행대로 대한항공의 운항 간부가 대통령 특별기의 항로에 따라 기착지를 방문하여 여러 가지 안전 사항과 특별기 지원정비 능력을 확인하고 특별기 이착륙 및 정비지원 준비에 이상이 없음을 청와대에 통보해 왔었습니다.

대한항공 운항 간부가 각국의 점검을 끝낸 이후인 9월 중순경에 경호실장의 호출이 있어 경호실장실에 가보니 그곳에는 이범석 외교장관이 와있었습니다. 당시 국화작전은 이범석 외무부장관의 주도하에 추진되고 있었고, 그는 비동맹권의 리더 격인 인도와 주변국에 여러 가지 채널을 갖고 있었습니다. 장세동 실장은 나에게 이범석 외무부장관이 대통령께 금방 보고를 드리고 왔으며 버마가 순방국에 포함되어야함을 강조하였습니다. "지금은 가자 안 가자 얘기할 단계가 지났고 이미 결정은 된 것이다." 그 자리에서 장세동 경호실장은 "한국에서 인도 뉴델리 공항까지는 비행시간이 12시간 이상이 소요되니까 특별기로 선정된 보잉747SP 기종으로서는 비행거리가 너무 긴 편이고, 그 경로 상에 주변국가 한 군데를 들릴 것 같으면 대통령께서 덜 피곤하시고, 또 여러 가지 비행안전에도 도움이 될 것"이라고 언급하였습니다. 그 당시 나는 그 자리에는 원래 순방계획에 포함되지 않아 대한항공사의 답사 요원이 그곳의 공항을 직접 점검하지도 않았으며, 자료에 의하면 사회주의 국가들의 비행장 시설이나 정비 지원이 어려울 것으로 판단됨을 설명하면서 순방국 추가에 부정적 입장을 표명하였습니다. 당시 청와대에서는 보통 3~4개월 전부터 각 분야의 경호 및 안전 책임자들이 순방 행사에 앞서 진전되는 준비상황을 계속 경호실장께 보고하는 별도의 회의실을 설치하여 경호실의 여러 관계요원들이 계획하고 실시할 내용들을 주지할 수 있도록 치밀하게 준비를 하고 있었습니다. 이미 준비의 마무리 단계에서 이러한 계획을 수정하는 것은 바람직하지 않음을 건의하였던 것이었습니다. 또한 나는 공중경호 환경이 취약할 것을 예상하면서 버마는 추천할 만한 것이 못됨을 설명하였습니다. 장세동 경호실장은 이미 결정된 상황이므로 선택의 여지가 없으니 필요한 조치들을 강구하도록 지시하였습니다. 옆에 있던 외무부장관도 사회주의 국가의 첫 방문의 성과가 클 뿐만 아니라 처음으로 사회주의 국가를 방문하는 첫 대통령이 된다는 데 의의가 있음을 강조하였습니다. 그러면서 버마는 당시에 우리보다 먼저 북한 대사관이 설치되어 있고 우리 대사관도 주둔하고 있다는 것을 전해 주었습니다.

나는 곧 대한항공 운항책임자에게 순방국에 버마가 추가되어 그곳 밍글라돈(Yangon Mingaladon Airport) 공항의 정비지원 및 특별기 이착륙과 운항가능성을 점검하도록 요청하였고 시일이 촉박하므로 조기 확인을 취하도록 하였으며, 며칠 후 지원에 이상이 없음을 통보받았기에 다행으로 생각하면서 항로 수정과 필요한 후속 조치를 취하였습니다.

이런 정황을 종합하여 고려해 봤을 때, 버마가 순방국에 포함된 이유는 경호실장의 입장에서는 첫 순방 항로가 12시간 이상을 비행해야하는 장거리였기에 비행안전과 대통령의 피로도로 인한 순방국 행사를 고려하여 비행거리를 줄일 수 있는 경유국이 필요한 상태라고 판단하였다고 말할 수 있습니다. 한편 이범석 외무장관의 경우는 우리나라의 비동맹국 외교의 필요성을 절실하게 느끼고 사회주의 국가인 버마의 풍부한 자원 등을 고려했을 시 버마는 수교국임에 대통령께 순방을 추천한 것으로, 버마 경유는 경호실장과 외무장관의 의도가 서로 맞았기 때문이며 그 당시 북한이 버마까지 와서 테러행위를 자행할 것으로는 상상하지 못했을 것으로 생각됩니다.

장훈각: 공중경호와 안전에 대한 대책은 어떻게 세우셨는지요?

배양일: 저는 1983년 11월 공군본부 연구분석부의 무기체계실장으로 근무 중 대령 진급과 함께 선배들과의 경합 속에서 신임 김상태 공군참모총장의 추가 추천으로 청와대 대통령 경호실의 공군연락관으로 보임되었고, 주로 경호실장의 참모로서 전용기 운용 통제와 공중경호대책 수립 등의 임무를 수행하게 되었습니다. 공군연락관으로 경호실에 보임 후 공군에서 운항 관리하는 대통령 전용기와 전용헬기로 국내 대통령 국내 행사에 모시는 경험은 자주했으나 대통령의 해외순방 행사는 처음으로 나의 전임자 김덕영 장군으로부터 보임 후 1개월 이상의 동시 근무와 후임자 교육을 받았습니다. 또한 전임자의 대통령 해외순방행사 체험기록 자료를 이용하여 대부분의 공중경호 조치 등은 숙지하고 있었으나 첫 해외순방 행사에 임하는 나는 매사에 신중을 기하는 조치를 하였습니다. 해외순방의 경우에는 주한 미군과 협조하여 한반도 주변의 적성국의 근래 정보 자료와 위해 가능 요소를 가정하여 미군 전략장비의 가동과 에이왁스(AWACS) 통제기를 이용한 대통령 특별기의 항로상의 보호 감시를 오산 기지의 전술항공본부

의 한·미공군과의 경호 협조를 철저히 조치하였습니다. 또한 순방 항로가 일본 비행정보 구역을 통과하기 때문에 서울에 있는 일본 대사관의 무관(대령)과도 안전 협조를 해 두었습니다. 이러한 경호 협조는 보안 상 더 구체적으로 언급할 수 없음에 이해를 바랍니다.

　9월 하순 해외순방 출국일이 얼마 남지 않은 시기에 장세동 경호실장은 나를 호출하였습니다. 이번 해외순방의 안전대책 준비를 철저히 할 것을 당부하면서 그 역시도 해외행사를 앞두고 철저한 준비 속에 긴장하고 있음을 표정으로 읽을 수 있었습니다. 물론 저 역시 비행안전과 공중경호에 최선을 다하고 있었던 상황에서 계속 긴장의 끈을 놓을 수가 없었습니다. 경호실장은 나에게 더 확실한 공중경호와 안전을 위해서 한국에 있는 미국 CIA요원을 만나서 전반적인 협조를 하라는 지시를 내렸습니다. 나는 미 공군과는 이미 협조를 한 상태임을 보고하면서 공중경호 대책은 충분함을 설명했으나 그래도 이중 삼중 확인하는 뜻에서 미국 정보원과 만나 치밀한 협조를 당부하였다. 그때 나는 처음으로 미 정보요원이 한국에 존재함을 알게 되었고, 전화를 통하여 미국 CIA요원과 시내 모처에서 만나 세부적인 내용까지 구체적으로 협조하였습니다.

　우선 외국에서 비상상황이 발생할 경우에 그 지역 미국 정보요원들의 협조를 요청하였고, 항로상에서 미국의 위성이나 에이왁스 공중통제기로 가능한 대통령 특별기를 감시 보호해 줄 것과 긴급할 때 공중에서 미 공군과 비상 교신을 위해 UHF(극초단파)무전기의 주파수와 호출부호까지 협약하였습니다. 그리하여 비상상태를 대비해서 대통령 특별기에 UHF무전장비를 설치하였고, 가능한 각 순방 지역의 공중경호에 대해서는 그 지역에서 가용한 미군의 장비를 활용하여 우리의 대통령 일행을 보호하여 줄 것과 필요시는 지역의 미 정보요원의 협조까지 당부하였습니다.

　지금도 나는 장세동 경호실장이 순방의 출국이 임박한 상황에서 나에게 다시 한 번 공중경호와 안전에 재확인을 요청한 사실에 놀라움을 느끼고 있습니다. 평소에도 참모로서 그분의 예감과 통찰력에 특출함을 느끼고 있었지만 그 당시 어떤 예감을 느낀 것인가는 알 수 없으나 그 예감의 상황을 버마 순방에서 그대로 직면하였고, 미국 정보 요원과 협조한 절차대로 위기의 순간을 극복했다는 것은 소위 기적에 가까운 일치라고 말 할 수 있습니다.

장훈각: 장기간의 해외순방인데 이를 위한 출국준비와 특별기의 정비 및 승무원 구성에도 많은 신경을 쓰셔야 했을 것으로 생각됩니다.

배양일: 대통령경호실에서는 대외 보안을 유지하면서 7월부터 국화작전 준비에 착수하였었습니다. 각 부처별로 별도의 준비실을 마련하여 순방에 필요한 자료수집과 맡은 기본 임무에 대한 세부 실천계획을 미리 마련하였습니다. 나는 항공에 관련된 전반적인 임무와 앞에서 언급한 공중안전 경호에 만전을 기해야하는 책임을 맡아 준비하였습니다. 해외순방의 경우에는 장거리를 운항할 전용기가 없었기 때문에 당시에는 유일한 민항인 대한항공과 대형기 차터(charter) 계약으로 사용하고 있었습니다. 그 계약 이후 항공사에는 지정된 항공기의 전반적인 정비를 제외하고도 추가로 기체의 세부 점검과 대통령의 집무실 및 탑승 편의를 위한 내부 개조를 위해 약 2주간 별도의 정비기간이 주어졌습니다. 그때부터 그 항공기는 특별기라는 명칭이 부여되고 특별기의 안전 통제는 대통령경호실로 이전하게 되어있었습니다. 즉 특별기란 전용기가 아닌 민항기를 해외순방용으로 지정하여 호칭되는 민항기를 의미하는 것입니다. 당시 처음으로 대형항공기인 Boeing 747SP를 선정하였습니다. 이 항공기는 보잉 747계열 항공기 중 기장은 약간 짧으나 기동성이 좋으며 도입한지 얼마 되지 않아 신형기로 불리어졌다. 항공기 선정은 저의 추천과 대한항공의 의사가 동일하여 당시의 우리의 약동하는 경제 활성화에 비추어 적절하게 선정된 것이었습니다.

특별기의 선정 후 특별기의 운용에 따른 조종사 및 비행정비사(FE) 그리고 객실의 지원을 위한 승무원 등을 미리 선발하여 신원조예를 거쳐 엄선하였습니다. 그리하여 당시 대한항공에서 가장 우수한 조종사 3명과 비행정비사 1명을 선발하였고, 비행승무원은 20여 명으로 선정하였습니다. 조종사의 경우는 전원 나의 선배들인 노련한 베테랑 민항조종사들로서 2기 사관 명의창, 김태수 조종간부, 김중신 조종간부(예비역 대령) 등 공군에서 뿐만 아니라 민항에서 우수하고 존경을 받는 분으로 명의창 기장을 선임으로 완벽한 팀워크가 가능하도록 서열순으로 선정하였습니다.

특별기의 내부 개조는 기수의 전방에 대통령 내외분의 사무실 겸 별실을 준비하여 대통령 전용기와 유사한 환경으로 꾸몄고, 나머지 부분은 특이한 개조 없이 커텐을 설치하여 수행원 별로 구분하여 설치하였습니다. 출국 전날 경호실장의 특별기 내부 개조내용 및 특별기 안전 검열로 출국 준비가 차질 없이 이루어졌습니다.

특별기의 비행항로는 항공간행물을 이용하여 내가 1차로 선정하여 대한항공 운항실과 협조하였고, 대체로 기존 비행항로를 선정하였으나 가급적 정성국의 주변의 비행은 우회하도록 항로를 지정하였습니다. 버마 순방이 결정되기 전에는 김포에서 인도 뉴델리까지 12시간 소요의 항로였으나 버마가 순방국에 포함됨으로써 7시간여의 비행시간으로 전두환 대통령 내외분을 비롯한 탑승원 모두 장시간 비행으로 인한 피로나 지루함을 줄일 수 있었습니다.

장훈각: 10월 8일에 출국하셨습니다. 당일에 특기할 만한 사항이나 준비 상황에 관한 말씀을 부탁드립니다.

배양일: 1983년 10월 8일은 아침부터 제법 강한 비가 내리고 있었습니다. 서남아 및 대양주 5개국으로의 역사적인 출발은 경축의 분위기여야 했

는데 이륙시간이 가까워지고 있는데도 비는 그칠 줄 몰랐고, 연도의 시민 및 공황 환송행사 시에도 비가 계속 내리고 있었으니 대통령의 출국을 국내에 홍보해야하는 상황에서는 빗속의 공항 환송 행사를 그대로 방영할 수밖에 없었습니다. 나는 통상 대통령 국내공로 이동 행차 때 새벽부터 기상을 점검하여 새벽 5시경에 경호실장에게 보고하여 행사의 시행 또는 취소(GO/NO GO)를 결정하는 관례에 따라 그날도 새벽에 공군 기상대를 방문하여 행사시 기상을 보고하면서 비가 계속 내릴 것이라는 예보를 경호실장께 보고하였습니다. 경호실장은 우천 행사의 진행을 염두에 두고 대통령의 심기에 불편을 끼칠 수 있다는 것에 고심하는 빛이 역력했습니다. 나도 그날의 기상을 염려했는데, 이는 행사 자체의 홍보 효과를 반감한다는 것보다 청와대에서 큰 행사에 비가 내린다는 것은 상서롭지 못한 기분을 내포하는 정서를 담아오는 경향이 있었기 때문입니다. 이는 이조시대 궁정에서 임금의 권위와 국운의 번영을 천기를 통해 예언하는 것과 유사한 느낌이었습니다. 이러한 현상은 미신적인 것보다 옛날 궁궐의 풍습과 기운이 어느덧 청와대까지 전래되는 풍습으로 느낄 수 있었기 때문이었습니다.

  우천 속에서 약간은 무거운 분위 속에서 환송행사를 끝내고, 전두환 대통령 내외분과 정부 각료 및 주요 경제인을 비롯하여 청와대 비서실과 경호실 요원을 태운 특별기는 정시에 악천후를 박차고 순방국 버마를 향하여 이륙하였습니다. 아니나 다를까 구름을 뚫고 상승한 특별기는 운상비행으로 상승하면서 찬란한 햇볕이 환하게 특별기를 마주하는 것 같은 상쾌감을 느끼게 해 주었습니다. 아니나 다를까 전두환 대통령 내외분은 조금 전 분위기와 다르게 기쁘고 환한 표정으로 조종실의 문을 열면서 나를 포함한 조종석의 조종사들에게 기분 좋은 모습으로 격려의 말씀을 전하였습니다. 말하자면 우천으로 인한 분위기가 전환되었음을 의미하는 것이었습니다.

해외순방 시 나의 임무는 공중경호 임무와 비행안전에 중점을 두기 때문에 조종석 바로 뒤편에 좌석이 마련되었고, 3명의 선배 조종사들과 1명의 비행정비사 등 5명이 안전 비행을 위해 대통령 탑승항공기에 대한 다른 항공기의 접근 또는 경호에 위해 되는 비정상적인 비행 상태에 대한 조치를 조언하는 임무였습니다. 약 7시간의 정상적인 비행을 순조롭게 마치고 순방국의 첫 기착지인 버마의 수도 인근의 그 나라 최대 비행장인 밍글라던 공항으로 정상 착륙하였습니다. 대통령과 수행원 일행은 버마의 유산유 대통령의 영접을 받으며 대통령 궁으로 향하였습니다. 그러나 특별기의 전체적인 통제 책임을 맡고 있는 나는 우선 특별기 승무원과 함께 공항에서 잔류하면서 항공기 경비 및 비행 후 점검이 끝날 때까지 머물면서 특별기 안전조치를 확인하였습니다.

그 당시 버마는 민정이양 이후 군사정권 시대의 실세인 육군 출신인 네윈(Ne Win)이 수상으로서 그의 영향 아래 군인들의 세력이 위력적이라는 것을 사전 교육으로 파악하고 있었습니다. 내가 특별기의 상태 파악과 순방국의 특별기 경비 책임자를 확인하면서 안전사항 등을 점검하고 있는 도중에 버마 공항의 보안군 책임자 3명이 나에게 접근했습니다. 그들은 현역 공군 소령급으로 우선 거대한 특별기에 호감을 많이 보이며 특별기의 책임자를 찾고 있었습니다. 나는 언뜻 이 요원들과 친분을 맺어 놓는 게 불의 상황에서 도움을 받을 수 있을 것으로 생각되어 호의를 베풀어 주기로 판단했습니다. 나는 특유의 친절과 호감으로 그들에게 호의를 베풀며 유난히 관심을 보이는 특별기 조종석 내부까지만 보여 주면서 기내에 앉게 하고 콜라와 과자류까지 대접하면서 나는 현역 공군대령임을 밝혔습니다. 그랬더니 나에 대한 경의를 표하며 친절하게 접근하는 그들에게는 악의는 없어 보였고 내가 그들에게 유인될 만큼의 제 기지가 둔한 것이 아니기에 내가 그들을 포섭해야겠다는 마음으로 그들에게 나의 호텔 숙소 방문 요청에도 승낙을 해주었습니다. 그랬더니 그들은 나에게 최대의 호의를 베풀어 그 나라에 몇 대 밖에 없는 에어컨이 차 지붕에 설치된 고급 세단차를 나에게 지원해 주는 것이었습니다. 그리고 전용 운전기사를 배치해 주었습니다.

특별기 비행 후 점검에서는 통상 민항기에 연료 보충은 출발 전에 하는 관례를 따랐고, 또한 버마 같은 더운 나라에서 미리 항공유를 가득 채워 며칠 간 주기해 두었을 시 대형항공기의 무게로 바퀴지주의 유압 씰(seal)에 무리가 간다는 것은 상식으로도 알고 있었습니다. 그리고 특별기의 잔류 연료는 비상시 인접 국가에 긴급히 탈출할 수 있는 분량이 남아있었습니다.

그곳 시간으로 늦은 오후에 도착 후 특별기 상태의 이상 없음을 확인하고 호텔을 향하면서 운전기사와의 대화 속에서 그는 자기 나라의 시국 상황을 들려주었습니다. 지금보다 영국 식민지 시절이 인민의 삶이 편했었다는 이야기는 자기 나라에 대한 불편으로 들렸습니다. 나는 기사와의 대화 속에서 자본주의를 동경하는 것처럼 느꼈고 한국에서 순방국 교육을 받았을 때 버마는 사회주의 국가이기 때문에 팁을 절대 받지 않는다는 설명과는 다르다는 인상을 받았습니다. 나에게 전용으로 배치된 기사이니만큼 내리면서 10달러 지폐를 건넸더니 그가 쏜살같이 받는 품이 누구에 들키지 않으려는 행동으로 보였고, 내리자마자 크게 나에게 90도로 인사를 하면서 계속 차량대기를 잘 하겠다고 대답하는 것에서 이곳에서도 필요시에는 팁이 통한다는 것을 알게 되었습니다.

우선 우리들의 숙소인 소련식 건물인 인야레이크 호텔 내의 식당으로 향하였더니 평소 잘 알던 김재익 경제수석, 서석준 부총리, 함병춘 비서실장, 이범석 외교장관께서 식사를 하면서 나에게 수고했다고 손을 흔들어 반기며 격려하는 모습에서 그것이 그분들을 마지막 보는 기회임을 전혀 예상하지 못했습니다.

식사를 마치고 호텔방으로 향하니 아니나 다를까 공항에서 만난 보안요원 3명이 미리 문 앞에서 대기하고 있어 의외라는 생각을 했고, 이들의 의도를 머릿속에서 계산했습니다. 그런데 그 중 한 명은 미국 공군대학 초급 참모과정(SOS)을 나보다 몇 년 뒤에 수료한 것을 자랑하였기에 나와 미국 공군대학 동창임을 말했더니 금방 공감대가 형성되면서 자기나라 정치, 경제, 사회상을 설명하기에 바빴습니다. 그런데 그들은 정부의 홍보보다는 현실적 어려움을 이야기하면서 나름대로 나에게 정보를 받기를 원하는 눈치였습니다. 우선 나는 그들의 의도를 알아차리고 화제를 돌리며 그들에게 태극부채, 인삼비누, 일회용 라이터를 주고 나서 맨 나중에는 전자시계를 하나씩 선물로 주었더니 그들은 안색이 변할 정도로 놀라면서 3명 모두가 나에게 최대의 감사를 표명하면서 나에게 매료되다시피 행동하였습니다. 그들은 나에게 시내로 나가서 술을 대접하겠다는 것이었습니다. 아무리 간청을 받아도 우선 그들의 신분을 확신할 수 없었고 주요한 임무를 앞두고 독자 행동은 있을 수 없는 것이라 한사코 변명하면서 우리들의 순방 업무와 특별기의 경비 및 지원에 이상이 없도록 당부하였습니다. 그들은 절대 문제가 없도록 전적으로 지원하겠다는 약속을 하였습니다. 제가 다음날 우리 대통령의 일정에 대비하여 기상 상태를 문의를 해보았더니 그들은 그곳 기상대를 통하여 다음날 예보는 청명할 것이라는 답변까지 확인하여 주는 등 여러 가지 그들의 정보를 수집하였고 그들은 늦게 돌아갔습니다. 내가 이렇게 이들과의 관계를 설명하는 이유는 그들과의 인연이 아웅산 폭파 사건 후 특별기 이륙에 결정적인 도움을 준 것을 설명하기 위함입니다.

장훈각: 사건 당일 아침 일정부터 말씀해 주십시오. 대통령 궁에 새벽 보고를 위해 가셨던 것으로 알고 있습니다.

배양일: 새벽 6:00시경 기상하여 대통령궁에 대기 중인 장세동 경호실장

께 순방국의 기상 및 특별기 경비상태 등을 보고하기 위하여 인야레이크 호텔(Inya Lake Hotel)을 나섰습니다. 그런데 호텔 정원에 큰 정자나무에 수많은 새들이 새벽부터 지저귀는 소리가 유난히 나에게 다가 왔고 누군가가 그 새들이 버마인이 잡아 식용하는 새들이란 이야기가 나에게는 조금은 이상한 예감을 주는 것 같았습니다.

대통령 궁의 경비는 수행원 호텔보다 더욱 삼엄하고 엄격하였습니다. 경비요원들은 방아쇠에 손가락까지 끼고 발사자세로 경비에 임하는 자세에서 철저함을 느낄 수 있었습니다. 경호실장은 나를 반기면서 어제 행사의 노고를 치하하였고 나의 보고를 매우 주의 깊게 경청하였습니다. 나는 그날의 기상조건부터 순방국의 협조로 특별기 경비에도 이상 없음을 보고하면서 어제 밤 안보요원들의 내방과 자기 나라 정세 설명 등을 소상히 보고하였습니다. 내 설명에 경호실장은 순방국 외교는 바로 그런 것이고 우리들에게 협조해 주는 버마 경호요원들의 자세에 대해서도 나와 동감하면서 칭찬하였습니다. 그러면서 미화 3천 달러를 내어 주면서 우선 나에게 공항에 가서 특별기 경비요원 및 지원요원에게 음료 및 간식을 구입하여 특별기 경비에 만전을 기해 줄 것을 당부하였고 그 조치를 마친 후에 대통령 일행을 수행하라고 지시하였습니다. 나는 그 지시가 폭발의 현장에서 나의 생명을 구원해준 순간이 될 줄은 몰랐습니다. 왜냐하면 국내에서도 마찬가지로 대통령의 지상 행차 시에도 그 지역의 공중위해 가능성을 경호차원에서 예방하고 비상시에는 전용기 부대에서 대기하고 있는 헬기를 호출하는 비상계획도 수행했기 때문에 나는 순방국에서도 국내에서와 같이 대통령께서 행사장에 도착하기 전에 행사지역에서 대기하거나 또는 대통령 차량 후면에서 별도 차량에 합류하여 가도록 계획되어 있습니다. 경호실장의 명령으로 제 수행계획에 변화가 생겼던 것입니다.

나는 공항으로 급히 돌아와 그곳 음식물 판매소에서 콜라를 비롯한 음식물을 충분히 구입하여 경비 및 지원요원과 주변의 근무원들에게 배분토록 하고, 별도로 보관하여 수시로 경비요원들에게 지원토록 조치하고 나니 버마의 공항 근무자들은 내가 엄청난 실력자로 인식하는 양 모두 멀리서도 인사하고 손 흔들면서 나를 환대하였습니다. 그런데 특별기 주기장 경비를 확인하고 난 후 대통령 행사장으로 향하려는 순간, 멀리서 급하게 뛰어오는 경호원의 모습에서 불안한 예감을 느꼈습니다.

"공군연락관님! 터졌습니다. 사고로 대통령 일행 전원 사망했습니다." 청천벽력 같은 소식에 아연 실색하지 않을 수 없었습니다. 그 순간 장세동 경호실장으로부터 긴급전화로 직접 통화하면서 우선 경호실장은 생존하고 있는 것을 순간적으로 인식하였고, 장세동 경호실장은 "대통령 각하 내외와 나는 이상 없으니 우선 특별기 이륙을 준비하라", "목적지는 보안인데 돌아가자"는 다급한 목소리의 내용이었습니다. 그 순간 나는 어떻게 이곳을 탈출하여 안전하게 한국으로 갈 것인가에 정신이 집중되면서 조금이라도 안전에 위해요소로 예상되는 것은 무조건 철저히 배제하기로 하면서 특별기 연료 보급이 최우선임을 인지하고 대한항공 측 비상대기 잔류 책임 정비사에게 지시하면서 조종사를 비롯한 전 승무원들의 긴급 귀환을 호출토록 했습니다. 그런데 그 승무원들은 버마 정부의 계획에 의거 버마의 시내 관광에 나갔다는 소식에 버마 정부 요원에게 즉각 호출을 긴급히 요청하였습니다.

장훈각: 테러 소식을 접하신 이후 취하신 조치는 어떤 것들이었습니까?

배양일: 사고 소식을 접하는 순간 특별기 주변에는 버마의 공항 근무자들이 모여들기 시작했고 특별기를 경비하는 군인들이 갑자기 우리에게는 위협 요인으로 느껴지기 시작했습니다. 그리고 주변의 구경꾼들 속에 북한 첩자들이나 공작요원들이 응시하는 것으로 보여 공항 당국에 경비요원 철수와 주변 사람의 접근을 막아 달라고 요청하고 청와대 경호요원으로 특

별기 경비를 담당하게 하면서, 수행원들의 짐이 호텔에서 버마인들을 이용하여 이동 중임을 감안하여 짐속에 폭약 장치 등이 설치될 가능성이 있어 사고 예방을 위하여 특별기에 어떠한 짐도 싣지 못하도록 하였고, 버마 정부의 음식물 기내 반입을 차단하였습니다. 그 이유는 음식물에 의한 위해 요소를 없애려는 취지였습니다.

그런데 우리 대통령 일행이 끔찍한 이곳을 피하기 위해 곧 공항으로 도착한다는데 그 중요한 연료주입에 문제가 발생하였습니다. 연료주입 장비가 완전히 구식인데다 수동이어서 주입시간이 약 2시간 걸렸는데도 항공기에는 3분의 1 정도의 연료보급에 그친 것이었습니다. 게다가 정비책임자가 오더니 공항 보유 연료가 소진되어 주입할 연료가 없다는 것이다. 나는 이것이 나의 운명의 기로에 선 것처럼 느꼈습니다. 바로 이때 바로 어제(그 전날) 저녁에 나에게 손목시계를 받아간 보안 요원이 나에게로 다가왔습니다. 그들은 "I'm very sorry."를 외치지만 나에겐 그 소리가 들릴 리가 없었습니다. 나는 나도 모르게 "연료를 달라"고 외쳤습니다. 특별기에 주입할 연료가 없다는 이야기를 듣더니 그들도 놀랐습니다. 큰 항공기에 주유할 연료가 충분한데 왜 없느냐는 것이다. 그들은 특별기 보잉 747SP에 약 700드럼(약 35,000갤런)의 연료를 보급해 본 일이 없었고 이러한 대형 항공기가 그곳 밍글라돈 공항에 착륙한 것도 처음이라는 것이었습니다. 그들도 허둥지둥하더니 보안군의 선임자가 나에게 와서 그들이 보유한 비상연료 비축분을 지원하겠다는 것입니다. 어쨌든 연료는 가득 채워야 한다는 신념에는 나의 구상이 있었기 때문이었습니다. 비상연료는 보급이 되고 있었지만 우리 대통령 일행이 도착했는데도 연료보급이 끝날 때까지 항공기에서 기다린다는 것은 있을 수 없는 일로, 그렇게 된다면 이륙준비 미비로 보일 수밖에 없는 불충의 처지에 놓여질 수밖에 없었을 것입니다.

그런데 전두환 대통령이 아무리 어려워도 책임을 통감하면서 병원에서 숨을 거두거나 긴급 치료하는 수행원들을 둘러보기 위해 버마 통치자 네원 장군과 육군병원에 위문 차 들렀다 도착한다는 소식과 함께 이륙 시간이 지연될 것이라는 통보를 받았습니다. 전두환 대통령의 신의와 의리는 남다른 것은 주지의 사실입니다. 전 대통령으로서는 17명이 사망하고 이기백 합참의장의 생명이 위독한 상태였고 버마 육군병원에서 목숨을 거두거나 치료받는 장관급이하 수행원들을 그냥 두고 올 수 없었을 것입니다. 불행 중 다행이지만 이러한 시간적 여유를 준 것은 나의 운명이 끝나지 않았음을 예고하는 것 같았습니다. 그제서야 특별기 승무원들이 허겁지겁 특별기에 도착했고 이륙 준비에 박차를 가했습니다. 그리고 아웅산 현지의 수행원들과 참모들이 피투성이가 된 채 특별기로 뛰어 오는 모습은 전쟁 그 자체였고, 그 처참함을 보는 순간 특히 대통령 내외분과 경호실장이 특별기에 도착하는 순간 나는 숨이 멈추는 듯한 긴장감과 무사히 귀국해야겠다는 책임이 얼마나 막중한가를 뼛속까지 느끼지 않을 수 없었습니다.

전두환 대통령 내외분과 순방국 네윈 수상의 차량이 특별기 도착하는 순간까지 항공연료의 보급은 아슬아슬하게 가득 채울 수 있었습니다. 지금도 그 당시 비상연료를 보급할 수 있도록 지원해준 전자시계 하나의 값어치를 생각해 봅니다. 그 비상연료가 지원되지 않았더라면 찾아왔을 불행의 순간들은 청와대 근무를 안 해본 이들에게는 이해하기 힘들 것입니다. 그것이 청와대의 관습이고 대통령에 대한 예우입니다.

장훈각: 지금까지 알려진 바에 의하면 테러범들이 전 대통령이 도착한 것으로 오인하였다고 합니다. 보다 자세한 말씀 부탁드립니다.

배양일: 여기에서 모든 주변사람들이 의문을 갖고 있는 것은 당시에 왜 우리 대통령 일행이 아웅산 묘소 참배에 늦게 도달한 것인가 이며, 그 이유를 알고 싶어 합니다. 내가 현지에서 들어 아는 바로는 당시 그곳 이계철 주 버마 대사에게 의전 절차의 차질에 대하여 훈계가 있었기 때문입니

다. 이 이유는 순방국 외교 장관이 대통령의 첫 공식 일정인 아웅산 묘소 참배시간에 맞추어 미리 도착하여 우리 대통령에게 예우를 갖추지 못한 연유에서 비롯된 것이라고 들은 바 있습니다. 주의를 받은 이계철 대사는 대통령보다 먼저 도착하여 대통령의 도착 장소에서 영접을 해야 하기 때문에 대통령 궁에서 5키로미터 거리에서 1.5~2키로미터 간격으로 약 2~3분 빨리 앞서서 경찰 사이드 카 호위를 받으면서 고급 대사 전용차로 질주하였고 또한 대머리의 외양은 전두환 대통령과 흡사하였습니다. 그런데 이계철 대사가 먼저 도열해 있는 우리 측 장관 수행원 앞에 서는 순간 공교롭게도 진혼나팔 소리가 들린 것은 천운인지 몰라도 당시 버마의 그 나팔수 옆에 천병덕 경호처장이 서서 나팔수의 나팔이 너무 낡아 소리가 제대로 날 것 같지 않아 테스트 삼아 불어 보라고 지시했던 것입니다. 그 찰라가 이계철 대사가 수행원 대열에 합류하는 순간이었고 그 소리에 북한 테러 첩자들은 백차 호위의 차량 도착, 대사의 벗겨진 머리 모습, 진혼곡 나팔 소리 등에 조금도 혼동하지 않을 일치 속에서 폭파장치를 작동하게 된 것이며, 뒤따라오는 본대(대통령 탑승 차량 일행)의 선도 차량에서 아웅산 묘소에서 불길이 쏟는 현장을 목격하게 되었고 폭파현장에서 본대를 기다리다 살아남은 경호관이 경호무전으로 연락하여 대통령 일행 본대에게 즉각 교신하여 본대를 회차하여 피하였던 것입니다.

　삶과 죽음의 순간을 생각해보면 인간의 운명이 미리 정해져 있는 것 같았습니다. 여러 가지 운명의 순간이 교차되는 가운데 기적적으로 죽음의 순간을 피할 수 있었던 것은 전두환 대통령의 길운과 함께 대운의 기회가 주어진 것이라 하지 않을 수 없습니다. 그러나 그 이튿날 똑같은 삶과 죽음의 순간을 다시 김포공항 상공에서 조우하게 됩니다.

　장훈각: 같은 동일한 위기의 순간을 맞이했었다고 하셨습니다. 그 부분에 대해 보다 자세히 말씀해 주십시오.

배양일: 특별기가 버마 공항을 이륙하는 과정과 귀환항로 선정하는 것도 대단히 중요한 문제였습니다. 일반에 잘 알려져 있지 않은 일이기도 합니다. 당시 전두환 대통령 내외분의 밍글라돈 도착과 함께 6시간여의 연료보급을 막 끝냄으로써 이륙준비를 완료할 수 있었던 것은 신이 나에게 준 행운으로 생각하였었습니다. 내가 연료를 가득 채운 이유는 귀국하는 공항 한 쪽에 즐비하게 주기되어 있는 버마의 소련제 미그-21 전투기를 눈으로 보면서 위협을 느꼈을 뿐만 아니라, 귀국 항로 주변은 그때까지만 해도 적성국가의 해안에서 불의의 공중 습격과 혹시 모를 북한의 대공 무기 위협에 대처해야 했고, 항로를 기만하기 위하여 우회 비행을 하기로 하고 남쪽 인도네시아 쪽으로 남하 후에 안전한 항로를 택하여 북상하기로 했기 때문에 충분한 연료가 필요했기 때문입니다. 그리고 버마 공항 당국에도 이륙 직전에서야 비행계획서를 제출함으로써 항로 보안을 지키려고 최선을 다했습니다. 물론 특별기 조종사들에게는 먼저 양해를 구했고 당시 그곳에 파견된 우리의 안기부 요원에게도 특별기 탑승 전까지 우리가 어디로 향하는지 비밀에 부치고 보안을 유지한 후에 늦게 알려 주었습니다.

과연 특별기 이륙 직전까지 서둘렀던 나의 모습은 일생에서 가장 막중한 임무를 부여 받은 긴장과 테러 당한 울분 속의 흥분 그리고 혼신의 노력을 다해 안전한 이륙으로 우리나라에 안착하지 않으면 안 된다는 최대의 발악만이 남은 것 같았습니다. 10월 9일 09:30(한국 오후 1시) 테러 소식을 접한 순간부터 오후 5:00 이륙하는 그 순간까지 열대의 태양 아래 특별기의 안전 조치와 이륙 준비를 위한 안전 조치 등으로 물 한 모금 마실 여유조차 없었던 숨 막히는 연속의 순간에서 나의 형상은 형언할 수 없이 초라하게 느껴졌습니다. 그리고 그 순간 공항에 도착하여 특별기에 오르는 전두환 대통령의 모습은 이루 형언할 수 없는 슬픔 속에서 입을 굳게 다문 굳은 표정이었고, 그 모습에서 앞으로 어떠한 조치가 내려질 것인가를 짐작하고도 남았습니다. 영부인 이순자 여사 역시 눈물로 눈이 부어 그 상황이 얼마나 참담한 것이었는지 충분히 알 수 있었습니다.

대통령 내외분과 경호실장의 탑승은 바로 출발의 신호였습니다. 탑승하자마자 경호실장의 첫 무전은 나에게 "비행에 대한 모든 조치는 공군연락관이 책임지고 안전하게 한국에 도착하도록 하라" 그리고 "한국에 연락해서 의료진, 비상약, 알미늄 관(시신 운반용), 그리고 드라이 아이스(시신의 부패 방지용)를 준비해 빨리 버마로 보내도록 항공기에서 무전으로 연락 조치하도록 하라"는 것이었습니다. 항공기에는 장거리 공중 통신용으로 VHF로 홍콩을 거쳐 서울로 중계하는 수밖에 없었습니다. 30년 그 당시만 해도 핸드폰은 물론 그 경황에서 한국에 전화로 상황을 알리는 것은 불가능한 것이었습니다. 공중 무선통신으로 경호실장의 지시사항을 전하니 홍콩 중계소에서는 비밀 사항이기 때문에 서울로 전파가 곤란하다는 것입니다. 물론 보안 상황임은 틀림없으나 이미 벌어진 사건에 비상상황임을 재차 송신하면서 조치하도록 하였습니다.

특별기가 이륙을 위한 지상활주를 시작하면서 공항 관제탑에서는 활주로 이륙방향을 물어 왔고 나는 명의창 선임조종사에게 통상 이륙하는 방향의 반대 방향으로 이륙하도록 요청하였습니다. 왜냐하면 서쪽방향으로 이륙하면 인도 뉴델리 쪽인데 통상 지상에서는 인도가 다음 행선지이기 때문에 그쪽 방향을 예상하고 있기에 나는 반대방향으로 이륙을 원하였던 것입니다. 그런데 활주로 방향을 변경하지 않았다면 그 방향 쪽의 활주로 연장선에도 크레모아 등 폭발물 등이 설치되어 사고가 날 수 있었다는 것을 그 당시 버마 지역의 경호책임을 맡은 천병득 처장의 이야기를 듣고 소름이 끼쳤습니다. 그러나 테러혐의로 체포된 진모 등 3명의 폭파 테러 분자 외에도 공항을 담당한 테러 분자가 더 있었던 것인가는 확인할 수 없었습니다.

특별기가 이륙하자마자 하늘에는 어둠이 몰려 왔고 이제는 귀국만 하면 살겠구나 하는 마음이 스치는 동시에 공항 한쪽에 있었던 미그기들이 우리 특별기를 따라 추적할 것 같은 불안이 일어 당장 서울에서 미국 정보요원과 약속했던 UHF 비상주파수로 공중경보통제기 AWACS를 내 이름을 붙여 호출했습니다. 첫 호출에 단번에 응답한 미군 조종사는 우리 "특별기를 공중에서 감시하고 있으니 안심하라"고 말하였으며, 그 목소리에 저는 스릴을 느낄 만큼 안도하면서도 특별기 주변에 적성 항공기 유무를 확인하였습니다. 그리고 이상 없음을 전하는 미군 조종사의 답변을 경호실장께 무전으로 전해 드렸습니다. 미군 공중통제기에서는 유사시에 대비하여 미국의 그 당시 최신 전투기인 F-15 전투기를 호위비행을 시켜주겠다는 건의에 나는 무조건 호위비행(escort)을 요청하고 경호실장께 보고 드렸더니 잘 조치하였다고 하면서 비행안전 및 공중경호에 전적인 통제는 나에게 맡긴다고 하셨습니다. 그 경호실장의 목소리에서 제게 무한한 책임이 주어진 것을 통감하였습니다.

  캄캄한 밤하늘을 상하좌우를 응시하면서 혹시나 적성국 전투기의 공중위협이 있을까 계속 주변을 살피면서 특별기 비행 상태와 비행 안전에도 눈을 떼지 않았습니다. 우리 대통령 특별기 상공에서는 AWACS가 보호 감시를 해주고 미군 F-15 전투기는 특별기의 후미 안전 경호를 담당하면서 오끼나와 쪽으로 비행을 계속 하였습니다. 나는 그 당시 우방국 미국의 협조 특히 그날의 미군 항공전력 지원을 감사하는 마음을 잊을 수 없었기에 생명의 은인처럼 두고두고 감사하는 맘 잊지 않고 있습니다. 오끼나와 근처를 비행 중에 첫 F-15 편대는 연료 때문에 귀환하고 다른 F-15편대가 우리를 호위 비행하였습니다. 사실 대통령이 탑승한 항공기에는 본래 호위 비행 자체를 금하는 청와대 규정이 있으나 버마를 탈출하는 상황에서는 하도 위급한 상황이라 미국의 전투기 호위를 요청했던 것입니다. 오끼나와를 공중 통과할 때쯤부터 특별기에 부착한 공군 무전기에서 엄호 비행하는 한국 공군의 팬텀 전투기의 조종사들의 목소리를 들으니 이제는 살았구나하는 감사의 눈물이 주르륵 뺨을 타고 흘렀습니다. 그 한 밤중에 공중에는 수많은 항공기가 특별기를 엄호하면서 북한의 공중도발을 대비하는 초계비행까지 수행하는 등 오산에 위치한 공군 전술항공통제본부에서는 초비상상태를 유지하였습니다. 그것은 악기상 조건하에서의 야간비행으로 엄청난 사고 위험 속에서 실시한 특별기 엄호작전이었습니다.

장훈각: 악기상 속에서 사고위험이 높은 야간비행이라고 말씀하셨습니다. 한반도 상공에 진입한 이후에는 큰 문제없이 착륙할 수 있으셨는지요.

배양일: 한반도 상공으로 진입한 시간은 새벽 2:00를 지나고 있었고 김포공항으로 향하면서 착륙 상황을 확인하는 순간 관제탑에서 갑자기 끼는 안개로 김포공항 착륙이 불가능하다는 청천벽력과 같은 통보를 받았습니다. 그 당시 지상에서의 판단은 김포가 착륙이 불가능하면 서울공군기지(현 서울공항)로 착륙지를 바꿔야한다는 판단으로 국내에 대기하고 있던 각료들은 김포에서 서울공항 쪽으로 이동하였다는 무전 보고가 들어 왔습니다. 그런데 그곳 서울공항에도 안개가 몰려오는 상황이라 착륙이 불가능하게 되었고, 순식간에 우리 국내 공항은 갑작스런 안개로 착륙불가능이 선언되었습니다. 즉 Below Minimum이라는 용어로 안개로 인한 시야확인 불가능으로 항공규정상 착륙불가를 공항관제탑에서 선언한 것입니다. 특별기의 잔류연료도 충분하지 않아 착륙을 해야 하는 연료 잔량을 포시하고 있었습니다. 3명의 노련한 조종사들도 당황하기 시작했습니다. 내려야 할 비행장이 없는 것이며 당시 특별기의 계기비행 접근의 기준치를 모두 초과하는 상황이었습니다.

게다가 경호무전으로 들리는 지상의 상황은 무척 혼란스러웠습니다. 김포공항에 내리느냐, 아니면 서울공군기지(추후에 서울공항으로 개칭)에 내릴 것이냐로 떠들썩한 경호무전 소리에 경호실장의 노한 목소리가 경호무전기를 통하여 전 경호요원들에게 내려졌습니다. "무엇들을 하고 있는가!

모든 것은 공군연락관 배양일의 결정을 따르라"는 호통 소리가 들리자 모든 무전들은 침묵을 지키면서 나의 결정을 기다리게 되었습니다. 내 운명이 결정되는 절박한 순간에 선 나는 삼킬 침마저도 없었습니다. 그 순간 항공규정을 위반하면서 모험을 거는 결정 외에는 어떠한 착륙방도는 없었습니다. 우선 조종사들에게 김포공항이냐 서울기지냐를 선택할 수 있는 기회를 주었습니다. 명의창 기장은 "서울공항도 김포공항도 악기상으로 착륙을 못하는 상황에서 결정하는 것은 어렵다. 그러나 민항조종사들의 경우는 자주 착륙해본 김포공항이 착륙에 유리한 것은 당연하다. 그러나 민항조종사로서 규정을 위반한 착륙시도를 감행했을 때의 책임뿐만 아니라 이러한 악기상에서 착륙한다면 사고 위험이 최대로 높은 것인데 만약 대통령을 모시고 사고를 당한다면 그 책임을 누가 질것인가!" 명의창 기장은 나의 옷깃을 당겨 잡으며 "우리에게는 가족이 있다"는 결의와 각오의 눈빛으로 최악의 상황을 대비하는 자태를 취했습니다. 그 순간 저는 최후의 책임이 따르는 판단은 어느 누구도 지려 하지 않는 것은 인간의 본능임을 알아차렸습니다. 그 긴박한 조종석 내의 갈등과 위기의 결정을 내리는 것은 대통령도, 경호실장도 할 수 없다는 것을 판단하면서 "선배 조종사님들 모든 어떠한 사고의 경우도 책임은 제가 확실히 지겠습니다. 걱정 마시고 최후의 순간까지 최선을 다해 주십시오. 부탁합니다." 그 결의에 찬 한 마디가 조종실을 조용하게 만들었습니다.

장훈각: 그러한 순간에서는 그 누구도 결정을 내릴 수 없을 것 같습니다. 특별기가 착륙을 시도하는 과정을 자세하게 말씀해 주시면 좋겠습니다. 이 과정은 잘 알려져 있지 않습니다.

배양일: 김태수 기장의 결단이 중요했습니다. 악기상 속에서 착륙한다는 위급한 상황에서 옆에서 그 심각성을 인식하고 있던 김 기장이 "최종

특별기 조종간은 제가 잡아 착륙 시도를 하겠습니다"라고 했습니다. 이 결의에 찬 결정에 명 기장은 김태수 기장에게 자리를 내주며 최선을 다하자는 각오의 말씀과 함께 김중보 기장을 부기장석에 앉히고 명의창 기장은 그들의 뒤편에서 감시 및 조언을 하기 시작하였습니다. 나는 아직도 김태수 기장의 헌신적 결심에 감동하고 있습니다. 그때 경호무전으로 김포공항으로 착륙한다는 최종 결정을 경호실장께 보고하고 경호무전으로 전파하였습니다.

9시간 이상 비행으로 특별기의 연료 잔량도 충분치 않은 상황에서 착륙은 불가피했습니다. 특별기는 계기비행 단계로 진입하면서 착륙단계로 들어섰습니다. 사방은 심야에다 짙은 안개로 휩싸여 한치 앞을 볼 수 없는 농무상태 속에 특별기는 계기에만 의존하고 있었습니다. 김포공황 관제탑에 요청하여 주변의 다른 등은 끄고 착륙하는 활주로 표시등을 최대로 밝게 밝히도록 요청했습니다. 당시 항공기의 계기비행 능력은 현대의 계기 정밀도보다는 미흡한 단계이면서 활주로 정대를 바로 하는 데는 최종단계에서 조종사가 눈으로 확인하여 착륙자세를 변형하는, 조종 용어로 '땡김' 단계가 현대 대형항공기에도 필수적인 것으로 착륙단계에서는 가장 중요한 것입니다. 그러나 당시 특별기의 상태는 활주로 위치까지 전혀 볼 수 없으니까 활주로등을 최대한 밝히면 안개 속에서 어렴풋이나마 활주로 방향을 확인하는 것이 매우 중요하였습니다. 그런데 문제는 그 '땡김'으로 착륙자세로 전환하는 마지막 단계에서 활주로가 보이지 않고 계속 항공기는 강하하는 단계이니 그냥 강하만 하게 되면 특별기는 기수를 지면에 부딪쳐 대파하는 극한 상황까지 초래될 수 있었습니다. 2,000ft, 1,500ft, 1,000ft에서 강하하는 과정에서 조종사는 물론 나까지 피를 말리는 순간에 진땀이 흐르기 시작했습니다. 과연 착륙이 가능할 것인가. 그 당시 나의 생각은 항공기는 바퀴다리나 날개가 부셔져서 파손된다 하더라도 인명 피해만 최소화되기를 바랐고 최악의 경우에는 대통령만이라도 생존할 수 있도록 간

절한 기도가 저절로 나왔습니다. 500ft 이하로 강하하는 순간 조종사의 심리는 비행기의 기수를 착륙자세로 만들기 위해 들기 시작합니다. 기수는 점점 들리는데 활주로의 지면은 보이지 않았습니다. 300ft를 지나는 순간 특별기는 활주로 표면에 그대로 낙착하면서 큰 충격과 요동이 일었습니다. 100미터 상공에서 거대한 중량의 특별기가 그대로 지면과 충돌하였으니 그 충격은 이루 말할 수 없습니다. 나는 충격의 순간 특별기의 날개(wing)가 떨어져 나가지 않았는지를 먼저 확인하면서 다른 부분의 파손을 급히 확인하였습니다. 우선 파손은 없었으나 그 착륙의 충격으로 특별기는 감속이 되어 정상적으로 굴러가지 못하고 금방 활주로에 거의 정지 상태로 전환되고 있었습니다. 그때의 착륙 접지시간이 10월 10일 새벽 03시 13분이었습니다. 그 역사적인 순간에 대통령 특별기가 사고 없이 착륙한 것에 나와 선배 조종사들은 서로 부둥켜안고 환희 속에서 감격의 눈물을 흘렸습니다. 역시 항공기는 그 충격을 받았음에도 와해되지 않았다는 사실에 감사하는 마음이 들었습니다. 후담이지만 그 당시 대한항공 정비본부의 이원갑 본부장으로부터 그 특별기를 완전 분해하여 재정비하였음을 전해 들었습니다.

 특별기는 착륙활주로를 벗어나 지상활주로(taxiway)로 진입하는 순간 아니나 다를까 전두환 대통령의 인터폰이 울렸습니다. "기장과 공군연락관 당장 내방으로 내려왓" 대통령께서는 "오늘 나는 버마에 이어 특별기 착륙하면서 두 번 죽는 줄 알았다. 특별기 착륙을 어떻게 그렇게 할 수 있는 것인가!" 격노한 말씀에 우리는 대답할 말을 잊었습니다. "아무리 위급해도 정신을 차려야할 것 아닌가" 우리들은 죄송하다는 말로 답변을 대신할 수밖에 없었습니다. 대통령의 마지막 말씀은 "그래도 수고 많았다"는 것이었습니다. 이 말씀은 전두환 대통령의 큰 도량을 재확인하는 순간이었습니다. 사실은 전두환 대통령에게 착륙단계의 악기상의 상태를 보고 드리지 않았습니다. 참혹한 사지에서 벗어나 괴로워하는 순간에 착륙하는 혼란의 순간까지 보고하여 상심시켜드릴 용자는 없을 것입니다. 수행원실의 경호실장을 비롯한 수행원들은 악기상 상태의 비행규정을 위반하여 착륙하고 있다는 것을 알고 있었기에 불평 한마디 없이 조용했습니다. 그 당시 경호실장의 무거운 책임감과 착잡한 심정을 헤아리고도 남았습니다.

당시 정부의 전 각료들은 김포공항은 기상불량으로 특별기 착륙이 불가능하다고 판단하여 특별기의 착륙을 서울기지로 알고 그곳에서 대기하다가 김포공항에 착륙했다는 통보에 승용차로 김포공항으로 단숨에 달려왔습니다. 통상 1시간 이상의 거리를 당시 밤 12시 이후 통금상태라 경찰 백차의 호위로 15분 내에 도착하였고, 김포공항 내 회의실에서 비상 각료회의가 열렸습니다. 그 회의 분위기의 대세는 북한에 대한 상응한 보복임을 감지할 수 있었습니다. 수행원과 경호요원들은 비상회의 동안 특별기에서 대기하면서 사지에서 살아 돌아온 것에 안도의 한숨을 돌렸습니다. 상황의 심각함에 비추어 모든 인원들은 청와대로 들어와 각자의 사무실에서 밤을 꼬박 새웠습니다. 이후 순방행사의 불성공에 대한 인사조치가 단행되었습니다. 장세동 경호실장은 자진 사표를 제출하였고 천병득 경호처장은 면직되었으며, 몇몇 파견된 군인 및 간부들은 각 군 또는 원 소속부서로 원복 처리되었습니다. 나에게는 훈장 수여의 지시가 내려졌으나 저는 동료들이 사망하고 처벌되는 과정에서의 수훈을 사양하였습니다.

장훈각: 감사합니다.

* * *

아래의 내용은 배양일 전 공군연락관이 원고를 정리한 후 작성한 후기에 해당하는 내용이다. 이를 기록한다.

배양일: 버마 아웅산 폭파사건의 탈출 수기를 오래전부터 계획해 오면

서 사건 발생 30주년을 맞아 좀 더 구체적인 내용과 사진 제시 및 현 미얀마의 사고 현장을 방문하여 그 당시 접촉했던 군 보안장교들을 만나 사실 확인을 하고 죽음의 순간에서 탈출한 진지한 수기를 쓰고 싶었다. 그러나 최근 전두환 전 대통령의 정치자금 반환 등의 예민한 정치 상황에서는 무리임을 판단하여 정치적 관련 사항이나 예민한 내용의 기록은 제외하고 오직 나의 직책과 관련된 특별기와 당시 나의 임무에 대한 경험담을 요약하여 기록으로 남도록 하였다.

돌이켜 생각해 보면 당시 아웅산 테러사건 때 대통령의 희생이 있었다면 그 당시 박정희 대통령 시해 사건 이후 안정되어 가던 정국에 제2, 제3의 권력 다툼으로 엄청난 혼란이 초래되었을 것임은 물론 오늘의 번영된 정치적, 경제적 발전은 기대하지 못하였을 것이다. 또한 특별기의 착륙이 사고로 이어졌다면 아웅산 테러와 같은 혼란을 가져왔을 것이라 생각하니 저 역시 당시 공군대령으로서의 책임완수가 얼마나 중요한 일이었던가를 인식하면서 조금이나마 국가 발전에 기여할 수 있었다고 자부해 본다.

지난 10월경 아웅산 테러 폭파 희생자의 추모비가 그곳 아웅산 묘소에 세워진다는 신문 뉴스에서 그나마 30년 이후라도 그들의 숭고한 희생자 17명의 넋을 위로해 줄 수 있을 것으로 믿는다. 얼마 전까지도 전두환 전 대통령은 그 당시 참모들과 함께 동작동 현충원의 17명의 묘소를 매년 참배하여 그들의 영혼을 달래 주었다. 나 역시 그 참배행사에 초청되어 함께 참배하였다.

전두환 대통령 연표

연도	개인사	공직사
1931	출생(1월 18일 / 경상남도 합천)	
1935	대구 봉덕동 1035번지로 이사	
1938	대구 호란보통소학교 입학	
1947	대구 공업중학교 기계과 입학	
1951	대구공업고등학교 기계과 졸업 육군사관학교 입학(진해)	
1952	군부 내 사조직 '오성회' 창설	
1955	육군사관학교 제11기 졸업 육군 소위 임관	
1957	10월 육군 중위 진급	
1958	이순자 여사와 결혼	4월 제1공수특전대 교육담당장교 발령 8월 제1공수특전대 본부근무대대 2중대장 발령
1959	장남 출생	5월 제1공수특전대 선임장교 6월 육군특수전학교 입교
1960	미국 육군보병학교 수료	5월 5·16쿠데타 발생시 지지시위 주도
1961	'오성회' → '칠성회'로 확대	9월 국가재건최고회의 의장실 민원비서관 중앙정보부 수사과장 겸직
1963	장녀 출생	1월 중앙정보부 인사과장 9월 육군본부 인사참모부
1964	차남 출생 '칠성회' → '하나회'로 개칭	
1965	육군대학교 졸업	
1966		제1공수특전단부단장칭
1967		수도경비사령부 제30대대장
1969	육군 대령 진급(육사11기 최초)	12월 육군본부 수석부관
1970		11월 백마부대 제29연대장(베트남전 참전)
1971	삼남 출생 화랑, 충무, 을지무공훈장	11월 제1공수특전단 단장

1973	육군 준장 진급	
1974	정식 준장 진급(육사11기 최초)	
1976		6월 대통령 경호실 차장보
1977	육군 소장 진급	
1978		1월 제1사단장
1979		3월　　국군보안사령관(~1980) 10월 26일 10·26 사태 10월　　계엄사령부 합동수사본부장 　　　　(박정희 암살사건 수사) 12월 12일 12·12 사태 　　　　(정승화 육군참모총장 불법연행) 12월 13일 보안사령관 및 중앙정보부 차장보
1980	3월　　육군 중장 진급 8월 22일 육군 대장 전역식	4월 14일 보안사령관 및 중앙정보부장 서리 　　　　(~1980.06.02) 5월 13일 서울역 시위 (~5.15) 5월 17일 비상계엄 전국 확대 조치 5월 18일 5·18 광주 민주화 운동 5월 31일 국가보위비상대책위원회(~80.10.27) 7월 4일 김대중 내란음모 사건 　　　30일 '교육정상화 및 과열과외 해소방안' 8월 4일 '사회악 일소 특별조치'(~1981.01) 8월 16일 최규하 대통령 하야 8월 27일 제11대 대통령 당선 9월 1일 제11대 대통령 취임 9월 29일 헌법개정안 공고 　　　　(대통령 7년 단임 간선제) 10월 27일 제8차 개헌 공포·발효 　　　　국가보위입법회의(~81.03.31) 11월 1일 사회정화위원회 신설 　　　3일 '정치풍토 쇄신을 위한 특별조치법' 　　　12일 언론 통폐합과 언론인 강제 해직 12월 13일 브라운 미 국방장관 내한 　　　22일 '중앙정보부' → '국가안전기획부' 개칭

		29일 리비아 인민사회주의 아랍공화국과 대사급 외교관계 수립 30일 입법회의 및 반공법 폐지 31일 '언론기본법' 제정
1981		1월 15일 민주정의당 초대 총재 24일 비상계엄 해제 28일 미국 공식 방문 　　3일 전두환·레이건 대통령 정상회담 25일 제12대 대통령 당선 3월　3일 제12대 대통령 취임 　　　 제5공화국 정부 출범 4월　1일 '독점규제 공정거래법' 발효 　　20일 국정자문회의 발족 5월　4일 장영자·이철희 사건 　　28일 '국풍 81' 개최(~06.01) 6월 19일 청와대에서 6개 정당대표와 간담회 　　25일 인도네시아, 말레이시아, 싱가포르, 태국, 필리핀 5개국 순방 위해 출발 (~07.09 귀국) 　　27일 한·인도네시아 정상 공동성명 발표 　　30일 차기 말레이시아 총리 내정자인 마하티르 모하메드 부총리와 회담 7월　1일 한·말레이시아 정상 공동성명 발표 　　　 한·싱가포르 정상회담 　　4일 한·태국 정상회담 　　6일 한·태국 정상 공동성명 발표 　　7일 한·필리핀 정상회담 8월 13일 방한 중인 일본 정무차관단 접견 9월 11일 한일각료회의 일본대표단 접견 　　28일 한·캐나다 정상회담 10월　5일 뉴질랜드 탈보이스 외무장관 접견 12월　4일 사사키 일본 민사당 위원장 접견 　　9일 새마을운동의 4대 기본방향 제시

1982	1월 22일 '민족화합민주통일방안' 제의 2월 2일 한·미 정상 공동성명 3월 18일 부산 미문화원 방화사건 4월 7일 국산전투기 군 배치 발표 　　26일 미국 부통령 부시 방한 5월 24일 프레이저 호주 총리와 회담 6월 16일 여야 3당대표와 회담 7월 12일 야스이겐 한일의원연맹 일본 회장 등 　　　　일행 6명 접견 　　31일 '태평양연안국 정상회담'에 관한 5개 　　　　원칙 제시 8월 15일 북한 포함 모든 공산권 거주 동포들에 　　　　게 문호개방 표명 　　16일 케냐, 나이지리아, 가봉, 세네갈 등 아 　　　　프리카 4개국과 캐나다 순방 출국 　　17일 한·케냐 정상회담 　　20일 한·나이지리아 정상회담 　　23일 한·가봉 정상회담 　　25일 한·세네갈 정상회담 　　30일 한·캐나다 정상회담 10월 4일 부분적인 '금리자율화' 실시 발표
1983	1월 11일 일본 나카소네 총리 방한(차관 제공) 　　18일 남북정상회담 제안 시정연설 3월 14일 한·수단 정상회담 　　22일 한·말레이시아 정상회담 8월 9일 한·말레이시아 정상회담 9월 1일 KAL기 폭파사건 　　10일 한·요르단 정상회담 　　19일 코스타리카 아질라르 부통령 접견 10월 8일 버마, 인도, 스리랑카, 호주, 뉴질랜드, 　　　　브루나이공화국 순방 위해 출국 　　9일 아웅산 테러사건 　　　6개국 순방 취소 후 귀국

		11월 7일 미 로스앤젤레스시장 접견
		     12일 미 레이건 대통령 방한
		     14일 '한미정상공동성명' 발표
		12월 21일 '학원자율화' 조치

1984	페퍼다인대학교 정치학 명예박사	1월 17일 국정연설에서 '폭력 배제'를 제5공화국
		          행동지표로 설정 언명
		     21일 '대간첩대책회의' 주재
		2월 4일 방한 중인 호주 총리와 회담
		4월 9일 한·브루나이 정상회담
		     16일 한·벨기에 정상회담
		5월 18일 민주화추진협의회 발족
		6월 27일 88올림픽고속도로 준공 및 개통식
		7월 10일 한·세네갈 정상회담
		9월 6일 일본 방문
		11월 15일 제1차 남북경제회담

1985		2월 12일 제12대 국회의원총선
		3월 6일 김대중, 김영삼, 김종필 등 미해금자 14명
		          해금
		4월 23일 미국 방문
		     27일 한·미 정상회담
		5월 7일 한·파키스탄 제1차 정상회담
		      9일 한·파키스탄 제2차 정상회담
		     20일 한·코스타리카 정상회담
		     23일 서울 미 문화원 점거농성사건
		     27일 남북적십자 제8차 회담(~05.30)
		6월 17일 한·방글라데시 정상회담
		7월 18일 삼민투위 사건
		8월 26일 남북적십자 제9차 회담(~08.29)
		9월 5일 동아그룹 최원석 회장 별장에서 북한
		          노동당 허담 비서와 비밀회담
		     18일 제4차 남북한경제회담
		     21일 이산가족 고향 방문단 및 예술 공연단
		          교환

	11월 20일 제5차 남북한경제회담 12월 3일 남북적십자 제10차 회담(~12.05)
1986	2월 12일 '대통령 직선제 개헌 1,000만 명 서명운동' 24일 여야 3당대표와 회담 4월 5일 영국, 서독, 프랑스, 벨기에 순방 출국 5월 3일 5·3인천사태 6월 3일 이민우 신한민주당 총재와 단독회담 5일 대학교수연합 시국선언 4일 이만섭 한국국민당 총재와 단독회담 26일 한·싱가포르 정상회담 9월 14일 김포공항 폭발사고 16일 아시안게임(~10.15) 21일 한·일본 정상회담 10월 18일 '전국노동자연맹추진위원회' 사건 24일 '마르크스·레닌주의 당' 사건 28일 건국대사태 11월 12일 '반제동맹당' 사건
1987	1월 14일 박종철 고문치사사건 3월 25일 노태우 민주정의당 대표에게 정국주도권 부여 4월 13일 '4·13호언조치' 발표 6월 2일 노태우 민주정의당 대표를 차기 대통령 후보로 추천 9일 이한열 사망사건 10일 노태우 민주정의당 차기 대통령 후보로 선출 6·10국민대회 26일 6·26국민평화대행진 29일 노태우 민정당 대표 '6·29선언' 7월 1일 '시국수습에 관한 특별담화' 10일 민주정의당 총재직 사퇴 9월 21일 '헌법 개정안' 공고

		10월 27일 대통령 직선제의 새 '헌법 개정안' 국민투표로 확정 29일 '개정 헌법' 공포 12월 16일 노태우 제13대 대통령 당선
1988	3월 22일 3주간 방미 11월 23일 백담사 은둔	1월 29일 외신기자회견 4월 13일 국가원로자문회의 의장직 사퇴 　　　　　민주정의당 명예총재직 사퇴 11월 23일 대국민 사죄, 재산헌납 발표
1989		12월 31일 국회출석, 5공특위 청문회 증언
1990	12월 30일 백담사 하산	
1995		12월 2일 대국민 담화 발표
1997	4월 17일 무기징역 및 추징금 　　　　2,205억 원 선고 12월 22일 특별사면	
1998	복권	
1999	6월 백범기념관 건립위원회 고문 추대	
2006	9월 차남 전재용과 증여세 취소 소송을 제기	
2010	추징금 중 300만 원 납부	
2013	9월 나머지 추징금 완납 발표	

* 국사편찬위원회, 『대한민국사 연표』 2, 3(서울: 경인문화사, 2008) 등 참조.